¿Socios o acreedores?

Atracción de inversión extranjera
y desarrollo productivo en
Mesoamérica y República Dominicana

Editores:

Sebastián Auguste
Mario Cuevas
Osmel Manzano

Libro donado por la
Comunidad Hispanoamericana
en el área de Washington, D.C.

Banco Interamericano de Desarrollo

Catalogación en la fuente proporcionada por la
Biblioteca Felipe Herrera del
Banco Interamericano de Desarrollo

Auguste, Sebastián.
¿Socios o acreedores? atracción de inversión extranjera y desarrollo productivo en Mesoamérica y República Dominicana / Sebastián Auguste, Mario Cuevas, Osmel Manzano.

    p. cm.
    978-1-59782-203-9 (Rústica)
    978-1-59782-204-6 (Digital)

    1. Investments, Foreign—Central America. 2. Investments, Foreign—Dominican Republic. 3. Investments, Foreign—Law and legislation—Central America. 4. Investments, Foreign—Law and legislation—Dominican Republic. 5. Investments, Foreign—Taxation—Central America. 6. Investments, Foreign—Taxation—Dominican Republic. 7. Investments, Foreign, and employment—Central America. 8. Investments, Foreign, and employment—Dominican Republic. 9. Economic development—Central America. 10. Economic development— Dominican Republic. I. Cuevas, Mario A. II. Manzano, Osmel Enrique, 1971–. III. Banco Interamericano de Desarrollo. Departamento de Países de Centro América, México, Panamá y República Dominicana. IV. Título.

HG5172.A94 2015
IDB-BK-137

Copyright © 2015 Banco Interamericano de Desarrollo. Esta obra está bajo una licencia Creative Commons IGO 3.0 Reconocimiento-NoComercial-SinObraDerivada (CC-IGO BY-NC-ND 3.0 IGO) (http://creativecommons.org/licenses/by-nc-nd/3.0/igo/legalcode) y puede ser reproducida para cualquier uso no-comercial otorgando crédito al BID. No se permiten obras derivadas.

Cualquier disputa relacionada con el uso de las obras del BID que no pueda resolverse amistosamente se someterá a arbitraje de conformidad con las reglas de la CNUDMI. El uso del nombre de la BID para cualquier fin que no sea para la atribución y el uso del logotipo del BID, estará sujeta a un acuerdo de licencia por separado y no está autorizado como parte de esta CC-IGO licencia.

Notar que el enlace URL incluye términos y condicionales adicionales de esta licencia

Las opiniones expresadas en esta publicación son de los autores y no necesariamente reflejan el punto de vista del Banco Interamericano de Desarrollo, de su Directorio Ejecutivo ni de los países que representa.

Índice

Prólogo.. v

Agradecimientos... vii

Introducción.. ix
    Osmel Manzano y Sebastián Auguste

Autores... xiii

1. **La importancia de la inversión extranjera directa en la macroeconomía de Centroamérica, República Dominicana y Panamá**   1
    Osmel Manzano

2. **Inversión extranjera directa: efectos, complementariedades y promoción**.. 23
    Laura Alfaro

3. **Evolución reciente de la inversión extranjera directa en Centroamérica, Panamá y República Dominicana**...................................... 83
    Sebastián Auguste

4. **La eficacia de los incentivos fiscales: El caso de las zonas francas de exportación de Costa Rica, El Salvador y República Dominicana**.......... 129
    Daniel Artana

5. **Efectividad de las políticas e instrumentos de atracción de inversiones en Centroamérica, Panamá y República Dominicana**.......... 217
   Adolfo Taylhardat

6. **El futuro de la atracción de inversiones en Centroamérica, Panamá y República Dominicana** 279
   Mario Cuevas, Osmel Manzano y Luis Porto

Prólogo

Los países de la región empiezan a vislumbrar un escenario económico más favorable, tras un contexto externo dominado por la crisis financiera internacional y sus efectos posteriores. Esta mejora en el entorno llama al optimismo y a la vez constituye el momento oportuno de prepararse para los retos del futuro. Las condiciones financieras externas han permitido a los países centroamericanos atraer niveles nunca antes registrados de inversión, pero esto también ha significado un incentivo perverso para posponer los ajustes necesarios en las políticas públicas.

La promoción de la inversión extranjera directa ha sido un objetivo central de la política económica en Centroamérica, Panamá y República Dominicana en los últimos veinte años, habiéndose implementado principalmente con la aplicación de beneficios fiscales, cuya efectividad aún es objeto de debate. Esta publicación examina la importancia de la inversión extranjera directa como financiadora del déficit externo y promotora del crecimiento económico, resume los resultados de la investigación académica a nivel internacional, evalúa la eficacia de los incentivos fiscales para atraer inversión, y su impacto sobre el desarrollo. Asimismo, el libro examina las políticas de promoción de inversión desde la perspectiva de las Agencias de Promoción de Inversiones (API) creadas en paralelo con la aplicación de los incentivos fiscales. Finalmente, subraya la importancia de reorientar la política de atracción de inversiones mediante la adopción de instrumentos que complementen a las políticas de desarrollo productivo, con el fin último de generar derrames positivos sobre toda la economía.

Este libro busca promover el diálogo y el replanteamiento de las políticas de atracción de inversiones en Centroamérica, Panamá y República Dominicana. El contexto externo favorable y la inminente necesidad de adaptar el marco legal para las zonas francas ante la evolución del marco establecido por la OMC presenta una oportunidad para revisar los enfoques empleados para atraer inversión a la región. Esperamos contribuir a este debate, en la búsqueda de generar las condiciones necesarias para convertir a la inversión extranjera directa en un socio del desarrollo de la región, buscando la aceleración del crecimiento económico, la generación de más y mejores empleos, así como la mejora de las condiciones sociales en estos países.

Gina Montiel
Gerente General
Departamento de países de Centroamérica,
México, Panamá y la República Dominicana
Banco Interamericano de Desarrollo

Agradecimientos

"¿Socios o Acreedores? Atracción de inversión extranjera y desarrollo productivo en Mesoamérica y República Dominicana" es una publicación elaborada por un equipo de economistas del Departamento de Países de Centroamérica, México, Panamá y República Dominicana del Banco Interamericano de Desarrollo.

La revisión editorial, general y técnica, estuvo a cargo de Mario Cuevas y Osmel Manzano, del Banco Interamericano de Desarrollo, y Sebastián Auguste, de la Universidad Torcuato Di Tella en Argentina. Juan Capeáns y Leonardo Maldonado, asistentes de investigación económica, completaron el equipo.

Se agradece la labor de quienes contribuyeron los capítulos que conforman este libro: Laura Alfaro (capítulo 2), Daniel Artana (capítulo 4), Adolfo Taylhardat (capítulo 5) y Luis Porto (capítulo 6). Asimismo, se reconoce la contribución de Ivana Templado en la preparación del capítulo 4, así como de Alberto Barreix y Fernando Velayos, del Banco Interamericano de Desarrollo, quienes brindaron comentarios detallados al capítulo mencionado. Dos revisores anónimos brindaron sugerencias de gran utilidad.

Los autores y editores agradecen a todo el equipo del banco que participó en paneles de discusión interna, suministró comentarios a las investigaciones de apoyo y brindó asistencia técnica. Finalmente, se agradece la colaboración de Ximena Ríos en la edición, así como de The Word Express en el diseño de la cubierta y la composición de la publicación.

Introducción
Osmel Manzano y Sebastián Auguste

La inversión extranjera directa (IED) ha desempeñado un papel muy importante en la región[1] que se analiza en la presente publicación, tanto desde la óptica de la generación de empleo y el crecimiento, como desde la óptica del equilibrio macroeconómico externo, al ayudar a financiar la cuenta corriente. Para los propios gobiernos de esta región, la promoción de la IED ha sido un objetivo de política prioritario en los últimos veinte años, y por ello han implementado, entre otras medidas, beneficios fiscales para atraer más IED. Esta inversión posibilitaba la expansión del empleo y el desarrollo, en un modelo de estrategia de crecimiento de mirar hacia afuera, modelo que se consolidó en la década de los noventa, asociado por lo general con reformas estructurales y una mayor desregulación y apertura.

El modelo seguido en las últimas tres décadas parece haber tenido sus frutos para lograr atraer IED. Para los ocho países en conjunto —Belice, Costa Rica, El Salvador, Guatemala, Honduras, Nicaragua, Panamá y República Dominicana—, la IED alcanzó en el año 2013 US$ 12.741 millones, el registro más alto de la historia, siendo cuatro veces superior a la IED del año 2000, o 23 veces mayor a la IED del año 1990. Esta inversión externa representa actualmente casi 5 puntos del PIB regional, y el 27% de la inversión bruta en capital fijo. Cabe señalar que en 1990 apenas representaba el 1,3% del PIB.

La globalización de la década de los noventa y de la primera década del presente siglo aceleró los flujos de IED a nivel mundial, en especial de los países en desarrollo que han ganado mucho peso en el total, llegando en el año 2013 a superar, por primera vez, a los países desarrollados. En la región, la IED creció aún más, ganando

---

[1] La región abarca Centroamérica, Panamá y República Dominicana.

participación en los flujos mundiales o aun en los flujos que se destinaban a Latinoamérica. En la década de los noventa, la región bajo análisis representó, en promedio, el 0,27% de la IED a nivel mundial, el 1,6% de la IED dirigida a países en desarrollo, y el 6,9% de la IED recibida por Latinoamérica. En los dos últimos años, la región representó el 0,9%, el 1,65% y el 7,1%, respectivamente. En un contexto internacional donde la IED colapsó luego de la crisis financiera y aún no ha logrado recuperar los niveles previos a la crisis, la región fue capaz de capturar más fondos y ganar participación, en particular en los últimos años, aunque gran parte de esta inversión se realizó bajo la modalidad de fusiones y adquisiciones de empresas multinacionales de países desarrollados que se estaban reestructurando y que estaban reduciendo posiciones en la región. Ello ha planteado el interrogante de cómo se desempeñará la IED en el futuro, sobre todo si se considera la tendencia de la región a caer en déficit de cuenta corriente.

No existen controversias respecto a la importancia de la IED en la región, ya que permitió financiar grandes obras y generar nuevas exportaciones, pero sí respecto a si logró explotar su potencial en términos de expandir el crecimiento económico, o si los beneficios que derramaron en los países de la zona justificaron los subsidios otorgados.

El presente libro analiza a fondo la situación de la IED en la región. En el capítulo 1, Osmel Manzano repasa la importancia que tiene en estos países la IED como financiadora del déficit de cuenta corriente, y qué consideraciones se deben tener de cara al futuro.

El capítulo 2, escrito por Laura Alfaro, analiza y resume los principales resultados de la investigación económica a nivel internacional respecto al impacto de la IED en el crecimiento y los factores que la atraen. La evidencia que presenta este capítulo muestra que la IED no necesariamente debe tener un efecto positivo sobre la economía receptora, y lejos de ser un hecho estilizado comprobado, los beneficios no están asegurados y dependen de factores complementarios que, a menudo, no están presentes en la región.

El capítulo 3 de Sebastián Auguste analiza la evolución reciente de la IED en el mundo y en la región en particular, donde se destaca el buen desempeño de los últimos años, con un fuerte crecimiento de la IED en el sector servicios y un menor peso en las manufacturas; así como una creciente importancia de las propias multinacionales de origen latino, que ya han desplazado a Europa como la segunda fuente de financiamiento de la IED en la región, ubicándose muy cerca de lo que aportan Estados Unidos y Canadá en forma conjunta.

El capítulo 4 estudia la siempre controversial eficacia de los incentivos fiscales de las zonas francas, una herramienta que esta región ha utilizado en forma intensiva para promover la IED. No ha resultado sencillo determinar la eficacia de estos incentivos, ya que existen dificultades técnicas para lograr una prueba con rigor científico y siempre se termina cayendo en métodos parciales. En este capítulo, Artana y Templado siguen un novedoso enfoque técnico, basado en datos a nivel de empresa, que aporta nueva evidencia. Una vez más, no se trata de una demostración que arroja una verdad definitiva, si bien pone en tela de juicio que las zonas francas hayan tenido inequívocamente un impacto neto positivo sobre el desarrollo de las economías de la región.

En el capítulo 5, Adolfo Taylhardat estudia las políticas de promoción de la IED, haciendo especial hincapié en las Agencias de Promoción de Inversiones (API). A través de encuestas y una cuidadosa recolección de información, analiza el funcionamiento de las API de la región, y su desempeño relativo en comparación con las agencias líderes del mundo. El capítulo muestra que muchos de los países de la región tienen un desempeño bastante aceptable, aunque también identifica varios aspectos que deben mejorarse.

Finalmente, en el capítulo 6, Cuevas, Manzano y Porto presentan las perspectivas para la atracción de IED después del ocaso de las estrategias centradas en la oferta de incentivos fiscales. Todo apunta a que la estrategia requerida para lograr un crecimiento sostenido de la inversión debe apoyarse en la generación de nuevas habilidades y capacidades, la puesta en práctica de un nuevo esquema de reglas de juego y el establecimiento de un diseño institucional comprometido con el objetivo de promover la inversión. Esto podría darse mediante instrumentos diseñados de manera armónica y complementaria con las políticas de desarrollo productivo, de forma que la IED que se beneficia de los incentivos posea realmente el potencial para generar derrames positivos al resto de la economía.

Autores

Laura Alfaro

Laura Alfaro obtuvo su doctorado en Economía de la Universidad de California, Los Ángeles, EE.UU. y cuenta con una Licenciatura de la Pontificia Universidad Católica de Chile y otra en Economía de la Universidad de Costa Rica. Es profesora en la Escuela de Negocios de la Universidad de Harvard e investigadora asociada de la Fundación Nacional para la Investigación Económica de EE.UU. Es miembro del Comité de Políticas del Centro David Rockefeller para Estudios Latinoamericanos. En 2008 fue reconocida como *Young Global Leader* por el Foro Económico Mundial. Fue Ministra de Planificación Nacional y Política Económica en Costa Rica entre 2010 y 2012.

Daniel Artana

Daniel Artana se graduó de Licenciado en Economía en la Universidad Nacional de La Plata en 1980 y obtuvo su doctorado en Economía en la Universidad de California, Los Ángeles, EE.UU. en 1988. Es economista jefe de la Fundación de Investigaciones Económicas Latinoamericanas (FIEL) y ha realizado trabajos para los siguientes países: Argentina, Bolivia, Brasil, Costa Rica, Ecuador, El Salvador, Eslovaquia, Guatemala, Honduras, Jamaica, Lesoto, Perú, Nicaragua, República Dominicana, Suazilandia, Surinam, Trinidad y Tobago, Uruguay, Venezuela y Zimbabwe. Además, es profesor titular de Política Económica en la Universidad Nacional de La Plata y profesor invitado de Economía de la Tributación en la Universidad Torcuato Di Tella.

Sebastián Auguste

Sebastián Auguste obtuvo su doctorado en Economía de la Universidad de Michigan, EE.UU. Es Licenciado en Economía por la Universidad de Buenos Aires. En la Universidad Torcuato Di Tella es profesor a tiempo completo y director de los programas de Maestría en Dirección de Empresas. Ha sido economista asociado de la Fundación de Investigaciones Económicas Latinoamericanas (FIEL), economista investigador del BID, consultor del Banco Mundial, y otros organismos internacionales, así como consultor de diversos gobiernos de América Latina. Su experiencia incluye consultorías en temas de estrategia y finanzas en compañías tales como Ahold, Disco, YPF y Techint. Ha participado como perito en diversos arbitrajes internacionales.

Mario Cuevas

Mario Cuevas cuenta con una Maestría en Economía Matemática y Econometría otorgada por *London School of Economics* (LSE). Se graduó como economista de la Universidad de York, en Inglaterra. Actualmente se desempeña como economista senior en el Banco Interamericano de Desarrollo (BID). Anteriormente, trabajó como economista para el Banco Mundial, en programas relacionados con Asia, Europa Oriental y Latinoamérica. Fue presidente del Centro de Investigaciones Económicas Nacionales (CIEN) en Guatemala. Asimismo, ha sido catedrático de riesgos financieros, macroeconomía y microeconomía en la Universidad Francisco Marroquín (Guatemala) y profesor de riesgos financieros en la Escuela Politécnica Nacional del Ecuador.

Osmel Manzano

Osmel Manzano es doctor en Economía del Massachusetts Institute of Technology (MIT). Se graduó como economista en la Universidad Católica Andrés Bello (UCAB) de Venezuela. Actualmente se desempeña como Asesor Económico Regional, México, Centroamérica, Panamá y República Dominicana, en el Banco Interamericano de Desarrollo (BID). Anteriormente, fue Coordinador del Programa de Investigación de la Corporación Andina de Fomento (CAF) e investigador visitante en la Universidad de Harvard. Es profesor adjunto en la Universidad de Georgetown en Washington DC, en el Instituto de Estudios Superiores de Administración (IESA) en Venezuela.

Luis Porto

Luis Porto es economista egresado de la Universidad de la República (Uruguay). Obtuvo una Maestría en Economía en la Universidad Católica de Lovaina. Profesor titular de Economía Industrial de la Facultad de Ciencias Económicas y de Administración de la Universidad de la República. En materia de políticas productivas, competitividad y sistemas financieros ha brindado asistencia profesional en Uruguay, Paraguay, Panamá, Honduras, Guatemala, Haití y para el Mercosur. Fue integrante del Comité Honorario Asesor del Instituto Nacional de Calidad y del Directorio de Empretec, Uruguay. Asimismo, ha sido presidente en la Corporación Nacional para el Desarrollo, Subsecretario del Ministro de Economía y Finanzas y Subsecretario de Relaciones Exteriores del Uruguay.

Adolfo Taylhardat

Adolfo Taylhardat cuenta con un título de maestría otorgado por *London Business School*. Es ingeniero comercial por la Escuela de Negocios Solvay de la Universidad Libre de Bruselas, Bélgica. Se desempeñó como director ejecutivo del Consejo Nacional para la Promoción de Inversiones (CONAPRI) de Venezuela y es miembro fundador de Latamics. Asimismo, ha participado como miembro directivo en empresas como El Tiempo, Fondo Común y La Granja en Venezuela, así como en organizaciones como AIESEC en Venezuela. Fue nombrado *Global Leader for Tomorrow* por el Foro Económico Mundial en 1993 y *Leader of the Future* por *Time Magazine* en 1994.

1

La importancia de la inversión extranjera directa en la macroeconomía de Centroamérica, República Dominicana y Panamá

Osmel Manzano

Centroamérica se ha caracterizado por mantener un déficit en cuenta corriente de manera estructural en los últimos treinta años. Como se aprecia en el siguiente gráfico, este déficit ha sido, en promedio, el 5,8% del PIB. Este comportamiento difiere del resto del comportamiento de los países más grandes de Latinoamérica[1]. Como se aprecia en el Gráfico 1.1, ambos grupos de países presentaban un déficit similar en los años ochenta y, luego de la crisis de la deuda de finales de la misma década, ambos grupos continúan presentando un déficit, siendo menor el de los países grandes. Luego, con el ciclo de precios altos de productos primarios, los países grandes de Latinoamérica comenzaron a tener superávit, mientras que los países de Centroamérica, Panamá y la República Dominicana registraron importantes déficits de cuenta corriente.

Desde el punto de vista económico, registrar déficits en cuenta corriente no es negativo en sí mismo, especialmente en países en desarrollo. Teóricamente, son países en crecimiento que están acumulando capital y, por lo tanto, pueden tener un desbalance entre el ahorro interno y la inversión. Por consiguiente, lo relevante es analizar si los déficits son sostenibles o no, así como el financiamiento de dicho déficit. En este sentido, la inversión extranjera directa (IED) juega un rol importante en el segundo tema. La cuenta corriente converge, tanto para los países grandes de Latinoamérica como lo de la subregión, luego de diversas

---

[1] Los países grandes de Latinoamérica (LAC-7) son Argentina, Brasil, Chile, Colombia, México, Perú y la República Bolivariana de Venezuela.

crisis, hacia la inversión extranjera directa (ver Gráfico 1.1). Tanto en la crisis de la deuda de los ochenta así como la crisis asiática de los noventa y la crisis financiera de los Estados Unidos en la década pasada, el déficit en cuenta corriente se reduce hasta ser financiado en su totalidad por la IED, a excepción de la crisis financiera reciente, en el caso de los países grandes de Latinoamérica, porque ya registraban un superávit.

Este fenómeno refleja que cuando ocurren estas crisis, los flujos financieros de corto plazo se contraen y por ende, la cuenta corriente tiene que ajustarse. Estos ajustes suelen tener efectos no deseados, ya que implican cambios importantes de precios relativos y ajustes en la actividad económica. En este sentido, la IED es más estable y, en cierta forma, actúa como el freno hasta donde se ajusta la cuenta corriente (ver Gráfico 1.1).

En el gráfico se aprecia cómo la región ha venido atrayendo más flujos de IED y, a partir de 2003, estos flujos, como fracción de la economía de los países, han continuado creciendo en la región, en comparación con los países grandes de Latinoamérica. Sin embargo, a pesar de atraer más flujos, la cuenta corriente continúa registrando déficits. Por lo tanto, cabe preguntarse sobre la posibilidad de un nuevo ajuste en la cuenta corriente y la continuidad de los flujos de IED.

En esta sección, se revisará el desempeño macroeconómico reciente de la región. A partir de allí, el capítulo se enfoca en el sector externo, analizando, en primer lugar, la cuenta corriente y luego, su financiamiento. El capítulo concluye con algunas reflexiones finales.

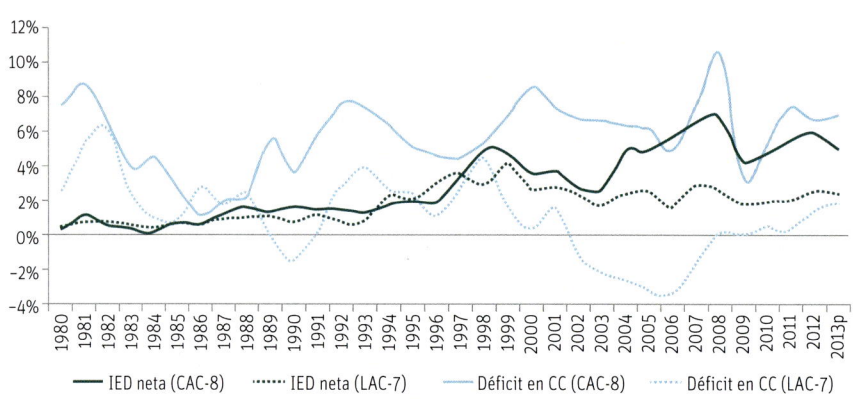

GRÁFICO 1.1 Cuenta corriente e inversión extranjera directa (% PIB)

Fuente: FMI PEM (octubre de 2014).

El desempeño reciente de la economía de Centroamérica, Panamá y República Dominicana

La región de Centroamérica, República Dominicana y Panamá se encuentra en un momento relevante en términos de política económica. Luego de la crisis financiera internacional, la región parecería converger a un nuevo equilibrio de crecimiento bajo, con importantes déficits en los balances fiscales y en las cuentas externas.

A raíz de la crisis económica y financiera, los países han recuperado el crecimiento, pero a tasas inferiores a las registradas antes de la crisis. Con cifras preliminares, se espera que el año 2014 cierre con un crecimiento promedio regional del producto interno bruto (PIB) de 3,7%, y en los próximos seis años, se estima la misma expansión promedio (ver Gráfico 1.2). Esta cifra es la misma que el promedio histórico (1980-2013) de crecimiento de la región (3,7%), que implica un crecimiento real per cápita de 1,5%, insuficiente para converger al ingreso per cápita de países desarrollados.

Este contexto de crecimiento bajo complica una situación fiscal deficitaria. A pesar de las reformas tributarias que han tenido lugar hace algunos años, los gobiernos centroamericanos aún no alcanzan los niveles de captación tributaria previos a la crisis. A lo anterior se suma el importante aumento del gasto público como respuesta a la coyuntura mundial (que ha pasado de un promedio de 21% del PIB en el período anterior a la crisis, 2004-2008 a un 23% del PIB a finales del año 2013), cuya mayor contribución proviene del aumento de su componente rígido. Bajo estas circunstancias, al cierre del año 2013, el déficit fiscal promedio

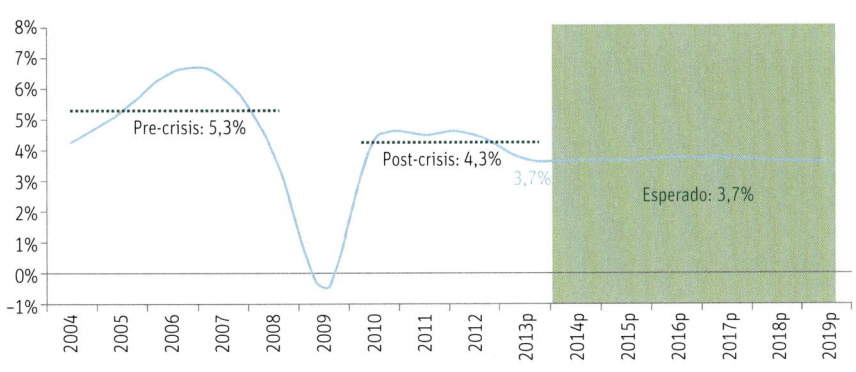

GRÁFICO 1.2 Crecimiento promedio anual PIB (%): Centroamérica, República Dominicana y Panamá

Fuente: FMI PEM (octubre de 2014).

de la región ascendió a 3,5% del PIB, equivalente a 1,9 puntos porcentuales por encima de su valor promedio en el período 2004-2008[2].

Otra fuente de vulnerabilidad macroeconómica que enfrenta Centroamérica, República Dominicana y Panamá es su déficit externo. La fuerte apertura de los países de la región hace que estos sean vulnerables a los choques en los mercados internacionales, particularmente en el caso de los precios de los alimentos y el petróleo. Entre los años 2001 y 2013, la región convivió con un déficit promedio en cuenta corriente de 6,6% del PIB (con el mayor déficit en el año 2008, que fue de 10,5% del PIB)[3].

Esta situación ha sido posible gracias a la política monetaria expansiva de los países desarrollados que planteó un entorno internacional con excedente de liquidez. Por tanto, se observa cómo la región se ha decantado por financiar el déficit con mayor volumen de deuda externa (particularmente, con madurez mayor a cinco años)[4]. Igualmente, la disponibilidad de liquidez ha permitido el financiamiento de la cuenta corriente en un contexto determinado: si bien la IED creció, no creció lo suficiente como para mantener su importancia relativa en el financiamiento de la cuenta corriente.

El contexto actual presenta oportunidades y amenazas. Una eventual mejoría de algunos países industrializados, en particular de los Estados Unidos, implicaría una mayor demanda de exportaciones de la región. Igualmente, si el mundo se mueve hacia un equilibrio de precios bajos de bienes primarios, esto permitiría menores importaciones. Sin embargo, esta mejoría en la actividad económica de los países industrializados abriría las puertas al retiro del estímulo monetario y, en consecuencia, al riesgo de un posible aumento de las tasas de interés a escala global y generando dudas sobre la sostenibilidad de la deuda pública. Dentro de este contexto, la región se encuentra frente a grandes retos, como el de dar respuesta a cómo financiar el déficit en cuenta corriente en los tiempos venideros y cómo enfrentar una posible detención repentina de entrada de capitales o *sudden stops*, que han afectado a la región en el pasado. En este momento, la región encara una ventana de oportunidad para realizar reformas graduales que preparen a los países frente a un contexto internacional incierto.

---

[2] Como se analiza en Izquierdo y Manzano (2012), las variaciones de precios de los productos primarios tienen impactos relativamente menores. Por lo tanto, si la economía global se mueve hacia un equilibrio de precios bajos de los productos primarios, la ganancia fiscal es reducida.

[3] En el año 2008, Nicaragua, Honduras y Panamá se destacaron en toda la región al alcanzar un déficit en cuenta corriente de 17,7%, 15,4% y 10,9% del PIB, respectivamente.

[4] Si bien la proporción de deuda pública en Costa Rica, Honduras, Nicaragua y República Dominicana está compuesta por un rango de entre el 40% y el 50% de deuda de menos de cinco años, la región cuenta, en promedio, con prácticamente el 35% de deuda de mediano a largo plazo.

CUADRO 1.1 Condiciones iniciales de vulnerabilidad a *sudden stops*

País	1997 DPD	1997 Déficit en CC	1997 Déficit fiscal	2007 DPD	2007 Déficit en CC	2007 Déficit fiscal	2013 DPD	2013 Déficit en CC	2013 Déficit fiscal
Belice	11,1%	4,9%	2,7%	4,2%	4,0%	0,7%	3,9%	4,5%	2,3%
Costa Rica	6,6%	3,6%	2,7%	17,0%	6,3%	−0,3%	21,0%	5,1%	5,6%
El Salvador	N/A	0,9%	1,8%	N/A	6,1%	1,3%	N/A	6,5%	3,7%
Guatemala	4,1%	3,9%	0,8%	11,1%	5,2%	1,4%	16,3%	2,7%	2,1%
Honduras	13,1%	3,1%	1,0%	20,2%	9,1%	1,6%	19,5%	9,0%	7,6%
Nicaragua	17,2%	19,2%	0,6%	23,6%	16,5%	−1,6%	25,1%	11,4%	0,6%
Panamá	N/A	−0,7%	0,8%	N/A	8,0%	−3,4%	N/A	11,9%	3,0%
Rep. Dominicana	1,9%	0,8%	1,1%	5,5%	5,0%	−0,1%	9,2%	4,0%	3,6%
CAC-8	9,0%	4,5%	1,4%	13,6%	7,5%	−0,1%	15,8%	6,9%	3,5%
LAC-7	9,8%	2,8%	1,7%	6,8%	−1,5%	−0,3%	8,0%	1,8%	3,7%

Fuente: Bancos Centrales, Secretaría Ejecutiva del Consejo Monetario Centroamericano, E.L. Yeyati Database (2010), FMI PEM (2014).
Nota: DPD = Dolarización de pasivos internos. CC = Déficit en cuenta corriente. N/A = No Aplica. CAC-8: Centroamérica, República Dominicana y Panamá. LAC-7: Argentina, Brasil, Chile, Colombia, México, Perú y Venezuela.

La literatura macroeconómica confirma que la dolarización de pasivos internos incrementa la probabilidad de que ocurra una detención repentina de entrada de capitales, dadas las disparidades de divisas originadas por cambios en la composición de la deuda, poniendo en relieve una menor capacidad de asumir deuda de mayor madurez en moneda local[5]. De igual forma, estudios como el de Efremidze (2009) y Efremidze y Tomohara (2011) sugieren que un agravamiento del doble déficit, fiscal y de cuenta corriente, genera presiones cambiarias en favor de la devaluación, por lo que los inversionistas tienden a retirar sus capitales del país. De allí que, al tomar en cuenta estos indicadores, se observa que actualmente existe una mayor fragilidad en la región de Centroamérica, República Dominicana y Panamá, es decir, una postura en dolarización de pasivos internos y un déficit fiscal mayor que en el escenario inicial a la crisis de 2008, y una situación general más grave que el escenario previo a la crisis de 1998 (ver Cuadro 1.1). Incluso, los créditos otorgados en moneda extranjera por otras sociedades de depósitos, distintas al Banco Central, evidencian un aumento en la región durante los últimos dos años (alcanzando un valor preliminar cercano al 19%), lo que pone en relieve la menor capacidad regional para estabilizar los activos externos netos.

---

[5] Ver, por ejemplo, Calvo *et al.* (2008) y Caner *et al.* (2009).

Al contrastar con otros países de Latinoamérica (representados en LAC-7), se observa que la situación actual es más delicada para Centroamérica, lo que no era tan evidente en el año 1997. Por lo anterior, surge la necesidad de reflexionar sobre las acciones para enfrentar los posibles choques externos y los efectos que tendría la ralentización del estímulo cuantitativo por parte de los Estados Unidos sobre los flujos externos de financiamiento a la región. Hoy en día, la posibilidad de una reversión de flujos de capitales podría amenazar los espacios ganados por la región en materia de apalancamiento financiero; además, a grandes rasgos, las condiciones fiscales y de cuenta corriente de estos países han desmejorado en comparación con su situación frente a las crisis financieras anteriores.

Estudios pasados del BID han discutido en detalle el tema de la situación fiscal[6]. Ante coyunturas económicas desfavorables, es ideal que las respuestas fiscales inmediatas se concreten a través de gastos flexibles[7]. No obstante, la evidencia confirma que en respuesta a la crisis financiera de 2008, los países de la región ejecutaron gastos de relativa rigidez, es decir, aumentaron principalmente las remuneraciones y las transferencias corrientes. A excepción de Panamá, en el promedio regional, el 80% del aumento del gasto entre 2007 y 2010 fue de naturaleza inflexible, al tiempo que el gasto de inversión de la región fue menor. Si bien la respuesta fiscal amortiguó los impactos negativos en los ingresos, dejó a la región en un nivel de gasto de difícil reversibilidad a la baja y sin condiciones claras de salida.

El escenario fiscal actual, junto con la posible mejoría de los países desarrollados, plantea la necesidad de ejecutar un proceso de ajuste fiscal, para recuperar el espacio necesario para hacer una política contracíclica y garantizar la sostenibilidad de la deuda. Esto no solo implica generar mayores ingresos, sino lograr una eficiente focalización y redistribución del gasto en el futuro próximo. Ello apunta a la necesidad de una cuidadosa planificación que contemple los impactos sobre las finanzas públicas y sobre la calidad en la entrega de servicios públicos que, a su vez, esté ajustada a las circunstancias de cada país, que corrija los arreglos institucionales y dote de más transparencia al gasto, y que reduzca sus componentes rígidos y mejore su focalización sin disminuir el bienestar social[8].

---

[6] Ver, por ejemplo, Izquierdo y Manzano (2012); Izquierdo *et al.* (2013); Cuevas *et al.* (2014); y Gutiérrez y Manzano (2014).
[7] De fácil remoción una vez que el impacto negativo se disipe. En principio, esa es la función de los llamados estabilizadores automáticos (instrumentos poco comunes en la región).
[8] Algunas estimaciones indican que las potenciales ganancias de eficiencia por mejor focalización del gasto son de aproximadamente el 2% del PIB regional (equivalente al 9% del gasto central).

De manera similar, se ha analizado la situación de los mercados financieros. Dada la repentina ausencia de financiamiento, la región redujo abruptamente su déficit externo durante la última crisis financiera, dejando expuesta la insuficiencia de su actual regulación financiera, orientada a asegurar la solidez de las instituciones financieras individuales. Ante la latente exposición a *sudden stops*, y considerando la asociación positiva de los flujos financieros con el comportamiento crediticio, se ha sugerido que puede ser beneficioso para la región implementar o profundizar medidas macro prudenciales como las provisiones dinámicas contracíclicas y los requerimientos de encajes. Ahora bien, esos instrumentos no serán plenamente efectivos en sí mismos. La mayor ventaja se dará cuando la región sea capaz de manejar información oportuna y adecuada sobre la cartera de créditos de los bancos y adopte medidas complementarias que reduzcan los incentivos bancarios a retener liquidez en circunstancias donde deberían canalizarlo a crédito. Por ahora, sigue siendo clave que los países de la región tengan acceso a fuentes internacionales de liquidez como medida de precaución.

Sin embargo, un tema que no se puede dejar de lado es la situación del sector externo. Como se mencionó anteriormente, la región se caracteriza por tener altos déficits de cuenta corriente que tradicionalmente se financiaban con IED. Cabe preguntarse qué ha pasado con esa cuenta corriente y qué se puede esperar de su financiamiento.

La dinámica de la cuenta corriente

Uno de los factores que dan razón del balance negativo en cuenta corriente, que en el año 2013 promedió 6,9% del PIB regional, es el déficit en la balanza comercial; dicho déficit pasó de representar el 11,7% del PIB regional en el año previo a la crisis financiera de 1998 a representar el 20,8% en el año 2007 y 17,4% en el año 2013. Esto es posible dado que, entre 1997 y 2013, el valor de las exportaciones de bienes de la región aumentó solo un 70% del crecimiento experimentado por el valor de sus importaciones de bienes.

En esta balanza comercial, los bienes primarios todavía cumplen una función predominante, lo que deja a la región expuesta a los vaivenes de los mercados internacionales de estos bienes. En este sentido, hay que destacar la tendencia creciente de la importación petrolera, que luego de representar, en promedio, el 2,8% del PIB de la región en el año 1997 (7,9% de sus importaciones), actualmente ha alcanzado hasta el 7% del PIB (17,9% de sus importaciones). Por su parte, los ingresos de la región por comercialización de bienes se expresan en la exportación no petrolera, que al año 2013 representó el 15,5% del PIB regional. En particular, en esta última década, la región le continúa debiendo poco más de dos tercios de sus

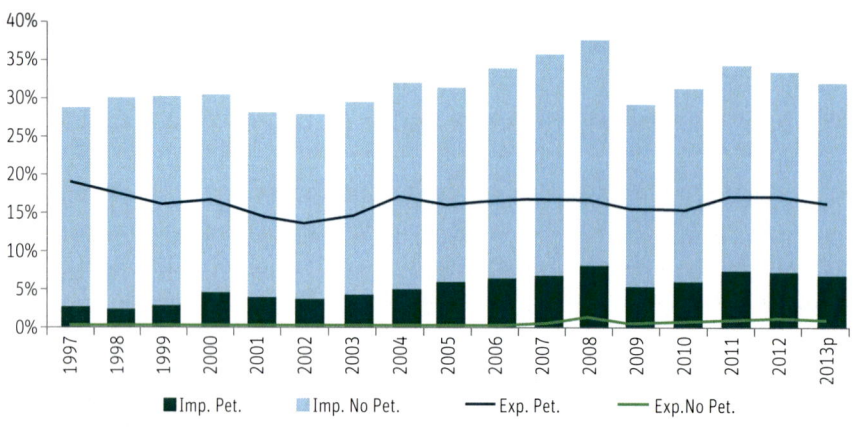

GRÁFICO 1.3 Balanza comercial petrolera y no petrolera (% PIB): Centroamérica, República Dominicana y Panamá

Fuente: FMI PEM (octubre de 2014).

ingresos comerciales a la venta de productos primarios (42%) y de manufacturas básicas (26%). Por lo tanto, si el mundo se mueve hacia un nuevo equilibrio de precios de productos primarios bajos, los efectos en la región serían mixtos, ya que afectarían tanto las exportaciones como las importaciones[9].

Ahora bien, la no recuperación de los flujos de ingresos de las remesas a los niveles previos a la crisis también ha incidido en este resultado externo. Usualmente, los traspasos acreditados por concepto de ingresos de remesas tratan de compensar la hoja de balance comercial; sin embargo, desde la crisis financiera de finales de los noventa hasta el año 2013, se estima que aproximadamente 9,8 puntos porcentuales del peso de la balanza comercial sobre el PIB regional no logra ser compensado por estos ingresos; y esta situación, salvo en la crisis de 2008, prácticamente no ha sufrido cambios en estos últimos tiempos.

Por otro lado, el ingreso de remesas sí se ha incrementado: ha pasado de representar el 3,8% del PIB regional en 2009 a 8,1% en 2013; esto demuestra que el aumento de la balanza comercial ha sido absorbido en buena parte por esta partida. Con una dependencia todavía importante de los traspasos de remesas, de concretarse un menor dinamismo en el empleo de hispanos y latinos en los Estados Unidos en los próximos años, se podría acentuar aún más la fragilidad de la cuenta externa regional.

---

[9] Este escenario ha cobrado fuerza a raíz de la fuerte baja del precio del petróleo a partir de mediados del año 2014.

GRÁFICO 1.4 Balanza comercial e ingreso de remesas (% PIB): Centroamérica, República Dominicana y Panamá

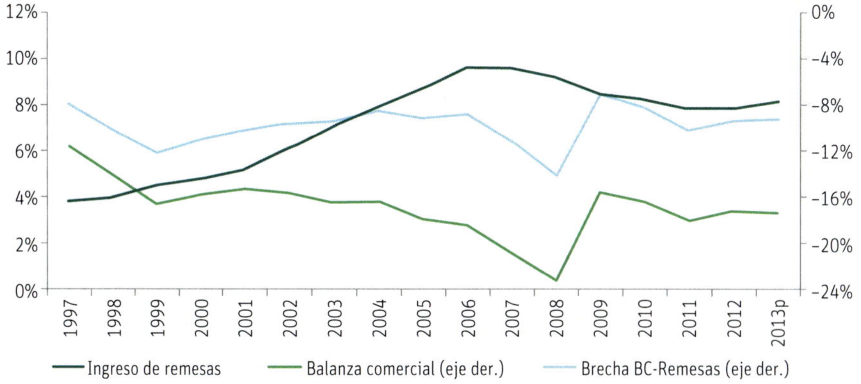

— Ingreso de remesas   — Balanza comercial (eje der.)   — Brecha BC-Remesas (eje der.)

Fuente: Banco Mundial, FMI PEM (octubre de 2014) y Secretaría Ejecutiva del Consejo Monetario Centroamericano.

Con la situación descrita, es claro que persiste una preocupación cada vez mayor por la falta de dinamismo de la composición de la canasta exportadora, un escenario que se agudiza por la fuerte concentración geográfica de los destinos de las exportaciones de la región (ver Cuevas *et al.*, 2014). El grado de complementariedad que existe entre los patrones de especialización de los países, el tamaño del mercado destino, la cercanía geográfica y las políticas comerciales preferenciales han incidido en la orientación exportadora de la región.

Para el año 2012, la cuota de exportación desde Centroamérica y República Dominicana hacia los países miembros del Tratado de Libre Comercio de América del Norte (Canadá, Estados Unidos y México) representó alrededor del 48% del total exportado; hacia la misma región se exportó el 24% del total y hacia la Unión Europea cerca del 12,4% del total. Más allá de la concentración comercial, el elemento agravante es que los principales destinos de las exportaciones son mercados en relativo declive, pues incluso en el período anterior a la crisis, las importaciones desde esos mercados (los Estados Unidos, la Unión Europea y la propia región) crecieron una tasa anual promedio inferior a la mundial (15%), dando muestras de pérdida de cuota de mercado para la región. Ante esta realidad, cabe notar que aún no han sido explotadas en su totalidad las oportunidades que ofrecen los tratados comerciales firmados en los últimos años por los países centroamericanos, al tiempo que cobra relevancia el diseño de un nuevo mapa comercial, donde la región se involucre con mayor profundidad en los mercados de Asia y América del Sur.

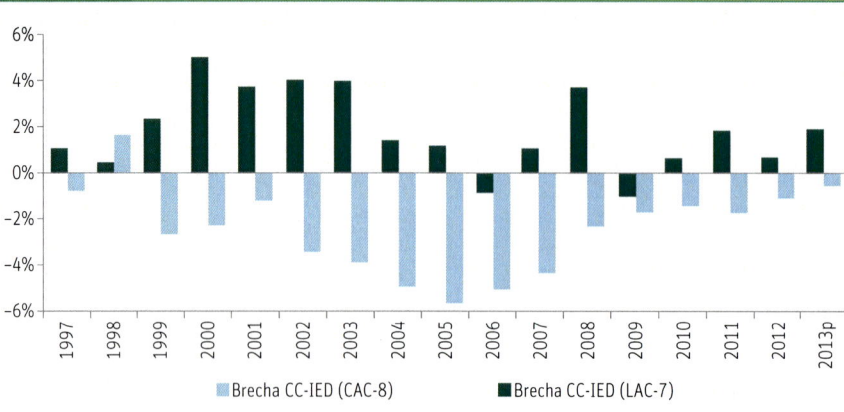

GRÁFICO 1.5 Balance en cuenta corriente e IED (brecha como % PIB)

■ Brecha CC-IED (CAC-8)   ■ Brecha CC-IED (LAC-7)

Fuente: FMI PEM (octubre de 2014).

El financiamiento de la cuenta corriente

Por muchos años, en especial luego de adoptar el modelo de desarrollo exportador desde la década de los ochenta y con la mejora de la economía mundial de inicio de los noventa, la principal fuente de financiamiento del déficit en cuenta corriente de la región ha sido la IED. Esto de hecho contribuye a que el riesgo de un *sudden stop* sea menor. Si se replantea la variable de riesgo del Cuadro 1.1 como la diferencia entre la cuenta corriente y la IED, se observa que la brecha es menor (ver Gráfico 1.5).

En el año 2013, la brecha entre el déficit en cuenta corriente y la IED ha aumentado, alcanzando un promedio regional de 1,9% del PIB frente al 1% del nivel inmediato a las crisis financieras de 1998 y 2008. Con ello, en los últimos años (2010-2013), la brecha entre el déficit en cuenta corriente y la IED ha promediado 1,3% del PIB regional, es decir, la IED pudo financiar cerca del 80,7% del déficit externo en el período posterior a la crisis. Sin embargo, este número es menor en 8,6 puntos porcentuales que el déficit externo financiado por la IED antes de la crisis (entre 2004 y 2007).

Por consiguiente, Centroamérica, República Dominicana y Panamá se encuentran en una situación de mayor vulnerabilidad externa a los capitales de corto plazo respecto de las condiciones iniciales a las crisis anteriores, donde la brecha de déficit era menor. Además, si se aplica el mismo criterio a los siete países más grandes de Latinoamérica (LAC-7), se observa que el resto de los países cuentan, en promedio, con una IED compensadora del déficit externo. Así, Centroamérica va mostrando características particulares que requieren especial atención y que la deslindan del resto de países de Latinoamérica.

| CUADRO 1.2 | *Clusters* según inversión de cartera y su volatilidad |

	2006–2009			2010–2014	
Clusters	Inversión de cartera y otras (% PIB)	Volatilidad (pp)	Clusters	Inversión de cartera y otras (% PIB)	Volatilidad (pp)
Belice, Costa Rica, El Salvador, Guatemala, Panamá y Rep. Dom.	0,3%	6,0%	Belice, Costa Rica y Panamá	−1,8%	4,9%
Honduras y Nicaragua	−5,8%	17,5%	El Salvador, Guatemala, Honduras y Rep. Dom.	2,6%	4,7%
			Nicaragua	6,1%	6,1%

Fuente: FMI PEM (octubre de 2014).

La ampliación de la brecha del déficit no financiado por la IED ha contribuido a complicar el panorama de la región centroamericana respecto del de otros países latinoamericanos. La vulnerabilidad a los capitales de corto plazo es mayor en este momento, revelando la existencia de riesgos de interrupciones repentinas de flujos de capitales más pronunciadas para Centroamérica, sobre todo al tomar en cuenta un posible incremento, mayor al observado en las tasas de interés de los países desarrollados o en caso surja una nueva crisis financiera mundial. Tal y como ocurrió en el año 2009, lo anterior podría obligar a los gobiernos centroamericanos a reducir drásticamente sus déficits de cuenta corriente, debilitando aún más el crecimiento regional.

En el Cuadro 1.2, se observa una reclasificación en el posicionamiento externo financiero desde el período previo y durante la crisis (2006–2009) hasta el período posterior a la crisis (2010–2014)[10]. Entre 2006–2009, la volatilidad y el balance de inversión de corto plazo de Honduras y Nicaragua distaron del resto de los países de la región (quienes demostraron tener una mayor similitud entre sus

---

[10] Los resultados mostrados en el Cuadro 1.2 surgen de un análisis de conglomerados o clústeres utilizando las series de la proporción del saldo en inversiones de cartera y otras inversiones de la balanza de pagos sobre el PIB y su volatilidad; esta última es medida a través del componente cíclico dado por el valor observado menos su tendencia, usando el filtro Hodrick-Prescott. Para conseguir los clústeres, el primer paso fue hallar las distancias euclidianas relativas entre cada país y/o grupos encontrados. Luego, se enlazaron los países y/o grupos con su vecino más cercano. Lo anterior se realizó recursivamente hasta que cada país tuvo su asociación vecina.

cuentas financieras, entendiéndose que contaban con características parecidas de financiamiento externo para enfrentar el impacto en cuenta corriente). Luego de la crisis, los cambios en la dinámica de financiamiento externo son evidentes. En Belice, Costa Rica y Panamá se promedia una reducción en el uso de estos capitales, cónsona con el menor déficit externo de los dos primeros; sin embargo, no dejan de enfrentarse a una elevada volatilidad. En el caso de El Salvador, Guatemala, Honduras y República Dominicana, se sigue observando una alta volatilidad al tiempo que hacen mayor uso de sus cuentas de inversiones de corto plazo, posiblemente por la caída que han experimentado, en promedio, sus transferencias netas de capital al país. Además, se confirma que Nicaragua sigue asimilando la mayor volatilidad y dependiendo de captaciones netas de corto plazo, tanto porque desde 2006 hasta la actualidad promedia el déficit más alto de cuenta corriente en la región (12,6% del PIB), como porque cuenta con un alto nivel de transferencias de capital y mayores recursos concesionales.

Estos datos demuestran que las distinciones en el acceso a activos externos y a la captación de inversión de corto plazo llevaron a un reacomodo en el endeudamiento externo, acarreando condiciones de financiamiento particulares que dificultan una misma respuesta regional ante los déficits.

Por ahora, la entrada de capitales a Centroamérica, República Dominicana y Panamá les ha permitido promediar una mejor relación entre las reservas externas y la deuda de corto plazo (el llamado indicador Guidotti-Greenspan)[11], dando a entender que hay reservas capaces de amortiguar, en alguna medida, un retiro de capital extranjero de corto plazo (en particular, las reservas de la región en el año 2012 equivalían, en promedio, a 2,9 veces su deuda de corto plazo, excluyendo a Belice,)[12]. Sin embargo, dicho valor para la región es más bajo que lo reflejado en otras economías latinoamericanas como, por ejemplo, Brasil, Colombia, México y Perú, que tienen reservas para respaldar hasta seis veces su deuda. En otras palabras, hay cierto margen por lo que respecta a la disponibilidad de activos externos, pero es un resultado que debe tomarse con cautela. Hay que mejorar estos indicadores y tomar las precauciones necesarias ante una eventual caída en la entrada de capitales.

Por otro lado, esta situación subraya la necesidad de entender mejor la IED. La promoción de la IED desde la región se ha enfrentado a circunstancias nada triviales.

---

[11] Este indicador establece que las reservas de un país deberían equivaler al menos a su deuda de corto plazo, de un año o menos de madurez, para tener reservas suficientes para enfrentar una masiva salida de capital extranjero. Pasó a entenderse como una regla cuando Pablo Guidotti y Alan Greenspan propusieron públicamente la idea en el año 1999 (ver Greenspan, 1999).
[12] Ver Gutiérrez y Manzano (2014).

El llamado continuo, activo y pasivo a la IED por parte de los países de la región se ha hecho a través de la reducción de aranceles, de planteamiento de cambios en medidas normativas, de intentos de mejoras en la competitividad, de la difusión de oportunidades locales (canalizadas mediante la creación de agencias especializadas de promoción de inversiones), de la firma de tratados de libre comercio (para ampliar el acceso a los mercados), de incentivos fiscales y creación de zonas francas, con la finalidad de potenciar el crecimiento económico dentro de una dinámica de integración y apalancamiento de los procesos de desarrollo productivo.

En la primera década de este siglo, el comercio intrarregional se fue consolidando al tiempo que se crearon oportunidades para invertir en los mercados locales. Se captó relativamente más IED que en los períodos previos inmediatos, pero poco se sabe sobre la calidad e impactos de desarrollo de la inversión atraída. Por lo tanto, en un complicado entorno económico y político, y de violencia, cabe preguntarse si será posible una atracción de IED a mayor escala que permita compensar el déficit en cuenta corriente, añadiendo una mayor exigencia en cuanto a la calidad de la IED.

Los retos a futuro

Más allá de la función que desempeña la IED en el financiamiento del sector externo de los países, existe la idea de que su atracción contribuye al crecimiento económico mediante el estímulo de la productividad, y el desarrollo de nuevas capacidades físicas y humanas (transferencias de nuevo capital físico, inversión en capital humano, entre otros). Sin embargo, la IED tiene efectos colaterales que no siempre son del todo claros. Por mencionar un ejemplo, la promoción activa de la IED a través de incentivos fiscales (caso de las zonas francas) sigue siendo hoy en día práctica usual en los países de la región, pero hay evidencia de que el costo de este mecanismo de atracción viene excediendo acumulativamente el valor, patrimonio e inversión de las empresas receptoras; y dada la eliminación de los incentivos tradicionales a la promoción de exportaciones para el año 2015 (en el marco de los Acuerdos de la Organización Mundial del Comercio), es necesario volver a plantearse la efectividad de este instrumento.

Desde esta óptica, los países de la región se ven obligados a observar los reglamentos internacionales establecidos por la OMC. Sin embargo, junto a la dependencia de IED como insumo para preservar el modelo de desarrollo productivo-exportador, el deseo regional por querer extender los beneficios tributarios ha llevado a amenazas fiscales que presentan un nuevo desafío. Si bien los efectos positivos de la IED podrían justificar el uso de incentivos fiscales, el país receptor dejaría de recaudar ingresos por motivos de impuestos. En el caso de la región, donde la recaudación tributaria continúa siendo insuficiente para financiar el gasto fiscal, los sistemas de incentivos para la subvención de exportaciones podrían resultar bastantes costosos, y un incremento en el número de incentivos aplicados podría conllevar a una mayor erosión de la base tributaria. Por su parte, economías donde el gasto tributario en el impuesto sobre la renta sea importante pero donde, a su vez, las cargas tributarias sean muy bajas, exacerban el impacto que tienen estas pérdidas fiscales[13]. De allí que resulta fundamental que la región comience a otorgar la importancia merecida a un modelo adaptado a las nuevas normas, que pueda potenciar las sinergias locales (por ejemplo, a través de la mejora de las agencias para la promoción de la inversión), así como examinar abiertamente la aplicación más certera de políticas de desarrollo productivo.

La reflexión sobre cuál debe ser la prioridad de ahora en adelante para mejorar la competitividad, lograr el crecimiento a través de la atracción de IED y promover encadenamientos productivos, será tema de gran interés en los tiempos por venir[14]. Los países centroamericanos deben comenzar a asumir seriamente políticas locales de encadenamientos, complementarias e integradas con la atracción de IED. Una opción para ello es que la región se suba en la ola de las llamadas multilatinas (multinacionales originadas en Latinoamérica), como fenómeno que ha cobrado relevancia reciente en la generación de flujos de IED[15]. Lo interesante de las multilatinas es que la evidencia sugiere que no siempre invierten en sectores beneficiados por incentivos fiscales (por lo que se podría pensar que pueden sobrevivir al nuevo contexto internacional), y su inversión en sectores muy encadenados podría generar ganancias de eficiencia, impactando positivamente en la competitividad de la región. El rezago que sufre Centroamérica, Panamá y República Dominicana en cuanto a este fenómeno es señal de alerta para asumir el reto de incrementar el flujo de IED proveniente de ellas, actores con un grado de madurez significativo y que pueden encarar inversiones de gran escala.

En este contexto global, debe realizarse un análisis más profundo en cuanto a los beneficios netos de la IED. El mensaje principal es que no es posible asumir que la atracción de IED es en sí misma plenamente ventajosa. La evidencia empírica sugiere que se trata de un conjunto de factores locales y externos los que finalmente determinarán sus ventajas (ver Cuevas *et al.*, 2014; Gutiérrez y Manzano, 2014). La apertura comercial, la promoción de capital humano, la creación de infraestructura, la innovación, el desarrollo de los mercados financieros y la mejora en el clima de

---

[13] Por ejemplo, ver Barreix y Velayos (2012).
[14] Este libro se enfoca en la atracción de inversión extranjera directa y no considera ciertas prácticas usuales en los negocios, como pueden ser los emprendimientos conjuntos, las alianzas estratégicas o las franquicias.
[15] En los primeros cinco años de la década de 2000, los países de Latinoamérica invirtieron más en el exterior que en los veinte años previos (1980–2000). En la segunda mitad de esa década, la IED originada en Latinoamérica se triplicó (y en el mundo entero se duplicó).

negocios deben acompañar las políticas de atracción. Estas condiciones están bajo el control de los hacedores de política que, junto con las recomendaciones y lecciones aprendidas en esta materia, se espera cuenten con información más certera de los pasos que deben seguir, dadas las expectativas económicas. No obstante, la región no puede desatenderse del riesgo asociado a la debilidad que han mostrado las economías desarrolladas y a los efectos de arrastre que las coyunturas mundiales tienden a tener sobre las economías pequeñas.

Referencias

Barreix, A. y F. Velayos (2012). "Cómo sobrevivir a la competencia tributaria". XXIX Reunión de COSEFIN, Punta Cana – República Dominicana, julio.

Calvo, G., A. Izquierdo y L.F. Mejía (2008). "Systemic Sudden Stops: The Relevance of Balance-Sheet Effects and Financial Integration". *Research Department Publications 4581 of Inter-American Development Bank*. Washington, D.C.: Banco Interamericano de Desarrollo.

Caner, M., F. Koehler-Geib y G. A. Vincelette (2009). "When Do Sudden Stops Really Hurt?". *Policy Research Working Paper 5021*. Washington, D.C.: Banco Mundial.

Cuevas, M., O. Manzano y C. Rodríguez (2014). "Promoviendo la transformación productiva: políticas de desarrollo productivo en Centroamérica y República Dominicana". *CID-BID*. Washington, D.C.: Banco Interamericano de Desarrollo.

Efremidze, L. (2009). "Sudden Stops, Currency Crises and Twin Deficits". CIEPS Dissertations. *Department of Economics of Claremont Graduate University*. Claremont, CA: Claremont Graduate University.

FMI (2014). "Perspectivas Económicas Mundiales". Washington, D.C.: Fondo Monetario Internacional, octubre 2014.

Efremidze, L. y A. Tomohara (2011). "Have the Implications of Twin Deficits Changed? Sudden Stops over Decades". *International Advances in Economic Research*, 17(1), págs. 66–76.

Foro Económico Mundial (2014). *The Global Competitiveness Report 2014–2015*. Ginebra: Foro Económico Mundial.

Greenspan, A. (1999). "Currency reserves and debt". Remarks before the World Bank Conference on Recent Trends in Reserves Management, Washington, D.C. (abril de 1999).

Gutiérrez, P. y O. Manzano (2014). "¿Tiempo de ajustar el rumbo? Opciones de políticas ante el cambio en el entorno externo en Centroamérica y República Dominicana". *Reporte Macroeconómico CID-BID*. Washington, D.C.: Banco Interamericano de Desarrollo.

Izquierdo, A. y O. Manzano (2012). "El mundo cambió: ¿cambiará el crecimiento en Centroamérica? Desafíos y oportunidades", *Reporte Macroeconómico CID-BID*. Washington, D.C.: Banco Interamericano de Desarrollo.

Izquierdo, A., R. Loo-Kung y F. Navajas (2013). "Resistiendo el canto de las sirenas financieras en Centroamérica", *Reporte Macroeconómico CID-BID*. Washington, D.C.: Banco Interamericano de Desarrollo.

Yeyati, E. L. (2010). "Deposit dollarization and dollarization restrictions". Dataset (2010 update), http://www.utdt.edu/download.php?fname=_128265883645951200.xls.

Anexo
Competitividad y desarrollo productivo en Centroamérica, Panamá y República Dominicana

La región enfrenta la necesidad de una creciente armonización e integración dentro de un mundo cada vez más globalizado. Al mismo tiempo, la apertura económica y la globalización ofrecen oportunidades para promover el crecimiento económico y reducir la pobreza. La adopción de una estrategia de competitividad a nivel regional es imprescindible para aprovechar las oportunidades que ofrece esta coyuntura, de forma que los esfuerzos de los países se consoliden mutuamente. Asimismo, el enfoque debe tener un carácter sistémico, identificando y promoviendo los factores que, entretejidos a nivel social, económico y cultural, promueven la competitividad. Un enfoque sistémico de la competitividad intenta responder a la pregunta crucial siguiente: ¿Qué tipo de estructura organizacional, conjunto de normas sociales, límites y formas de funcionamiento del mercado, relación Estado-sociedad y condiciones generadoras de eficiencia productiva, es necesaria para promover la competitividad en la región?

Por tanto, la competitividad se correlaciona con el conjunto de factores que determinan el nivel de productividad que, a su vez, establece el nivel de bienestar que puede alcanzarse. Esta influencia ocurre a través de múltiples canales, aunque uno de los más prominentes es la rentabilidad de las inversiones en una economía que es en sí misma un factor determinante del ritmo de crecimiento. Las economías altamente competitivas tienden a crecer más rápidamente y, en consecuencia, generan los espacios necesarios para el aumento del bienestar y la reducción de la pobreza. Se desprende de esto que el enfoque sistémico de la competitividad tiene aspectos tanto estáticos como dinámicos.

Luego de desarrollar el concepto de competitividad, sigue el reto de su medición. El Foro Económico Mundial ha desarrollado una metodología de medición de la competitividad que permite dar seguimiento a la evolución de los países a través del tiempo y, simultáneamente, realizar comparaciones entre países. El índice del Foro Económico Mundial cuenta con doce pilares que buscan capturar el carácter sistémico de la competitividad en sus distintas facetas. Asimismo, el índice agrupa dichos pilares en tres grupos: (i) aquellos que son considerados básicos y que se asocian con la posibilidad de acumular factores de producción en la economía; (ii) los pilares que inciden sobre la eficiencia económica; y (iii) los pilares que determinan la sofisticación y posibilidades de innovación presentes en una economía.

Los pilares básicos incluyen las instituciones, infraestructura, entorno macroeconómico, y salud y educación primaria. Los potenciadores de eficiencia económica incluyen la educación y la formación superior, la eficiencia del mercado de bienes, la eficiencia del mercado laboral, el desarrollo del mercado financiero, el estado de preparación tecnológica y el tamaño del mercado interno. Finalmente, los factores de innovación y sofisticación consideran el nivel de sofisticación para hacer negocios, así como los sistemas para la innovación en el sector público y el privado.

En los países de la región, la orientación general de las reformas procompetitivas debería basarse principalmente en la aplicación de políticas de desarrollo productivo (PDP) de carácter horizontal, utilizando políticas verticales con carácter excepcional. Las PDP horizontales son aquellas que buscan influir sobre la totalidad de las actividades económicas, sin hacer distinción por sectores. Por otra parte, no se descarta por completo el uso selectivo de las PDP verticales, que buscan influir sobre sectores económicos predeterminados. Esta recomendación se deriva, en parte, del nivel de desarrollo institucional de los países, pues la experiencia indica que el marco institucional necesario para implementar políticas horizontales tiende a ser más sencillo y es menos vulnerable a la captura por grupos de interés que en el caso de políticas verticales.

Otro hallazgo importante está relacionado con las deficiencias de la infraestructura pública en la región. En este contexto, se identifican dos restricciones importantes: las limitaciones de los recursos fiscales y el subdesarrollo de los mercados financieros locales. La experiencia con la privatización y la desregulación mostró que la participación del sector privado en la inversión y gestión facilita la oferta de infraestructura. Sin embargo, aún existen marcos legales y regulatorios frágiles. Asimismo, faltan instancias para la movilización de fondos a fin de completar con éxito grandes proyectos de infraestructura.

Un área donde se detectan debilidades significativas con carácter transversal, en varios de los países de la región, es la seguridad ciudadana. En ocasiones, el problema se aborda desde una perspectiva vertical, como en el caso de la creación de policías especializadas (por ejemplo, la policía de turismo), y la provisión de servicios de seguridad dedicados a zonas económicas especiales. No obstante, el tema de la seguridad merece un abordaje transversal, congruente con la naturaleza de la falla por resolver.

En los países de la región también existe un marco demasiado restrictivo para las operaciones del mercado laboral; y al menos dos aspectos deben ser revisados: los costos y la flexibilidad. Asimismo, cabe destacar los resultados de las PDP relacionados con la capacitación laboral y la necesidad de fortalecer los sistemas nacionales de capacitación. Hay numerosas fallas de mercado que justificarían las políticas de capacitación que, en todo caso, tienen como telón de fondo las debilidades estructurales del sistema educativo.

Una de las deficiencias más frecuentes en las agendas nacionales de competitividad de los países de la región ha sido la debilidad de los mecanismos institucionales

LA IMPORTANCIA DE LA INVERSIÓN EXTRANJERA DIRECTA EN LA MACROECONOMÍA

CUADRO A.1.1 Posicionamiento de los países de la región en el Índice de Competitividad Global del Foro Económico Mundial

	Índice Global de Competitividad	Requisitos básicos	Instituciones	Infraestructura	Entorno macroeconómico	Salud y educación primaria
Panamá	48	53	71	40	52	79
Costa Rica	51	62	46	73	93	48
Guatemala	78	84	109	67	64	100
El Salvador	84	80	99	57	100	80
Nicaragua	99	96	114	99	67	95
Honduras	100	107	105	102	123	85
República Dominicana	101	106	116	98	94	107

	Potenciadores de eficiencia	Educación y formación superior	Eficiencia del mercado de bienes	Eficiencia del mercado laboral	Desarrollo del mercado financiero	Preparación tecnológica	Tamaño del mercado
Panamá	55	66	41	87	22	53	80
Costa Rica	56	37	52	57	92	40	82
Guatemala	76	103	45	85	45	88	78
El Salvador	96	94	55	125	86	93	90
Nicaragua	118	114	125	108	106	113	102
Honduras	99	100	91	130	59	97	93
República Dominicana	90	99	94	107	99	84	68

(continúa en la página siguiente)

CUADRO A.1.1 Posicionamiento de los países de la región en el Índice de Competitividad Global del Foro Económico Mundial *(continuación)*

	Factores de innovación y sofisticación	Sofisticación de los negocios	Innovación
Panamá	46	54	40
Costa Rica	35	32	34
Guatemala	62	52	95
El Salvador	45	37	51
Nicaragua	125	129	123
Honduras	70	64	74
República Dominicana	90	73	103

Fuente: Foro Económico Mundial (2014).

para la inversión y la promoción de exportaciones. Por ejemplo, no siempre existe un foro efectivo de coordinación que cuente con la participación de todos los organismos gubernamentales pertinentes. También se destaca la necesidad de facilitar la coordinación entre los sectores público y privado, por ejemplo, para promover la identificación de oportunidades de innovación y reformas. Asimismo, resulta necesario ampliar la visión de los esfuerzos dirigidos a la facilitación de las exportaciones, para lo cual debe abandonarse la visión estrecha de que la exportación es simplemente la etapa final de la producción, ya que, en realidad, la competitividad de las exportaciones depende de las condiciones en todas las etapas de la producción.

Un aspecto significativo digno de ser destacado es que el modelo de las maquilas con exenciones tributarias especiales se está agotando. No solamente han dejado de ser instrumentos atractivos para la IED con características más deseables, sino que los regímenes de promoción con beneficios impositivos vinculados a la exportación deben ser revisados a raíz de las condiciones de la Organización Mundial de Comercio (OMC). En todo caso, la prioridad de ahora en adelante debería ser la mejora de la competitividad para lograr el crecimiento a través de la atracción de IED de alta calidad y con potencial para los encadenamientos productivos.

En este contexto, la congruencia de la política de atracción de IED con el marco general de PDP cobra singular importancia. En particular, una medida innovadora en la región sería el otorgamiento de incentivos fiscales solamente a la inversión que provoca *spillovers* positivos y encadenamientos productivos. El diseño de los nuevos instrumentos para la promoción de inversiones atacaría de manera directa las fallas de mercado, como pueden ser las fallas de coordinación en la provisión de infraestructura o las externalidades en la inversión en capacitación, innovación y desarrollo. Este mecanismo se apoya sobre una lógica donde se definen los objetivos en términos del impacto esperado de las inversiones (*spillovers* positivos), y luego se definen indicadores para los objetivos así como un sistema de puntajes que se relaciona con la cuantía de los beneficios a otorgar. De esta forma, cuanto mayor sea el impacto de la inversión, mayor será el puntaje y el beneficio fiscal eventualmente otorgado.

Se desprende, entonces, que un nuevo marco para las PDP en la región reconocería que hay múltiples factores que influyen sobre la competitividad, si bien uno de los más prominentes es la rentabilidad privada y social de la inversión, como determinante del ritmo de crecimiento económico. El propósito central es acelerar el crecimiento de la economía a través de la mejora de la competitividad, generando de esa manera los espacios necesarios para el aumento del bienestar y la reducción de la pobreza.

2

Inversión extranjera directa: efectos, complementariedades y promoción

Laura Alfaro[1]

Introducción

A lo largo de su historia, la inversión extranjera directa (IED) en la región de Centroamérica y la República Dominicana ha seguido una serie de ciclos impulsados por una combinación de factores externos e internos (*push and pull factors*), ventajas geográficas y de localización, y una variedad de estrategias de promoción y modelos de desarrollo. Como se analizará en el capítulo 3 de la presente publicación, la inversión extranjera directa en la región estuvo primeramente asociada con la explotación de las ventajas geográficas asociadas a la producción agrícola y la extracción de minerales, donde las multinacionales se comportaron como enclaves. Luego, hacia mitad del siglo XX, la región entró en un período de sustitución de las importaciones, y la IED se dirigió hacia los textiles, los alimentos y las bebidas así como la industria ligera. Tras la crisis de la deuda de la década de 1980, un nuevo ciclo comenzó con el impulso renovado hacia un modelo basado en las exportaciones. Los países centroamericanos crearon diversos esquemas con el fin de atraer las inversiones y promover las exportaciones de manufacturas,

---

[1] Laura Alfaro, Harvard Business School & NBER, Morgan 263, Boston MA 02163, USA (e-mail: lalfaro@hbs.edu). La autora agradece a Sebastián Auguste y Osmel Enrique Manzano y a un revisor anónimo por sus valiosos comentarios. Katelyn Barry, John Elder y Hillary White, aportaron su inestimable apoyo a la investigación. La autora fue Ministra de Planificación Nacional y Política Económica de Costa Rica durante el período 2010–2012.

implementando incentivos fiscales y financieros, a menudo a través de la creación de zonas francas industriales[2].

En la región, aunque también es cierto en otras regiones del mundo, la IED ha sido vista como un motor de crecimiento, casi garantizado, para impulsar el desarrollo del país receptor[3]. Se esperaba que la transferencia de conocimiento y el *know-how* entre las empresas nacionales y las empresas extranjeras brindasen aumentos de la productividad, transferencia de tecnología, nuevos modelos organizacionales y una mejora de las capacidades de gestión y conocimientos técnicos[4]. La inversión extranjera, al complementar el ahorro interno, podría crear empleos, contribuir a diversificar las exportaciones, transformar la estructura productiva, y mejorar la tecnología de los procesos de producción, alimentando el crecimiento que, a su vez, fomentaría el desarrollo.

Estas supuestas externalidades positivas llevaron a que muchos gobiernos, tanto de países desarrollados como en vías de desarrollo, diseñaran políticas para atraer la IED, reduciendo las barreras a la inversión extranjera directa, ofreciendo incentivos especiales, y fomentando las relaciones entre las empresas multinacionales (MNE) y las empresas locales[5].

A pesar de esta visión positiva sobre la IED entre los hacedores de políticas, su impacto en el país receptor es difícil de evaluar. De hecho, la evidencia empírica de que la IED genere los efectos positivos esperados no es concluyente, tanto a nivel microeconómico como macroeconómico[6]. En su análisis de la literatura, Hanson (2001) sostiene que la evidencia de que la IED genere efectos positivos para los países receptores es significativamente débil. Al analizar la literatura a nivel microeconómico, Görg y Greenaway (2004) concluyen que los efectos de las externalidades producidas por las empresas extranjeras sobre las empresas nacionales son, en su gran mayoría, negativos. En una investigación empírica a nivel macroeconómico, Lipsey (2002) señala que no existe una relación consistente entre el volumen de flujos de IED y el PIB o el crecimiento.

---

[2] Ver Comisión Económica para América Latina y el Caribe (2010).
[3] La literatura académica sobre la IED es vasta y ha sido reconocida muchas veces. Ver Markusen (1995), Caves (1996), Blomström y Kokko (1998), Hanson (2001), Lipsey (2002), Markusen (2002), Alfaro y Rodríguez-Clare (2004), Barba-Navaretti y Venables (2004), Görg y Greenaway (2004), Moran (2007), Alfaro, Kalemli-Ozcan, y Sayek (2009), Harrison y Rodríguez-Clare (2010), Kose *et al.* (2009, 2010), y Alfaro y Johnson (2012) para estudios sobre determinantes, efectos, canales de transmisión y resultados empíricos. Ver también Yeaple (2013) y Antras y Yeaple (2014) para revisiones recientes sobre empresas multinacionales.
[4] Ver Caves (1996) y Blomström y Kokko (1998) para estudios sobre transferencia de tecnología.
[5] Sobre incentivos para atraer la inversión extranjera directa, consultar Hanson (2001) y Blomström y Kokko (2003).
[6] Ver la Sección 3 para obtener una visión general de la literatura empírica.

Blomström y Kokko (2003) llegaron a la conclusión de que los efectos secundarios no son automáticos, ya que las condiciones locales ejercen una influencia importante en la recepción de tecnología y habilidades de las empresas extranjeras. Alfaro *et al.* (2010) también encontraron efectos condicionales, lo cual demuestra que no todos los países cumplen con las condiciones necesarias para el aprovechamiento de los beneficios potenciales de la IED. El tamaño de las externalidades derivadas de la existencia de empresas extranjeras depende de la capacidad de las empresas nacionales para responder ante nuevos competidores, nuevas tecnologías y nueva competencia. Estas condiciones son, a su vez, determinadas en cierta medida por las características del país, tales como los niveles de capital humano y el desarrollo económico. Las deficiencias en estas áreas pueden reducir la capacidad de las industrias nacionales para absorber nuevas tecnologías y para responder a los desafíos y las oportunidades presentadas por los nuevos participantes o, en otras palabras, para beneficiarse de la IED. Las conclusiones obtenidas por Moran (2007), Nuno y Fontoura (2007), Meyer y Sinani (2009), Bruno y Campos (2013) e Iršová y Tomáš (2013) son similares.

El tipo de inversión atraída podría ser, en sí mismo, señal de las limitaciones de los países anfitriones. Por ejemplo, los países intensivos en recursos con una baja renta per cápita reportan, con frecuencia, flujos de entrada de IED bastante altos. En tales casos, las multinacionales se comportan a veces como enclaves, importando todos sus insumos y restringiendo sus actividades locales a la contratación de mano de obra, hecho que a la larga no contribuye de manera significativa al crecimiento económico ni al desarrollo.

Parece existir una brecha importante entre lo que los agentes que implementan las políticas económicas piensan que están haciendo y lo que los académicos ven que está sucediendo. ¿Los diferentes resultados empíricos implican que las políticas nacionales para atraer IED son injustificadas? En Centroamérica, la IED parece haber sido importante para la creación de la industria maquiladora textil al igual que para la diversificación y expansión de las exportaciones. Ahora bien, ¿justifica esto un tratamiento especial?

Las empresas multinacionales (EMN) son las grandes responsables de la IED, pero también han generado gran controversia, tanto en sus países de origen como en los países receptores. En los países de origen, el debate se ha extendido desde aquellos que tienen una visión negativa y a quienes les preocupa la pérdida de salarios y los efectos en la iniciativa empresarial y las comunidades locales hasta aquellos que argumentan que las empresas deben invertir más en el extranjero, con el fin de mantener su competitividad en un entorno cada vez más internacional. Los países receptores también presentan una actitud ambigua hacia las EMN. Algunos responsables de las políticas públicas argumentan que la IED puede desempeñar un papel importante en la aceleración de los esfuerzos de desarrollo de sus países mediante la incorporación de capital y tecnología, más allá del empleo que generan. Otros consideran que las corporaciones multinacionales son entidades monopolistas que crecen a través de la explotación de su ventaja competitiva en la tecnología, acarreando la deslocalización económica y la dependencia, la explotación de los recursos naturales, y la amenaza a la cultura y la soberanía local. ¿Es posible que ambos reclamos estén en lo cierto a la vez? ¿Pueden la IED y las EMN tener efectos distintos según el sector y el tipo de inversión del que se esté hablando?

Para responder a estas preguntas, resulta útil entender la evolución de los estudios sobre la IED. Una línea de estudio reconoce que los beneficios generados por la IED no son exógenos, sino que están condicionados a la presencia de políticas y condiciones complementarias que ayuden a las empresas, las regiones y a los países que absorben esos beneficios. Esta rama académica no encuentra un efecto exógeno positivo de la IED sobre el crecimiento o desarrollo económico, sino que encuentra efectos positivos condicionados a las características locales, en particular la política medioambiental y la calidad institucional (Balasubramanayam *et al.*, 1996, Bénassy-Quéré *et al.*, 2007), el capital humano (Borensztein *et al.*, 1998), los mercados financieros locales (Alfaro *et al.*, 2004, 2010, las características del sector (Alfaro y Charlton, de próxima publicación), la composición sectorial (Aykut y Sayek, 2007), y la estructura del mercado (Alfaro *et al.*, 2010).

Una segunda línea de estudio trata de comprender, además, cómo afecta la IED el desarrollo, prestando especial atención a los efectos sobre el mercado de trabajo y a los vínculos generados entre empresas extranjeras y nacionales. Un conjunto de trabajos relacionados con esta línea de estudio analiza los diferentes efectos sobre el crecimiento de diferentes tipos de IED, analizados por sector de inversión, forma de inversión y origen del capital.

El resto del capítulo se organiza de la siguiente manera: la sección 2 presenta definiciones y resume los posibles motivos de la inversión extranjera directa. La sección 3 expone los efectos potenciales generales de la IED en la economía local y presenta un resumen de los hallazgos recientes de la literatura en la complementariedad entre la IED y las políticas locales, las condiciones y las instituciones. La sección 4 resume los nuevos esfuerzos para comprender los mecanismos y canales por los cuales los países receptores pueden beneficiarse de la actividad multinacional y de los diferentes tipos de IED. La sección 5 describe el papel de los factores regionales de atracción y las estrategias de promoción y presenta el debate sobre el uso de incentivos para atraer empresas extranjeras. Finalmente, la sección 6 presenta las conclusiones del capítulo.

Definición de los términos y motivación para la inversión extranjera directa y la actividad multinacional[7]

Una corporación multinacional o transnacional es una empresa que posee y controla los activos que le permiten generar su actividad en más de un país[8]. La adquisición de tales activos involucra una inversión extranjera, ya sea a través de la adquisición de valores extranjeros y bonos (cartera de inversión) o por medio de la inversión extranjera directa en nuevas instalaciones de producción (comúnmente conocidas como inversiones *greenfield*), o la adquisición de empresas existentes (inversiones *brownfield* o fusiones y adquisiciones). Otro aspecto importante es la reinversión de utilidades en los países de destino. La casa matriz es la entidad en el país de origen que controla las instalaciones productivas, llamadas filiales.

Como han señalado Graham y Krugman (1995), la definición misma de la IED plantea graves problemas, como ocurre si se pretende medir el grado en el cual las empresas extranjeras controlan la producción, la instalación y los activos del país anfitrión[9]. Esto es, no es fácil definir con precisión el concepto de control e incluso la nacionalidad de la entidad en un mundo crecientemente globalizado. Según Desai (2009), históricamente se trasladaba al extranjero la producción o distribución, pero se retenían en la casa matriz las decisiones gerenciales críticas. Esto ha ido cambiando rápidamente; hoy en día las empresas están desagregando funciones de la sede y reasignándolas por todo el mundo. Las características que definen la pertenencia de una empresa a un país (dónde fue constituida, la nacionalidad de sus inversores o la ubicación de sus oficinas centrales, entre otras), ya no se circunscriben a un solo país ni tampoco están unificadas.

Dado que el control se puede ejercer de muchas maneras, la medición de la IED plantea algunas dificultades. Las instituciones internacionales, así como la mayoría de los organismos nacionales, tales como el Departamento de Comercio de los Estados Unidos, clasifican una inversión como directa si un inversor extranjero

---

[7] Para tendencias recientes, consultar la Conferencia de las Naciones Unidas sobre Comercio y Desarrollo (2013).

[8] El término más específico de empresa multinacional se refiere a una empresa que controla y gestiona establecimientos-plantas de producción en al menos dos países. Caves (1996:1) utiliza el término 'empresa' en lugar de 'compañía' para dirigir la atención hacia el nivel superior de coordinación en la jerarquía de las decisiones empresariales; una subsidiaria puede ser en sí una multinacional.

[9] "La inversión directa es la propiedad que conlleva un control real sobre lo que se pertenece, que es el aspecto que distingue a la inversión directa de la cartera de inversiones, establecimiento de un derecho sobre un bien con el fin de obtener rendimientos" (Graham y Krugman,1995: 9).

posee al menos el 10% del capital de una empresa local[10]. Este umbral arbitrario tiene la intención de reflejar la idea de que los grandes accionistas, incluso si no tienen una participación mayoritaria, tendrán un fuerte peso en las decisiones de una empresa y podrán participar e influir en su gestión. Cuando un inversor extranjero adquiere títulos o bonos de una empresa local, sin ejercer control sobre la empresa, la inversión es considerada como una inversión de cartera. Independientemente de las dificultades de medición, es el deseo de control parcial o total sobre las actividades de una empresa de otro país lo que distingue la IED de las inversiones de cartera. La inversión extranjera directa se caracteriza por la propiedad por parte de los residentes de un país de los activos en otro país con el fin de controlarlos.

Dada la diversidad entre las empresas multinacionales y los diferentes motivos para invertir en el extranjero, los patrones de inversión son complejos. Las empresas pueden invertir en el extranjero para servir a un mercado directamente; para tener acceso a los insumos, materias primas o la mano de obra; para aumentar la eficiencia operativa; o simplemente para evitar que los competidores adquieran activos estratégicos (ver Desai, 2009). Una categorización alternativa, basada en la motivación, reconoce a la IED por la búsqueda de recursos o suministros, diseñada con el fin de obtener acceso a recursos naturales tales como los minerales o la mano de obra no cualificada; la búsqueda de mercados o la IED orientada a la demanda, diseñada para satisfacer a uno o varios mercados extranjeros; la búsqueda de eficiencia o racionalización de la IED, diseñada para promover una división más eficaz del trabajo o especialización en la cartera de activos externos e internos de una empresa multinacional; o la búsqueda de activos estratégicos-IED, diseñada

---

[10] La Conferencia de las Naciones Unidas sobre Comercio y Desarrollo (UNCTAD, por sus siglas en inglés) define la IED como una inversión que implica una relación a largo plazo, que además refleja un interés duradero y significa el afán de control de una empresa residente en una economía distinta a la del inversor. Una empresa matriz se define como una empresa que controla los activos de otras entidades en países distintos a su país de origen, normalmente como propietaria de una cierta participación en el capital (10% o más). Una filial extranjera es una empresa constituida o no en la que un inversor residente de otra economía posee una participación que permite un interés duradero en la gestión de la empresa, es decir, una participación accionaria del 10% en el caso de una empresa constituida o su equivalente para una empresa no constituida (UNCTAD, 2013). El Fondo Monetario Internacional (FMI) define la entrada neta de IED como aquella entrada que se produzca con el fin de adquirir la gestión última (el 10% o más del derecho a voto) de una empresa que opera en una economía distinta a la del inversor. El Banco Mundial define la inversión extranjera directa (entradas netas en la economía declarante, en US$ corrientes) como la inversión que se hace para adquirir un control de gestión duradero (generalmente el 10% del derecho a voto) en una empresa que opera en un país distinto al del inversor (definido de acuerdo a la residencia), el propósito del inversor es tener una participación efectiva en la gestión de la empresa.

para proteger o aumentar las ventajas específicas de una empresa y/o reducir las de sus competidores[11].

Más allá de la motivación, la cuestión fundamental que subyace a las actividades de IED es siempre la misma: ¿por qué un inversor está dispuesto a adquirir una empresa extranjera o construir una nueva fábrica en el extranjero? Después de todo, hay costos adicionales de hacer negocios en otro país, incluidos los costos de comunicación y transporte, los gastos de mantener personal en el extranjero, las barreras de la lengua y las costumbres; y la exclusión de las redes de empresas y gobiernos locales. Muchas empresas podrían ser multinacionales pero optan por no serlo. Por otro lado, hay países que no generar empresas multinacionales y otros que generan muchas.

Puede parecer que la respuesta es simplemente la búsqueda común de beneficio: la multinacional espera poder disfrutar de flujos de caja anuales mayores o de un menor costo de capital. Ahora bien, ¿cómo puede una empresa extranjera compensar la ventaja de la empresa local sobre el conocimiento superior del mercado, los sistemas jurídicos y políticos o el lenguaje y la cultura?[12]

Una explicación conocida como la teoría del costo de capital sostiene que las empresas extranjeras que invierten, debido a su tamaño o estructura, tienen acceso a financiación a un menor costo y, sin embargo, esto no está disponible para las empresas locales. Desde este punto de vista, las multinacionales explotan ganancias por arbitraje al mover capital desde países de bajo rendimiento hacia países de alto retorno. Sin embargo, si el menor costo del capital fuera la única ventaja, ¿por qué un inversor extranjero soportaría los dolores de cabeza que supone la operación de

---

[11] Por simplicidad analítica, la IED generalmente ha sido clasificada como horizontal o vertical. Una empresa se dedica a la IED horizontal cuando se replica un subconjunto de sus actividades o procesos de producción en otro país; en otras palabras, cuando se duplica el mismo estado (horizontal) del proceso de producción. Ver Markusen (1984), Brainard (1997), y Markusen y Venables (2000). Las empresas se dedican a la IED vertical cuando la fragmentación de la producción es por función; es decir, cuando se rompe la cadena de valor agregado, a menudo motivados por consideraciones de costos derivados de las diferencias de costo de los factores. Las Categorías de Helpman (1984) de exportación de la IED, en las que el *output* de las filiales es (en gran parte) vendido a un tercer mercado, han sido reconocidas cada vez más. Evidencia empírica sobre los diferentes tipos se incluye en Brainard (1997), Carr *et al.* (2001), Hanson *et al.* (2001, 2005), Markusen y Maskus (2002), Yeaple (2003, 2006), Ekholm *et al.* (2007), y Alfaro y Charlton (2009).

[12] No siempre es obvio que cuando una corporación se enfrenta a distintos entornos institucionales, en presencia de fallas de los mercados financieros y diferentes sistemas tributarios, exista la posibilidad de añadir valor a través de las decisiones financieras. Esta posibilidad abarca oportunidades diversas como el arbitraje impositivo y de tasas de interés, el financiamiento a tasas reales menores, o la canalización de recursos a países con alto crecimiento y monedas fuertes manteniendo los costos en regiones con monedas depreciadas. En principio, si los mercados financieros fueran perfectos, las multinacionales no podrían agregar valor por la vía financiera.

una empresa en un entorno político, jurídico y cultural diferente en lugar de hacer simplemente una inversión de cartera (asumiendo el "riesgo-país")? La evidencia muestra que a menudo los inversores no llevan todo el capital de inversión cuando toman el control de una empresa extranjera; en su lugar, tienden a financiar una parte importante de su inversión en el mercado local. Los flujos de IED —particularmente entre los países desarrollados y cada vez más en los mercados emergentes— tienden a producirse en ambas direcciones y, con frecuencia, en la misma industria. Como señaló el historiador económico Charles Kindleberger del MIT, "la inversión directa puede, pues, ser el movimiento de capitales, pero es más que eso"[13].

Dadas las limitaciones de aplicar el enfoque internacional de las finanzas tradicionales, Hymer (1960) propuso un marco de estudio ampliamente aceptado, que deriva de la organización industrial, en el cual los factores reales (en oposición a los factores financieros) explican las decisiones de localización de las empresas multinacionales[14]. Este punto de vista sugiere que una empresa hace inversión extranjera directa no por las diferencias en el costo de capital, sino porque ciertos activos valen más estando cuando están bajo un mismo paraguas de propiedad que cuando están en control local, lo que permite a la empresa poder competir en entornos desconocidos. La decisión de un inversor de adquirir una empresa extranjera o construir una planta extranjera en lugar de exportar o participar en otras formas de acuerdos contractuales con empresas extranjeras implica (a) la propiedad de un activo; (b) la localización de la producción; y (c) la opción de mantener o no el activo dentro de la empresa.

En primer lugar, una empresa puede poseer ventajas de propiedad, como la propiedad de un activo específico de la empresa (como patentes, tecnología, procesos y conocimientos de gestión o de organización) que le permite superar a las empresas locales. En segundo lugar, los factores de ubicación, como las oportunidades para aprovechar los recursos locales que pueden proporcionar acceso a insumos de bajo costo, mano de obra barata o la posibilidad de eludir los aranceles que protegen a un mercado local de los productos importados. En tercer lugar, la internalización de las transacciones globales puede ser preferible al uso de transacciones de mercado entre partes independientes. En general, cuanto más "imperfecto" sea un mercado, mayores serán los costos de transacción y los beneficios de la internalización de ciertas transacciones en lugar de establecer, por ejemplo, una asociación o *joint*

---

[13] Kindleberger (1969: 3).
[14] Este enfoque de la teoría de la empresa multinacional también se conoce como el marco OLI (Dunning, 1981). El enfoque de Hymer fue posteriormente refinado por varios autores, entre ellos, Kindleberger (1969), que culminaron en 1981 el marco OLI de Dunning. Ver la descripción en Antrás y Yeaple (2014).

venture con una firma local o de obtener simplemente la concesión de licencias ventajosas sobre activos específicos a una empresa nacional.

De acuerdo con este punto de vista, la génesis de la IED es la posesión de los inversores de algún activo, como la tecnología o el *know-how* que ofrece un beneficio importante para la empresa inversora. Esto, a su vez, sugiere que la IED puede desempeñar un papel importante en la modernización y la promoción del crecimiento económico del país receptor[15]. Sin embargo, también puede haber compensación de costos para el país receptor. Dado que el activo o tecnología patentada proporciona a su propietario algún poder de mercado o ventaja de costos sobre los productores nacionales, la empresa extranjera intentará aprovechar ese poder.

La inversión extranjera directa y los países receptores: efectos, capacidad de absorción y complementariedades

Multinacionales, difusión de conocimiento y vínculos: efectos potenciales
Debido a que la IED reúne el capital, la tecnología y el *know-how*, existe la posibilidad de que los países receptores puedan beneficiarse de las externalidades positivas derivadas de esta. Ahora bien, cabe señalar que también existen desventajas potenciales de la IED.

Dentro de las externalidades, se incluye la transferencia directa de conocimiento mediante la asociación, la oportunidad de aprender de la innovación y la experiencia de las empresas extranjeras, así como la interacción y el movimiento de los mercados de trabajo. Si las empresas extranjeras introducen nuevos productos o procesos al mercado interno, las empresas nacionales pueden beneficiarse de la difusión de esa tecnología[16]. En algunos casos, las empresas nacionales pueden beneficiarse exclusivamente mediante la observación de las empresas extranjeras. En otros, la difusión de tecnología puede ocurrir cuando los empleados locales de empresas extranjeras se mueven a las empresas nacionales. También existe la posibilidad de crear vínculos entre las empresas extranjeras y nacionales.

---

[15] A menudo, las multinacionales del tercer mundo están más cerca de las multinacionales del primer mundo que de los países receptores, desde el punto de vista geográfico, cultural, económico y político. Como tal, su *know-how* y las tecnologías (activos intangibles) pueden ser particularmente bien adaptados a los otros mercados emergentes en los que inviertan, y que pueden poseer ventajas competitivas que les permitan eludir o explotar los vacíos institucionales locales (ver Khanna y Palepu, 2004).

[16] Ver Caves (1996) y Blomström y Kokko (1998) para estudios de transferencia de tecnología.

Uno de los mecanismos por los que la IED podría generar externalidades positivas depende del flujo de trabajadores de las empresas multinacionales. Las multinacionales dedican más recursos a la capacitación laboral que las empresas nacionales. Dado que una gran parte de esta capacitación no es pagada por los trabajadores y además, no es completamente inherente a la empresa, esto constituye una externalidad positiva que conduce a mayores salarios para estos trabajadores y/o a una mayor productividad de las empresas que posteriormente contraten a estos trabajadores. De igual modo, existen efectos positivos si los trabajadores aumentan su conocimiento no solo a través de la capacitación laboral formal, sino a través de la formación en el puesto de trabajo, aprender haciendo, o del aprendizaje mediante la observación. El contagio también puede tener lugar a través de *spin-offs*; es decir, cuando los trabajadores abandonan la multinacional para crear sus propias empresas y beneficiarse de los conocimientos adquiridos en la MNC. La difusión de conocimiento puede producirse incluso sin los flujos formales de los trabajadores fuera de las empresas multinacionales; se espera que el conocimiento sobre un proceso de producción se difunda de una empresa a otra, simplemente a través de las interacciones comunes de las personas que hacen un trabajo similar para diferentes empresas.

Los vínculos, según Hirschman (1958), implican externalidades pecuniarias. A diferencia de la difusión del conocimiento, las externalidades pecuniarias tienen lugar a través de transacciones de mercado. Por ejemplo, si una empresa introduce un nuevo producto, habrá una externalidad pecuniaria positiva por parte de la empresa a los consumidores. El mismo fenómeno ocurre cuando, en lugar de inventar un nuevo producto, la empresa pone en marcha simplemente la producción de un bien en un país en desarrollo. Los vínculos multidireccionales están asociados con externalidades pecuniarias en la producción de insumos. Si hay costos de transporte, cuando los insumos se producen con rendimientos crecientes y los beneficios de la especialización, se dice que los vínculos regresivos (hacia atrás) van a surgir si una empresa aumenta la demanda de insumos, lo que conduce a la introducción de nuevas variedades de insumos. Gracias a la especialización, la introducción de estos insumos incrementa la productividad de los fabricantes. Los vínculos progresivos (hacia delante) tienen lugar cuando la introducción de nuevos insumos reduce el costo de producción de determinados bienes, convirtiendo su producción en rentable para los fabricantes.

Rodríguez-Clare (1996) desarrolla un tratamiento formal de estos canales. Por ejemplo, las empresas multinacionales pueden crear vínculos regresivos y, por lo tanto, dar lugar a la producción de una mayor variedad de bienes intermedios; esto, a su vez, permite que la economía pueda ganar una ventaja comparativa en la producción de bienes finales más sofisticados. Al final, la economía termina con una mayor productividad y salarios más altos gracias a los vínculos progresivos y regresivos, generados por las empresas multinacionales.

De acuerdo con esta visión de los vínculos, las multinacionales podrían incluso generar un efecto negativo derivado de los vínculos regresivos como lo demuestra Rodríguez-Clare (1996). Por ejemplo, si las multinacionales se comportan como enclaves, con la importación de todos sus insumos y restringiendo sus actividades locales para la contratación de mano de obra, la demanda de insumos disminuye a medida que las multinacionales aumentan en importancia relativa frente a las empresas nacionales, lo que reduce la variedad de *inputs* y la especialización. Esto se mostraría como una externalidad negativa horizontal. Cabe señalar que en este argumento, las empresas multinacionales desplazan a las empresas nacionales en el mercado, ya sea debido a las restricciones del mercado de trabajo o por la competencia directa, como en Markusen y Venables (1999).

Los trabajos de Melitz (2003) y Helpman *et al*. (2004) ponen de relieve cómo la actividad multinacional también puede conducir a una mayor competencia en los mercados de productos y factores y a la reasignación de recursos de las empresas nacionales menos productivas hacia las empresas extranjeras más productivas, lo que lleva, a su vez, a la salida de algunas empresas nacionales. Otro efecto de la reasignación, sin embargo, es que las empresas nacionales pueden actualizarse a la espera de la competencia (Bao y Chen, 2013).

Otro mecanismo a través del cual la IED puede afectar a la economía del país receptor se relaciona con fallas en los mercados de crédito. Razin y Sadka (2007) presentan un modelo según el cual algunos conocimientos técnicos o de gestión, que los autores denominan '*capital intangible*', proporcionan a los inversores extranjeros directos una ventaja frente a los inversionistas nacionales en la identificación de los mejores proyectos. Su análisis añade un nuevo giro al argumento de los beneficios de la IED, ya que gozan de esta única ventaja, y podrían ser desplazados al país nacional, en función del nivel de competencia entre los inversionistas, a través del precio de adquisición que los inversores directos extranjeros pagan por los proyectos. La propiedad se modela como la transmisión de un acceso más rápido a la información sobre la productividad de la empresa, lo que le da al propietario los beneficios de planificación. No obstante, debido a que esta información es privada para el inversor extranjero directo también conduce a un problema de "limón"; es decir, si un inversor necesita vender una empresa, los compradores potenciales podrían sospechar que la venta sea motivada por información privada sobre su verdadera productividad, más que por una verdadera necesidad de liquidez. La firma local puede entonces vender por menos de lo que hubiera sido el caso. Por tanto, el marco analítico de Razin y Sadka demuestra la tendencia a que la IED sea más estable que los flujos de cartera, pero también que tiene una menor liquidez.

En razón de que la IED se liquida a un costo significativo, los países propensos a las crisis de liquidez tienden a atraer menos IED que las inversiones de cartera.

Hallazgos empíricos

Una conclusión sólida es que las empresas multinacionales tienden a tener mayor productividad que las empresas nacionales del mismo sector (Haddad y Harrison, 1993; Blomström y Wolff, 1994; Kokko et al., 1994; Helpman et al., 2004; Arnold y Javorcik, 2009). Sin embargo, lo más importante radica en la posibilidad de que las empresas multinacionales mejoren la productividad de las empresas locales a través de la difusión de conocimiento.

Una primera generación de estudios de corte generalmente transversal encontró una correlación positiva entre la presencia extranjera y la productividad sectorial. Por ejemplo, el trabajo pionero de Caves (1974) encuentra efectos positivos de la IED en Australia; Blomström (1987) y Blomström y Wolff (1994) encuentran efectos positivos en México; y Sjöholm (1999) encuentra efectos positivos en Indonesia.

Sin embargo, en su análisis los datos a nivel de planta en la República Bolivariana de Venezuela, Aitken y Harrison (1999) —en una de las contribuciones más influyentes a la literatura sobre IED— encuentran que la inversión extranjera directa aumenta la productividad en las plantas que reciben la inversión, mientras que reducen la de las plantas de propiedad nacional, de manera que el efecto neto sobre la productividad del sector es bastante pequeño. Los autores interpretan este resultado como un efecto de robo de mercado, mediante el cual las empresas multinacionales extranjeras capturan la cuota de mercado de las empresas nacionales[17].

El documento de Aitken y Harrison generó inmediatamente muchos estudios empíricos. Hanson (2001), Görg y Greenaway (2004), Meyer y Sinani (2009), Pessoa (2009), y Bruno y Campos (2013) concluyen que los efectos de la IED son, en su mayoría, negativos; o, en el mejor de los casos, que la evidencia de sus beneficios es débil, especialmente para los países en desarrollo. La evidencia de los efectos secundarios positivos tiende a ser más favorable en los países desarrollados. Haskel et al. (2007), por ejemplo, encuentran efectos positivos de la influencia de empresas extranjeras sobre las locales en un conjunto de datos de empresas en el Reino Unido, mientras que Görg et al. (2011) encuentran efectos más heterogéneos; Görg y Strobl (2003) encuentran que la presencia extranjera reduce la salida y anima a la entrada de las empresas nacionales en el sector de alta tecnología de Irlanda;

---

[17] Esto no necesariamente representa un resultado social adverso si los consumidores se benefician suficientemente de la reestructuración de la oferta en el mercado.

y Keller y Yeaple (2009) muestran una fuerte evidencia de efectos positivos de la presencia de multinacionales extranjeras sobre las empresas nacionales en los Estados Unidos.

Pessoa (2009) revisa los argumentos y las conclusiones empíricas sobre los efectos positivos de la IED en empresas de los países receptores. Resulta impactado por la diversidad de resultados, lo que sugiere que los efectos de la IED dependerán de la "coherencia tecnológica" y de la "capacidad social" de la economía del país receptor, la familiaridad de las empresas receptoras con los productos y la tecnología de la multinacional así como la capacidad de adaptación. Meyer y Sinani (2009) encuentran que las empresas locales pueden beneficiarse de los efectos positivos en la productividad derivados de la entrada de inversores extranjeros; sin embargo, los beneficios varían según la capacidad de anticipación de la firma local a la entrada de empresas extranjeras y a su capacidad de reacción.

Paralelamente a la evidencia microeconómica, una serie de documentos, basados en regresiones de crecimiento entre países, encontraron débil apoyo para un efecto positivo exógeno de la IED sobre el crecimiento económico (Borensztein *et al.*, 1998; Alfaro *et al.*, 2004; Carkovic y Levine, 2005). Utilizando cuidadosas técnicas econométricas, esta literatura no ha logrado encontrar externalidades de productividad positivas para los países en desarrollo y, al contrario, se ha encontrado evidencia de externalidades negativas.

La mayoría de los estudios empíricos sobre los efectos de la IED han disminuido la productividad de las empresas locales en la actividad de la IED dentro de un sector en particular. Aunque la evidencia de efectos horizontales es difícil de alcanzar, especialmente en los países en desarrollo, el trabajo empírico a nivel intraindustrial no puede capturar los efectos más amplios sobre la economía receptora, como los creados entre las empresas multinacionales y sus proveedores. Una explicación para la falta de evidencia de la existencia de externalidades es que las multinacionales tienen el incentivo para minimizar las fugas de tecnología a los competidores, pero les gustaría mejorar la productividad de los proveedores. Por lo tanto, si la IED está concebida para generar externalidades a través de la transferencia de conocimientos, es más probable que sea vertical que horizontal.

En este contexto, una serie de estudios ha explorado las externalidades positivas de la IED para empresas locales en el sector de las industrias manufactureras (suministradores). Aquí, los resultados son más alentadores. En un artículo muy citado, y sobre la base de datos desde 1996 hasta el año 2000 para Lituania, Javorcik (2004) examina si la productividad de las empresas nacionales presenta una correlación con la presencia de las multinacionales en los sectores intermedios (clientes potenciales). Sus resultados empíricos son consistentes con la existencia de externalidades de productividad de la inversión extranjera directa que tienen lugar a través de los contactos entre las filiales extranjeras y los proveedores locales; no obstante, no existen indicios de que existan externalidades dentro de la misma industria. Del mismo modo, usando un conjunto de datos de panel de los establecimientos manufactureros de Indonesia de 1988 a 1996, Blalock y Gertler (2008, 2009) hallan evidencia de externalidades verticales positivas. Asimismo, encuentran que la IED aumenta la producción de la empresa y el valor agregado, mientras que disminuye los precios y la concentración del mercado. Evidencias consistentes con las externalidades positivas intraindustriales se pueden encontrar también en Colombia, Rumania, Irlanda; y en los estudios de Kugler (2006), Javorcik y Spatareanu (2011), y Görg *et al.* (2011), respectivamente. En general, estos estudios encuentran una correlación positiva entre la presencia de las multinacionales en las industrias transformadoras y las actuaciones de los proveedores nacionales[18].

Complementariedades

Una parte importante de la literatura reciente sobre la relación entre la IED y el crecimiento económico se ha centrado en las complementariedades, esto es, en las condiciones y políticas locales que terminan siendo prerrequisitos para la materialización del efecto indirecto de la IED.

A nivel macro, la literatura encuentra evidencia de que el efecto de la IED en el crecimiento no es exógeno (explicado puramente por la inversión extranjera), sino que está supeditado a las condiciones y políticas locales. Por ejemplo, Kose *et al.* (2009, 2010) listan una serie de políticas macroeconómicas y estructurales que deben darse para que los países obtengan los beneficios de la globalización financiera. Los autores hacen hincapié en que las políticas de cuenta de capitales deben ser vistas como parte de un conjunto mucho más amplio de las políticas. Del mismo modo, Harrison y Rodríguez-Clare (2010) hacen especial énfasis en la relevancia de los aspectos complementarios de un régimen de política comercial —como las políticas del mercado de trabajo, y la facilidad de entrada y salida para las empresas— para el éxito de esta política. Como señalan Rodrik y Rosenzweig (2009), las políticas de desarrollo más adecuadas se caracterizan por ser complementarias entre sí.

Morán (2007) destaca el papel de un entorno competitivo. Por otro lado, el trabajo de Balasubramanayam *et al.* (1996) asegura que los flujos de IED están asociados con un crecimiento más rápido en países con una política comercial orientada al exterior. Muchos de los estudios de primera y segunda generación, que encontraron que la relación entre la IED y el crecimiento era negativa, se llevaron a cabo en países como la India, Marruecos y la República Bolivariana de Venezuela, con políticas orientadas hacia el mercado interior. Por ejemplo, los resultados del

---

[18] Ver Sección 4.3 para más información sobre el papel de los vínculos.

estudio de Aitken y Harrison (1999), que hallan un efecto pequeño de la IED en el crecimiento de Venezuela, se basan en datos del período 1976–1989, donde la República Bolivariana de Venezuela siguió políticas orientadas hacia el mercado interior y muy cerrado al mundo. Morán (2007) llega a la conclusión de que la existencia de razonables condiciones de competencia hace más probable que la IED en el sector manufacturero tenga un valor agregado positivo en la economía.

Borensztein *et al.* (1998), utilizando un conjunto de datos de flujos de IED de los países industrializados a 69 países en desarrollo, encuentran que la IED es un vehículo importante para la transferencia de tecnología y un mayor crecimiento solo cuando el país receptor tiene un umbral mínimo de capital humano. Del mismo modo, Xu (2000) utiliza datos de empresas multinacionales estadounidenses y encuentra que (i) un país necesita haber alcanzado un umbral mínimo de capital humano para beneficiarse de la transferencia de tecnología de las empresas multinacionales y (ii) la mayoría de los países en desarrollo no cumplen con este umbral. Estos resultados sugieren que la IED es un vehículo importante para la transferencia de tecnología, que hay fuertes complementariedades entre la IED y el capital humano, y que la IED es más productiva que la inversión nacional únicamente cuando el país anfitrión tiene un umbral mínimo de *stock* de capital humano. Bruno y Campos (2013) también indican que los efectos de la IED son condicionales, dependiendo, en el nivel macro, de los niveles mínimos de capital humano o el desarrollo económico y, en el nivel micro, del tipo de vinculación (hacia delante, hacia atrás u horizontal).

En un análisis comparativo entre países, Alfaro *et al.* (2004) examinan el papel de intermediario que desempeñan las instituciones financieras locales para canalizar las contribuciones de la IED para el crecimiento económico. En particular, sostienen que la falta de desarrollo de los mercados financieros locales puede limitar la capacidad de la economía para aprovechar posibles efectos indirectos de la IED. Sus resultados muestran que la IED *per se* no ejerce un impacto positivo sobre el crecimiento. Sin embargo, cuando los autores incluyen el término de interacción, este resulta ser positivo y significativo para varias especificaciones del sector financiero. Por lo tanto, los autores encuentran evidencia convincente de que un país necesita un sector financiero fuerte para cosechar los beneficios positivos de la IED.

Alfaro y Charlton (2013) proporcionan evidencia usando datos a nivel de industria para los países de la Organización para la Cooperación y el Desarrollo Económicos (OCDE) y muestran que la relación entre la IED y el crecimiento es más fuerte para las industrias más dependientes de la financiación externa. Estos resultados, además de ser consistentes con la literatura macro existente y los beneficios hipotéticos de la IED, son una prueba más de las diferencias existentes en los efectos de la IED sobre distintas industrias. Hermes y Lensink (2003) y Durham (2004) proporcionan una prueba más de que un país con un mercado financiero bien desarrollado gana significativamente con la IED. Prasad *et al.* (2007), que también se centran en las correlaciones, hallan que para las industrias dependientes desde el punto de vista financiero en países con sistemas financieros más débiles, el capital extranjero no contribuye al crecimiento.

Alfaro *et al.* (2009) encuentran que el canal financiero a través del cual la IED es beneficiosa para el crecimiento opera a través de la productividad total de los factores (PTF) más que a través de la acumulación de capital físico o humano, pese a que su análisis considera el umbral y los efectos de interacción con la capacidad de absorción de la economía.

Por otro lado, se ha demostrado que el buen funcionamiento de los mercados financieros reduce los costos de transacción y lleva a una asignación más eficiente del capital, lo que mejora las tasas de crecimiento[19]. Además, como señala McKinnon (1973), el desarrollo de los mercados de capital es "necesario y suficiente" para fomentar la "adopción de mejores prácticas tecnológicas y de aprendizaje a través de la práctica (*learning-by-doing*)". En otras palabras, si un acceso limitado a los mercados de crédito restringe el desarrollo empresarial y si el espíritu empresarial favorece la asimilación de las mejores prácticas tecnológicas puestas a disposición por la IED, entonces la ausencia de mercados financieros bien desarrollados limita el potencial de las externalidades positivas derivadas de la IED. Si bien algunas empresas locales podrían ser capaces de financiar las nuevas necesidades con financiación interna, cuanto mayor fuese la brecha en el conocimiento tecnológico entre sus prácticas actuales y las nuevas tecnologías, mayor sería la necesidad de financiación externa, lo cual en muchas ocasiones está restringido a fuentes de financiación internas.

Javorcik y Spatareanu (2009b) encuentran que, entre las empresas checas, las multinacionales proveedoras tienden a tener menores restricciones de liquidez que otras. Esta evidencia micro sugiere, además, que sin la existencia de un funcionamiento adecuado de los mercados financieros, las empresas locales pueden tener dificultades para iniciar relaciones comerciales con las empresas multinacionales y aprovechar los beneficios derivados de la inversión extranjera. Este mecanismo es coherente con los efectos de crecimiento encontrados en Liu (2008) y con la formalización en Alfaro *et al.* (2010).

Hoy en día, la mayoría de las barreras a la inversión extranjera afectan a los servicios más que a los productos. Si bien existe una considerable evidencia empírica sobre el impacto de la IED en la productividad industrial, una incipiente literatura empírica estudia los efectos de la liberalización de los servicios en la productividad

---

[19] Ver, entre otros, a Goldsmith (1969), McKinnon (1973), Shaw (1973), y King y Levine (1993a, b).

industrial. Arnold *et al.* (2006) encuentran una relación positiva en la República Checa entre la reforma del sector de servicios y la productividad de las empresas locales en los sectores industriales relacionados. Arnold *et al.* (2008) hallan el mismo efecto en la India. Los efectos y las complementariedades de la reducción de las barreras a los servicios y los bienes siguen siendo un tema importante para la investigación futura.

En general, los estudios sobre la complementariedad han encontrado que algunos países carecen de las condiciones necesarias previas para cosechar los beneficios potenciales de la IED, lo que puede ayudar a explicar la ambigüedad de las conclusiones sobre la relación entre la IED y el crecimiento. Las externalidades positivas que la IED generaría sobre las empresas nacionales dependen, en gran medida, de la capacidad que estas empresas nacionales tienen para responder con éxito a los nuevos participantes, las nuevas tecnologías y a la nueva competencia. Ese éxito es, determinado en parte por características locales, tales como el nivel del capital humano y el desarrollo de los mercados financieros locales, así como por el nivel institucional general del país. Las deficiencias en estas áreas pueden reducir la capacidad de las industrias nacionales para absorber nuevas tecnologías y responder a los desafíos y las oportunidades presentadas por los participantes extranjeros. La variación de tales capacidades de absorción entre países (y entre las industrias dentro de los países) es una línea de investigación prometedora que puede producir una síntesis de los resultados contradictorios de la literatura actual.

Canales, mecanismos y fuentes de diferencias

Los estudios empíricos se han centrado en demostrar la existencia de externalidades, analizando principalmente si la mayor presencia de empresas multinacionales en un mercado está asociada con un aumento en la productividad de las empresas locales. Sin embargo, para pensar en políticas que maximicen el impacto de la IED esto no es suficiente, y se requiere saber cuáles son los canales, los mecanismos y las fuentes de los efectos diferenciales.

Mercado de factores
La IED podría contribuir al desarrollo de un país anfitrión a través del factor acumulación; es decir, mediante el aumento de capital físico y/o humano del país. El capital extranjero inyectado en la economía del país receptor puede contribuir a la formación de capital físico, mientras que la formación del empleado puede contribuir al desarrollo de habilidades especiales incrementando el capital humano.

No obstante ello, la evidencia empírica muestra en este caso también que en ninguno de los dos casos se puede prever siempre un resultado beneficioso.

Mercado laboral. Algunos estudios han evaluado los efectos sobre el mercado de factores de la producción multinacional. En términos de capital humano, la inversión extranjera directa puede aumentar el bienestar nacional si las EMN pagan salarios más altos que los de empresas nacionales, pero este no tiene por qué ser el caso necesariamente. Como se mencionó anteriormente, una conclusión sólida es que la productividad de las empresas multinacionales tiende a ser más alta que la de las empresas nacionales del mismo sector, lo que lleva a una mayor productividad agregada y a un mayor crecimiento. Al ser más productivas, pueden pagar salarios mayores; pero si las EMN terminan pagando salarios de mercado (igual que las nacionales), las ganancias de productividad son capturadas por las MNE y no por los trabajadores.

Existe una amplia evidencia, sin embargo, de que las EMN pagan por encima del salario de mercado (Blomström, 1983; Haddad y Harrison, 1993; Aitken *et al.*, 1996; Girma *et al.*, 1999; Lipsey y Sjöholm, 2001; Sjöholm y Lipsey, 2006). Es muy probable, entonces, que los frutos de su mayor productividad se compartan con sus nacionales, lo que podría justificar, a su vez, los incentivos del gobierno para las empresas multinacionales.

Aitken *et al.* (1996) investigan el impacto de las plantas de propiedad extranjera en los salarios pagados por los establecimientos de propiedad nacional en México y la República Bolivariana de Venezuela. Su análisis sugiere un aumento en los salarios de la industria, especialmente para los trabajadores calificados, debido a la producción multinacional extranjera. Del mismo modo, Feenstra y Hanson (1997) encuentran que un mayor nivel de actividad maquiladora conduce a una mayor proporción de la masa salarial que va a trabajadores calificados en México, un resultado que interpretan como una mayor demanda de mano de obra calificada de las empresas multinacionales extranjeras.

Harrison y Rodríguez-Clare (2010), revisando la literatura sobre la IED y los salarios, llegan a la conclusión de que, tras ajustar por las características de las empresas y los trabajadores, las empresas extranjeras pagan una pequeña prima salarial que se encuentra entre el 5% y el 10%.

Además, existe amplia evidencia de que las empresas multinacionales se comprometen con importantes esfuerzos para educar a los trabajadores locales y que ofrecen más capacitación a los trabajadores técnicos y directivos que las empresas locales[20]. En algunos casos, las empresas multinacionales también cooperan con

---

[20] Ver Fosfuri *et al.* (2001) y los argumentos en Alfaro y Rodríguez-Clare (2004) y Alfaro *et al.* (2009).

las instituciones locales en la capacitación. Por ejemplo, Intel y Shell-BP han hecho contribuciones a las universidades locales en Costa Rica y Nigeria, respectivamente; en Singapur, el Consejo de Desarrollo Económico ha colaborado con empresas multinacionales para establecer y mejorar los centros de formación[21]. Sin embargo, en un análisis empírico de un grupo de países, Velde y Xenogiani (2007) encuentran que la IED aumenta el desarrollo de habilidades (particularmente, la educación secundaria y terciaria) solo en los países que ya están relativamente bien dotados de habilidades. El hallazgo de que la contribución de la IED al desarrollo de habilidades está condicionada a un umbral de capital humano ilustra la creciente comprensión de la importancia de la complementariedad, analizada en la sección anterior.

Mercados financieros. Existe una literatura emergente sobre el efecto de la IED en los mercados de capitales locales. Una de las razones que los responsables políticos dan para la promoción de la inversión extranjera en los países en desarrollo es la escasez de capital para nuevas inversiones. Este argumento se basa en la hipótesis de que los inversores extranjeros proporcionan capital adicional cuando se establecen nuevas empresas en los mercados locales. Sin embargo, Kindleberger (1969), Graham y Krugman (1995), y Lipsey (2002) muestran que los inversores no transfieren toda su inversión al asumir el control de una empresa extranjera; tienden en cambio a financiar una parte importante de su inversión en el mercado local[22]. Además, ante el aumento de la volatilidad del tipo de cambio, muchos inversores extranjeros han encontrado maneras de cubrirse prestando en los mercados de capitales locales. Si las firmas extranjeras piden prestado a los bancos, en vez de traer el capital desde el extranjero, pueden llevar a exagerar las restricciones al financiamiento de las empresas nacionales por un número excesivo de empresas extranjeras en los mercados de capital nacionales.

Harrison y McMillan (2003) y Harrison *et al.* (2004) investigan esta posibilidad. Los primeros analizan el comportamiento de las empresas multinacionales (la mayoría francesas) que operan en Costa de Marfil, y hallan no solo que las empresas nacionales tienen más restricciones de crédito que las empresas extranjeras, sino también que el endeudamiento de las empresas extranjeras exacerba las restricciones

---

[21] Banco Mundial (1995), Spar (1998), y Larraín *et al.* (2000).
[22] Como se mencionó anteriormente, la literatura de organización industrial sugiere que las empresas se dedican a la inversión extranjera directa a causa de las diferencias en el costo de capital, y no porque ciertos activos valgan más bajo control extranjero que bajo control local. Si el menor costo del capital fuese la única ventaja de una empresa extranjera sobre las empresas nacionales, no se explicaría por qué un inversionista extranjero podría soportar los problemas de funcionamiento de una empresa en un entorno político, jurídico y cultural diferente, en lugar de hacer simplemente una inversión de cartera.

de crédito de las empresas nacionales. Harrison *et al.* (2004), utilizando una base de datos a nivel de empresa de una serie de países, obtienen resultados que sugieren que, en un país como Costa de Marfil, con numerosas imperfecciones de mercado y con el acceso al crédito racionado debido a la fijación de límites en las tasas de interés, los inversionistas extranjeros desplazan efectivamente a las empresas nacionales de los mercados de crédito locales. En contraste, en su panel de países encontraron que los inversores extranjeros no desplazan a las empresas locales. Es decir, como la inversión extranjera aumentó, la cantidad de crédito disponible para las empresas nacionales en realidad aumentó. Harrison y Rodríguez-Clare (2010) sostienen que estos resultados tan dispares apuntan a la complementariedad de las políticas, tales como las mencionadas entre la IED y los mercados financieros locales (ver Alfaro *et al.*, 2004, 2010). Las imperfecciones en el mercado de crédito de un país con las características de Costa de Marfil se ven exacerbadas por la IED. La importancia de tales complementariedades se desarrollará en la siguiente sección.

Además, están los efectos de inversiones extranjeras directas en el sector financiero y específicamente el bancario. En promedio, la proporción de los activos bancarios en poder de los bancos extranjeros en los países en desarrollo se ha incrementado en las últimas dos décadas. En Centroamérica, el porcentaje de bancos extranjeros ronda el 40% (Claessens *et al.*, 2008), con una variación que va desde el 25% en Guatemala (2006) hasta cerca del 70% en El Salvador y Panamá, mientras que la participación de los bancos extranjeros en los activos va desde cerca del 10% en Guatemala hasta casi el 80% en El Salvador.

Existe un importante debate en torno a las implicaciones de la participación de la banca extranjera en los países en desarrollo. Por un lado, hay quienes reconocen que los bancos extranjeros pueden aportar capital, así como los conocimientos técnicos y la innovación de productos para los países en desarrollo —como otras formas de inversión extranjera— con beneficios potenciales en términos de aumento de la competencia y mejoras en la eficiencia del sector bancario. Por otro lado, los críticos de la entrada de bancos extranjeros argumentan que puede conducir a la reducción del acceso a la financiación para la mayoría de las empresas nacionales y los consumidores si estos bancos solo se concentran en un segmento superior y seleccionado del mercado.

La mayor parte del debate en el ámbito de la IED en dirigida al sector financiero gira en torno a que los posibles aumentos de la eficiencia son inducidos por los cambios en la estructura competitiva de la industria: la entrada extranjera reduce los excesos de monopolio de los bancos nacionales. Las fusiones, adquisiciones y salidas de bancos han cambiado las estructuras competitivas locales sin precedentes, en comparación con otros sectores que han recibido IED. En el mundo, el sector financiero está muy concentrado: los quince bancos multinacionales más grandes suministran más del 20% de los préstamos privados en el mundo (ver De Blas y Russ, 2013). Por lo tanto, cuando los países contemplan la liberalización de su sector bancario para permitir la participación extranjera, surge una tensión natural. Existe la esperanza, por un lado, de que la participación extranjera reduzca las tasas de interés que cobran a los prestatarios a través de la eficiencia técnica superior o de mayor competencia. Por otro, existe la preocupación de que los grandes bancos extranjeros puedan acumular un enorme poder de mercado y terminen aumentando los tipos de interés.

De manera general, la IED en el sector bancario y las finanzas plantea inquietudes y distintos beneficios para el país anfitrión, en particular en los ámbitos de la regulación financiera y la prevención de crisis. Los operadores extranjeros podrían introducir una oferta más diversificada de fondos y, en principio, menos procíclica. Pero también, los fondos extranjeros pueden ser más sensibles a las fluctuaciones externas, implicando la importación de choques externos y de contagio.

Una rama de la investigación se ha ocupado de temas relacionados con la inversión extranjera en la industria de los servicios financieros y bancarios (ver Goldberg, 2007; y Cull y Martínez Peria, 2010 para estudios recientes). En general, la evidencia de las consecuencias de la participación de la banca extranjera también es ambigua.

Una serie de estudios empíricos muestran que la presencia de bancos de propiedad extranjera está asociada a una mayor eficiencia y la competencia en el sector bancario nacional. En varios estudios, la presencia de bancos extranjeros se ha relacionado con un menor margen de interés neto, rentabilidad, coeficientes de costos e ingresos no financieros de los bancos nacionales de los países en desarrollo (Claessens *et al.*, 2000, 2001; Claessens y Laeven, 2003; Claessens y Lee, 2003). Esta evidencia sugiere que los bancos nacionales se ven obligados a ser más eficientes después de la entrada de los bancos extranjeros, sobre todo en las líneas de negocio, donde los bancos extranjeros optan por competir. Por ejemplo, Claessens *et al.* (2000) utilizan datos de una muestra de 80 países para demostrar que la entrada extranjera reduce la rentabilidad de los bancos nacionales y mejora su eficiencia. Estudios por países que utilizan principalmente los datos del balance del banco alcanzan el mismo tipo de conclusiones en Colombia (Barajas *et al.*, 2000) y Argentina (Clarke *et al.*, 2000). Un estudio sobre Argentina, Chile, Colombia, México y Perú revela que el aumento de la presencia extranjera coincidió con reducciones en los costos de operación (Martínez Peña y Mody, 2004).

Otros estudios, que comparan el rendimiento relativo de los bancos extranjeros y nacionales, encuentran que los bancos extranjeros tienen los márgenes y la rentabilidad de interés relativamente más altos, y más bajos los gastos generales (Demirguc-Kunt y Huizinga, 2000; Claessens *et al.*, 2001). En un estudio de cinco países de América Latina, Martínez Peña y Mody (2004) encuentran que los márgenes financieros netos son iguales o más altos para los bancos de propiedad extranjera en comparación con sus contrapartes nacionales. Los márgenes son mayores para los bancos que entran a través de fusiones y adquisiciones y, sobre todo, el efecto disminuye con la edad de la fusión. Barajas *et al.* (1999) encuentran un aumento de los márgenes luego del aumento de participantes extranjeros en el sector bancario en Colombia en el período 1992–1996, pero hallan también que el incremento se debe, en gran parte, al aumento de poder de mercado. Otro estudio sobre Brasil, Costa Rica y El Salvador llega a la conclusión de que la presencia de bancos extranjeros debilita la competencia (Levy-Yeyati y Micco, 2007).

En cuanto a la entrada de bancos extranjeros y el acceso al crédito, Cull y Martínez Peria(2010) llegan a la conclusión que el efecto de la presencia de bancos extranjeros en los préstamos a las pequeñas empresas y los niveles generales de crédito, podría ser positivo o negativo. El resultado depende del grado de competencia en el sector bancario nacional y de la capacidad de los bancos para evitar los problemas de información.

Selección, competición y relocalización

Las decisiones de selección de las empresas multinacionales que optan por invertir en países, sectores o empresas de alto crecimiento sugieren que cuanto mayor es la productividad del país receptor, mayor será la actividad multinacional. En contraste, la difusión de conocimiento implica que la actividad multinacional provoca (y no es causada por) un aumento de la productividad agregada interna. Una mayor actividad multinacional también puede conducir a una mayor competencia en los mercados de productos y factores, así como a la reasignación de recursos de las empresas nacionales menos productivas a las empresas extranjeras más productivas, lo que lleva a la salida de algunas empresas nacionales. Una vez más, la actividad multinacional aparece como la causa (no el resultado) de una mayor productividad agregada interna. Los efectos de los dos últimos mecanismos son compensatorios: la selección más dura significa una contracción de la producción local, mientras que la difusión tecnológica representa externalidades positivas.

Estudios recientes realizados por Arnold y Javorcik (2009) y Guadalupe *et al.* (2011) explican las decisiones de adquisición endógenas de las firmas multinacionales extranjeras y encuentran que las firmas nacionales tienen mejores resultados. Estos estudios también muestran que, incluso después de hacer frente a las decisiones de adquisición, la propiedad extranjera conduce a derrames de productividad significativos en las plantas adquiridas. Fons-Rosen *et al.* (2013), por el contrario, encuentran poca evidencia de esa mejora en la productividad.

Utilizando un índice de propensión combinado con un análisis de diferencias en diferencias para controlar tanto el muestreo no aleatorio como los cambios en las variables no observables, Arnold y Javorcik (2009) encuentran, por un lado, que las plantas de fabricación de Indonesia que se convierten en plantas de propiedad extranjera invierten más en activos fijos, sobre todo en maquinaria, que las empresas de propiedad nacional de características similares; y por otro lado, que incrementan la intensidad de importación, tanto de sus insumos como de la intensidad de exportación de su producción. Curiosamente, los autores también encuentran que estas plantas implementan cambios organizativos que mejoran el rendimiento de los trabajadores. Estos hallazgos pueden ayudar a explicar la relación robusta entre la propiedad extranjera y la PTF. La organización de las empresas multinacionales se expondrá en una sección posterior.

Si bien estos resultados ofrecen información relevante sobre cómo la IED conduce a una mayor PTF en las plantas que la reciben, es decir, a nivel micro; el ejercicio que arroja luz sobre el mecanismo por el cual la IED genera crecimiento a nivel macro para el país anfitrión es otro.

Una aproximación a esta pregunta puede ser entendida a la luz de las nuevas teorías del comercio que defienden la heterogeneidad de las empresas, como se ilustra en Melitz (2003). En su modelo, los beneficios del comercio se producen a través de modificaciones de la cuota de mercado de las empresas menos productivas a las más productivas. Esto no puede tener lugar, sin embargo, cuando existen barreras a la salida y la expansión de la firma, lo que confirma la importancia de que la IED esté acompañada de políticas complementarias, como la disponibilidad de crédito y la existencia de barreras bajas a la entrada/salida de empresas y a la relocalización de los factores.

Con el fin de comprender los mecanismos por los cuales una economía responde a la producción de la multinacional para evaluar el efecto de la inversión extranjera y fijar las correspondientes políticas económicas, es necesario distinguir entre la reasignación del mercado y la difusión del conocimiento[23]. Si la difusión de conocimiento es la principal fuente de ganancias de productividad, un tratamiento especial para las empresas extranjeras, a menudo en forma de desgravaciones fiscales e incentivos financieros puede estar justificado y ser suficiente. Ahora bien, si las ganancias de productividad también se deben a la reasignación de mercado, sería importante mejorar las condiciones del mercado local, incluyendo la oferta de trabajo y el acceso al crédito, y eliminar los obstáculos a tal reasignación.

---

[23] Aunque el papel de la reasignación de mercado está menospreciado en la evaluación de las ganancias derivadas de la producción multinacional, su función está bien establecida en la evaluación de las ganancias de productividad derivadas de la liberalización del comercio (ver Melitz y Redding, de próxima publicación) para una revisión reciente.

Si bien existe una amplia investigación sobre el efecto derrame de conocimiento de las empresas multinacionales, ha habido muy poco sobre el papel de la reasignación de mercado en el impacto agregado de la producción de la multinacional y en las diferentes formas en las que la reasignación de mercado y la difusión del conocimiento influyen en los beneficios potenciales de la competencia multinacional. La evidencia sobre el efecto de la selección nacional de la producción de la multinacional es muy limitada. Los análisis que separan la importancia relativa de los efectos secundarios y la selección de conocimiento son aún más escasos.

Alfaro y Chen (2013) separan los roles de selección y difusión del conocimiento para determinar el impacto agregado de la producción multinacional sobre la productividad del país anfitrión. Basados en un fundamento teórico micro que captura simultáneamente estos dos aspectos de la producción de la multinacional, desarrollan una estrategia empírica para distinguir su importancia relativa, teniendo en cuenta la autoselección de las empresas multinacionales. El documento de dichos autores también proporciona un marco estructural con el que cuantifican la magnitud de las ganancias de productividad asociadas con cada efecto y realizan un análisis comparativo. El análisis del trabajo ofrece nueva evidencia sobre el efecto de la reasignación de mercado de la inversión extranjera directa y de la heterogeneidad cruzada en las ganancias derivadas de la apertura a la producción multinacional[24]. Estos resultados sugieren que una política apropiada debería tener como objetivo facilitar las ganancias derivadas de la competencia y la reasignación de los recursos mediante la mejora de las condiciones locales, incluyendo el acceso al crédito interno y la oferta de trabajo (especialmente mano de obra calificada), al tiempo que debería eliminar las barreras regulatorias.

Vínculos

Otra investigación prometedora sobre el mecanismo que induce al crecimiento de la IED ha sido el esfuerzo por descubrir el potencial de los efectos secundarios mediante el análisis formal de cómo las empresas extranjeras generan vínculos significativos con las empresas nacionales, tanto de manera intraindustrial (horizontal) como interindustrial (vertical). Como se planteó anteriormente, dado que las empresas multinacionales están motivadas a proporcionar derrames tecnológicos a sus proveedores, pero no a sus competidores, la mayor parte de los

---

[24] Ramondo (2009), utilizando un panel de plantas nacionales y extranjeras en el sector manufacturero de Chile, encuentra cómo la entrada de plantas extranjeras se correlacionó negativamente con las cuotas de mercado de los operadores tradicionales nacionales; sin embargo, se correlacionó positivamente con su productividad. Kosová (2010), analizando la salida y el crecimiento de las ventas de las empresas nacionales en la República Checa, halla evidencia consistente con el desplazamiento y la difusión tecnológica.

estudios se han centrado en el mecanismo que estudia los vínculos verticales, en lugar de los horizontales.

Una pregunta importante es si todas las relaciones verticales (oferta) tienen el potencial de convertirse en vínculos positivos y generar externalidades positivas derivadas de la IED. El comportamiento selectivo de muchas empresas extranjeras con respecto a las empresas locales que pueden suministrar bienes (Javorcik y Spatareanu, 2005) no está asociado con potenciales externalidades positivas. Una vez más, el hecho de que las empresas extranjeras parezcan ayudar a algunos proveedores a mejorar su rendimiento implica una externalidad solo si estos beneficios no están totalmente internalizados por la empresa extranjera.

Las entrevistas con los proveedores y las empresas multinacionales en Costa Rica revelaron pocos casos en que se había producido una clara transferencia de tecnología positiva por parte de una empresa multinacional a un proveedor (ver Alfaro y Rodríguez-Clare, 2004). Las entrevistas también revelaron que las EMN a menudo carecían de conocimientos técnicos sobre los procesos de producción de los insumos que utilizaban. Cuando tenían esos conocimientos, estos tendían a ser acerca de los procesos de producción de insumos sofisticados que, debido a que era poco probable que fueran suministrados por las empresas locales, por lo general se obtenían de proveedores internacionales altamente especializados. Mientras que las entrevistas no aportaron pruebas relevantes sobre la difusión del conocimiento a través de la transferencia de tecnología, sí revelaron que las empresas locales habían decidido mejorar, en muchos casos, sus procesos de producción con el fin de convertirse en proveedores de las empresas multinacionales.

Dada la ambigüedad de esta encuesta, se necesita un enfoque integrado que vincule la teoría y la evidencia para eliminar la posibilidad de efectos secundarios. El trabajo teórico de Rodríguez-Clare (1996) sugiere que, bajo ciertas condiciones (ventajas de especialización, rendimientos crecientes, y altos costos de transporte), el aumento de la demanda de insumos especializados llevaría a la producción local de nuevos tipos de insumos, generando externalidades positivas para otras empresas nacionales que los utilizan. De acuerdo con este punto de vista de los vínculos, las empresas multinacionales podrían generar, incluso, un efecto arrastre sobre las empresas nacionales. Si, por ejemplo, se comportasen como enclaves, importando todos sus insumos y restringiendo sus actividades locales a la contratación de mano de obra, la demanda de insumos nacionales podría disminuir así como la importancia relativa de las empresas multinacionales sobre las empresas nacionales, llevando a una reducción en la variedad y especialización de los insumos (ver también Markusen y Venables, 1999).

Sin embargo, como se explica en Alfaro y Rodríguez-Clare (2004), es importante tener en cuenta los supuestos claves del modelo y cómo su incumplimiento podría afectar al potencial de las multinacionales para crear vínculos. El primer supuesto importante es que los insumos intermedios no son transables y, por extensión, que los comportamientos de abastecimiento de insumos de las plantas nacionales y las extranjeras son idénticos. Si fuesen bienes perfectamente transables, es decir, si no hubiese costos de transporte, no tendría sentido hablar de la introducción de un bien por una empresa a un país en desarrollo. Dada la demanda, todos los bienes existentes estarían disponibles de forma automática en todas partes. Solo la demanda de insumos no transables genera vínculos significativos. Por otra parte, dada la mayor intensidad de importación de insumos por parte de las empresas de propiedad extranjera, el supuesto de no transabilidad es demasiado restrictivo.

Como se menciona en Barrios *et al.* (2011), el supuesto de que los comportamientos de abastecimiento de insumos son idénticos contradice la hipótesis de que las multinacionales extranjeras tienen un modo diferente de organizarse para hacer las cosas que las empresas nacionales[25]. Arnold y Javorcik (2009) proporcionan evidencia de que las empresas que se convierten en firmas de capital extranjero importan una mayor proporción de sus insumos que si hubiesen permanecido siendo de propiedad nacional. En el mejor escenario, los investigadores tendrían en cuenta solo las compras de insumos no transables, pero por lo general las limitaciones de datos hacen tal precisión imposible.

Un segundo asunto crítico es que solo la demanda de bienes intermedios que muestran rendimientos crecientes (a diferencia, por ejemplo, de los rendimientos constantes a escala) implica vínculos. Un tercer aspecto clave es que la demanda de insumos con una baja elasticidad de sustitución genera vínculos con un mayor efecto sobre la productividad que la demanda de insumos que tienen buenos sustitutos. Un cuarto aspecto es que las multinacionales parecen contratar a más trabajadores calificados que las empresas nacionales. Los efectos de los vínculos positivos de las multinacionales podrían ser menos visibles en vista de la mayor competencia entre las empresas multinacionales por la escasa mano de obra calificada.

Con estos cuatro aspectos en mente, cabe preguntarse cómo deben medirse estos vínculos. La interpretación tradicional de un hallazgo reportado con frecuencia en la investigación empírica (que la participación de los insumos comprados en el país es menor para las empresas multinacionales que para las empresas locales de acuerdo a lo señalado en Barry y Bradley, 1997; y Görg y Ruane, 2001) ha sido que las empresas multinacionales generan menos vínculos que las empresas nacionales.

---

[25] Ver también Girma *et al.* (2008); y Görg y Seric (2013).

La teoría, sin embargo, sugiere que la proporción de los insumos comprados en el país no es un indicador válido de los vínculos que las EMN pueden generar. Barrios *et al.* (2011) muestran que, al medir si las empresas multinacionales generan vínculos positivos, los resultados dependen, en gran parte, de la elección de la medida retroactiva. Una medida más apropiada es la relación entre el valor de los insumos comprados en el país y el número de trabajadores contratados por la empresa, que también puede ser definida como la proporción de insumos de origen nacional en relación con la intensidad de la mano de obra (entradas por trabajador). Mientras que las empresas multinacionales pueden tener una cuota más baja (ya que son más propensas a importar inputs), también pueden ser más propensas a tener coeficientes de mayor intensidad.

Alfaro y Rodríguez-Clare (2004) encontraron, en consonancia con la evidencia anterior, que la proporción de insumos de origen nacional fue menor para las empresas extranjeras que para las empresas nacionales en Brasil, Chile, México y la República Bolivariana de Venezuela, pero también que el coeficiente de intensidad para las empresas extranjeras fue mayor. El coeficiente de vinculación fue más alto para las empresas extranjeras en Brasil, Chile y la República Bolivariana de Venezuela, mientras que en México los autores no pudieron rechazar la hipótesis de que las empresas extranjeras y nacionales tuviesen potenciales de vinculación similares. Otro resultado importante fue que las empresas extranjeras entrantes tendían a tener un coeficiente de vinculación inferior, pero que el vínculo tendía a aumentar con el tiempo, poniendo de relieve la importancia de la duración del estudio (así como la de los plazos, dado que los estudios más cercanos a los distintos esfuerzos de liberalización realizados tienen más probabilidades de producir resultados negativos).

Curiosamente, un efecto retroactivo positivo no implica necesariamente una externalidad positiva por parte de las empresas multinacionales a los proveedores. Por el contrario, una vinculación positiva debería conducir a una externalidad positiva por parte de las empresas multinacionales a otras empresas del mismo sector; es decir, una externalidad positiva horizontal. En un marco teórico, Alfaro *et al.* (2010) dilucidan esta idea, desarrollando un modelo en el que la presencia de vínculos positivos depende del grado de desarrollo del sector financiero local. Modelan una economía pequeña y abierta en la que la producción de bienes finales se lleva a cabo por empresas extranjeras y nacionales que compiten por mano de obra calificada, mano de obra no calificada, y productos intermedios. Para operar una empresa en el sector de bienes intermedios, un empresario debe desarrollar una nueva variedad de bien intermedio, tarea que requiere una inversión inicial de capital. Cuanto más desarrollados estén los mercados financieros locales, más fácil será para los emprendedores con restricciones de crédito iniciar sus propias empresas[26]. El aumento en la variedad de bienes intermedios conduce a consecuencias positivas para el sector de bienes finales. Como resultado, los mercados financieros permiten los vínculos hacia atrás entre las empresas extranjeras y nacionales que se convierten en efectos indirectos de la IED. Sin embargo, este modelo implica fundamentalmente que los efectos secundarios deben ser horizontales en lugar de verticales.

No obstante ello, la evidencia de derrames horizontales de la IED se ha mantenido esquiva. Iršová y Tomáš (2013), en un metaanálisis de la literatura, encuentran que, en promedio, los derrames horizontales son cero[27]. ¿Por qué no se observa una externalidad positiva por parte de las empresas multinacionales a otras empresas del mismo sector? La calidad de los datos, los errores en la medición de la productividad y los aspectos endógenos en la presencia de multinacionales son posibles respuestas a este enigma. Otra respuesta es que podría haber alguna externalidad horizontal negativa que compense a la positiva; por ejemplo, el efecto de la competencia ocasionado por la entrada de las empresas multinacionales, como argumentan Aitken y Harrison (1999) y se muestra en Alfaro *et al.* (2010); y Alfaro y Chen (2013). Iršová y Tomáš (2013) encuentran también este efecto, y determinan además que el signo y la magnitud del efecto horizontal dependen sistemáticamente de las características de la economía nacional y los inversionistas extranjeros.

Por lo tanto, un reto importante para la literatura que estudia este tema es el control de los efectos de la competencia. La disponibilidad de los datos supone una importante restricción a los esfuerzos de emplear modelos econométricos, particularmente en los países en desarrollo. En algunos trabajos recientes, Alfaro *et al.* (2010) combinan la teoría y un método de calibración con el fin de formalizar el mecanismo a través del cual el efecto de goteo de la IED a través de vínculos hacia atrás depende del nivel de las condiciones locales (incluyendo la estructura del mercado, los mercados financieros, y la competencia por la mano de obra calificada y no calificada) y de cuantificar las propiedades del modelo para parámetros realistas.

Por supuesto, las externalidades y los efectos secundarios son, por su propia naturaleza, difíciles de medir. Mejoras de calidad, capacitación de los trabajadores, y mejoras en el entorno empresarial y en las prácticas de organización son algunos

---

[26] Hirschman (1958) argumenta que los efectos de vinculación se realizan cuando una industria puede facilitar el desarrollo de otra al aliviar las condiciones de producción, estableciendo así el paso para una industrialización más rápida. También sostiene que, en ausencia de vínculos, las inversiones extranjeras podrían tener efectos limitados o incluso negativos sobre una economía (las llamadas economías de enclave).

[27] En un metaanálisis anterior, Havranek y Iršová (2011) examinan 3.626 estimaciones de efectos secundarios y encuentran el derrame promedio económicamente significativo para los proveedores y estadísticamente significativo pero pequeño para los compradores.

de los factores que también pueden tener efectos positivos sobre la economía del país receptor. Además, las empresas multinacionales pueden formar clústeres mundiales para beneficiarse de su interacción. Las empresas que se han aglomerado en, por ejemplo, Silicon Valley y Detroit ahora tienen plantas subsidiarias que han formado clústeres en Bangalore y Eslovaquia, conocidos como el Silicon Valley de la India y el Detroit del Este, respectivamente.

La aglomeración de la actividad económica, siempre reconocida por los economistas regionales y urbanos, y por los historiadores de la economía, es uno de los aspectos más destacados del desarrollo económico. Un amplio conjunto de investigaciones analiza la distribución de la producción y la población a través del espacio y las concentraciones espaciales. La comprensión de las concentraciones espaciales emergentes de la producción de las multinacionales en todo el mundo, y las fuerzas impulsoras detrás de estas nuevas concentraciones en comparación con las de sus homólogos nacionales es crucial para el diseño y la mejora de las políticas.

Alfaro y Chen (2014) investigan los patrones y determinantes de la geografía económica mundial de las empresas multinacionales. Su análisis muestra que los clústeres extraterritoriales emergentes de las multinacionales no son un simple reflejo de los clústeres industriales nacionales. Es decir, dentro de un país receptor, las multinacionales siguen patrones de aglomeración distintos a los de sus contrapartes nacionales. Las decisiones de localización de las empresas multinacionales reflejan los fundamentos de localización, incluyendo el acceso al mercado (para evitar los costos del comercio) y la ventaja comparativa (para buscar factores abundantes con menores costos), pero también reflejan las economías de aglomeración. Las economías de aglomeración subrayan los beneficios de la proximidad geográfica entre las empresas, incluidos menores costos de transporte entre los proveedores de insumos y los productores de bienes finales (relaciones verticales), el mercado de trabajo y las externalidades del mercado de bienes y capitales que reflejan el alto capital y la intensidad de la innovación de las EMN y la difusión de la tecnología. Además, las multinacionales muestran tendencias más fuertes a agruparse con las propias multinacionales predominantes que con las plantas locales. Una vez más, esto se da cuando las externalidades del mercado de capitales y bienes así como los beneficios de difusión de tecnología son fuertes.

El papel de las instituciones

North (1995) describe las instituciones como las reglas del juego en una sociedad, definiéndolas como las limitaciones humanamente concebidas que estructuran de una manera más formal la interacción política, económica y social. Hay una diferencia importante entre las políticas y las instituciones: las políticas son decisiones tomadas dentro de una estructura política y social; es decir, dentro de un conjunto de instituciones.

Las instituciones consisten, por un lado, en restricciones informales, como las tradiciones y las costumbres; y por el otro, en reglas formales, como las constituciones, las leyes y los derechos de propiedad. Proporcionan la estructura de incentivos de una economía. El trabajo previo de North (1981) y las contribuciones posteriores, como la de Acemoglu *et al*. (2001, 2002) y Acemoglu y Johnson (2005), muestran que las instituciones sociales, legales y políticas de una sociedad dan forma a sus resultados económicos. Por ejemplo, influyen sobre las decisiones de inversión mediante la protección de los derechos de propiedad de los empresarios frente al gobierno y otros sectores de la sociedad, e impidiendo que las élites puedan bloquear la adopción de nuevas tecnologías. En general, los derechos de propiedad débiles, debido a instituciones pobres, pueden conducir a la falta de capacidad productiva o la incertidumbre de los retornos.

La relación entre las instituciones y los flujos de capital —la inversión extranjera directa, en particular— puede ser un canal a través del cual las instituciones promueven el crecimiento a través de la formación de capital y los efectos secundarios. Bénassy-Quéré *et al*. (2007) enumeran varias razones por las cuales la calidad de las instituciones puede ser importante para atraer a la IED. Las buenas instituciones pueden atraer a los inversores extranjeros, mientras que las instituciones débiles pueden cargar a los inversores con los costos adicionales, tales como la corrupción (Wei, 2000). Dados los altos costos sumergidos de la IED, esta es especialmente vulnerable a la incertidumbre, incluida la incertidumbre derivada de la ineficiencia burocrática, los cambios de política, la débil aplicación de los derechos de propiedad, y un sistema legal débil en general. Antràs *et al*. (2009) demuestran que la protección de los inversores débiles limita la escala de la actividad multinacional.

Alfaro *et al*. (2007, 2008) utilizan un marco empírico para examinar las diferentes explicaciones que existen a la falta de flujos de capital de los países ricos a los pobres, a saber, la paradoja de Lucas. Los autores encuentran evidencias de que la calidad institucional es la variable más importante para explicar la falta de flujos (particularmente de IED) sobre todo a los países pobres. El estudio considera la causalidad inversa, examina los determinantes de la volatilidad de los flujos de capital, e investiga si las instituciones y las políticas juegan un papel en la reducción de la inestabilidad en los mercados financieros internacionales. La evidencia sugiere que tanto la baja calidad institucional como las malas políticas —las políticas monetarias malas, en particular— ayudan a explicar la volatilidad de largo plazo de los flujos de capital.

Bénassy-Quéré *et al*. (2007) implementan estimaciones transversales, la estimación de datos de panel, y el control de la correlación entre las instituciones y el PIB per cápita y la endogeneidad de las instituciones. Los autores encuentran una amplia gama de aspectos institucionales (la burocracia, la corrupción, la transparencia y la calidad de las instituciones judiciales) que afectan a la entrada de la IED, independientemente del PIB per cápita. La proximidad institucional de los países de origen y de destino también es importante, pero los autores encuentran poco impacto de las instituciones del país de origen. Buchanan *et al.* (2012) también encuentran una relación positiva entre la calidad institucional y la inversión extranjera directa y una relación negativa entre la calidad institucional y la volatilidad. Como señalan los autores, estos resultados sugieren que los esfuerzos para mejorar las instituciones pueden ayudar a países en desarrollo a recibir más inversión extranjera directa, independientemente del impacto indirecto de un mayor PIB per cápita[28].

IED, volatilidad y crisis

A veces se sostiene que la IED es inherentemente menos volátil que las inversiones de cartera. Sin embargo, varios estudios concluyen que la IED tiene un efecto negativo significativo sobre la supervivencia y estabilidad de las plantas de producción. Además, la naturaleza despreocupada de las empresas multinacionales las hace más volátiles que las empresas puramente nacionales. Görg y Strobl (2003), por ejemplo, encuentran que en Irlanda los establecimientos de propiedad extranjera son más propensos a abandonar el mercado, ajustando por características específicas de otras plantas y de la industria. Gibson y Harris (1996) y Bernard y Sjöholm (2003) llegan a conclusiones similares para Nueva Zelanda e Indonesia, respectivamente. Bernard y Jensen (2007) se centran en las multinacionales presentes en los Estados Unidos y opinan que son más propensas al cierre de las instalaciones del país de origen que las empresas estadounidenses puramente nacionales.

Son pocos los estudios que han examinado la manera en que las multinacionales responden a una crisis en comparación con las empresas locales, y cómo el comportamiento del establecimiento de una empresa multinacional está relacionado entre los países en los que opera. Álvarez y Görg (2007) investigan la respuesta de las empresas multinacionales y las nacionales a una recesión económica en Chile, y encuentran que las multinacionales reaccionaron a la crisis económica de manera diferente a como lo hicieron las empresas nacionales. Desai *et al.* (2008) evalúan la respuesta de las empresas multinacionales y locales (fuera de los Estados Unidos) a las agudas depreciaciones monetarias, y encuentran que las ventas, activos e inversiones aumentan sustancialmente más para las filiales de las multinacionales estadounidenses que para las empresas locales.

---

[28] Ver también Nunnenkamp (2004) y Alfaro *et al.* (2014).

Si bien estos estudios se centran en las desaceleraciones económicas regionales y las depreciaciones de la moneda, Alfaro y Chen (2012) investigan las respuestas a nivel micro a una crisis mediante el examen de las diferencias en el rendimiento de los establecimientos durante la reciente crisis financiera mundial, haciendo hincapié en la manera en que la propiedad extranjera afecta a la resiliencia de los *shocks* negativos. Los autores examinan el alcance global y la gran heterogeneidad de esa crisis para explicar el papel que ejerce la IED en los resultados microeconómicos. Para separar los efectos de la propiedad extranjera de otros efectos, los autores utilizan un conjunto de datos de todo el mundo, de información detallada, sobre la industria, la ubicación y las operaciones de más de doce millones de establecimientos. Con el fin de controlar las diferencias observables y no observables entre las filiales extranjeras y los establecimientos locales, hicieron coincidir a cada filial extranjera con un establecimiento local de características y funcionamiento similares en el mismo país e industria. El efecto de la propiedad extranjera se infiere a partir de la divergencia en el rendimiento. Los autores exploran la variación temporal de los datos y consideran el período sin crisis (2005-2007) y la crisis (2007-2008) por separado. Al comparar el efecto de la propiedad extranjera durante la crisis con su efecto en años sin crisis se hace posible la identificación de la función de la producción y los vínculos financieros en el aumento de la resiliencia de las subsidiarias en el extranjero a la demanda y los *shocks* financieros negativos.

Los resultados sugieren que, en promedio, las subsidiarias extranjeras respondieron mejor a la crisis financiera global que las plantas de control local con características económicas similares. Sin embargo, mientras que la propiedad extranjera tenía una ventaja pronunciada durante la crisis, no fue así durante los períodos económicos normales. Las filiales extranjeras que tienen fuertes vínculos productivos verticales con sus empresas matrices se desempeñaron mejor que los establecimientos de control durante la crisis, mientras que aquellos con vínculos horizontales no lo hicieron. Una vez más, este patrón no se observa en años sin crisis. Del mismo modo, las subsidiarias extranjeras que operan en industrias con mayores vínculos financieros intraempresariales tuvieron una mayor ventaja sobre las matrices locales solo durante el período de crisis, y especialmente en los países receptores con empeoramiento de las condiciones del crédito.

Estos resultados tienen implicaciones importantes para los debates académicos y políticos sobre el papel de la inversión extranjera directa. En muchos países, existe una creciente preocupación de que la IED es más volátil que la inversión nacional y que conduce a mayores vulnerabilidades, especialmente durante las crisis. El análisis de Alfaro y Chen (2012) sugiere que, mientras que el comportamiento despreocupado de las multinacionales podría conducir a una mayor volatilidad, la producción vertical y los vínculos financieros entre las filiales extranjeras y las empresas matrices podrían aliviar el impacto de una crisis en un país receptor.

Multinacionales y organización

A pesar de la extensa literatura teórica y empírica reciente, la productividad de las empresas sigue siendo en gran parte una caja negra, tal como lo señalaron Melitz y Redding (de próxima publicación). La investigación empírica sobre el papel de la adopción de la tecnología, la innovación, las prácticas de gestión, la organización de la empresa y el retorno de la inversión extranjera directa sigue siendo escasa.

Un pequeño número de trabajos recientes exploran dónde las empresas multinacionales realizan la actividad de innovación y cómo esto afecta a su productividad. Los estudios han demostrado que las empresas alemanas y británicas con fuertes lazos con los Estados Unidos en investigación y desarrollo, medido por la proporción de patentes con inventores que residen en los Estados Unidos, se benefician más del crecimiento de investigación y desarrollo en los Estados Unidos que en los competidores bien conectados. Para las empresas con sede en el Reino Unido, los derrames de conocimiento de la inversión en investigación y desarrollo extranjera para las empresas nacionales significa un aumento de la productividad del 5% en promedio (Griffith *et al.*, 2006), mientras que las empresas alemanas gozan de un aumento de la productividad del 15% (Harhoff *et al.*, 2012). El inconveniente de esta literatura es que captura solo una pequeña fracción de las actividades de patentes y, por tanto, solo la actividad total de la innovación. Por otra parte, los datos de patentes no dejan claro que la actividad de innovación en realidad ocurrió.

Investigaciones recientes tienen como objetivo entender el papel que cumplen las prácticas de gestión en las enormes diferencias de productividad entre las empresas y entre los países, que son ampliamente reconocidas (Caselli, 2005; Syverson, 2011). Los investigadores han intentado explicar por qué algunos países y algunas empresas de estos países pueden utilizar sus factores de producción de manera más eficiente y extraer más rendimiento que los otros países y empresas. El enfoque tradicional a esta desconcertante cuestión ha sido explorar la lenta difusión de la tecnología, en el supuesto de que las diferencias se deben a las innovaciones tecnológicas "duras" que se concretan en las patentes o la adopción de nuevos equipos avanzados. Un creciente cuerpo de investigación se centra, en cambio, en la mala asignación de los recursos a través de las plantas (Alfaro *et al.*, 2009; Hsieh y Klenow, 2009). Es decir, las diferencias no son únicamente una cuestión del nivel de la acumulación de factores, sino también de la manera en que se asignan estos factores a través de las distintas unidades de producción. Haciéndose eco de estos estudios, Alfaro y Chen (2013) sugieren que las reasignaciones del capital y el trabajo como consecuencia del aumento de la producción podrían dar lugar a importantes ganancias de productividad.

Sin embargo, otra explicación más reciente de las diferencias de productividad, que utiliza datos de empresas, refleja las variaciones en las prácticas de gestión. El trabajo reciente de Bloom et al. (2013), usando un estudio de las prácticas de gestión en más de 30.000 plantas en los Estados Unidos, señala que las prácticas de gestión más estructuradas se asocian a una mayor productividad y rentabilidad, a tasas más altas de innovación y al crecimiento del empleo más rápido. Las empresas multinacionales tienden a tener prácticas de gestión más estructuradas.

Bloom y Van Reenen (2010) encuentran que las prácticas de gestión varían ampliamente entre países, sectores y empresas. Ellos encuentran no solo que las multinacionales están generalmente mejor manejadas en cada país, sino también que las multinacionales trasplantan sus estilos de gestión en el extranjero[29]. Los autores también descubren que las empresas exportadoras se gestionan mejor que las no exportadoras y que la exportación está dominada por las multinacionales. Por último, observan que, en general, la competencia tiende a mejorar las prácticas de gestión a través de la selección, la salida de las empresas mal administradas y la innovación.

Heterogeneidad

No cabe duda de que la calidad de la inversión extranjera directa puede verse afectada por cualquiera de las características del proyecto y de la industria, tales como el modo de entrada (greenfield frente a fusiones y adquisiciones) y el país de origen[30].

***Greenfield* frente a fusiones y adquisiciones.** Calderón et al. (2004) distinguen la retroalimentación y los efectos macroeconómicos de la inversión extranjera

---

[29] En un artículo relacionado, Bloom et al. (2012) examinan las diferencias de productividad relacionadas con las Tecnologías de la Información (TI) entre los establecimientos de propiedad de multinacionales estadounidenses y los establecimientos que, o bien son propiedad de multinacionales fuera de los Estados Unidos o son puramente locales. Los autores encuentran que las filiales extranjeras de las multinacionales estadounidenses parecen obtener una mayor productividad del capital invertido en las TI, que las empresas nacionales y las filiales de las multinacionales no estadounidenses y, además, son también más intensivas en TI. Esto es cierto tanto para un conjunto de datos del Reino Unido como para un conjunto a nivel de empresas europeas. Los autores también muestran que las empresas estadounidenses tienen puntajes más altos en las prácticas "de gestión de personas", que se definen en términos de promoción, recompensa, la contratación y las prácticas de despido.

[30] Javorcik y Spatareanu (2011), por ejemplo, encuentran diferencias significativas entre los efectos asociados a los inversionistas extranjeros de distinta nacionalidad en Rumania. Nuestros datos, sin embargo, no permiten el control de estas diferencias.

directa en nuevas instalaciones de las fusiones y adquisiciones (M&A). Estas, aunque sean más prominentes en los países industrializados, también han tenido lugar en los países en desarrollo, en particular en los que realizan una amplia privatización. Para una vasta muestra de países, tanto industrializados como en vías de desarrollo, los autores encuentran que, durante 1987-2001, un mayor número de fusiones y adquisiciones fue seguido por una mayor inversión en nuevas instalaciones, mientras que únicamente en los países en desarrollo, una mayor inversión en nuevas instalaciones fue seguida por un mayor número de fusiones y adquisiciones. Tanto en los países industrializados como en los países en desarrollo, ambos tipos de IED conducen a la inversión nacional, pero la inversión nacional no conduce a la inversión extranjera directa de cualquier tipo[31]. Finalmente, ninguno de los tipos de IED parece preceder el crecimiento económico en países en desarrollo o industrializados, si bien el crecimiento económico tiene un efecto positivo sobre la IED.

Más recientemente, Neto *et al.* (2010) estudian el efecto diferencial sobre el crecimiento de utilizar *greenfield* frente a fusiones y adquisiciones, basados en un panel de 53 países en el período 1996-2006. Los autores encuentran evidencia de causalidad bidireccional entre la IED, las fusiones y adquisiciones, y el crecimiento. Según ellos, la inversión en nuevas instalaciones (*greenfield*) tiene un efecto positivo sobre el crecimiento económico en los países desarrollados y en desarrollo, mientras que el efecto de M&A en el crecimiento económico es negativo en los países en desarrollo e insignificante en los países desarrollados. Harms y Méon (2011) encuentran que, si bien la IED mejora sustancialmente el crecimiento, las M&A no tiene ningún efecto. Los problemas comunes, en todos estos estudios, son la disponibilidad de datos y el sesgo de selección de la muestra de las diferentes formas de inversión. Trabajos futuros que utilicen datos de largos períodos de tiempo deberán de ayudarnos a comprender mejor los distintos efectos.

País de origen. La investigación ha revelado que el país de origen es un factor importante. Girma y Görg (2007) diferencian adquirentes por grupos de países en su investigación sobre los estímulos salariales; y Javorcik y Spatareanu (2008, 2011) examinan el impacto de origen de los inversores sobre los derrames verticales de la inversión extranjera directa.

Javorcik y Spatareanu (2011), en particular, utilizan datos de panel a nivel de empresas de Rumania para examinar si la nacionalidad del inversionista extranjero

---

[31] No obstante, en las fusiones y adquisiciones donde ambas empresas son extranjeras, no necesariamente existen entradas de capitales al país de la empresa objetivo. Igualmente, este tipo de transacciones no debería de gozar de los incentivos para la IED.

afecta al grado de los derrames verticales. En este caso, el Acuerdo de Asociación entre Rumanía y la Unión Europea (UE) implica que los insumos provenientes de la UE están sujetos a una tarifa más baja que los insumos provenientes de los Estados Unidos o Canadá. Por consiguiente, los inversionistas estadounidenses pueden tener, en promedio, un mayor incentivo que los inversores de la UE para invertir en Rumania; esto crea un mayor potencial para los derrames verticales. El análisis empírico apoya esta hipótesis mostrando una asociación positiva entre la presencia de las empresas estadounidenses en los sectores de fabricación de productos finales y la productividad de las empresas rumanas en las industrias proveedoras, pero que no muestra una relación significativa en el caso de las filiales europeas. Los resultados también indican que las empresas rumanas en sectores cuyos productos son caros de transportar se benefician más de la presencia de las filiales estadounidenses que de las empresas rumanas en sectores con bajos costos de envío. No se encuentra tal patrón para las filiales europeas.

Sectores[32]. Alfaro (2003), utilizando una base de datos de la UNCTAD para investigar el efecto de la IED sobre el crecimiento, encuentra evidencia de un efecto positivo en el sector manufacturero, pero solo una evidencia ambigua para el sector servicios. Por otro lado, los efectos de la IED en el sector primario tienden a ser negativos. Aunque podría parecer natural argumentar que la IED puede transmitir grandes ventajas a los países anfitriones, tales ganancias pueden variar de unos sectores a otros (sector primario, industrial y servicios). El Informe sobre las Inversiones en el Mundo de la UNCTAD (2001:138) sostiene, por ejemplo, que "en el sector primario, el alcance de los vínculos entre las filiales extranjeras y los proveedores locales es a menudo limitado [...]. El sector manufacturero tiene una amplia variación de las actividades de vinculación intensiva. [En] el sector terciario el alcance de la división de la producción en etapas discretas y la subcontratación de gran parte de empresas nacionales independientes también es limitado." Un contraste estereotipado puede trazarse entre la IED dirigida hacia los recursos naturales, como se ejemplifica por la United Fruit Company (Chiquita en Centroamérica) y la IED dirigida a los sectores manufactureros intensivos en trabajo, como los de Singapur.

Tiempo. Merlevede *et al.* (2013) encuentran que la entrada extranjera afecta inicialmente a la productividad de los competidores locales de manera negativa, pero que, una vez que la propiedad extranjera mayoritaria ha estado presente por un tiempo, esta caída se ve compensada por el impacto positivo sobre los

---

[32] En la Sección 4.1, en la subsección acerca de mercados financieros, se presenta la literatura relacionada con inversiones directas en el sector financiero y bancario.

competidores locales. El efecto sobre la productividad de los proveedores locales, en cambio, es transitorio: la entrada de empresas con mayoría de capital extranjero aumenta la productividad de los proveedores locales después de un corto período de adaptación, pero esta mejora se desvanece. El impacto positivo de las empresas de propiedad extranjera minoritarias en los proveedores locales es inmediato, pero más pequeño y también transitorio.

Evolución de la IED en América Central: factores *push-pull* y promoción[33]

Los determinantes de los flujos de capital se han examinado ampliamente en la literatura económica. Calvo *et al.* (1996) diferenció entre el rol de los factores externos (*push*) y los factores internos (*pull*). Los factores externos incluyen el ciclo económico global, la integración de los mercados mundiales de capital, la diversificación de las inversiones a nivel internacional, los efectos de contagio y la disminución de las tasas de interés mundiales; que mejoran la solvencia y reducen el riesgo de default de los países en desarrollo. Los factores internos incluyen la estabilidad política y económica asociada a las políticas monetarias, fiscales, comerciales, y del mercado de capitales. Pero los motores más importantes de los flujos de inversión extranjera directa, además de los avances tecnológicos y el entorno político y macroeconómico, han sido las actitudes de los países receptores en relación con los costos y beneficios potenciales de la IED.

La inversión extranjera directa provoca fuertes controversias en los países de origen y países receptores de IED. En los países de origen, algunos temen que la inversión extranjera disminuya los salarios nacionales, destruya puestos de trabajo locales y erosione el liderazgo en tecnología, mientras que otros creen que las empresas deben invertir en el extranjero con el fin de mantener su competitividad en un entorno cada vez más global. En los países receptores, algunos insisten en que la IED acelera el desarrollo económico al traer nuevos capitales y tecnologías, mientras que otros temen que el control extranjero de los factores y los activos locales cree enclaves y dependencia económica.

Los instrumentos de política como los incentivos, las barreras comerciales y las restricciones directas contra el control extranjero de los recursos o sectores locales han ido paralelos al clima político imperante respecto de la IED. Durante las últimas tres décadas de creciente integración financiera mundial, muchos gobiernos

---

[33] Para una visión histórica del comercio internacional, ver Jones (1996).

adoptaron políticas de liberalización financiera y promoción con el fin de atraer más flujos de capital.

Tendencias: evolución y cambios

Durante el siglo XX, la actitud hacia la inversión extranjera directa ha mostrado cambios notables.

Las inversiones internacionales directas aumentaron vertiginosamente desde la década de 1880 hasta principios del siglo XX, impulsadas por el crecimiento económico y las mejoras en el transporte y las comunicaciones. Fueron altamente concentradas (55%) en los recursos naturales, como el petróleo, el carbón, el hierro y los productos agrícolas. A lo largo de este período, los gobiernos no trataron de controlar o restringir las transacciones privadas internacionales de forma sistemática. La IED disfrutó de este entorno empresarial liberal hasta finales de 1920. En Centroamérica, esta primera etapa es la de las plataneras (por ejemplo, la United Fruit Company) y los enclaves productores de oro. Según Bulmer-Thomas (2003), la IED para los siete países de la región ascendió aproximadamente a US$ 200 millones; gran parte de este monto se invirtió en la expansión de la red ferroviaria.

La Primera Guerra Mundial y la nacionalización de la propiedad extranjera en Rusia en 1917 supusieron duros reveses a la IED; sin embargo, el inicio de la Gran Depresión en 1929 fue lo que marcó el final de su época de oro. El estancamiento en la economía mundial y el colapso del sistema financiero internacional redujo el número de oportunidades de inversión atractivas. De mayor importancia aún fue la reducción de la receptividad hacia la IED durante la década de 1930, cuando las restricciones aumentaron en todo el mundo ya que los gobiernos se preocuparon por su posible impacto en sus economías y la soberanía nacional. Muchos países trataron de recuperar el control de sus recursos naturales y denunciaron el carácter "extractivo" de la IED, reflejando la gran participación de las multinacionales en la explotación de los recursos naturales.

La década de los sesenta trajo un lento resurgimiento de la inversión extranjera directa, debido en gran parte a un entorno macroeconómico positivo. Esta nueva oleada de inversión extranjera directa, en contraste con la anterior, se concentró en la manufactura en los países desarrollados. Europa occidental, Estados Unidos y Canadá concentraban cerca de dos tercios de las entradas de IED. Aun así, algunas empresas multinacionales manufactureras encontraron nuevas oportunidades en los países que aplicaban estrategias de desarrollo basadas en la sustitución de importaciones. Algunos países, que mantenían los niveles arancelarios altos para proteger a las industrias nacionales, permitieron a las empresas multinacionales realizar inversiones de tipo "*tariff jumping*" y establecer fábricas para abastecer a los mercados locales. En

Centroamérica, el modelo de sustitución de importaciones y la formación del Mercado Común Centroamericano fueron en paralelo a las tendencias mundiales.

La década de los setenta y principios de los ochenta trajo una nueva oleada de dificultades para la IED. Los crecientes precios del petróleo y la crisis de la deuda de los países en desarrollo ralentizaron el flujo de inversión extranjera directa con los países tanto desarrollados como en desarrollo, cuestionando sus méritos. Después de años de escepticismo, el péndulo se decantó a favor de la IED a finales de la década de los ochenta; con amplio consenso, comenzó a resurgir la idea de los potenciales beneficios de la IED para las economías receptoras. La IED comenzó a ser retratada como un medio para mejorar el bienestar de la sociedad mediante la provisión de capital, tecnología y *know-how*.

Este cambio de actitud puede haberse debido al hecho de que la crisis de la deuda en la década de los ochenta cortó el acceso de los países en desarrollo a los créditos y las inversiones de cartera. Por otra parte, los sectores en los que las empresas multinacionales estaban ahora activas (de alta tecnología y servicios) hicieron a la IED mucho más atractiva para los países en desarrollo como posible promotora de la absorción de tecnología. Como las relaciones entre las empresas multinacionales y los países anfitriones mejoraron, los gobiernos comenzaron a aliviar las restricciones a la inversión extranjera directa e incrementaron cada vez más los incentivos ofrecidos en un esfuerzo por atraer inversiones e integrarse en la economía globalizada. Uno de los cambios políticos más dramáticos ocurrió en China, ya que el gobierno abrió poco a poco el mercado nacional a las empresas extranjeras.

En Centroamérica, la crisis de la deuda en la década de los ochenta marcó una ruptura entre el modelo de industrialización dirigida por el Estado y la adopción de un modelo basado en el desarrollo de las exportaciones. Con una nueva actitud hacia la IED, ahora vista como un motor del crecimiento y el empleo, vinieron importantes planes de promoción de la IED. Los países también liberalizaron el comercio y negociaron acuerdos de libre comercio, bilaterales y multilaterales. Durante la década de los ochenta, la IED en Centroamérica se concentró en el sector manufacturero, especialmente en los segmentos de textiles y prendas de vestir, y se canalizó hacia las actividades de exportación, en gran parte en la búsqueda de menores costos de mano de obra (plataformas de exportación para servir al mercado de los Estados Unidos). Las operaciones se han llevado a cabo, esencialmente, bajo el sistema de las zonas francas u otros similares.

La IED aumentó en todo el mundo durante la década de los noventa y la primera mitad de la década del presente siglo, y su crecimiento alcanzó el 50% en 2006. El crecimiento de la IED disminuyó durante la crisis de las hipotecas de alto riesgo y la recesión posterior, con diferentes tasas de crecimiento en los últimos años (Ver Cuadro 2.1).

CUADRO 2.1 Indicadores seleccionados sobre IED y producción internacional, 1990–2012: Centroamérica y República Dominicana

	Valor (miles de millones de dólares)							Tasa anual de crecimiento (Porcentaje)							
	1990	2007	2008	2009	2010	2011	2012	1991–1995	1996–2000	2005	2006	2007	2008	2009	2010	2011	2012
Entrada IED	207	1.979	1.697	1.198	1.490	1.652	1.351	22,1	39,4	32,4	50,1	35,4	-14,2	-29,4	24,4	10,9	-18,2
Salida IED	239	2.147	1.858	1.175	1.505	1.678	1.391	16,5	35,6	-5,4	58,9	53,7	-13,5	-36,8	28,1	11,5	-17,1
Acervo de IED entrante	1.942	15.660	14.909	18.041	20.380	20.874	22.813	8,6	16,0	4,6	23,4	26,2	-4,8	21,0	13,0	2,4	9,3
Acervo de IED saliente	1.786	16.277	16.206	19.326	21.130	21.442	23.593	10,6	16,9	5,1	22,2	25,3	-0,1	19,3	9,3	1,5 10,0	
Ventas de afiliadas extranjeras	6.026	31.764	30.311	23.866	22.574	24.198	25.980	8,8	8,1	5,4	18,9	23,6	-4,6	-21,3	-5,4	7,2	7,4
Producción bruta de afiliadas extranjeras	1.477	6.295	6.020	6.392	5.735	6.260	6.607	6,8	6,9	12,9	21,6	20,1	-4,4	6,2	-10,3	9,2	5,5
Activos totales de afiliadas extranjeras	5.938	73.457	69.771	74.910	78.631	83.043	86.574	13,7	18,9	20,5	23,9	20,8	-5,0	7,4	5,0	5,6	4,3
Exportaciones de afiliadas extranjeras	1.498	5.775	6.664	5.060	6.320	7.436	7.479	8,6	3,6	13,8	15,0	16,3	15,4	-24,1	24,9	17,7	0,6
Empleo de afiliadas extranjeras	24.476	80.396	77.386	59.877	63.043	67.852	71.695	5,5	9,7	8,5	11,4	25,4	-3,7	-22,6	5,3	7,6	5,7
PIB (en dólares corrientes)	22.121	55.115	60.780	57.920	63.468	70.221	71.707	5,9	1,3	8,4	8,2	12,5	10,3	-4,7	9,6	10,6	2,1
Formación bruta de capital fijo	5.099	12.399	13.824	12.735	13.940	15.770	16.278	5,4	1,1	11,8	10,9	13,8	11,5	-7,9	9,5	13,1	3,2
Exportaciones	4.141	17.321	19.990	15.196	18.956	22.303	22.432	7,9	3,7	13,8	15,0	16,3	15,4	-24,0	24,7	17,7	0,6

Fuente: World Investment Reports (UNCTAD, 2013).

| **GRÁFICO 2.1** | Centroamérica y la República Dominicana: inversión extranjera directa, entradas netas, 1990-2011 |

Fuente: World Bank Development Indicators (2013).

La IED aumentó en Centroamérica durante la década de los noventa por factores de demanda y oferta, tales como la privatización de las empresas de energía y telecomunicaciones de propiedad estatal (excepto en Costa Rica). Los flujos también aumentaron debido a la mejora en el clima de negocios, la mayor estabilidad económica y política, y las políticas específicas favorables a la IED. Con las prohibiciones relacionadas con el Acuerdo sobre Subvenciones y Medidas Compensatorias, el fin del Acuerdo sobre los Textiles y el Vestido, y una mayor competencia de China y la India, Centroamérica perdió su competitividad en el sector textil y de la confección. En su lugar, las empresas extranjeras comenzaron a invertir cada vez más en las industrias de servicios, incluido el turismo y los servicios comerciales. Los flujos han alcanzado casi el 6% del PIB de la región y cerca del 25% de la formación de capital (ver Gráfico 2.1).

En la última década, los flujos de IED a Panamá como porcentaje del PIB han superado a los de otros países de la región (ver Gráfico 2.2). Estos están asociados, en gran medida, con los servicios relacionados con el Canal, transporte, logística, turismo y servicios financieros, el sector de bienes raíces, y la creación de zonas económicas especiales, tales como el Área Económica Especial Panamá-Pacífico y la Zona Libre de Colón.

Costa Rica, a diferencia de los otros países de Centroamérica, se dio cuenta pronto de que la industria textil estaba perdiendo impulso y con ello, las políticas de capacitación locales puestas en marcha. Como se documenta en Spar (1998), a finales de 1980, CINDE, la agencia de promoción de inversiones de Costa Rica, decidió explícitamente reducir la prioridad de la fabricación de textiles (como

¿SOCIOS O ACREEDORES?

GRÁFICO 2.2 Centroamérica y República Dominicana: entradas de IED como porcentaje del PIB por país, 2005-2011

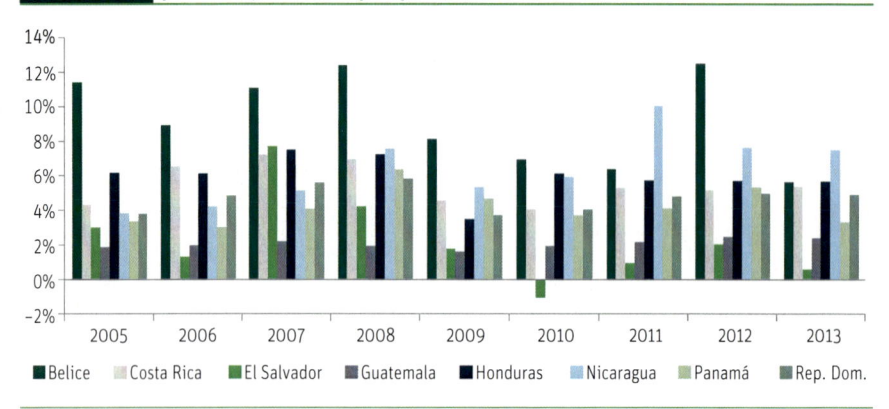

■ Belice ■ Costa Rica ■ El Salvador ■ Guatemala ■ Honduras ■ Nicaragua ■ Panamá ■ Rep. Dom.

Fuente: World Bank Development Indicators (2013).

consecuencia del incremento de los salarios en Costa Rica y la fuerte competencia de los mercados emergentes con salarios más bajos) y enfocarse en la industria electrónica. Las EMN respondieron invirtiendo en los sectores de tecnología media y alta. En 1996, la corporación Intel anunció la construcción de una planta de ensamblaje de semiconductores en Costa Rica. La producción de la planta comenzó dos años después. La inversión de Intel ese año fue seis veces la que había sido la inversión extranjera directa anual de este país centroamericano de 3.5 millones de personas (ver Spar, 1998) y marcó la expansión de la IED en los sectores de la electrónica, los dispositivos médicos, y los servicios empresariales, en gran parte debido a firmas como Boston Scientific, Hewlett Packard, IBM, y Procter & Gamble. Durante la última década, los flujos de IED que por lo general oscilan entre el 4% y el 6% del PIB, han sido una fuente constante de entrada de capital extranjero en el país. En el año 2014, Intel anunció la reestructuración de las instalaciones. El Centro de Servicios Global de Intel así como el Centro de Ingeniería y Diseño mantendrán su localización actual en Costa Rica. Estas operaciones, asimismo, obtendrán relevancia en actividades relacionadas con la Investigación y el Desarrollo. Como parte de su estrategia global, la compañía relocalizará el ensamblaje y los test operativos a Asia, donde estas actividades serán concentradas. La plantilla que trabaja en la operación de servicios de investigación y desarrollo alcanza actualmente las 1.200 personas y recientemente se anunció la apertura de nuevas posiciones.

Las entradas de IED en Guatemala han sido históricamente débiles en comparación con el resto de la región, sobre todo en proporción al tamaño de su mercado interno. En la última década, se han mantenido en torno al 2% del PIB. Las mayores inversiones fueron resultado de las privatizaciones, en particular, de la red eléctrica y los servicios de telecomunicaciones. Los textiles y las prendas de vestir han sido tradicionalmente el sector exportador manufacturero más atractivo para los inversores.

El Salvador tiene una gran variabilidad. La IED alcanzó casi el 8% del PIB en 2007, pero en los últimos años ha estado cerca del 2%, que es baja para la región.

Debido a su condición de países con bajos ingresos, Nicaragua y Honduras tienen acceso preferencial al mercado de los Estados Unidos a través del Tratado de Libre Comercio entre Estados Unidos, Centroamérica y República Dominicana (CAFTA). Además, los bajos salarios también han permitido que estos países mantengan sus posiciones como principales exportadores de prendas de vestir a este país. Ambos países han sido capaces de atraer flujos de IED con un promedio de más del 5% del PIB a lo largo de la década. Honduras también ha atraído la inversión extranjera directa a una serie de sectores, además de textiles y prendas de vestir: la manufactura ligera (montaje básico de piezas para la industria automotriz y de electrónica), la agricultura y los servicios empresariales. Los efectos de la polémica estrategia reciente para atraer la inversión mediante la creación de ciudades modelo del estilo de Hong Kong están por verse.

Las entradas de IED a la República Dominicana se deben a su proximidad con los Estados Unidos, el tamaño de su mercado interno y a sus reformas en los sectores de telecomunicaciones y energía. La IED ha dominado las empresas exportadoras que operan en las zonas económicas del país. Además, las empresas extranjeras que producen bienes y servicios para el mercado interno han invertido recientemente. En general, la IED ha fluctuado entre el 4% y el 6% del PIB en la última década.

Promoción de la IED e incentivos

Los países desarrollados y los países en vías de desarrollo han tratado de atraer a los inversionistas extranjeros diseñando incentivos con el fin de aumentar las rentas de inversión y/o reducir (o transferir) los costos o riesgos. Un incentivo es todo beneficio económico cuantificable otorgado a empresas específicas por (o bajo la dirección de) un gobierno con el fin de fomentar determinados comportamientos.

Los incentivos fiscales para la IED se han diseñado para reducir la carga fiscal de los inversores extranjeros, mientras que los incentivos financieros incluyen las subvenciones del gobierno, el crédito a tasas subsidiadas, la participación de capital del gobierno, las garantías gubernamentales y los seguros a tasas preferenciales. Otros incentivos incluyen servicios subvencionados, dedicados y de infraestructura (a menudo a través de las zonas francas de exportación), privilegios cambiarios e incluso derechos monopolísticos. Los incentivos pueden ser otorgados a nivel estatal, municipal o nacional. Además, los esfuerzos para atraer IED pueden dirigirse a sectores específicos. Las subvenciones directas a menudo se conceden caso por caso. En 2005, en el Censo de Agencias de Promoción de Inversiones 68 de los 81 países en vías de desarrollo encuestados informaron de la oferta de incentivos fiscales o de otro tipo a la inversión extranjera (Harding y Javorcik, 2007).

Algunos países receptores de IED requieren empresas multinacionales para establecer instalaciones de producción en determinados sectores o en regiones específicas (como zonas francas industriales o zonas económicas especiales) y para exportar su producción. Alfaro y Charlton (2013) identifican los sectores seleccionados por los países de la OCDE entre 1985 y 2001. Los sectores más seleccionados incluían la maquinaria, computadoras, telecomunicaciones y equipos de transporte. Los sectores fuertemente focalizados en los países en vías de desarrollo son similares, incluidos el comercio al por mayor, equipos de transporte y el petróleo.

Hay varios tipos de zonas económicas especiales (ZEE), incluidas las zonas de libre comercio, las zonas francas industriales, las zonas francas, los parques industriales, los puertos francos y las zonas industriales urbanas[34]. La mayoría de los países ofrecen una gama de incentivos que van desde las tarifas, los impuestos y la infraestructura hasta la administración racionalizada, con la finalidad de alentar a las empresas a ubicarse en este tipo de zonas.

En las últimas dos décadas, muchos países en desarrollo han establecido zonas económicas especiales para atraer la inversión a sus economías. Estas zonas económicas especiales tienen distintos objetivos: proporcionar ingresos en divisas, promover las exportaciones no tradicionales, proporcionar puestos de trabajo y atraer la IED en un esfuerzo por fomentar la transferencia tecnológica y la difusión de conocimiento. Muchas fueron creadas para proporcionar un entorno competitivo a nivel internacional para las exportaciones relativamente libres de gravámenes regulatorios. Otras fueron vistas como una forma de desarrollar el sector manufacturero y crear puestos de trabajo. Sus características han cambiado con el tiempo y ahora, por lo general, incluyen el acceso libre de aranceles, generosas exenciones fiscales, incentivos financieros, menor burocracia y una mejor infraestructura de lo que existe en el resto del país. Hasta la década de los setenta, las ZEE eran normalmente propiedad del gobierno, mientras que ahora cada vez hay un mayor número de ZEE privadas.

Al limitar la combinación de incentivos financieros, la reducción de la burocracia y la liberalización del comercio a un subconjunto de la economía, tales políticas pueden ser menos que óptimas desde un punto de vista económico, pues la asignación

---

[34] Aunque las zonas urbanas empresariales, al igual que otras zonas económicas especiales, proporcionan tratamientos fiscales favorables y otras ventajas, difieren en no recibir un tratamiento como territorio extranjero (ver Alfaro *et al.*, 2013).

de recursos puede estar distorsionada y los beneficios pueden repartirse entre solo unos pocos. Sin embargo, las zonas económicas especiales todavía pueden desempeñar un papel útil en el desarrollo de un país si sirven como catalizador para un proceso de reforma que es parte de una estrategia nacional global. Hasta ahora, los estudios sobre los costos y beneficios de las zonas económicas especiales no han presentado resultados concluyentes. Algunas zonas han atraído a las exportaciones de la inversión extranjera directa y han promovido la generación de puestos de trabajo y otras, no. En algunos casos, la IED ha aumentado, pero ha dado lugar a poca o ninguna transferencia tecnológica y no ha generado encadenamientos productivos. En muchos casos, cabe señalar que las zonas económicas especiales de éxito moderado han llevado a los países a aplazar las reformas estructurales necesarias, después de haber servido como válvulas de seguridad y no como catalizadores de la reforma[35].

La Organización Mundial del Comercio (OMC) prohibió formalmente la concesión de subvenciones a la exportación después del 1º de enero de 2003. Sin embargo, se consideró que las zonas económicas especiales cumplían con las normas de la OMC siempre que los incentivos ofrecidos no estuviesen supeditados a la actuación exportadora; no hubo restricciones en las ventas al mercado interno[36].

Aunque el acuerdo de la OMC sobre los subsidios se remonta a 1995 y las subvenciones a la exportación en virtud de los regímenes de promoción de exportaciones fueron eliminadas, ningún país centroamericano eliminó los incentivos fiscales en sus zonas francas. Por el contrario, dado que la exención del impuesto fue considerado uno de los principales atractivos que atraen la IED a Centroamérica bajo los regímenes de promoción de exportaciones, estos países, junto con otros países pequeños y en desarrollo, lograron obtener una prórroga de cinco años de la fecha límite para el desmantelamiento de los subsidios a las exportaciones, seguida por otra extensión de dos años; por lo tanto, se les permitió mantener estos subsidios en su lugar hasta 2009. Antes de que se cumpliese el plazo de 2009, sin embargo, se le concedió una prórroga más, esta vez hasta diciembre de 2015, pero los países de la región tuvieron que aceptar que el nuevo plazo no sería prorrogable.

Costa Rica, la República Dominicana, El Salvador, Guatemala y Panamá han elaborado propuestas para reformar sus regímenes de incentivos. Honduras y Nicaragua no tendrán que modificar sus esquemas de incentivos, siempre que conserven su condición de países de bajo ingreso per cápita. Una característica

---

[35] Para una visión general de las pruebas, ver Madani (1999) y Engman *et al.* (2007).
[36] "Export Processing Zones at risk? The WTO rules on subsidies: what options for the future?" UNCTAD press release, January 23, 2003, http://www.unctad.org/Templates/webflyer.asp?docid=3154&intItemID=2261 &lang=1, accessed November 2008.

común en todas las reformas de la zona franca de régimen aprobadas o en discusión es la concesión de la exención total o parcial del impuesto sobre la renta. Además, los sectores en los cuales se otorgan los incentivos ahora incluyen sectores estratégicos (tales como actividades de alta tecnología y de investigación y desarrollo intensivo) y áreas relativamente menos desarrolladas dentro de cada país.

¿Se necesitan incentivos a la IED?

Pese a que algunos estudios minimizan el papel de los incentivos del gobierno en las decisiones de inversión extranjera, los países desarrollados y en desarrollo tratan de atraer a los inversores extranjeros mediante la concesión de un trato especial a la IED. Muchos responsables de las políticas públicas y académicos sostienen que los países en desarrollo deben esforzarse por atraer la inversión extranjera directa como un medio para generar mayor crecimiento económico y como fuente de financiación de capital directo y de valiosas externalidades de productividad para las empresas nacionales. Sin embargo, la existencia de un ambiente más propicio para la IED ha desatado hoy en día un nuevo debate en torno a las concesiones que se ofrecen a las empresas extranjeras. ¿Justifica la IED un trato especial frente a otras formas de inversión? ¿Cuál es la gama de incentivos disponibles para los responsables políticos? ¿Cuáles son los costos y beneficios asociados a esta competencia entre los países para atraer empresas extranjeras y cómo responden las empresas multinacionales a estos incentivos?

En los debates de política, a veces se argumenta que los incentivos para atraer IED se justifican como una forma de generar empleo, pero cuando ya hay pleno empleo, esto no es un argumento válido. Incluso cuando hay desempleo, no está claro que una mayor inversión ayudará, ello depende de las causas y la naturaleza del desempleo. Un argumento más sofisticado es que los incentivos de IED son una forma válida para aumentar el capital social y, por ende, permiten que los salarios aumenten. Para que este enfoque sea rentable, sin embargo, la tasa de rendimiento del capital en el país receptor debe ser más alto que en los países de origen. Pero si tal fuera el caso, entonces no sería necesario el incentivo.

Un razonamiento relacionado y válido es que los incentivos fiscales a la IED se justifican como parte de una política impositiva óptima si la elasticidad de la inversión a los impuestos es mayor para la IED que para la inversión nacional. El problema con este enfoque es que podría resultar contraproducente en última instancia, dado que los países transmitirían rentas a las multinacionales.

Si el capital extranjero es más móvil que el capital local, se podría argumentar que los gobiernos podrían querer gravar las rentas del capital extranjero, tanto la IED como la cartera de inversión a tasas más bajas. En general, sin embargo, los economistas sostienen que para que exista un trato especial sobre la IED frente a otras formas de inversión, es necesario que haya algún tipo de falla del mercado, como las externalidades y los efectos secundarios.

Los defensores de los incentivos argumentan que la inversión extranjera directa, por su propia naturaleza, tiene importantes efectos positivos en las economías receptoras más allá de la financiación de capital directo que suministra y los empleos que genera. La IED puede ayudar a introducir nuevos procesos, habilidades directivas y superiores, *know-how* en el mercado nacional, promoción de las redes empresariales y acceso a los mercados extranjeros, los cuales crean valiosos efectos sobre la productividad. El aumento de la competencia resultante de la entrada de empresas extranjeras puede obligar a las empresas locales a modernizarse, introducir nuevas tecnologías, y ser más eficientes. La IED puede también generar vínculos con las empresas locales así como ayudar a una economía a activarse. Por último, los países podrían querer promover la inversión extranjera directa, ya que es menos volátil que los flujos de inversión de cartera.

Otros discrepan y cuestionan si los beneficios potenciales de la IED justifican un trato especial. Este punto de vista escéptico ha sido influenciado por los estudios empíricos, tanto a nivel empresa como a nivel nacional, que muestran resultados poco concluyentes en términos de externalidades que fomenten el crecimiento de la IED. Pero como se mencionó anteriormente, la evidencia de que la IED genera efectos positivos en los países receptores sugiere que la capacidad de un país para aprovechar las ventajas de estas externalidades podría estar limitada por la complementariedad y condiciones locales, como la infraestructura, los niveles de educación y el entorno político. En suma, es difícil generalizar. Igualmente, la preocupación creciente sobre "inversión nacional" que adopta "bandera extranjera" con la finalidad de beneficiarse de los beneficios especiales a IED también cuestiona el trato diferenciado en favor a medidas favorables para la inversión en general.

Algunos políticos y funcionarios del gobierno están preocupados porque, en el contexto de la competencia para atraer inversión extranjera directa, la concesión de prestaciones por un país o una región dentro de un país pueda desencadenar respuestas similares por parte de otros posibles países receptores, lo que podría precipitar una "carrera al fondo", momento en el que los incentivos otorgados a la IED terminen superando las ganancias sociales y sean, de hecho, una pérdida neta para el "país ganador".

Conclusiones

Las nuevas perspectivas de investigación sobre el papel de las complementariedades y de los mecanismos por los cuales la IED induce el crecimiento (cuando lo hace) han supuesto un paso importante en la conciliación de las pruebas ambiguas sobre la capacidad de la IED para generar crecimiento en los países receptores. La investigación sobre la complementariedad ha demostrado que los impactos positivos de la IED no son exógenos, sino que más bien dependen de ciertas condiciones locales. La investigación sobre los mecanismos y canales por los que la IED puede generar externalidades positivas da un paso más, ilustrando cómo se asignan las complementariedades: como un entorno de competencia para garantizar que la cuota de mercado se asigna a las empresas más productivas o a los mercados financieros más desarrollados, que aseguren que las relaciones verticales de suministro se traducen en vínculos significativos y puedan actuar como "capacidades de absorción" para facilitar los beneficios de la IED. Nuevas investigaciones sobre la relación entre la organización y la productividad, por un lado, y los efectos de las empresas multinacionales, por otro, tienen como objetivo comprender mejor estas cuestiones.

¿Cuáles son las repercusiones políticas de esta investigación? La IED puede desempeñar un papel importante en el crecimiento económico, muy probablemente a través de los proveedores, pero las condiciones locales son importantes y pueden limitar el grado en el que los beneficios de la IED se materializan. No está claro que los incentivos para atraer a las empresas multinacionales estén garantizados. Las políticas más sensatas podrían implicar la eliminación de las barreras que impiden a las empresas locales establecer vínculos adecuados; mejorar el acceso de las empresas locales a los insumos, tecnología y financiación; y la agilización de los procesos asociados a la venta de insumos. Los países también podrían tratar de buscar mejorar las condiciones nacionales, las cuales deberían tener el doble efecto de atraer la inversión extranjera (Alfaro et al., 2007, 2008) y permitir a la economía del país receptor maximizar los beneficios de esa inversión. Los incentivos fiscales que permanezcan en vigor se valorarán en términos de su impacto sobre las finanzas públicas y deberán considerarse como uno de los posibles instrumentos mediante los cuales la IED puede ser establecida y vinculada a la economía local como medio de transferencia de *know-how* y tecnología, además del fomento de vínculos empresariales. Comprender la interdependencia de la localización de las empresas multinacionales y la forma en la que se aglomeran entre sí es fundamental para el diseño de estas políticas económicas (Alfaro y Chen, 2012). No obstante, la investigación sugiere que las políticas más apropiadas tendrán también como objetivo la mejora de las condiciones internas, incluyendo el acceso al crédito y la oferta de trabajo (en particular, la oferta de mano de obra calificada), mientras se eliminan las barreras regulatorias para facilitar las ganancias derivadas de la competencia y la reasignación de recursos.

Referencias

Acemoglu, D. y S. Johnson (2005). "Unbundling Institutions". *Journal of Political Economy 113(5)*: 949-995.

Acemoglu, D., S. Johnson y J.A. Robinson (2001). "The Colonial Origins of Comparative Development: An Empirical Investigation". *American Economic Review 91*, 1369-1401.

Acemoglu, D., S. Johnson y J.A. Robinson (2002). "Reversal of Fortune: Geography and Institutions in the Making of the Modern World". *Quarterly Journal of Economics 117(4)*: 1231-1294.

Aitken, B.J. y A. Harrison (1999). "Do Domestic Firms Benefit from Direct Foreign Investment? Evidence from Venezuela". *American Economic Review 89*, 605-618.

Aitken, B., A.E. Harrison y R.E. Lipsey (1996). "Wages and Foreign Ownership: A Comparative Study of Mexico, Venezuela, and the United States". *Journal of International Economics 40*, 345-371.

Alfaro, L. (2003). "Foreign Direct Investment and Growth: Does the Sector Matter?". *Harvard Business School*, 1-31.

Alfaro, L., A. Chanda, S. Kalemli-Ozcan y S. Sayek (2004). "FDI and Economic Growth: The Role of Local Financial Markets," *Journal of International Economics 64*, 113-134.

Alfaro, L., A, Chanda, S. Kalemli-Ozcan y S. Sayek (2010). "How Does Foreign Direct Investment Promote Economic Growth? Exploring the Effects of Financial Markets on Linkages". *Journal of Development Economics 91*, 242-256.

Alfaro, L. y A. Charlton (2009). "Intra-Industry Foreign Direct Investment," *American Economic Review 99*, 2096-2119.

Alfaro, L. y A. Charlton (2013). "Growth and the Quality of Foreign Direct Investment: Is All FDI Equal?" En J.E. Stiglitz y J. Lin Yifu (Eds.), *The Industrial Policy Revolution I: The Role of Government Beyond Ideology*. Londres: Palgrave Macmillan.

Alfaro, L., A. Charlton y F. Kanczuk (2009). "Plant-Size Distribution and Cross-Country Income Differences." En J.A. Frankel y Christopher Pissarides (Eds.), *NBER International Seminar on Macroeconomics 2008*, 243-272. University of Chicago Press.

Alfaro, L. y M.X. Chen (2012). "Surviving the Global Financial Crisis: Foreign Ownership and Establishment Performance". *American Economic Journal: Economic Policy* 4(3): 30-55.

Alfaro, L. y M.X. Chen (2013). "Market Reallocation and Knowledge Spillover: The Gains from Multinational Production". Harvard Business School Working Paper No. 12-111.

Alfaro, L. y M.X. Chen (2014). "The Global Agglomeration of Multinational Firms". Harvard Business School Working Paper No. 10-043.

Alfaro, L., L. Iyer y S. Shah (2013). "India's SEZs: Preferential Treatment, Property Rights and Global Competitiveness". Documento mimeografiado.

Alfaro, L. y M. Johnson (2012). "Foreign Direct Investment and Growth." En Gerard Caprio (Ed.), *The Evidence and Impact of Financial Globalization.* 299-307. Londres: Elsevier.

Alfaro, L., S. Kalemli-Ozcan y S. Sayek (2009). "Foreign Direct Investment, Productivity and Financial Development: An Empirical Analysis of Complementarities and Channels". *The World Economy* 32, 111-135.

Alfaro, L., S. Kalemli-Ozcan y V. Volosovych (2007). "Capital Flows in a Globalized World: The Role of Policies and Institutions". En S. Edwards (Ed.), *Capital Controls and Capital Flows in Emerging Economies: Policies, Practices, and Consequences.* National Bureau of Economic Research. Chicago: University of Chicago Press.

Alfaro, L., S. Kalemli-Ozcan y V. Volosovych (2008). "Why Doesn't Capital Flow from Rich to Poor Countries? An Empirical Investigation". *Review of Economics and Statistics* 90, 347-368.

Alfaro, L., S. Kalemli-Ozcan y V. Volosovych (2014). "Sovereigns, Upstream Capital Flows and Global Imbalances". *Journal of the European Association* (próxima publicación).

Alfaro, L. y A. Rodríguez-Clare (2004). "Multinationals and Linkages: Evidence from Latin America". *Economía* 4, 113-170.

Álvarez, R. y H. Görg (2007). "Multinationals as Stabilizers? Economic Crisis and Plant Employment Growth," Institute for the Study of Labor (IZA) Discussion Paper 2692.

Antràs, P., M. Desai, y C.F. Foley (2009). "Multinational Firms, FDI Flows and Imperfect Capital Markets". *Quarterly Journal of Economics* 124(3): 1171-1219.

Antràs, P. y S.R. Yeaple (2014). "Multinational Firms and the Structure of International Trade." En G. Gopinath, E. Helpman y K. Rogoff (Eds.), *Handbook of International Economics*, Oxford, UK: North Holland.

Arnold, J. y B. Javorcik (2009). "Gifted Kids or Pushy Parents? Foreign Direct Investment and Plant Productivity in Indonesia". *Journal of International Economics* 79, 42-43.

Arnold, J., B. Javorcik, M. Lipscom y A. Mattoo (2008). "Services Reform and Manufacturing Performance: Evidence from India". University of Oxford. Documento mimeografiado.

Arnold, J., B. Javorcik y A. Mattoo (2006). "Does Services Liberalization Benefit Manufacturing Firms? Evidence from the Czech Republic". Policy Research Working Paper Series 4109, Washington, D.C.: Banco Mundial.

Aykut, D. y S. Sayek (2007). "The Role of the Sectoral Composition of FDI on Growth." En G. Gopinath, E. Helpman y K. Rogoff (Eds.), *Do Multinationals Feed Local Development and Growth?* Amsterdam: Elsevier.

Banco Mundial (1995). *The World Bank Development Report 1995, Workers in an Integrating World*, Washington, D.C.: Banco Mundial.

Banco Mundial (2013). *World Development Indicators*, Washington, D.C.: Banco Mundial.

Bao, C. y M. Chen (2013). "When Foreign Rivals Are Coming to Town: Firm Responses to Multinational Investment News". Documento de trabajo.

Balasubramanayam, V.N., M. Salisu y D. Sapsford (1996). "Foreign Direct Investment and Growth in EP and IS Countries". *Economic Journal* 106, 92–105.

Barajas, A., R. Steiner y N. Salazar (1999). "Interest Spreads inBanking in Colombia, 1974–1996". IMF Staff Papers 46(2): 196–224.

Barba-Navaretti, G. y A. Venables (2004). *Multinational Firms in the World Economy*, Princeton, NJ: Princeton University Press.

Barrios, S.H., H. Görg y E. Strobl (2011). "Spillovers through Backward Linkages from Multinationals: Measurement Matters!" *European Economic Review* 55(6): 862–875.

Barry, F. y J. Bradley (1997). "FDI and Trade: The Irish Host-Country Experience". *Economic Journal* 107, 1798–1811.

Bénassy-Quéré, A., M. Coupet y T. Mayer (2007). "Institutional Determinants of Foreign Direct Investment". *The World Economy* 30(5): 764–782.

Bernard, A. y B. Jensen (2007). "Firm Structure, Multinationals and Manufacturing Plant Deaths". *Review of Economics and Statistics* 89(2): 193–204.

Bernard, A. y F. Sjöholm (2003). "Foreign Owners and Plant Survival". NBER Working Paper 10039.

Blalock, G. y P.J. Gertler (2008). "Welfare Gains from Foreign Direct Investment through Technology Transfer to Local Suppliers". *Journal of International Economics* 74, 2402–2421.

Blalock, G. y P.J. Gertler (2009). "How Firm Capabilities Affect Who Benefits from Foreign Technology". *Journal of Development Economics* 90(2): 192–199.

Blomström, M. (1983). *Foreign Investment and Spillovers*, London and New York: Routledge.

Blomström, M. (1987). "Efficiency Differences Between Foreign and Domestic Firms in Mexico," Working Paper 7–01, C. V. Starr Center for Applied Economics. Nueva York University.

Blomström, M. y A. Kokko (1998). "Multinational Corporations and Spillovers," *Journal of Economic Surveys* 12, 247–277.

Blomström, M. y A. Kokko (2003). "The Economics of Foreign Direct Investment Incentives," NBER Working Paper 9489.

Blomström, M. y E. Wolff (1994). "Multinational Corporations and Productivity Convergence in Mexico." En W. Baumol, R. Nelson y E. Wolff (Eds.), *Convergence of Productivity: Cross-National Studies and Historical Evidence*, 243–259. Nueva York: Oxford University Press.

Bloom, N., E. Brynjolfsson, L. Foster, R. Jarmin, I. Saporta-Eksten y J. van Reenen (2013). "Management in America". Center for Economic Studies, U.S. Census Bureau, Working Paper 13-01.

Bloom, N., R. Sadun y J. van Reenen (2012). "Americans Do IT Better: US Multinationals and the Productivity Miracle". *American Economic Review* 102(1): 167–201.

Bloom, N. y J. van Reenen (2010). "Why Do Management Practices Differ across Firms and Countries?" *Journal of Economic Perspectives* 24(1): 203–224.

Borensztein, E., J. de Gregorio y J.W. Lee (1998). "How Does Foreign Direct Investment Affect Economic Growth?". *Journal of International Economics* 45, 115–135.

Brainard, S. L. (1997). "An Empirical Assessment of the Proximity-Concentration Trade-off Between Multinational Sales and Trade". *American Economic Review* 87, 520–544.

Bruno, R. L. y N. F. Campos (2013). "Reexamining the Conditional Effect of Foreign Direct Investment". Institute for the Study of Labor (IZA) Discussion Papers 7458.

Buchanan, B. G., Q.V. Le y M. Rishi (2012). "Foreign Direct Investment and Institutional Quality: Some Empirical Evidence". *International Review of Financial Analysis* 21(C): 81–89.

Bulmer-Thomas, V. (2003). *The Economic History of Latin America Since Independence*. Cambridge, UK: Cambridge University Press.

Calderón, C., N. Loayza y L. Servén (2004). "Greenfield Foreign Direct Investment and Mergers and Acquisitions: Feedback and Macroeconomic Effects". World Bank Policy Research Working Paper 3192.

Calvo, G. A., L. Leiderman y C. M. Reinhart (1996). "Inflows of Capital to Developing Countries in the 1990s". *Journal of Economic Perspectives* 10, 123–139.

Carkovic, M. y R. Levine (2005). "Does Foreign Direct Investment Accelerate Economic Growth?" En T. Morán, E. Grahan, y M. Blomström (Eds.), *Does Foreign Direct Investment Promote Development?* Washington, D.C.: Institute for International Economics.

Carr, D.L., J.R. Markusen y K.E. Maskus (2001). "Estimating the Knowledge-Capital Model of the Multinational Enterprise". *American Economic Review* 91, 693–708.

Caselli, F. (2005). "Accounting for Cross-Country Income Differences." En P. Aghion y S.N. Durlauf (Eds.), *Handbook of Economic Growth*. Amsterdam: North-Holland.

Caves, R. (1974). "Multinational Firms, Competition and Productivity in the Host Country". *Economica* 41, 176–193.

Caves, R. (1996). *Multinational Enterprise and Economic Analysis*, Cambridge, UK: Cambridge University Press.

Claessens, S., Demirgüç-Kunt, A. y Huizinga, H. (2000). "The Role of Foreign Banks in Domestic Banking Systems" En Claessens, S. y M. Jansen (Eds.), *The Internationalization of Financial Services: Issues and Lessons for Developing Countries*, Boston, Mass.: Kluwer Academic Press.

Claessens, S., A. Demirgüç-Kunt y H. Huizinga (2001). "How Does Foreign Entry Affect Domestic Banking Markets?" *Journal of Banking and Finance*, 25(5): 891-911.

Claessens, S. y L. Laeven (2003). "What Drives Bank Competition? Some International Evidence." *Journal of Money, Credit and Banking*, Vol. 36, No. 3, pp. 563-83.

Claessens, S. y J.K. Lee (2003). "Foreign Banks in Low Income Countries: Recent Developments and Impacts". En J. Hanson, P. Honohan, y G. Majnoni (Eds.), *Globalization and National Financial Systems*. Washington, DC: Banco Mundial.

Claessens, S., T. Gurcanlar, J. Mercado Sapiani y N. Van Horen (2008). "Foreign Bank Presence in Developing Countries 1995-2006: Data and Trends". Documento mimeografiado. http://papers.ssrn.com/sol3/papers.cfm?abstract_id=1107295.

Clarke, G., R. Cull, L. D'Amatoy y A. Molinari (2000). "On the Kindness of Strangers? The Impact of Foreign Entry on Domestic Banks in Argentina". En Claessens, S. y Marion Jansen (Eds.), *The Internationalization of Financial Services: Issues and Lessons for Developing Countries*, Boston, Mass.: Kluwer Academic Press.

Cull, R. y M.S. Martínez Peria (2010). "Foreign Bank Participation in Developing Countries: What Do We Know About the Drivers and Consequences of this Phenomenon?" Policy Research Working Paper Series 5398. Washington, D.C.: Banco Mundial.

de Blas, B. y Russ, K. (2013). "All banks great, small, and global: Loan pricing and foreign competition". International Review of Economics & Finance, Elsevier, vol. 26(C), pages 4-24.

Demirgüç-Kunt, A. y Huizinga, H. (2000). "Determinants of Commercial Bank Interest Margins and Profitability: Some International Evidence". *World Bank Economic Review*, 13(2): 379-408.

Desai, M. (2009). "The Decentering of the Global Firm". *World Economy* 32(9): 1271-1290.

Desai, M., F. Foley y K.J. Forbes (2008). "Financial Constraints and Growth: Multinational and Local Firm Responses to Currency Depreciations," *Review of Financial Studies* 21(6): 2857-2888.

Dunning, J.H. (1981). *International Production and the Multinational Enterprise*, Londres: George Allen and Unwin.

Durham, K. B. (2004). "Absorptive Capacity and the Effects of Foreign Direct Investment and Equity Foreign Portfolio Investment on Economic Growth," *European Economic Review* 48, 285-306.

Economic Commission for Latin America and the Caribbean (2010). *Foreign Direct Investment in Latin America and the Caribbean*. Santiago de Chile: United Nations Publications.

Ekholm, K., F. Rikard y J. R. Markusen (2007). "Export-Platform Foreign Direct Investment,"*Journal of the European Economic Association* 5(4): 776-795.

Engman, Michael, Osamu Onodera, y Enrico Pinali (2007). "Export Processing Zones," OECD Trade Policy Paper 53, París: OCDE.

Feenstra, R.C. y G.H. Hanson (1997). "Productivity Measurement and the Impact of Trade and Technology on Wages: Estimates for the U.S., 1972-1990". NBER Working Paper No. 6052.

Fons-Rosen, C., S. Kalemli-Ozcan, B. Sorensen, C. Villegas-Sánchez y V. Volosovych (2013). "Quantifying Productivity Gains from Foreign Investment," NBER Working Paper 18920.

Fosfuri A., M. Motta y T. Ronde (2001). "Foreign Direct Investment and Spillovers through Workers' Mobility". *Journal of International Economics* 53, 205-222.

Gibson, J.K. y R. Harris (1996). "Trade Liberalism and Plant Exit in New Zealand Manufacturing". *Review of Economics and Statistics* 78, 521-529.

Girma, S. y H. Görg (2007). "The Role of the Efficiency Gap for Spillovers from FDI: Evidence from the UK Electronics and Engineering Sectors," *Open Economies Review* 18(2): 215-232.

Girma, S., H. Görg y M. Pisu (2008). "Exporting, Linkages and Productivity Spillovers from Foreign Direct Investment," *Canadian Journal of Economics* 41(1): 320-340.

Girma, S., D. Greenaway y K. Wakelin (1999). "Wages, Productivity and Foreign Ownership in UK Manufacturing," Documento de trabajo. Center for Research on Globalisation and Labour Markets, University of Nottingham.

Goldberg, L.S. (2007). "Financial Sector FDI and Host Countries: New and Old Lessons". *Economic Policy Review*, marzo, 1-17. Federal Reserve Bank of New York.

Goldsmith, R.W. (1969). *Financial Structure and Development*, New Haven, CT: Yale University Press.

Görg, H. y D. Greenaway (2004). "Much Ado about Nothing? Do Domestic Firms Really Benefit from Foreign Direct Investment?" *World Bank Research Observer* 19, 171-197.

Görg, H. y F. Ruane (2001). "Multinational Companies and Linkages: Panel-Data Evidence for the Irish Electronics Sector," *International Journal of Economics and Business* 1, 1-18.

Görg, H. y A. Seric (2013). "With a Little Help from My Friends: Supplying to Multinationals, Buying from Multinationals, and Domestic Firm Performance," Kiel Working Papers 1867, Kiel Institute for the World Economy.

Görg, H., A. Hanley y E. Strobl (2011). "Creating Backward Linkages from Multinationals: Is there a Role for Financial Incentives?" *Review of International Economics* 19(2): 245–259.

Görg, H. y E. Strobl (2003). "Footloose Multinationals?" *The Manchester School* 71, 1–19.

Graham, E. y P. Krugman (1995), *Foreign Direct Investment in the United States*, Washington, DC: Institute for International Economics.

Griffith, R., R. Harrison y J. van Reenen (2006). "How Special Is the Special Relationship? Using the Impact of U.S. R&D Spillovers on U.K. Firms as a Test of Technology Sourcing," *American Economic Review* 96(5), 859–875.

Guadalupe, M., O. Kuzmina y C. Thomas (2011). "Innovation and Foreign Ownership," *American Economic Review* 102(7): 3594–3627.

Haddad, M. y A. Harrison (1993). "Are There Positive Spillovers from Direct Foreign Investment?" *Journal of Development Economics* 42, 51–74.

Hanson, G. H. (2001). "Should Countries Promote Foreign Direct Investment?" G-24 Discussion Paper 9.

Hanson, G.H., R.J. Mataloni y M.J. Slaughter (2001). "Expansion Strategies of U.S. Multinational Firms." En D. Rodrik y S. Collins (Eds.), *Brookings Trade Forum,* 245–282.

Hanson, G.H., R.J. Mataloni y M.J. Slaughter (2005). "Vertical Production Networks in Multinational Firms," *Review of Economics and Statistics* 87, 664–678.

Harding, T. y B. Javorcik (2007). "Developing Economies and International Investors: Do Investment Promotion Agencies Bring Them Together?" Documento mimeografiado.

Harhoff, D., E. Müller y J. van Reenen (2012). "What Are the Channels for Technology Sourcing? Panel Data Evidence from German Companies," Working Paper Series 187, Frankfurt School of Finance & Management.

Harms, P. y P. G Méon (2011). "An FDI Is an FDI Is an FDI? The Growth Effects of Greenfield Investment and Mergers and Acquisitions in Developing Countries," working paper.

Harrison, A., I. Love y M.S. McMillan (2004). "Global Capital Flows and Financing Constraints," *Journal of Development Economics* 75, 269–301.

Harrison, A. y M. S. McMillan (2003). "Does Foreign Direct Investment Affect Domestic Firms' Credit Constraints?" *Journal of International Economics* 61, 73–100.

Harrison, A. y A. Rodríguez-Clare (2010). "Trade, Foreign Investment, and Industrial Policy for Developing Countries." En D. Rodrik y M. Rosenzweig (Eds.), *Handbook of Development Economics 5,* 4039–4214. Oxford, UK: North Holland.

Haskel, J.E., S.C. Pereira y M.J. Slaughter (2007). "Does Inward Foreign Direct Investment Boost the Productivity of Local Firms?" *Review of Economics and Statistics* 89, 482–496.

Havranek, T. y Z. Iršová (2011). "Estimating Vertical Spillovers from FDI: Why Results Vary and What the True Effect Is," *Journal of International Economics* 85(2): 234-244.

Helpman, Elhanan (1984). "A Simple Theory of Trade with Multinational Corporations," *Journal of Political Economy* 92(3): 451-471.

Helpman, E., M. J. Melitz y S. Yeaple (2004). "Export Versus FDI with Heterogeneous Firms," *American Economic Review* 94, 300-316.

Hermes, N. y R. Lensink (2003). "Foreign Direct Investment, Financial Development and Economic Growth". *Journal of Development Studies* 40, 142-163.

Hirschman, A. (1958). *The Strategy of Economic Development*, New Haven, CT: Yale University Press.

Hsieh, C.-T. y P.J. Klenow (2009). "Misallocation and Manufacturing TFP in China and India," *Quarterly Journal of Economics* 124(4): 1403-1448.

Hymer, S. H. (1960). *The International Operations of National Firms: A Study of Direct Foreign Investment*, Cambridge, MA: MIT Press.

Iršová, Z. y H. Tomáš (2013). "Determinants of Horizontal Spillovers from FDI: Evidence from a Large Meta-Analysis," *World Development* 42(C), 1-15.

Javorcik, B.S. (2004). "Does Foreign Direct Investment Increase the Productivity of Domestic Firms? In Search of Spillovers Through Backward Linkages". *American Economic Review* 94, 605-627.

Javorcik, B.S. y M. Spatareanu (2005). "Disentangling FDI Spillover Effects: What Do Firm Perceptions Tell Us?" En T. Morán, E. Grahan y M. Blomström (Eds.), *Does Foreign Direct Investment Promote Development?* Washington, D.C.: Institute for International Economics.

Javorcik, B.S. y M. Spatareanu (2008). "To Share or Not to Share: Does Local Participation Matter for Spillovers from Foreign Direct Investment?" *Journal of Development Economics* 85(1-2): 194-217.

Javorcik, B. S. y M. Spatareanu (2009a). "Liquidity Constraints and Firm's Linkages with Multinationals". *World Bank Economic Review* 23(2): 323-346.

Javorcik, B. S. y M. Spatareanu (2009b). "Tough Love: Do Czech Suppliers Learn from their Relationships with Multinationals?" *Scandinavian Journal of Economics* 111(4): 811-833.

Javorcik, B. S. y M. Spatareanu (2011). "Does It Matter Where You Come From? Vertical Spillovers from Foreign Direct Investment and the Origin of Investors," *Journal of Development Economics* 96(1): 126-138.

Jones, G. (1996). *The Evolution of International Business*, London: Routledge.

Keller, W. y S. Yeaple (2009). "Multinational Enterprises, International Trade, and Productivity Growth: Firm-Level Evidence from the United States". *Review of Economics and Statistics* 91(4): 821-831.

Khanna, T. y K. Palepu (2004). "Emerging Giants: Building World Class Companies From Emerging Markets," Harvard Business School Publishing Case No. N9-703-431.

Kindleberger, C. P. (1969). *American Business Abroad*, New Haven, CT: Yale University Press.

King, R. y R. Levine (1993a). "Finance and Growth: Schumpeter Might Be Right," *Quarterly Journal of Economics* 108, 717-738.

King, R. y R. Levine (1993b). "Finance, Entrepreneurship and Growth: Theory and Evidence," *Journal of Monetary Economics* 32, 513-542.

Kokko, A., M. Zejan y R. Tansini (1994). "Trade Regime and Spillover Effects of FDI: Evidence from Uruguay". *Review of World Economics* 137, 124-149.

Kose, A. M., E. Prasad, K. Rogoff y S.-J. Wei (2009). "Financial Globalization: A Reappraisal," IMF Staff Papers, 8-62.

Kose, A. M., E. Prasad, K. Rogoff y S.-J. Wei (2010). "Financial Globalization and Macroeconomic Policies." En D. Rodrik y Mark Rosenzweig (Eds.), *Handbook of Development Economics*. Oxford, UK: North Holland.

Kosová, R. (2010). "Do Foreign Firms Crowd Out Domestic Firms? Evidence from the Czech Republic," *Review of Economics and Statistics* 92(4): 861-881.

Kugler, M. (2006). "Spillovers from Foreign Direct Investment: Within or Between Industries?" *Journal of Development Economics* 80, 444-477.

Larraín, F., L. Lopéz-Calva y A. Rodríguez-Clare (2000). "Intel: A Case Study of Foreign Direct Investment in Central America," Center for International Development, Harvard University Working Paper No. 58.

Levy-Yeyati, E. y Micco, A. (2007). "Concentration and Foreign Penetration in Latin American Banking Sectors: Impact on Competition and Risk." *Journal of Banking and Finance*, 31(6): 1633-47.

Lipsey, R. E. (2002). "Home and Host Country Effects of FDI," NBER Working Paper 9293.

Lipsey, R.E. y F. Sjöholm (2001). "Foreign Direct Investment and Wages in Indonesian Manufacturing," NBER Working Paper 8299.

Liu, Z. (2008). "Foreign Direct Investment and Technology Spillovers: Theory and Evidence," *Journal of Development Economics* 85(1-2): 176-193.

Madani, D. (1999). "A Review of the Role and Impact of Export Processing Zones," World Bank Working Paper 2238.

Markusen, J.R. (1984). "Multinationals, Multi-Plant Economies, and the Gains from Trade," *Journal of International Economics* 16, 205-226.

Markusen, J.R. (1995). "The Boundaries of Multinational Enterprises and the Theory of International Trade," *Journal of Economic Perspectives* 9, 169-189.

Markusen, J.R. (2002). *Multinational Firms and the Theory of International Trade*, Cambridge, MA: MIT Press.

Markusen, J.R. y K.E. Maskus (2002). "Discriminating among Alternative Theories of the Multinational Enterprise," *Review of International Economics* 10, 694–707.

Markusen, J.R. y Anthony J. Venables (1999). "Foreign Direct Investment as a Catalyst for Industrial Development," *European Economic Review* 43(3), 335–338.

Markusen, J.R. y A.J. Venables (2000). "The Theory of Endowment, Intra-Industry and Multinational Trade," *Journal of International Economics* 52, 209–234

Martínez Pería, M.S. y A. Mody (2004). "How Foreign Participation and Market Concentration Impact Bank Spreads: Evidence from Latin-America." *Journal of Money, Credit and Banking*, 36(3): 511–37.

McKinnon, R.I. (1973). *Money and Capital in Economic Development*, Washington, D.C.: Brookings Institute.

Melitz, M. (2003). "The Impact of Trade on Intra-Industry Reallocations and Aggregate Industry Productivity," *Econometrica* 71(6): 1695–1725.

Melitz, M. y S. Redding (próxima publicación). "Heterogeneous Firms and Trade." En G. Gopinath, E. Helpman y K. Rogoff (Eds.), *Handbook of International Economics* 4 Oxford, UK: North-Holland.

Mendoza, E., V. Quadrini y J. V. Rios-Rull (2007). "On the Welfare Implications of Financial Globalization without Financial Development". En R. Clarida, J. Frankel y F. Giavazzi Eds.), *International Seminar on Macroeconomics*. Cambridge, MA: MIT Press.

Merlevede, B., K. Schoors y M. Spatareanu (2013). "FDI Spillovers and Time since Foreign Entry," BOFIT Discussion Papers 27/2013, Bank of Finland, Institute for Economies in Transition.

Meyer, K. E. y E. Sinani (2009). "When and Where Does Foreign Direct Investment Generate Positive Spillovers? A Meta-analysis," *Journal of International Business Studies* 40(7), 1075–1094. Micco, A., Panizza, U. y Yañez, M. (2007), "Bank Ownership and Performance. Does Politics Matter?" *Journal of Banking and Finance*, 31(1): 219–41.

Moran, T. (2007). "How to Investigate the Impact of Foreign Direct Investment on Development and Use the Results to Guide Policy." En S. Collins (Ed.), *Brookings Trade Forum*, (Washington, D.C.: Brookings Institute Press.

Neto, P., A. Brandão y A. Cerqueira (2010). "The Impact of FDI, Cross Border Mergers and Acquisitions and Greenfield Investments on Economic Growth". Documento mimeografiado.

North, D.C. (1981). *Structure and Change in Economic History*. Nueva York: Norton.

North, D.C. (1995). "Institutions," *Journal of Economic Perspectives* 5, 97–112.

Nunnenkamp, P. (2004). "To What Extent Can Foreign Direct Investment Help Achieve International Development Goals?" *The World Economy* 27(5): 657–677.

Nuno, C. y M. P. Fontoura (2007). "Determinant Factors of FDI Spillovers. What Do We Really Know?" *World Development* 35(3): 410-425.

Omar, K. y W. A. Stoever (2008). "The Role of Technology and Human Capital in the EPZ Life-cycle," *Transnational Corporations* 17, 135-159.

Pessoa, A. (2009). "FDI and Host Country Productivity: A Review," mimeo.

Prasad, E., R. Rajan y A. Subramanian (2007), "Foreign Capital and Economic Growth," *Brookings Papers in Economic Activity* 38, 153-230.

Ramondo, N. (2009). "The Effects of Foreign Plants on Industry Productivity: Evidence from Chile," *Scandinavian Journal of Economics* 111(4): 789-809.

Razin, A. y E. Sadka (2007). *Foreign Direct Investment: Analysis of Aggregate Flows*, Princeton, NJ: Princeton University Press.

Rodríguez-Clare, A. (1996). "Multinationals, Linkages, and Economic Development," *American Economic Review* 86, 854-873.

Rodrik, D, y M.R. Rosenzweig (2009). "Development Policy and Development Economics: An Introduction." En D. Rodrik y M. R. Rosenzweig (Eds.), *Handbook of Development Economics*, 5. Oxford, UK: North-Holland.

Sánchez-Martín, M. E., R. de Arce y G. Escribano (2014). "Do changes in the rules of the game affect FDI flows in Latin America? A look at the macroeconomic, institutional and regional integration determinants of FDI," European Journal of Political Economy 34, 279-299.

Shaw, E.S. (1973). *Financial Deepening and Economic Development*, New York: Oxford University Press.

Sjöholm, F. (1999). "Economic Recovery in Indonesia: The Challenge of Combining FDI and Regional Development," Working Paper Series in Economics and Finance 347, Stockholm School of Economics.

Sjöholm, F. y R.E. Lipsey (2006). "Foreign Firms and Indonesian Manufacturing Wages: An Analysis with Panel Data," *Economic Development and Cultural Change* 55, 201-221.

Spar, D. (1998). "Attracting High Technology Investment: Intel's Costa Rica Plant," World Bank Occasional Paper 11.

Syverson, C. (2011). "What Determines Productivity?" *Journal of Economic Literature* 49(2), 326-365.

Velde, D. W. y T. B. Xenogiani (2007). "Foreign Direct Investment and International Skill Inequality". *Oxford Development Studies* 35, 83-104.

United Nations Conference on Trade and Development (1996). *Incentives and Foreign Direct Investment*, New York: United Nations.

United Nations Conference on Trade and Development (2001). *World Investment Report: Promoting Linkages*. New York: United Nations.

United Nations Conference on Trade and Development (2013). *Trade and Investment Report*, New York: United Nations.

Wei, Shang-Jin (2000). "How Taxing Is Corruption on International Investors?" *Review of Economics and Statistics* 82(1), 1–11.

Xu, B. (2000). "Multinational Enterprises, Technology Diffusion, and Host Country Productivity Growth," *Journal of Development Economics* 62, 477–493.

Yeaple, S.R. (2003). "The Role of Skill Endowments in the Structure of U.S. Outward Foreign Direct Investment," *Review of Economics and Statistics* 85(3): 726–734.

Yeaple, S.R. (2006). "Offshoring, Foreign Direct Investment, and the Structure of U.S. Trade," *Journal of the European Economic Association Papers and Proceedings* 4, 602–611.

Yeaple, S. (2013). "The Multinational Firm," *Annual Review of Economics* 5, 193–217.

3

Evolución reciente de la inversión extranjera directa en Centroamérica, Panamá y República Dominicana

Sebastián Auguste

La tendencia actual en inversión extranjera

Los flujos de inversión extranjera directa (IED) hacia los países en desarrollo aumentaron en la década de los noventa para convertirse en su principal fuente de financiamiento externo. En lo que va del presente siglo, el crecimiento se aceleró aún más y los países emergentes ganaron notoriedad, superando en 2012, por primera vez en la historia, a los países desarrollados en términos de atracción de IED. En 2013, los países desarrollados lograron atraer solamente el 39% de la IED global, mientras que en las décadas de los setenta y los ochenta, captaban entre el 75% y 77% de la IED mundial (ver Gráfico 3.1b).

Un aspecto interesante de lo ocurrido en los últimos años es que los países en desarrollo, además de captar inversión, se han posicionado también como exportadores de IED. Cada vez tienen un mayor peso en los flujos de IED las multinacionales originadas en países emergentes, las que en nuestra región suelen denominarse "multilatinas". Según los datos más recientes de UNCTAD (septiembre de 2014), en 2013 los países en desarrollo y en transición generaron el 39% de las inversiones externas, muy por encima del 12% que representaban a inicios de la década pasada, lo que muestra un nuevo patrón de internacionalización (ver Gráfico 3.1a).

Tal vez por el estadío en el que se encuentran las multinacionales de distinto origen, se observan diferencias en el destino de la IED. Las multinacionales de países en desarrollo dirigen sus flujos mayormente como nuevos aportes para inversión *greenfield* o compra de empresas, mientras que las de la IED

GRÁFICO 3.1	Flujos de IED bruta por mega-regiones, 1973–2013
	(en % del total mundial)

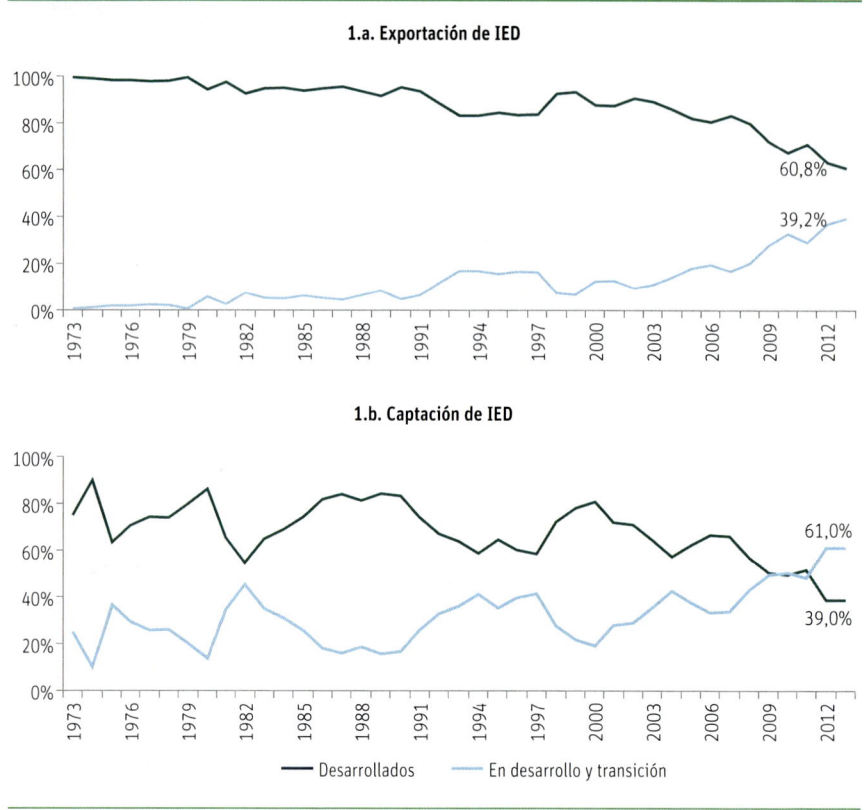

1.a. Exportación de IED

60,8%
39,2%

1.b. Captación de IED

61,0%
39,0%

— Desarrollados   — En desarrollo y transición

Fuente: UNCTAD (2014).

de los países desarrollados se originan principalmente como la reinversión de utilidades. En 2013, casi dos tercios de la inversión de las multinacionales de países en desarrollo se dirigió hacia otros países en desarrollo, y sobre todo para comprar filiales de multinacionales de países desarrollados (casi la mitad de la inversión es para este fin). Esto muestra que más que un cambio estructural sectorial, está ocurriendo un cambio de manos en quienes son los accionistas de las empresas de los países en desarrollo, que están pasando a ser en forma creciente multinacionales de otros países en desarrollo. En esta tendencia, se circunscriben las multilatinas que dirigen la mayoría de sus inversiones a otros países de Latinoamérica, y que consisten, en su mayoría, en grupos que se fueron consolidando con compras que, en muchos casos, fueron salidas de empresas multinacionales estadounidenses o europeas.

Además de las multinacionales, también se observa el surgimiento de firmas de *private equity* originadas en países en desarrollo, que no solo están haciendo transacciones en sus regiones de origen, sino también en países desarrollados.

Cabe destacar que en esta tendencia reciente, han ganado peso las empresas multinacionales de propiedad estatal. Estas empresas representan actualmente apenas el 1% del total de las multinacionales, pero generan IED por el 11% del total mundial[1].

El cambio estructural mencionado se venía observando desde inicios del presente siglo, pero se acentuó fuertemente con la crisis internacional de 2008. Esta crisis representó una caída muy fuerte en los flujos globales de IED, pero principalmente en los flujos que se dirigían hacia los países en desarrollo. En 2007, el año anterior a la crisis, la IED mundial había llegado a su pico histórico de US$ 2 billones[2]. La crisis significó un descenso desde este pico, con un comportamiento posterior a la crisis errante: cayó en 2008 y 2009, llegando a US$ 1.21 billones (una caída desde el pico de antes de la crisis de casi el 40%); se recuperó levemente en 2010 y en 2011, pero volvió a caer en 2012, ubicándose en US$ 1.31 billones, y finalmente en 2013, dio un signo de recuperación al llegar a US$ 1.45 billones. De esta forma, la IED no logró recuperar el nivel que tenía antes de la crisis, y actualmente se ubica en un 27,5% por debajo de ese nivel, representando tan solo el 1,95% del PIB mundial, cuando en 2007 era del 3,53%.

La caída en la IED total a nivel mundial desde el pico en 2007 de 27,5% es explicada mayormente por lo que sucedió en los países desarrollados, donde la contracción fue de 57,2%, mientras que en los países en desarrollo, por el contrario, se observó un crecimiento de 31,7%. Este cambio en la composición llevó a que, por primera vez en la historia, los países en desarrollo capturaran el mayor porcentaje de la IED mundial: los países desarrollados pasaron de representar casi el 70% de la IED total en los años previos a la crisis a tan solo el 39% en 2012 y 2013. Entre las regiones con mayor crecimiento se destaca a Sudamérica, que entre 2007 y 2013 logró incrementar la IED en 86%, perdiendo impulso los países en desarrollo de Asia, con un incremento del 16,5%, a pesar de ser todavía la región del mundo en desarrollo que más atrae IED (en 2013 representó el 55% de la IED total hacia países en desarrollo o el 29% del total mundial).

Ante la escasez de recursos y la necesidad de mantener los niveles de inversión en economías con bajo crecimiento, los países se han vuelto más agresivos en

---

[1] UNCTAD estima que hay al menos 550 empresas multinacionales de propiedad estatal, tanto de los países desarrollados como en desarrollo, con más de 15.000 afiliados extranjeros y activos extranjeros por más de US$ 2 billones.
[2] Equivalente a 2 trillones en la escala numérica de EE. UU.

CUADRO 3.1 IED bruta en el mundo

IED bruta acumulada por décadas

	1970	1980	1990	2000	2010–2013
Miles de millones de dólares					
Mundo	240	933	4.032	11.744	5.905
En desarrollo	59	208	1.192	3.714	2.881
Región	3,1	2,8	17	55	44
Sudamérica	17,2	35,8	267	492	502
Asia	19,0	118,4	701	2.299	1.681
Otros	20	51	206	869	653
En transición	0	0	40	441	358
Desarrollados	180	725	2.800	7.590	2.666
Participación en el total mundial					
En desarrollo	25%	22%	30%	32%	49%
Región	1,3%	0,3%	0,4%	0,5%	0,7%
Sudamérica	7,2%	3,8%	6,6%	4,2%	8,5%
Asia	7,9%	12,7%	17,4%	19,6%	28,5%
Otros	8,2%	5,5%	5,1%	7,4%	11,1%
En transición	0%	0%	1%	4%	6%
Desarrollados	75%	78%	69%	65%	45%

Ingreso de IED en miles de millones de dólares corrientes

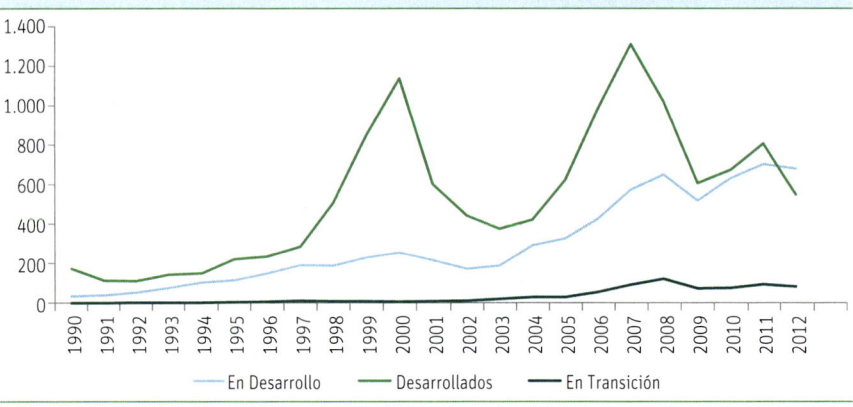

Fuente: UNCTAD (2014).

sus políticas de promoción. Los datos más recientes de la UNCTAD muestran que muchos países han redoblado sus esfuerzos por atraer IED, siendo los incentivos a la inversión el principal instrumento, a pesar de las críticas que se han alzado contra estas políticas, por ser distorsivas e ineficientes. A la vez, otros países han sumado medidas que restringen la salida de capitales como una forma de retener la inversión. Francia, por ejemplo, impuso penalidades a las firmas que cierren y Grecia hizo más difícil la relocalización de las multinacionales fuera del país. Corea del Sur y Estados Unidos, por su parte, han lanzado incentivos para que sus multinacionales repatríen capitales.

Respecto a las perspectivas futuras de la IED, la Encuesta sobre Perspectivas de la Inversión Extranjera Directa de UNCTAD muestra que tanto las multinacionales como las agencias de promoción de inversiones son optimistas respecto a la evolución que tendrá la IED en los años próximos[3]. La UNCTAD, sin embargo, estima que este crecimiento será moderado, y que se llegará a los niveles anteriores a la crisis recién hacia 2017 o 2018. El crecimiento de la IED probablemente tendrá mayor espacio en los países desarrollados, que fueron los más afectados por la crisis. Por otro lado, la inversión será mucho más selectiva, puesto que las oportunidades de rentabilidad en los países emergentes ya no serán tan generosas: habrá menos recursos, más selectividad y más competencia. La caída de los precios de los productos básicos, en un ciclo económico que se prevé con un dólar fuerte, está impactando en el crecimiento de Latinoamérica y por ende, en su IED, a pesar de que las perspectivas son aún favorables.

Aunque a futuro los flujos de IED se expandan más en los países desarrollados, es poco probable que se vuelva a la estructura existente antes de la primera década del presente siglo. El "cambio de manos" en la propiedad de empresas en países en desarrollo es un fenómeno que parece perdurará, ya que las multinacionales de los países emergentes han hecho un buen papel en capear la crisis financiera internacional. Es probable que su avance esté precisamente relacionado con la capacidad que estas multinacionales tienen para sobrevivir en ambientes más volátiles y con mayores riesgos, ambiente donde nacieron y donde hoy se están expandiendo más rápido. Es cierto que las multinacionales de algunos países emergentes como China o Brasil, están expandiendo sus inversiones en países desarrollados también, pero este aún no es un fenómeno generalizado o tan fuerte como el crecimiento en los propios países emergentes.

La Encuesta sobre Perspectivas de la Inversión Extranjera Directa de la UNCTAD arroja como resultado interesante que los actores de este sector prevén que el *outsourcing* ya no será un objetivo muy buscado por los flujos de IED; antes bien, sus dos principales motores serán reinversiones en localizaciones ya existentes (*brownfield*) e inversiones que buscan explotar productos exportables de los países de origen. La inversión nueva (*greenfield*) aparece como más importante que las

---

[3] UNCTAD (2013b).

CUADRO 3.2 IED y Producción internacional, indicadores selectos
(valores en miles de millones de dólares)

	1990	2005–2007 (pre-crisis)	2011	2012	2013
Ingreso de IED	208	1.493	1.700	1.330	1.452
Egreso de IED	241	1.532	1.712	1.347	1.411
Stock de IED recibida	2.078	14.790	21.117	23.304	25.464
Stock de IED exportada	2.088	15.884	21.913	23.916	26.313
Ingreso generado por la IED en los países de destino	79	1.072	1.603	1.581	1.748
Tasa de retorno de la IED recibida	3,8%	7,3%	6,9%	7,6%	6,8%
Ingreso generado por la IED exportada	126	1.135	1.550	1.509	1.622
Tasa de retorno de la IED exportada	6,0%	7,2%	6,5%	7,1%	6,3%
Monto en fusiones y adquisiciones (*Cross-border M&As*)	111	780	556	332	349
Ventas generadas por filiales extranjeras	4.723	21.469	28.516	31.532	34.508
Valor agregado generado por filiales extranjeras	881	4.878	6.262	7.089	7.492
Total de activos de las filiales extranjeras	3.893	42.179	83.754	89.568	96.625
Exportaciones de las filiales extranjeras	1.498	5.012	7.463	7.532	7.721
Empleo de las filiales extranjeras (millones)	20,63	53,31	63,42	67,16	70,73
Datos para comparación					
PIB	22.327	51.288	71.314	72.807	74.284
Formación bruta de capital fijo	5.072	11.801	16.498	17.171	17.673
Pagos por regalías y licencias	29	161	250	253	259
Exportaciones totales de bienes y servicios	4.107	15.034	22.386	22.593	23.160

Fuente: UNCTAD (2014).

fusiones y adquisiciones, pero ninguna de estas dos serían los principales motores. La actividad de fusiones y adquisiciones ha sido moderada en los últimos años; sin embargo, los fondos de *private equity*, que representaron el 31% de las fusiones y adquisiciones en 2007, han estado acumulando capital, por lo que en este caso puntual cabría esperar una mayor actividad. Desde la salida de la crisis, la mayoría de las adquisiciones realizadas por fondos de *private equity* se concentraron en Europa y Estados Unidos.

| GRÁFICO 3.2 | Atractivo por regiones |

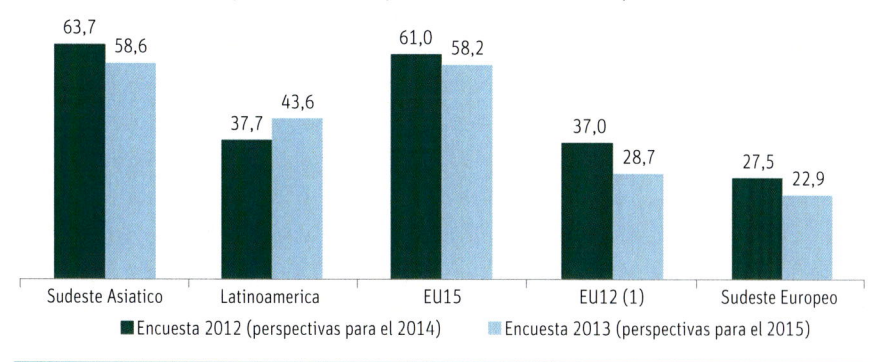

% de multinacionales que reportan como muy importante o extremadamente importante su prioridad para ese destino, en particular en cuanto a su visión para el año 2015

Región	Encuesta 2012 (perspectivas para el 2014)	Encuesta 2013 (perspectivas para el 2015)
Sudeste Asiatico	63,7	58,6
Latinoamerica	37,7	43,6
EU15	61,0	58,2
EU12 (1)	37,0	28,7
Sudeste Europeo	27,5	22,9

Fuente: UNCTAD (2013b).

Otro aspecto interesante que surge de esta encuesta es que las multinacionales planean internacionalizar más sus actividades de investigación y desarrollo, actividades que históricamente eran retenidas en sus sedes corporativas. Cabe destacar que por regiones, Latinoamérica es reportada como el segundo grupo más atractivo entre los emergentes, detrás del Sudeste asiático: el 44% de las multinacionales ubicaron a nuestra región como importante o muy importante para sus objetivos de inversión de cara al año 2015. Las perspectivas más optimistas se ubican entre las inversiones en sectores primarios, mientras que en el sector servicios prepondera un escenario neutral.

La principal fuente de la IED seguirá siendo los países desarrollados, pero los países en vías de desarrollo continúan creciendo como proveedores de capital global a tasas más aceleradas que los países en desarrollo, destacándose en nuestra región Brasil y Chile, mientras que en Asia sobresale China (que aparece como el país más prometedor en términos de incrementos en IED hacia otros destinos). De hecho, de la encuesta se desprende que las multinacionales de países desarrollados son más conservadoras en sus perspectivas de expansión hacia el año 2015 que las multinacionales que se originan en países en desarrollo.

La región CARD

La región bajo análisis en la presente publicación —Belice, Costa Rica, El Salvador, Guatemala, Honduras, Nicaragua, Panamá y la República Dominicana–, que denominaremos CARD en este capítulo, no ha estado ajena a estas tendencias globales. La IED ha sido elevada y muy influyente, explicando en los últimos veinte años gran parte de la formación bruta de capital. En 2013, la IED hacia CARD alcanzó su máximo histórico en términos nominales, llegando a US$ 12,741 millones, lo que equivale al 4,9% de su PIB, algo por debajo del pico alcanzado antes de la crisis financiera internacional (5,82% en 2008), pero entre los cinco más altos de la historia reciente (a partir de 1970). Esta IED es equivalente al 26% de la Inversión Bruta en Capital Fijo (IBCF) de la región, un porcentaje muy alto comparado con el promedio mundial (10%) o el de los países en desarrollo (11,4%), y aun para el resto de los países de Latinoamérica (en Sudamérica la IED representa solo el 14% de la IBCF).

Entre 1990 y 2013, la IED en CARD creció a un promedio anual del 15%, casi duplicando el crecimiento promedio mundial (8,8% anual), aunque en consonancia con lo que creció la IED en Sudamérica (15,3% anual) o el conjunto más amplio de países en desarrollo de todo el mundo (14,4%), por lo que, si bien muestra buenos indicadores, no se puede afirmar que se ha destacado entre los emergentes. A pesar de esto, la IED tiene una importancia superlativa en la región, y así lo demuestran los debates de política económica y el esfuerzo de estos países por atraer más inversión. Se la asocia, en general, como impulsora del empleo y el crecimiento, y como un factor esencial para promover las exportaciones. Como se analizará en la sección 2 del presente capítulo, el énfasis en la IED en la región es de larga data, aunque ha atravesado diversos ciclos hasta llegar a su forma actual. Esta sección plantea un análisis desde una perspectiva histórica para entender mejor cómo se enmarca la situación actual en el proceso evolutivo de la región. La sección 3 analiza más a fondo la situación actual de la IED en CARD. La sección 4 desarrolla su evolución por país. La sección 5 presenta el fenómeno de las multilatinas. La sección 6 plantea los mitos y verdades sobre la IED en la región, y la sección 7 presenta las conclusiones.

La IED en la región desde una perspectiva histórica

La región tiene una larga tradición como receptora de IED, que ha sido muy influyente en las distintas etapas de su historia a partir del período agroexportador de fines del siglo XIX.

La IED ha seguido una serie de ciclos impulsados por una combinación de factores externos e internos (*push and pull factors*), ventajas geográficas y de localización, y una variedad de estrategias de promoción y modelos de desarrollo, que han ido cambiando a lo largo del tiempo; por lo que lejos de observarse un patrón estable, se observan distintas etapas consistentes con distintos factores. Esta historia reciente de la IED en la región puede tipificarse en tres etapas con caracterizaciones diferenciadas. El modelo agroexportador, donde la IED era de enclave y no estaba encadenada con el resto de la economía, salvo por la contratación de mano de obra; la etapa de sustitución de importaciones, donde la IED jugó un rol menos influyente y se volcó hacia otros sectores económicos, en muchos casos forzada para no perder los mercados internos ante las trabas para importar; y la tercera etapa, que comienza con el nacimiento de las maquilas o zonas francas en la década de los ochenta y que se consolida en la década de los noventa donde se suman fuertes ingresos de IED producto de las privatizaciones.

El primer ciclo de IED asociado al modelo agroexportador se registra hacia finales del siglo XIX y principios del siglo XX, está relacionado principalmente con las ventajas geográficas respecto de la producción agrícola y la extracción de minerales. Esta IED estuvo a cargo de grandes corporaciones multinacionales que explotaban productos primarios comportándose como enclaves con pocos derrames hacia el resto de la economía. En esta etapa, las compañías extranjeras desarrollaban su propia infraestructura, incluyendo la construcción y operación de ferrocarriles, puertos, generación de energía, comunicaciones y servicios conexos (Rosenthal, 2006). El tamaño relativo de las empresas extranjeras y su rol en las economías locales era tan influyente que se transformaron en una fuerza política importante. Un ejemplo de esta época es la United Fruit Company (UFC), multinacional de origen estadounidense con una fuerte presencia en Centroamérica. Esta empresa compró o fusionó, desde su inicio en 1899 hasta 1930, a treinta compañías estadounidenses, que controlaron el 80% del mercado de frutas tropicales de Estados Unidos. Asimismo, concentró muchas tierras en Centroamérica, acusada de comprar a precios bajos por controlar el monopolio de la comercialización. El monopolio de exportación de plátano y la necesidad de la UFC de asegurarse un "ambiente favorable de negocios" motivaron que esta empresa se implicara en la política interna de los países de Centroamérica, apoyada por su condición de mayor empleador de la región con el impacto que esto generaba en la sociedad.

En la literatura que estudia este período, muchas veces se pone énfasis en el comportamiento de las empresas transnacionales, pero como Bucheli (2008) arguye (estudiando el caso de UFC), lo que se observaba era una alianza estratégica implícita entre las transnacionales y los gobiernos locales, que era puramente oportunista y que duró en tanto estas empresas ayudaban a los gobiernos locales a su estabilidad económica. Lo que dejó esta etapa es una percepción negativa de la IED en la sociedad, ya que se la asociaba con el imperialismo y los abusos.

Tras la Gran Depresión y el estancamiento de la economía mundial, nació una segunda etapa donde la IED fue impulsada por la sustitución de importaciones. Entre 1950 y hasta la década de los setenta, la mayoría de los países de esta región se enmarcaron en una estrategia de desarrollo basada en la sustitución de importaciones, lo que motorizó la IED en alimentos y bebidas, textiles y la industria ligera. La IED en esta etapa desempeñó un papel más acotado, buscando entrar a un mercado interno que de otra forma le estaba vedado, más que a explotar ventajas competitivas del país para colocar productos en el mundo. En esta etapa, la IED fue menos influyente. Los aducidos beneficios de la estrategia de sustitución de importaciones nunca se verificaron en la región, y esta inversión motorizada por los altos aranceles tendió a ser ineficiente, en sectores poco competitivos que no subsistieron cuando las economías se abrieron al comercio internacional.

La tercera etapa de la IED en la región comenzó en los ochenta, con la consolidación de las maquilas o zonas francas, aunque a velocidades distintas. La década de los ochenta en la región, y en toda Latinoamérica en general, fue una década perdida en términos de crecimiento, que en algunos países se vio agravada por conflictos civiles internos de gran escala. Ante la fuerte caída en la IED hacia esta región, que pasó del 4% del PIB agregado de CARD en 1970 al 0,9% del PIB en 1979, los países comenzaron a buscar una política más agresiva de atracción de la IED con generosos beneficios fiscales. Este proceso se consolidó en la región en la década de los noventa, agregándose las reformas que liberalizaron el comercio y desregularon la economía, lo que atrajo IED a las empresas privatizadas, además de los flujos que ya estaban llegando para las industrias exportadoras en las zonas francas (maquilas)[4].

En los noventa la IED alcanzó el 2,7% del PIB regional, más de tres veces lo registrado en los ochenta y por encima del 1,7% de la década de los setenta. Panamá fue el que mayor flujo relativo recibió, seguido de Belice, Costa Rica y Nicaragua. En El Salvador, Guatemala, Honduras y Nicaragua se observaron fuertes ingresos de IED producto de las privatizaciones de empresas públicas, sobre todo en los ramos de telecomunicaciones y electrificación. En Costa Rica, no se registraron importantes procesos de privatización de empresas públicas, pero sí se registraron significativas inversiones en zonas francas, especialmente en las ramas de la electrónica, dispositivos médicos y empresas de servicios (Rosenthal, 2006).

La IED en la región alcanzó nuevos niveles en el presente siglo, lo que incluso podría identificarse como una cuarta etapa, cuyo comienzo podría situarse a mediados de la primera década del presente siglo, con la entrada en vigencia del acuerdo CAFTA-RD[5], aunque no constituye un cambio radical de modelo respecto a lo que venía ocurriendo en los noventa. En esta última etapa, sin embargo, se observa que las maquilas pierden peso en la IED al igual que los sectores desregulados en

---

[4] En esta perspectiva histórica no pueden dejar de mencionarse hitos significativos, como fueron la desaparición de las economías planificadas, la apertura de la economía china y el desarrollo del Sudeste Asiático.
[5] Las siglas CAFTA-DR se refieren al Tratado de Libre Comercio entre República Dominicana, Centroamérica y Estados Unidos.

GRÁFICO 3.3 Flujo de IED bruta en porcentaje del PIB, 1973–2013

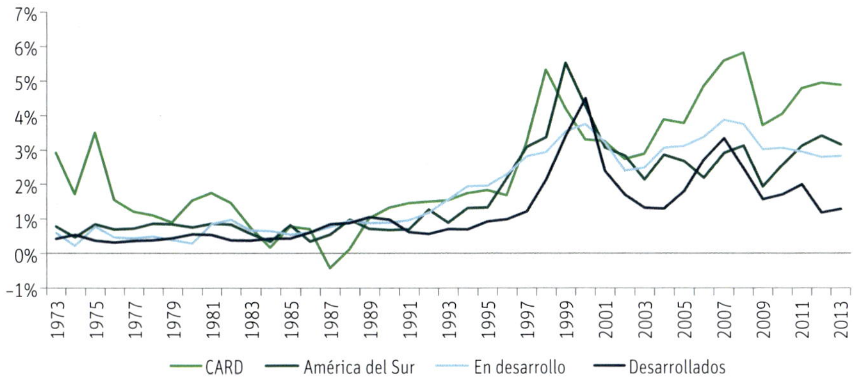

Fuente: UNCTAD (2014).

los noventa (pasada ya la ola de privatizaciones), y ganan peso otros sectores, como la ola de fusiones y adquisiciones en la banca y el comercio minorista interno (cadenas de supermercados). En el último período, y a pesar de la crisis internacional iniciada en 2007, la IED se consolida en valores elevados para todos los países.

Desde la consolidación del modelo de atracción de IED en la década de los noventa, la política de la región no ha cambiado mucho en relación con la IED; por el contrario, todo muestra que la promoción de la misma, sobre todo con fines exportadores, responde a una estrategia de desarrollo consolidada, que ha sobrevivido a cambios de colores políticos en la mayoría de los países, y que sin lugar a dudas seguirá vigente y trascenderá a las zonas francas.

Evolución reciente de la IED en CARD

Los datos más recientes (septiembre de 2014) muestran que a pesar de la crisis internacional y su efecto negativo en la inversión, la IED se consolida en la región en valores elevados para todos los países, siendo Guatemala y El Salvador los más rezagados. CARD, en su conjunto, logró una inversión extranjera récord en 2013 con US$12.741 millones, representando el 0,88% de la IED mundial, bastante más que el 0,42% que representaba en la década de los noventa, o el 0,44% que obtuvo en la primera parte de la década pasada. CARD también gana participación entre los países de Latinoamérica, donde pasa de representar el 5% de la inversión total, en promedio, durante la década de los noventa a un 7% en la actualidad (aunque llegó hasta el 10% en 2006).

¿SOCIOS O ACREEDORES?

GRÁFICO 3.4 Flujo de IED bruta en la región CARD, 1970–2013

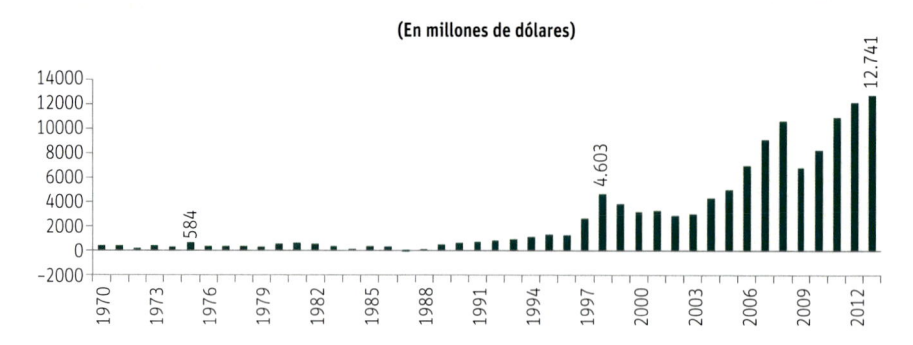

(En millones de dólares)

(En % de la IED mundial)

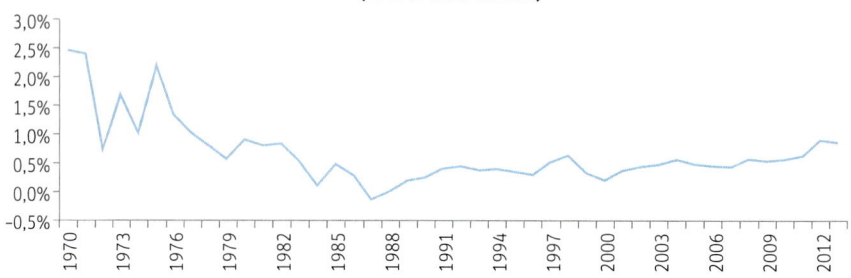

(En % de la IED hacia países en desarrollo)

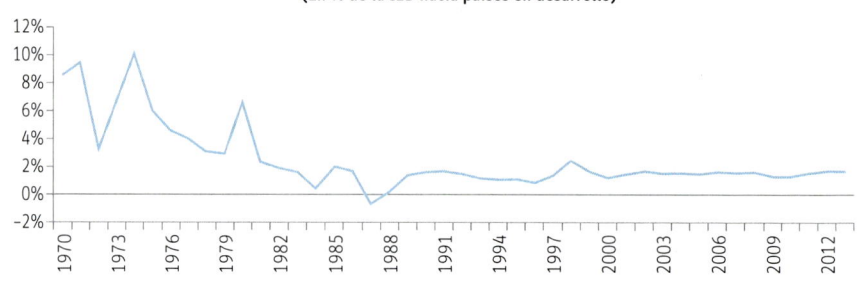

(En % de la IED hacia Latinoamérica)

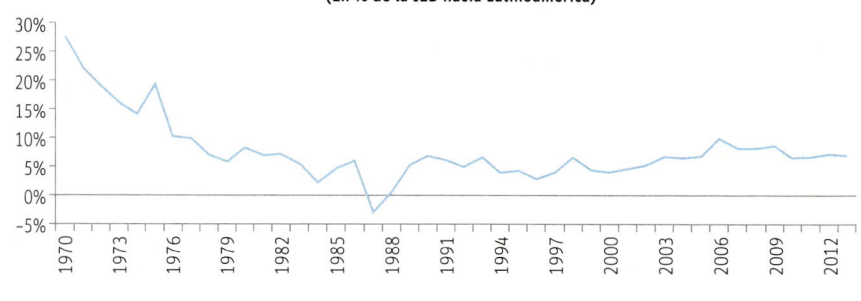

Fuente: UNCTAD (2014).

GRÁFICO 3.5 Flujo de IED bruta como porcentaje de FBCF en la región CARD, 1970-2013

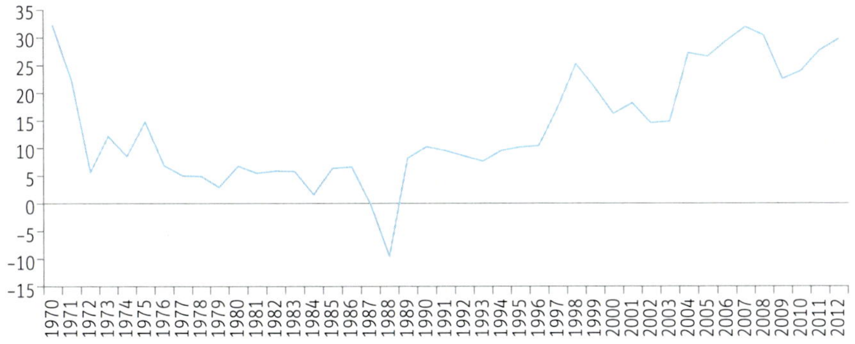

Fuente: UNCTAD (2014).

La IED hacia CARD también incrementó su participación en el conjunto de todos los países en desarrollo, alcanzando en 2013 el 1,6% del total de la IED dirigida hacia estos países cuando en los noventa era solo 1,4%. Para contextualizar esta comparación con los países en desarrollo, debe tenerse en cuenta que la participación que la región CARD tiene sobre el PIB del mundo en desarrollo es mucho menor que la participación que logra captar de la IED.

Desde una perspectiva de más largo plazo, lo que la región ha ganado en participación en el presente siglo no es suficiente para llevarla al peso relativo que tenía en la década de los setenta. En esa década, CARD captaba el 15% de la IED hacia Latinoamérica, el 5,9% de la IED hacia países en desarrollo, y el 1,43% de la IED mundial, muy lejos del 7%, 1,6% y 0,9% en 2013, respectivamente, para cada región.

Un aspecto distintivo de CARD es que el flujo de IED representa un porcentaje elevado del PIB o de la Formación Bruta de Capital Fijo (FBCF), hecho histórico con excepción de la década perdida de los ochenta, donde la mayoría de estas economías se cerraron al mundo y tuvieron un período de recesión.

En porcentaje del PIB, la IED del año 2013 representó el 4,7%, y en porcentaje de la FBCF fue de 26,5%. Este último valor se encuentra por sobre la mediana de todos los países del mundo (18,5%) y cercano al percentil 75% (28,5%).

Los países con mayor IED en porcentaje de la FBCF son Belice (47,1%), seguido por Panamá (39,9%). Es importante destacar que ambos países han requerido inversiones significativas; en el primer caso, para explotar los yacimientos petroleros encontrados en años recientes, y en el segundo, para expandir el Canal. En los noventa, este coeficiente era sensiblemente más bajo (casi 15% para Belice y 12,6% para Panamá).

GRÁFICO 3.6 Flujo de IED bruta en porcentaje de la formación bruta de capital fijo, promedio de los últimos 10 años

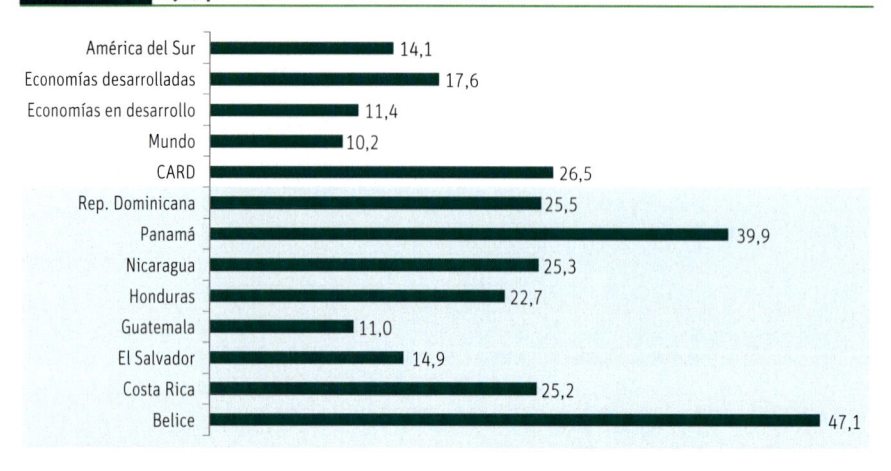

América del Sur	14,1
Economías desarrolladas	17,6
Economías en desarrollo	11,4
Mundo	10,2
CARD	26,5
Rep. Dominicana	25,5
Panamá	39,9
Nicaragua	25,3
Honduras	22,7
Guatemala	11,0
El Salvador	14,9
Costa Rica	25,2
Belice	47,1

Fuente: UNCTAD (2014).

GRÁFICO 3.7 Dependencia de IED para financiar la FBCF, una comparación internacional

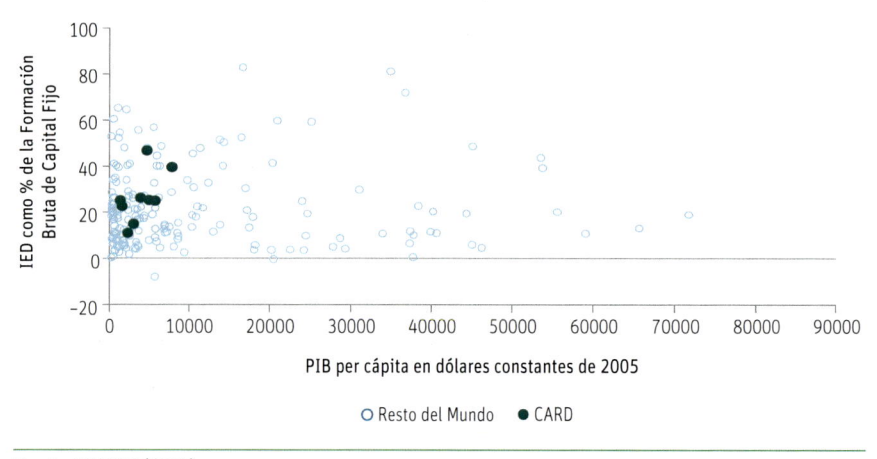

Fuente: UNCTAD (2014).

Los países que menos dependen de la IED para financiar su inversión son Guatemala y El Salvador. El resto de los países financia entre un 20% y 25% de su inversión con IED. Es importante destacar que no existe una relación entre el porcentaje de FBCF financiada con IED y el desarrollo económico o crecimiento. Existen países con un alto nivel de ingresos y con muy buenas tasas de crecimiento, como Singapur, que han financiado un porcentaje muy alto de su inversión con IED. Hay, sin embargo, una relación débil entre el tamaño de la economía (medida por su PIB) y el porcentaje de FBCF financiada con IED.

Si bien Centroamérica es una región pequeña, esto no significa que sea homogénea. Por cantidad de IED, Panamá es el mayor receptor de Latinoamérica en relación con el tamaño de su economía. Costa Rica y Nicaragua también reciben una cantidad sustancial de IED, mientras que El Salvador y Guatemala están rezagados en los montos que logran atraer.

Existen ciertas características comunes, como el énfasis en el uso de políticas de promoción de inversiones vía incentivos fiscales, el uso de las zonas francas o maquilas o la influencia de Estados Unidos por su cercanía; pero aun en estas generalidades hay diferencias. Costa Rica, por ejemplo, reaccionó de manera temprana a las limitaciones de las industrias textiles y de confección fomentadas por las maquilas, y se erigió como el líder en CARD en la diversificación de productos y la atracción de empresas en los sectores de tecnología media y alta. En Panamá, el Canal ha servido de plataforma para el flujo de la IED, en particular en los sectores de transporte y logística, como también de servicios financieros. Belice, por otro lado, está atrayendo capitales con el desarrollo petrolero. El Salvador y Guatemala tienen como objetivo diversificar sus inversiones mediante la atracción de servicios, mientras que Honduras y Nicaragua siguen atrayendo a las empresas de fabricación de baja calificación. Finalmente, la República Dominicana recibe inversiones en el sector textil, el turismo y los sectores de tecnología intermedia.

Lamentablemente, existen limitaciones para analizar la composición de la inversión por sectores, debido a la falta de homogeneidad en la manera en que se reportan los datos a nivel internacional. Para los países de la región, se ha utilizado la información de Intracen, que se encuentra actualizada hasta 2012 por sector económico (a excepción de El Salvador y Guatemala, donde el último dato corresponde a 2010; y de Panamá, donde el último dato corresponde a 2011)[6].

El Cuadro 3.3 muestra la evolución agregada por sector, de donde se deduce que en CARD el sector que domina la atracción de IED es el terciario, que incluye servicios públicos, servicios empresariales, construcción, comercio, transporte, finanzas, turismo así como otros servicios privados y públicos. Este sector captó en el acumulado de los últimos diez años casi el 70% de la IED. El creciente peso de los servicios se contrapone a una pérdida de importancia relativa de las manufacturas.

---

[6] Existe información a nivel de país más actualizada (ver CEPAL, 2013), pero nuestro objetivo aquí es realizar una comparación internacional, por eso se ha utilizado esta base de datos que abarca varios países.

GRÁFICO 3.8 Evolución del flujo de IED bruto por sector

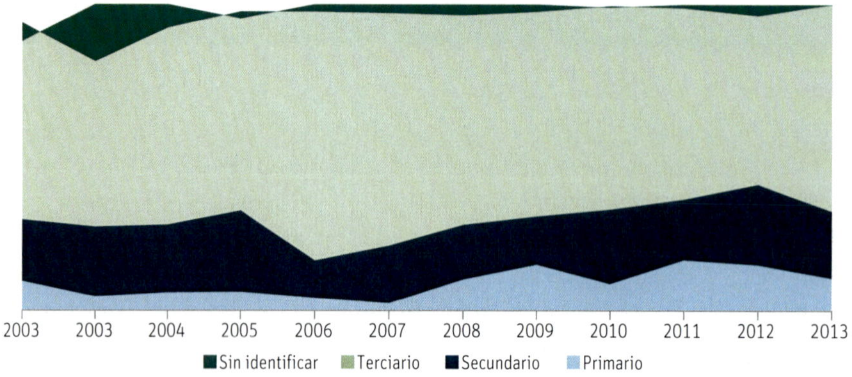

[Gráfico: 2003, 2003, 2004, 2005, 2006, 2007, 2008, 2009, 2010, 2011, 2012, 2013 — Sin identificar, Terciario, Secundario, Primario]

Fuente: Elaboración propia sobre la base de datos de Intracen (2014) y CEPAL (2014).

En un análisis por países (ver Cuadro 3.4), el sector primario tiene algún peso como receptor de IED únicamente en Belice, Guatemala y República Dominicana. En el primer caso, relacionado con el sector petrolero, tras los descubrimientos de mediados de la primera década de este siglo, el sector primario pasó de representar apenas el 10% en 2006 a representar el 51% en 2012. Algo similar ocurre con República Dominicana, con un flujo fuerte de inversiones hacia el sector minero (en 2011 y 2012, la minería captó US$ 2.200 millones de IED, o el 40% de lo acumulado en estos dos años). Honduras, Nicaragua y Costa Rica son los que más asignan IED al sector manufacturero.

El país con mayor concentración de IED por grandes sectores es Panamá, donde casi el 93% de la IED se destina a servicios, dominado por tres subsectores: trans-

CUADRO 3.3 Flujo de IED por sector y país, acumulado 2006-2013

	Primario	Secundario	Terciario
Belice	21,6%	8,4%	69,9%
Costa Rica	4,5%	31,2%	64,4%
El Salvador	1,5%	15,1%	83,4%
Guatemala	26,3%	19,8%	53,9%
Honduras	5,3%	34,1%	60,6%
Nicaragua	14,2%	24,7%	61,1%
Panamá	−0,1%	7,4%	92,7%
Rep. Dominicana	22,7%	19,6%	57,7%

Fuente: Elaboración propia sobre la base de datos de Intracen y CEPAL.

porte y comunicaciones, servicios financieros, y comercio. Estos tres subsectores explican el 60% de la IED acumulada en el período analizado.

CUADRO 3.4 Multinacionales en CARD. 2012

	Cantidad de filiales extranjeras	Cantidad de empresas con filiales en el país	Ventas anuales (millones de US$)	Cantidad de empleados	Filiales multinacionales establecidas en el país desde el año 2000	Mayor multinacional
Belice	35	31	1.099	1.548	15	Whitehouse Falls Corporation, VGB
Costa Rica	396	305	32.338	101.323	126	Alamo Rent-A-Car Management LP, USA
El Salvador	188	145	6.319	29.816	55	América Móvil, S.A.B. de C.V., MEX
Guatemala	309	258	7.403	58.379	72	TELEFONICA, SA, ESP
Honduras	192	157	2.633	42.666	52	SABMILLER PLC, GBR
Nicaragua	113	101	1.631	19.285	29	América Móvil, S.A.B. de C.V., MEX
Panamá	728	425	29.525	149.422	209	NIPPON YUSEN KABUSHIKI KAISHA, JPN
Rep. Dom.	307	231	6.843	75.107	69	The Episcopal Church Foundation, USA
CARD	2.268	N/A	87.790	477.546	627	

Fuente: Intracen.
Nota: datos a 2012 o más reciente.

GRÁFICO 3.9 IED por sectores

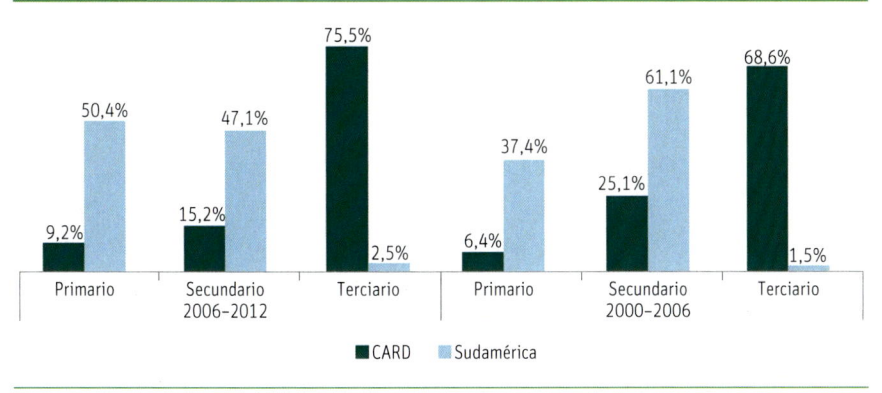

	Primario	Secundario 2006-2012	Terciario	Primario	Secundario 2000-2006	Terciario
CARD	9,2%	15,2%	75,5%	6,4%	25,1%	68,6%
Sudamérica	50,4%	47,1%	2,5%	37,4%	61,1%	1,5%

Fuente: Intracen (2014).

CUADRO 3.5 Caracterización de las multinacionales en CARD

	Stock acumulado de IED por filial	Tamaño promedio de la filial (número de empleados por filial)	Tamaño promedio de la filial (millones de US$ de ventas por filial)	Ventas anuales por empleado (en miles US$)	*Stock* acumulado de IED por trabajador (en US$)
Belice	43,8	44,2	31,4	709,8	989.664
Costa Rica	47,5	255,9	81,7	319,2	185.634
El Salvador	43,6	158,6	33,6	211,9	274.953
Guatemala	28,9	188,9	24,0	126,8	152.932
Honduras	47,0	222,2	13,7	61,7	211.503
Nicaragua	57,3	170,7	14,4	84,6	335.805
Panamá	36,8	205,3	40,6	197,6	179.103
Rep. Dominicana	80,3	244,6	22,3	91,1	328.079

Fuente: Elaboración propia sobre la base de datos de Intracen.

CARD tiene un patrón de atracción de IED muy diferenciado del resto de Latinoamérica. En Sudamérica, el sector primario es actualmente el receptor de IED más significativo, mientras que en CARD lo es el sector servicios. Además, en ambas regiones, el patrón se acentuó en los últimos años: Sudamérica atrae más inversión en el sector primario y CARD, más en servicios.

Intracen también presenta información de filiales extranjeras localizadas en el país (ver Cuadro 3.5)[7]. Se define como filial a una empresa incorporada o no, en la cual un inversionista extranjero tiene la gestión (accionista mayoritario); tal empresa puede ser una subsidiaria, asociada o sucursal.

Resulta difícil hacer una comparación internacional de esta información, puesto que existe mucha variación entre países en la calidad y cobertura de los datos. Esta aclaración es válida para CARD también, aunque como la mayoría de las multinacionales que operan en el país son grandes, es probable que la fuente de error no sea tan alta. Según Dun & Bradstreet, existen en CARD 2.268 filiales extranjeras que emplean, en conjunto, a casi 500.000 personas y generan ventas anuales por US$ 87.790 millones (año 2012). De estas 2.268 filiales, 627 se instalaron en la región en los últimos años (desde el año 2000). El número de empresas con filiales en el país es menor, ya que algunas tienen más de una filial en cada país y, a su vez, tienen filiales en más de un país.

---

[7] Dun & Bradstreet (www.dnb.com) recolecta esta información.

CUADRO 3.6 Intensidad de capital en multinacionales, una comparación internacional

Percentil (148 países)	Rango de IED por trabajador (148 países)	Países de la región según su percentil
25%	Menos de US$ 180.622	Guatemala, Panamá
50%	US$ 180.622 a USD 401.374	Costa Rica, El Salvador, Honduras, Nicaragua, Rep. Dominicana
75%	US$ 401.374 a US$ 751.530	
100%	Más de US$ 751.530	Belice

Fuente: Elaboración propia sobre la base de datos de Intracen.

El tamaño promedio de las multinacionales, ya sea medido por cantidad de empleados por filial o por el monto anual de ventas por filial, es heterogéneo en la región, como es heterogénea la cantidad de ventas anuales por empleado. Honduras y Nicaragua son los que menos ventas generan por empleado, mientras que Belice es el que más genera, seguido por Costa Rica. Las ventas no son un indicador del valor agregado, por lo que esto no se debe asociar con las diferencias de productividad o intensidad en el uso de factores, aunque, claramente, hay diferencias en estas dimensiones. En particular, las maquilas textiles suelen ser mano de obra intensiva, lo que implica menos valor agregado por trabajador y por ende, menos ventas. En el otro extremo, la industria petrolera genera mucho valor agregado y ventas por trabajador.

El *stock* de IED acumulado por trabajador es una mejor medida de la intensidad en el uso de factores de las multinacionales en estos países. Este indicador muestra que Guatemala, con US$ 153.000 por empleado, es el país cuyas multinacionales tienen una menor intensidad de uso del capital (o más intensivas en empleo). Probablemente sean industrias de bajo valor agregado, puesto que las ventas por filial también son bajas. El resto de los países de CARD, si bien tienen un *stock* de IED por filial algo mayor que Guatemala, tampoco se caracterizan por ser intensivos en capital, a excepción de Belice. Si uno compara a los países de la región con el resto del mundo en este indicador (stock de IED por empleado) se encuentra que los países de CARD, a excepción de Belice, se encuentran todos por debajo de la media internacional (US$ 400.000 de IED por empleado), lo que muestra que las multinacionales en CARD tienden a ser menos intensivas en capital que la media mundial.

Tendencia reciente

En los últimos años, no ha cambiado mucho el peso que cada país tiene en CARD en términos de atracción de IED. Panamá (24,4%), República Dominicana (23,9%) y Costa Rica (19,5%) retuvieron casi el 70% de la IED total hacia la región en el

CUADRO 3.7 — IED bruta acumulada para distintos períodos recientes

	1990–1999 Millones de US$	1990–1999 En % del total regional	2000–2005 Millones de US$	2000–2005 En % del total regional	2006–2012 Millones de US$	2006–2012 En % del total regional
Belice	206	1,19%	432	2,01%	956	1,47%
Costa Rica	3.513	20,24%	3.758	17,51%	12.677	19,49%
Rep. Dominicana	3.823	22,02%	5.594	26,06%	15.568	23,93%
El Salvador	1.473	8,48%	1.939	9,03%	4.079	6,27%
Guatemala	1.515	8,73%	2.001	9,32%	5.729	8,81%
Honduras	860	4,96%	2.510	11,69%	6.154	9,46%
Nicaragua	1.004	5,78%	1.313	6,12%	4.015	6,17%
Panamá	4.965	28,60%	3.920	18,26%	15.867	24,39%
Región	**17.359**	**100,00%**	**21.466**	**100,00%**	**65.044**	**100,00%**
Región como % de Latinoamérica	4,74%		5,61%		7,81%	
Mundo	0,43%		0,41%		0,60%	

Fuente: UNCTAD (2014).

período 2006–2012, y esto también se daba antes (70,9% en los noventa). El único cambio importante es el de Honduras, que prácticamente duplica su participación en el total, siendo El Salvador el que más pierde participación.

GRÁFICO 3.10 — Captación. Participación de la IED en la región en el total de distintas macrorregiones

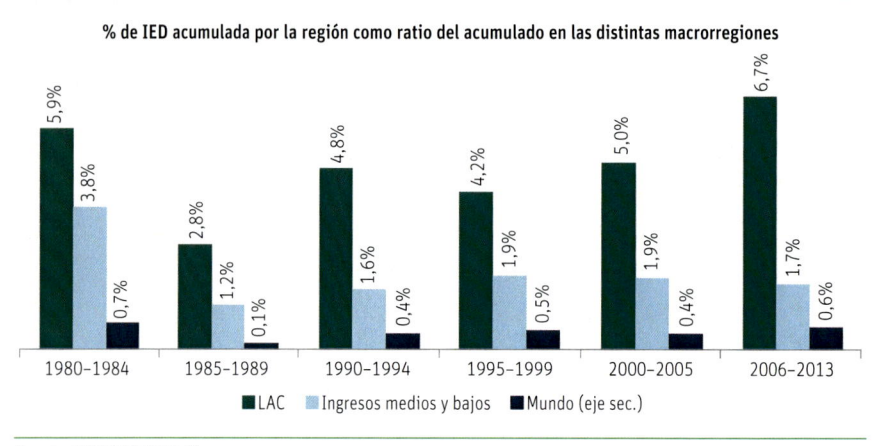

% de IED acumulada por la región como ratio del acumulado en las distintas macrorregiones

Período	LAC	Ingresos medios y bajos	Mundo (eje sec.)
1980–1984	5,9%	3,8%	0,7%
1985–1989	2,8%	1,2%	0,1%
1990–1994	4,8%	1,6%	0,4%
1995–1999	4,2%	1,9%	0,5%
2000–2005	5,0%	1,9%	0,4%
2006–2013	6,7%	1,7%	0,6%

Fuente: UNCTAD (2014).

GRÁFICO 3.11 | IED en porcentaje del PIB

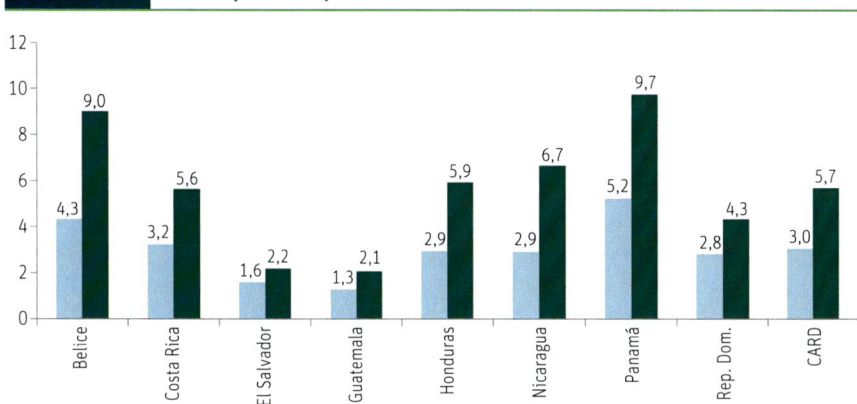

	Belice	Costa Rica	El Salvador	Guatemala	Honduras	Nicaragua	Panamá	Rep. Dom.	CARD
1990-2005	4,3	3,2	1,6	1,3	2,9	2,9	5,2	2,8	3,0
2006-2013	9,0	5,6	2,2	2,1	5,9	6,7	9,7	4,3	5,7

Fuente: UNCTAD (2014).

En términos del porcentaje del PIB, la IED regional prácticamente se duplicó, al pasar del 2,7% al 4,8%; Belice y Panamá han mostrado un mayor incremento, alcanzando en la etapa actual el 9% y 9,6% de su PIB, respectivamente, lo que representa un porcentaje muy elevado de su formación interna bruta de capital. Desde este punto de vista, la región aparece como mucho más dependiente de la IED para mantener sus niveles de inversión que países de similar ingreso y que Sudamérica o México (por ejemplo, el promedio de la CARD es 21,4%, mientras que para Sudamérica es 13,8%).

En la introducción a este capítulo se mencionó que, desde mediados de la década pasada, se había observado un cambio en el proceso de atracción de IED, en el cual ya no tenía tanto peso las inversiones que generaron las privatizaciones en los noventa ni las maquilas. Como se muestra en el Gráfico 3.11, esta nueva etapa muestra una profundización de la IED, aumentando su relevancia en términos del PIB para todos los países[8].

Un aspecto interesante de la región es el crecimiento de la importancia relativa de la IED, medida por el índice de desempeño en la entrada, que se computa como el coeficiente entre la participación en la IED global y la participación en el producto global. Un número mayor que uno indica que la IED es mayor al tamaño relativo de su economía, o bien que es un país más intensivo en IED. El Cuadro 3.8 muestra

---

[8] Sin embargo, por sectores agregados, no representa un cambio sustantivo de lo que venía pasando en la década de los noventa. El sector primario es todavía poco atractivo para la IED, con contadas excepciones.

CUADRO 3.8 Índice de desempeño en la entrada de la IED

	1970–1989	1990–2005	2006–2013
Belice	1,77	3,19	3,52
Costa Rica	3,95	2,27	2,21
Rep. Dominicana	2,50	1,69	1,88
El Salvador		0,79	0,99
Guatemala	2,72	0,78	0,82
Honduras	1,28	1,89	2,36
Nicaragua	1,20	1,98	2,72
Panamá	1,05	3,21	3,61
México	3,28	1,20	0,68
Argentina	1,62	0,59	0,23
Bolivia	0,07	0,02	0,01
Brasil	3,47	1,39	1,19
Chile	0,48	0,16	0,13
Colombia	0,77	0,23	0,17
Ecuador	0,18	0,05	0,04
Paraguay	0,06	0,02	0,01
Peru	0,35	0,12	0,09
Uruguay	0,14	0,04	0,02
Venezuela, RB	1,08	0,19	0,21

Fuente: Elaboración propia sobre la base de datos de UNCTAD y WDI.

este indicador para subperíodos y distintos países de Latinoamérica, donde se puede observar que el peso de Sudamérica cayó, mientras que para los países de CARD se mantuvo o aumentó.

En conclusión, la región ha logrado mantenerse atractiva a las inversiones externas y la crisis financiera internacional no ha afectado su capacidad de atracción. Un cambio interesante es que la caída en la IED, que se origina en los países de Europa, fue compensada por la mayor inversión de las multilatinas, que son las que más se han expandido en la región y merecen una consideración especial sobre la cual nos abocamos en la próxima sección.

El fenómeno de las multilatinas

Entre los fenómenos relativamente recientes dignos de ser mencionados, se encuentra el crecimiento de las multinacionales originadas en Latinoamérica, a menudo llamadas multilatinas. Muchas de estas empresas tuvieron un largo recorrido en su país de origen antes de lanzarse al mundo, y lo fueron haciendo en etapas: generalmente comenzaron por sus mercados adyacentes, luego la región, y recién allí dieron un paso hacia la internacionalización extrarregional. Otras más recientes, como la empresa chilena Sigdo Koppers o la brasileña WEG, han irrumpido en una forma más vertiginosa en el escenario mundial con audaces compras en distintas zonas geográficas[9]. Tenaris, de origen argentino, se ha transformado en la empresa líder mundial en la producción de tubos sin costura[10]. Otro ejemplo de envergadura es Camargo Correa, que ha logrado internacionalizarse especializándose en un producto que, en general, no es muy transable por su bajo valor por unidad métrica[11].

El fenómeno de las multilatinas se ha expandido a todos los países de Latinoamérica, siendo Brasil quien hoy lidera el proceso a nivel continental, seguido por México y Chile. Chile, en particular, llama la atención por el volumen de inversión externa para el tamaño de su economía, y en esta dimensión es el país más internacionalizado de Latinoamérica.

La expansión de las multilatinas se ha consolidado en gran medida en el presente siglo, con la adquisición de empresas en el extranjero, invirtiendo, creando empleos y creciendo en sectores tan diversos como petróleo, gas, minería, cemento, acero, alimentos, bebidas y alta tecnología. En los primeros cinco años del presente siglo, los países de Latinoamérica invirtieron más en el exterior que en los veinte años previos (1980–2000). En la segunda mitad de dicha década, la IED originada en Latinoamérica se triplicó, mientras que en el mundo entero solo se duplicó.

En lo relativo a la atracción de IED de multilatinas, Brasil parece ser hoy el país favorito: el 74% de las 50 multilatinas más grandes, según revela América Economía Intelligence Unit, tienen presencia en Brasil, seguido por Argentina (71,4%), México (68%), Perú (61%), Chile (57,3%) y Colombia (53,2%). Los flujos hacia Centroamérica

---

[9] Sigdo Koppers adquirió en US$ 790 millones a la empresa belga Magotteaux, presente en los cinco continentes, lo que le permitió expandir su cobertura a 25 países. La brasileña WEG adquirió a la empresa austríaca Watt Drive Antriebstechnik (una empresa del sector de abastecimiento de energía con operaciones en Europa y con unidades industriales en Alemania y Singapur) y a la estadounidense EM (Electric Machinery), que desarrolla motores y generadores destinados a los sectores de petróleo y gas. Con estas operaciones, actualmente WEG tiene unidades industriales en Brasil, Sudáfrica, Argentina, Austria, China, Estados Unidos, India, México y Portugal; además, está presente en 16 países.

[10] Esta empresa había nacido en 1948 como una proveedora para la empresa nacional de producción de petróleo YPF, y recién en los años noventa comenzó con su estrategia de internacionalización a través de compras estratégicas de empresas en otros países. Hoy tiene plantas en 16 países, factura cerca de US$ 11.000 millones y emplea a casi 27.000 personas.

[11] Tenaris nace en Brasil en 1939 y tras varias décadas de consolidación interna, se lanza al mercado internacional con compras de envergadura que la llevó a ser una empresa líder mundial en su sector, con 61.000 empleados y una facturación por US$ 9.200 millones.

representan un bajo porcentaje del total que están invirtiendo las multilatinas, pero tiene una importancia creciente en el monto total de IED que la región está captando, y se observa un interés creciente de las multilatinas sudamericanas por Centroamérica. En los últimos años, aproximadamente el 20% de la IED que logró atraer CARD provino de Latinoamérica, siendo México el que más invirtió (entre 11% y 12%), seguido de Venezuela (3%) y Colombia (2%). La presencia de Brasil y Chile todavía es baja.

Por objetivo, las multilatinas no responden tanto a la expansión basada en la obtención de recursos, sino más bien a la expansión para ganar mercados y diversificación estratégica. Están en diversos sectores y se hacen fuertes en los servicios. Algunas han aprovechado la crisis europea y estadounidense para adquirir activos en estos mercados. Según Santiso (2008), las multilatinas surgieron merced a los clásicos factores de expulsión y atracción (*push and pull*). Sin embargo, en la última década, fueron impulsadas por la baja del costo del capital (bajos intereses internacionales, bajas primas de riesgo país y liquidez en las bolsas latinoamericanas), que está activando el salto desde las ventas en el exterior a las adquisiciones en el exterior, fenómeno que se observa en mayor medida en Brasil, Colombia y Chile. El fuerte crecimiento de la región fue asimismo un factor decisivo: las empresas sólidas pudieron aprovechar las oportunidades de adquisición de empresas de países desarrollados en dificultades, principalmente europeos.

CEPAL (2014) remarca que además de la oportunidad que la crisis pudo haber generado, se observa que las empresas de Latinoamérica han mejorado significativamente su acceso a los mercados de capitales. En 2012 y 2013, las compañías de Latinoamérica emitieron más bonos empresariales en el extranjero que nunca (usualmente en los Estados Unidos), lo que les permitió expandir sus actividades fuera de los límites de sus países. Este informe destaca que la tendencia general de la IED de las multilatinas continuará siendo al alza, ya que estas compañías están acumulando capacidades (financieras, de gestión y tecnológicas) que, teniendo en cuenta los limitados mercados internos de la mayoría de las economías, solo pueden aprovecharse al máximo a través de la IED.

La información de IED permite conocer, aunque con margen de error, la procedencia de la inversión. Según los datos más recientes de Intracen (año 2012), en la región CARD Norteamérica (Estados Unidos y Canadá) continúa siendo el principal inversor, pero Latinoamérica ha sido la región que más ha incrementado su inversión desde 2001 (en lo referente a las multilatinas), quintuplicando el flujo anual de inversiones (ver Cuadro 3.9). En 2012, Estados Unidos y Canadá invirtieron en CARD US$ 3.895 millones, y las multilatinas un monto apenas inferior US$ 3.477 millones. En el 2006, cada uno invertía US$ 2.603 millones y US$ 840 millones

CUADRO 3.9 CARD. Evolución del flujo de IED bruto por país de origen *(en millones de dólares)*

	2001	2002	2003	2004	2005	2006	2007	2008	2009	2010	2011	2012	2012 vs 2001
Europa	620	551	276	730	1.378	2.538	2.117	2.713	1.491	1.583	2.180	1.453	134%
EE.UU. y Canadá	934	1.056	1.114	1.379	1.613	2.603	2.911	3.177	2.558	3.645	4.136	3.895	317%
Asia en desarrollo[a]	63	13	87	161	296	181	255	191	137	181	354	235	271%
Latinoamérica	600	253	249	108	331	840	1.451	2.617	1.424	1.179	2.295	3.477	480%
Sin especificar	136,4	238,9	191,3	74,9	166,1	205,9	297,9	138,7	188,7	299,1	245,4	740,6	
Otros	-43	-163	491	817	226	-5	103	19	83	974	416	865	

Fuente: Intracen (2014).
[a] Incluye a China, Corea, Hong Kong, Taiwán, Singapur, e India. Excluye a Japón.

respectivamente, lo que muestra que las multilatinas han acortado la brecha muy rápidamente.

Lo interesante del flujo de inversiones de las multilatinas es que se ha acelerado mucho a partir de 2007, donde se observa un quiebre estructural. Entre 2001 y 2006, las multilatinas habían invertido en CARD US$ 2.382 millones, mientras que en los 6 años siguientes invirtieron 5 veces más, un total de US$ 12.442 millones. Solo en 2012 invirtieron más en CARD que en los primeros seis años de la primera década del presente siglo.

El flujo fresco de IED desde Latinoamérica permitió compensar la contracción en la inversión europea, que pasó de un pico de US$ 2.538 millones en 2006 (antes de la crisis) a US$ 1.453 millones en 2012. En los últimos tres años, Latinoamérica y Norteamérica explican casi el 70% de la IED hacia CARD. El resto de las regiones tienen una importancia menor. Asia en particular solo representa el 3% de la IED total en CARD, y además, su inversión ha estado creciendo bastante por debajo de Norteamérica y Latinoamérica.

Respecto al origen de los capitales de las multilatinas, México ha estado invirtiendo más, con un acumulado entre 2010 y 2012 de poco más de US$ 1.500 millones. Le sigue de cerca Colombia, que ha estado adquiriendo bancos en la región, con US$ 1.450 millones. En tercer lugar está Brasil, con casi US$ 1.300 millones.

México se destaca en la región en el sector de las telecomunicaciones, a través de América Móvil y América Telecom, Cemex, FEMSA y Grupo Bimbo. Desde Colombia, el interés ha sido en el sector bancario, donde se ingresó con grandes adquisiciones. El Grupo Aval, el más grande de Colombia con 30% de los activos bancarios, adquirió en 2010 por US$ 1.900 millones el Banco Centroamericano BAC Credomatic —de propiedad de la multinacional estadounidense General Electric— y en 2012 compró el fondo privado de pensiones Horizonte, del español BBVA, en US$ 530 millones, aprovechando en ambos casos los efectos de la crisis financiera. Davivienda, el tercer banco de Colombia por su nivel de activos, también comenzó a expandirse en Centroamérica, aprovechando que uno de los grupos financieros más grandes del mundo, el banco HSBC, se retirara del área, y comprando la operación de este banco britanico en Costa Rica, Honduras y El Salvador. Por último, Bancolombia compró en 2007 el Banco Agrícola de El Salvador por US$ 900 millones y, a finales del año pasado, adquirió el 40% del Grupo Agromercantil Holding, de Guatemala por US$ 216 millones. Otros grupos colombianos en la región son Cementos Argos, que controla el 49% del mercado de cemento en Panamá, y el Grupo Mundial que tiene el 30% del negocio de pinturas en Centroamérica.

La inversión intrarregional es importante. Costa Rica, Panamá y República Dominicana son los países que más están invirtiendo en la región CARD. Las multinacionales que se originan en CARD suelen concentrar sus inversiones dentro

GRÁFICO 3.12 Flujo de IED bruta hacia CARD según lugar de origen
(acumulado por períodos, en miles de millones de dólares)

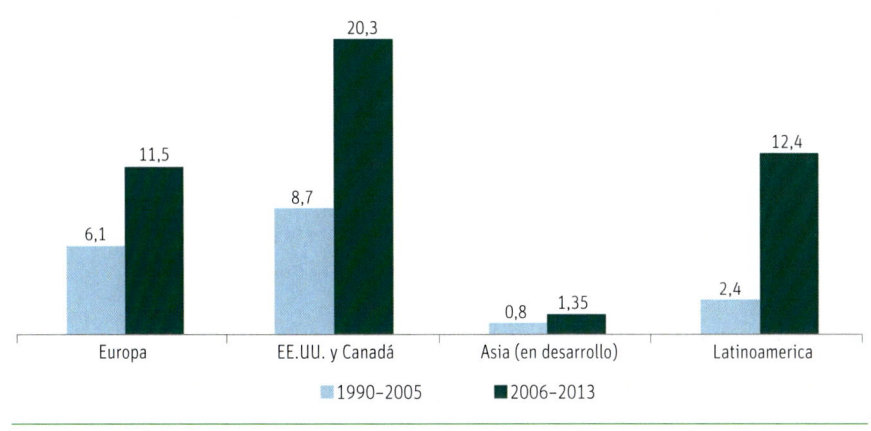

	Europa	EE.UU. y Canadá	Asia (en desarrollo)	Latinoamerica
1990-2005	6,1	8,7	0,8	2,4
2006-2013	11,5	20,3	1,35	12,4

Fuente: Intracen (2014).

GRÁFICO 3.13 Multilatinas. Flujo acumulado de IED bruta hacia CARD
(acumulado 2010-2012, en miles de millones de dólares)

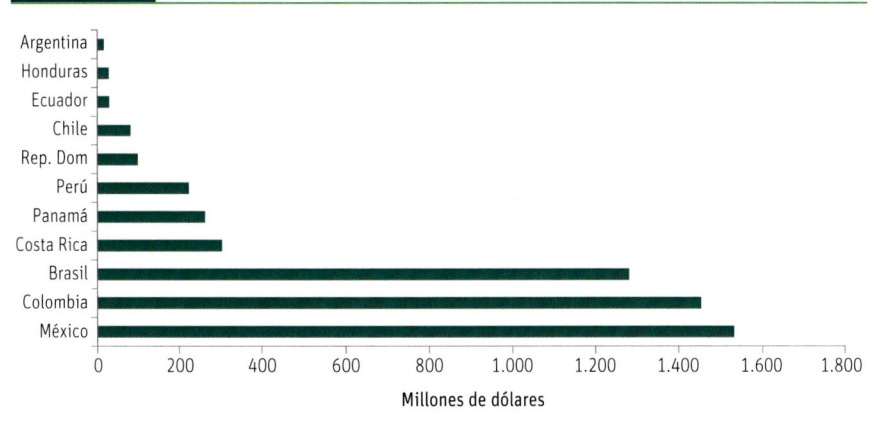

País	Millones de dólares
Argentina	
Honduras	
Ecuador	
Chile	
Rep. Dom	
Perú	
Panamá	
Costa Rica	
Brasil	1.280
Colombia	1.450
México	1.540

Fuente: Intracen (2014).

de la propia región y son de tamaño pequeño. De acuerdo al *ranking* de la revista América Economía, entre las primeras 65 multilatinas más grandes solo se ubican dos empresas de CARD: Copa Airlines de Panamá y el Grupo Multi-Inversiones de Guatemala. Se podría considerar como una tercera multilatina originada en CARD, que se encuentra entre las 65 más grandes, a la fusión de Avianca con Taca, aunque Avianca sea de origen colombiano.

Naturalmente, por el tamaño relativo de las economías bajo estudio no es esperable que existan muchas multilatinas grandes. Multinacionales de CARD, como el Grupo Poma de El Salvador, no figuran en el ranking, aunque para la región este sea un grupo muy grande.

La evidencia empírica muestra que existe una relación (no lineal) entre la cantidad de multilatinas y el tamaño de la economía, medida por su PIB (ver Gráfico 3.14). Una excepción en esta relación es Chile, que con un PIB equivalente al de toda la región (en realidad, un 20% mayor) tiene más multilatinas que lo que se prevé por su ingreso (12). El caso chileno es particular y no debe ser extrapolado a la región. Además de haber llegado a un nivel de desarrollo mayor (PIB per cápita), registró muchos factores de empuje para la transnacionalización de sus grupos como: el comienzo temprano de reformas económicas, un mercado nacional reducido y saturado, la disponibilidad de financiamiento local barato para la inversión en el exterior y el apoyo estatal.

La relación no lineal entre el desarrollo y la cantidad de multilatinas grandes indica que deberíamos esperar para la región entre 2.5 y 5 multilatinas grandes, con lo que la región no estaría tan mal en este aspecto, ya que actualmente cuenta con 2 o 3 multilatinas grandes.

En cuanto a la IED que generan las multilatinas de CARD, el panorama es algo desalentador, puesto que ha crecido poco comparado con el promedio mundial o con lo que sucedió en Sudamérica. En el último quinquenio, la IED originada en CARD creció un 66% respecto a los primeros cinco años de la década pasada, en Sudamérica se triplicó en el mismo período (creció un 232%). En los noventa, CARD exportó capital por US$ 8.417 millones mientras que México lo había hecho por

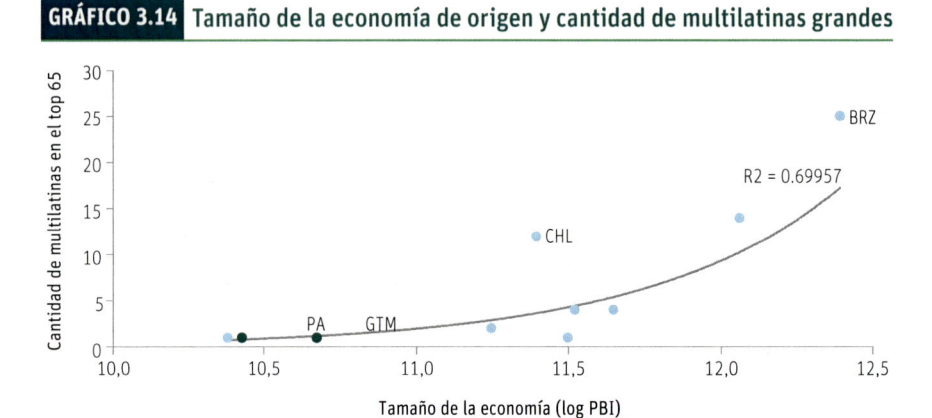

GRÁFICO 3.14 Tamaño de la economía de origen y cantidad de multilatinas grandes

$R2 = 0.69957$

Cantidad de multilatinas en el top 65

Tamaño de la economía (log PBI)

Fuente: Estimaciones propias.

6.142 millones, en los últimos cinco años México exportó capital por US$ 44.707 millones y CARD solo por US$ 14.357 millones. Esto muestra que la región se ha ido rezagando en el fenómeno de multilatinas, con una internacionalización que ha crecido poco y, sobre todo, hacia países fuera de CARD.

Un aspecto interesante en CARD es que las multilatinas invierten mayormente en sectores que no son los que se benefician de las políticas de atracción, como los beneficios fiscales de las maquilas. Muchas de estas inversiones han venido a la región para fusiones y adquisiciones, más que nuevos proyectos (*greenfield*), como es el caso de los bancos colombianos. El salto luego de la crisis en la IED de multilatinas en CARD pareciera indicar que la región ha seguido una lógica de compras de oportunidad. Esto no implica, sin embargo, que las multilatinas puedan tener un rol más importante en la inversión *greenfield* en un futuro. Además, si la lógica tras esta actividad de fusiones y adquisiciones es una de eficiencia en el manejo de estas empresas en ambientes más volátiles, el cambio de manos puede ser beneficioso para las economías de la región, sobre todo porque muchos de estos sectores están encadenados, como las telecomunicaciones, la banca, la energía o las cadenas de venta al por menor. Si hay ganancias de eficiencia en ellos, se mejora la competitividad. Este impacto potencial de la IED es diferencial respecto a las inversiones en sectores que son de enclave, como ha pasado con las maquilas textiles, que dan empleo pero que no tienden a mejorar la eficiencia sistémica de estas economías.

A futuro, el desafío de la región es mantener e incrementar la IED de las multilatinas, actores que llegaron para quedarse, tienen un grado de madurez importante y pueden encarar inversiones de gran escala. Las multilatinas están acostumbradas al ambiente económico latinoamericano (su cultura laboral, las debilidades institucionales, la elevada corrupción, entre otros aspectos), y parecen tener mejores posibilidades de éxito en este ambiente toda vez que el argumento para darles incentivos fiscales pierde sustento.

Mitos y verdades de la promoción de la IED

Hasta ahora se ha analizado la evolución de la IED desde lo numérico, pero algo importante es lo que sucedió detrás de esos números, sobre todo en términos de políticas y promoción, aspecto que se desarrollará más a fondo en otros capítulos de la presente publicación.

Desde un punto de vista conceptual, la promoción de la IED puede ser realizada en forma pasiva o activa. En forma pasiva, a través de la mejora del ambiente de negocios, la reducción de aranceles, una mejor competitividad del país, la firma de tratados de inversión bilaterales o multilaterales, la mejora de la regulación de la entrada y salida de capitales, y otros aspectos regulatorios, así como medidas no específicas que logran atraer inversión. Es pasiva porque lo que busca es promocionar la IED en forma indirecta, en primer lugar, a través de la mejora del ambiente de negocios o la rentabilidad. A su vez, tiende a ser horizontal, ya que no busca beneficiar a un sector en particular, sino mejorar las condiciones que no solo afectan a la IED sino a la inversión y la competitividad en general, por lo que no se las puede considerar como medidas específicas para atraer IED. La promoción activa se refiere precisamente a medidas puntuales que tienen por objeto específico atraer IED, y que tienen algún grado de discrecionalidad en la forma en que se diseñan o implementan. En la región, estas políticas activas se han canalizado principalmente a través de agencias de promoción de inversiones, los incentivos fiscales y las zonas francas.

En el caso particular de Centroamérica, se buscaron en la IED recursos externos para financiar un proceso de cambio estructural acelerado. Las economías de CARD entendieron que al ser pequeñas, su mejor estrategia de desarrollo era la apertura e integración con el mundo. Las políticas de apertura y desregulación de los noventa siguieron este modelo. Para atraer IED, los países de la región CARD, en forma similar a otros países de Latinoamérica, implementaron políticas entre las cuales se destacan: (i) políticas proactivas de promoción de inversiones mediante la creación de agencias especializadas de promoción de inversiones o la estructuración de direcciones dedicadas al tema dentro de una institución pública; (ii) firma de tratados de libre comercio que amplían el acceso a mercados; (iii) iniciativas para mejorar la competitividad y facilitar la IED, como la creación de ventanillas únicas para los trámites de inversión así como reformas legales e institucionales; (iv) diseño y puesta en marcha de políticas fiscales que incluyen incentivos de diferentes tipos y la creación de zonas francas o zonas especiales.

Dado que las políticas activas tienen costos, cabe preguntarse si estas han sido efectivas para atraer inversiones, y si dichas inversiones hubiesen ocurrido de no existir estos incentivos. Este éxito, sin embargo, es difícil de determinar en la práctica, ya que la efectividad depende no solo del esfuerzo sino también de lo que se tiene para ofrecer, es decir, de las condiciones de cada país. Hay países como China, Brasil y Rusia que han logrado atraer mucha IED sin un esfuerzo de promoción significativo, mientras que países como Irlanda y Singapur muestran agencias de promoción que han estado activas y son consideradas ejemplos a seguir a nivel internacional. Cuando se decide promocionar activamente se debe escoger "qué promocionar" y "cómo promocionarlo". Lo más crítico suele ser la primera decisión, complicada en un mundo con información imperfecta, para lo cual es clave saber cómo se institucionaliza la promoción, y en qué medida la decisión se revisa y ajusta en el tiempo.

El uso de incentivos fiscales para atraer IED es controversial, ya que existen serias dudas en la literatura especializada respecto a sus beneficios, a pesar de que los países lo usan en forma generalizada. La justificación económica más usual para los incentivos fiscales a la IED es que esta genera externalidades en la economía receptora, por lo que el país recibe un beneficio indirecto. Entre estos potenciales beneficios indirectos se encuentran, entre otros, el acceso a nuevas tecnologías, el acceso a mercados internacionales donde la multinacional ya opera, y los beneficios en la cadena productiva nacional a través del efecto multiplicador que la inversión tiene en el empleo y la renta. La lista de potenciales externalidades es larga, el problema es que a menudo no se verifican en la práctica, o cuando lo hacen, no son tan grandes como para justificar la enorme cantidad de subsidios otorgados.

La justificación de los incentivos fiscales para compensar externalidades no es la única que existe para racionalizar la existencia de subsidios a la IED. Otra justificación que se ha usado ampliamente en Centroamérica es la del subsidio para compensar fallas de los países, como la falta de infraestructura o capital humano. De esta forma, el incentivo fiscal es concebido como una compensación a las fallas de gobierno (por acción —errores de políticas del pasado— u omisión —por no corregir fallas de mercado–). Así entendido, el incentivo fiscal es un paliativo económico que le otorga rentabilidad a la firma (compensando otras ineficiencias). El problema con esta lógica es que con este paliativo no se resuelven las fallas de fondo del Estado, como la infraestructura insuficiente, el clima de negocios y la institucionalidad. Estas fallas siguen latentes, maquilladas por el subsidio. Sin embargo, el Estado está cediendo, por su parte, capacidad de recaudación, que es justamente lo que necesita para solucionar muchas de las deficiencias. Si hay filtraciones en esta política, esto es, reciben el subsidio empresas que de todas formas hubieran invertido en el país, se entra en un círculo vicioso, en el cual se ceden recursos fiscales para compensar fallas que para resolverse requieren de recursos fiscales. Además, existen efectos en el funcionamiento de la política económica. Las firmas atraídas por los incentivos terminan siendo aquellas que dependen poco de los insumos públicos faltantes (es decir, son las más aptas para sobrevivir en este ambiente). Si a las empresas que vienen les importa poco los insumos faltantes, no generan demanda o presión para que esos insumos públicos se provean. Por otro lado, una vez instalada su demanda o presión será para mantener el subsidio, que incide directamente en su rentabilidad. De esta manera, se genera una dinámica de grupos de poder, influencias y de *lobby* muy particular.

Incentivos fiscales a la IED

La política de las maquilas o zonas francas ha sido parte importante de la estrategia de desarrollo de los países de la región, particularmente a partir de la década de los noventa. Se le ha dado mucho peso a los incentivos como mecanismo de atracción. Al respecto, la literatura internacional indica que en general estos incentivos no son los principales determinantes de la llegada de inversión extranjera; antes bien, la existencia de infraestructura, la apertura económica y el crecimiento constituyen aspectos aún más importantes. Esto seguramente explica por qué algunos países de la región han tenido más éxito que otros en atraer IED de mejor calidad, ante políticas de incentivos relativamente similares. Dicho de otra forma, el incentivo debe ponerse en contexto del resto de lo que tiene el país para ofrecer al inversor internacional.

Tal como lo resalta el experto fiscal Richard Bird[12], los incentivos fiscales son instrumentos sumamente populares pero tienen un elevado costo al disminuir el ingreso fiscal y complicar la administración tributaria, por lo que se requiere medir su impacto real. Además, se genera una situación de guerra de incentivos en la que los países compiten de forma muy agresiva para ver quién ofrece los mejores beneficios fiscales.

Un incentivo fiscal puede atraer IED, al cambiar la relación costo-beneficio de la firma, pero lo relevante es si esto genera un impacto en el crecimiento suficiente para compensar los costos. Un prerrequisito para un impacto positivo es que la inversión venga al país, lo que efectivamente pasó en toda la región. El otro aspecto es la calidad de la inversión y la medida en que esta inversión aporta externalidades positivas a toda la economía. Esta es la clave para evaluar la IED atraída por la región, muy centrada en general en textiles —a excepción de Costa Rica y Panamá—, y con baja interacción con el resto de la economía.

Los resultados de los diversos análisis costo-beneficio de las maquilas son mixtos, por lo que lejos de confirmarse el impacto positivo, existe controversia. Sin embargo, también es cierto que la gran mayoría de los estudios no tienen en cuenta todos los efectos posibles y en particular, no incorporan debidamente las respuestas de los agentes, y todos los costos y beneficios indirectos. El capítulo 4, en este libro, hace un esfuerzo en analizar el impacto con datos microeconómicos, arrojando resultados interesantes mas solo indicativos, puesto que no pueden considerarse como una prueba definitiva. Por consiguiente, resta hacer en la región un análisis costo-beneficio detallado que permita obtener conclusiones más robustas para saber realmente si los incentivos fiscales han tenido el retorno deseado o no.

---

[12] Bird (2008).

En la región existen múltiples incentivos que, en muchos casos, se solapan y generan confusión; el control no parece llevarse con el adecuado nivel de rigor y transparencia, y no hay rastros de evaluación del impacto de los mismos.

La falta de evaluación de estas políticas hace que, en ciertos casos, puedan generarse situaciones perversas y contrarias al objetivo inicial, tales como que los principales beneficiados son los inversionistas locales (que muy probablemente hubiesen invertido sin el incentivo) o como que el incentivo temporal se convierte en permanente, ya que los beneficiarios aplican nuevamente o se cambian de nombre para recibir un nuevo incentivo. Tal es el caso se Guatemala, en donde se viene presentando una crítica creciente al esquema de incentivos debido a que se estima que el 80% de las empresas que se acogen al régimen de incentivos 29/89 son de origen guatemalteco y, en algunos casos, forman parte de los grandes grupos empresariales del país.

Sin lugar a dudas, el futuro de las zonas francas o maquilas es algo que hoy está bajo análisis, sobre todo por la necesidad de adaptar las normativas a lo acordado con la Organización Mundial del Comercio (OMC). A la fecha, todos los países, a excepción de dos, han ajustado sus esquemas de incentivos para la atracción de IED antes del año 2015.

El desafío para la región es ordenar mejor su estrategia en relación con los incentivos fiscales, y poner el énfasis en los insumos públicos faltantes más que en el paliativo de corto plazo, los incentivos fiscales, que además pasan de ser un paliativo a un aspecto sistémico que podría forzar un círculo nocivo para el crecimiento de largo plazo.

Agencias de promoción de inversiones

En el mundo existen cerca de 250 agencias de promoción de inversiones (API) que representan unos 160 países, instituciones que buscan, entre sus principales objetivos, generar y promover una marca país, facilitar la inversión y mejorar el clima de inversiones. En general, se han estructurado como unidades independientes con personalidad jurídica propia o como un departamento dentro de un ministerio. La región CARD no escapa a esta dinámica y, hoy en día, todos los países de la región cuentan con su agencia de promoción de inversiones, si bien aún queda mucho por mejorar. En particular, si bien las API de la región ya cuentan con mayoría de edad, todavía presentan debilidades institucionales, operativas o financieras que merman su efectividad y el impacto de sus acciones.

Hay casos en los que las agencias no tienen personalidad jurídica propia y funcionan como programas financiados por entes locales o foráneos o como departamentos ministeriales, como Invest in Guatelama, Pronicaragua y Proinvex, que son programas o unidades gubernamentales con alta vulnerabilidad a los cambios políticos. En contraste, las agencias consideradas modelos a nivel mundial, como InvestHK, Austrade y CzekInvest, cuentan con una sólida personalidad jurídica.

En cuanto al financiamiento, los gobiernos de la región contribuyen, en promedio, poco o nada en el presupuesto de las agencias. La mayoría operan gracias a los aportes y programas que financian entes como el PNUD, el BID, el Banco Mundial y algunos donantes europeos (el caso de CINDE es particular, ya que se financia con recursos privados).

A pesar de esta falta de financiamiento, las agencias de la región se ubican relativamente bien en el *ranking* del Global Investment Promotion Benchmark (GIPB) de 2012 (elaborado por el Banco Mundial cada tres años), *ranking* que mide la calidad de la facilitación de acuerdo a la calidad de la página web y el manejo de las solicitudes (Pronicaragua está entre las diez mejores del mundo y las API regionales superan, en promedio, a América Latina y el Caribe). Obviamente, este *ranking* mide solo un aspecto menor del proceso, pero muestra que se tiene capacidad, la cual debiera ser potenciada hacia el resto de los servicios de las API. En este sentido, algo que en la región aún no se ha generalizado pero que las agencias de los países desarrollados ya están haciendo es el apoyo al inversionista ya establecido (servicio postinversión), y no solamente a los potenciales inversionistas.

Finalmente, un aspecto no menor es el rol que juegan las API en la política global de los gobiernos, en qué medida están integradas con otras políticas públicas, y en qué medida los cambios que se identifican y proponen desde una API avanzan. Este es un problema en la región, ya que en muchos casos los proyectos de leyes no avanzan por falta de voluntad política. Es contradictorio que los gobiernos inviertan en promoción de inversiones, pero que, por otro lado, no tengan la voluntad política de implementar los cambios necesarios, y prefieran escudarse en el alto costo de los incentivos fiscales antes de impulsar las reformas institucionales y regulatorias que harían al país más atractivo y competitivo.

El capítulo 5 analiza en profundidad el funcionamiento de las API en la región, estudio que incluyó visitas a las distintas agencias y otros actores involucrados. De su estudio se desprende que los gobiernos de la región deben replantear su relación con las API con miras a fortalecerlas y dotarlas de los recursos y capacidades para que logren su misión, y apoyarlas en las medidas que se requieran para mejorar el atractivo del país.

Las políticas a futuro
La región ha puesto énfasis en las agencias de promoción, los incentivos fiscales y la mejora en el ambiente de negocios. Las agencias de promoción han sido positivas en términos generales, aunque hay varios aspectos por mejorar. Los

incentivos fiscales han sido grandes y probablemente han atraído inversión y empleo, la pregunta sin contestar aún es si los beneficios han compensado los costos fiscales. Por último, en materia de ambiente de negocios, los países se han esforzado, pero muchas veces no se ha atacado a los problemas de fondo, como los retos institucionales derivados de la corrupción y la violencia; y se busca un maquillaje para mejorar posiciones en los *ranking* internacionales, en lugar de realmente identificar problemas estructurales y atacarlos en su raíz. Obviamente, los problemas que la región enfrenta no son de fácil resolución, pero esta combinación entre incentivos fiscales y lo que tiene la región para ofrecer es lo que ha moldeado a la IED en los últimos años. Si se quiere a futuro atraer una IED con mayor impacto en el crecimiento, se debe trabajar en todos estos aspectos con una estrategia de largo plazo.

Conclusiones

La región ha sabido atraer capitales en forma distintiva en lo que va del presente siglo, ganando participación en la IED mundial y de Latinoamérica, y no se perciben motivos para que en el corto plazo esto se revierta. Norteamérica (Estados Unidos y Canadá) sigue siendo el principal inversor externo, pero ha ganado mucho peso las multilatinas, que han desplazado a Europa del segundo lugar, siendo los que más incrementaron la inversión en CARD.

La caída en la IED global después de la crisis no afectó a la región, que se movió más en línea con el resto de los países en desarrollo del mundo, los que han continuado atrayendo IED, ya que la caída se explica exclusivamente por lo que ocurre en los países desarrollados.

La recuperación económica de Estados Unidos es un alivio para la región, aunque por otro lado la debilidad de Europa y la lenta salida de la crisis para la economía mundial son señales de alerta. En este contexto la puja por la IED será ardua. Si bien las multinacionales piensan retomar su senda de expansión, el contexto para la IED será más competitivo, con los países de origen intentando retener los capitales, y con un flujo que será mayormente para reinversión. Desde esta óptica probablemente cambie poco la estructura observada actualmente. Para la región es especialmente importante lo que haga Estados Unidos en materia de IED, pero no debería descuidar otros orígenes como el creciente fenómeno de las multilatinas. Las multilatinas han incrementado mucho la inversión en CARD, pero es cierto que este aumento reciente parece estar influenciado por oportunidades para fusiones y adquisiciones. Las multilatinas continúan expandiéndose en toda la región, y muchas ya están saltando fuera de esta. El desafío para la región es atraer IED de las multilatinas que se asigne a proyectos que expandan la capacidad productiva local.

La caída de los precios de los productos primarios que se ha observado en el último año y que se espera sea algo más estructural, no es algo que afecta negativamente a la IED que captura la región, porque salvo Belice en general el factor de atracción está más relacionado con eficiencia que con la explotación de recursos naturales.

Por otro lado, la preocupación de los hacedores de política parece haber estado más en la capacidad que la IED tiene para generar empleo y financiar la cuenta corriente, que en el efecto derrame en el crecimiento de largo plazo. No se le ha dado la suficiente importancia a la calidad de la IED y las externalidades que la misma produce, o cómo se puede potenciar dicho impacto. En la práctica mucho de la IED que se atrajo con las zonas francas se ha centrado en industrias que han tenido poco derrame en el resto de la economía.

Las políticas de promoción de la IED de la región pueden ser mejoradas y optimizadas. Es necesario fortalecer a las API para mejorar su efectividad y capacidad de facilitación, se debe lograr voluntad política para acometer las reformas y cambios que generen un mejor clima de negocios y finalmente es indispensable proceder a una evaluación de los resultados obtenidos por las políticas de incentivos fiscales para adecuar su rol y adaptarlas a las necesidades actuales.

El reto a futuro es seguir atrayendo IED pero, por sobre todo, mejorar su calidad y su impacto en la competitividad de los países.

Referencias

Bird, R. (2008). "Tax Challenges facing developing countries". *International Studies Program*, Working Paper 08-02, marzo.

Bucheli, M. (2008). "Multinational Corporations, Totalitarian Regimes, and Economic Nationalism: United Fruit Company in Central America, 1899-1975". *Business History* 50 (4): 433-454.

Bucheli, M. y M.Y. Kim. (2012). "Political Institutional Change, Obsolescing Legitimacy, and Multinational Corporations: The Case of the Central America Banana Industry". *Management International Review* 52 (6): 847-877.

CEPAL (2013). Foreign Direct Investment in Latin America and the Caribbean. 2012.

CEPAL (2014). Foreign Direct Investment in Latin America and the Caribbean. 2013.

CEPAL (2014b). "Capital flows to Latin America and the Caribbean: 2013 overview and recent developments". Washington, D.C.

Chapman, P. (2007). Jungle Capitalists: A Story of Globalisation, Greed and Revolution. Canongate Books.

Chomsky, A. (1996). West Indian Workers and the United Fruit Company in Costa Rica, 1870-1940. Louisiana State University Press.

Ciarli, T. y E, Giuliani (2005). "Inversión extranjera directa y encadenamientos productivos en Costa Rica". *Heterogeneidad estructural, asimetrías tecnológicas y crecimiento en América Latina, projects document* (LC/W.35), Mario Cimoli (ed.). Santiago de Chile; Economic Commission for Latin America and the Caribbean (ECLAC).

Colby, J.M. (2011). The Business of Empire: United Fruit, Race, and U.S. Expansion in Central America. Cornell University Press.

De Groot, O. J. (2014). "Foreign direct investment and welfare". *Desarrollo Productivo Series*, No. 196 (LC/L.3800), Santiago de Chile: Economic Commission for Latin America and the Caribbean (ECLAC).

Martínez Piva, J.M. (2011). "Incentivos públicos de nueva generación para la atracción de inversión extranjera directa (IED) en Centroamérica". *Estudios y Perspectivas Series* (134).

OCDE (2012). "Attracting knowledge-intensive FDI to Costa Rica: challenges and policy options", *Making Development Happen Series* (1). París: OCDE.

Rosenthal, G. (2006). "La inversión extranjera directa en Centroamérica, 1990-2004: un bosquejo" en Inversión Extranjera Directa en Centroamérica (G. C. López y C.E. Umaña eds.). Academia de Centroamérica.

Striffler, S. y M. Moberg (2003). Banana Wars: Power, Production, and History in the Americas, Duke University Press Books.Umaña, M. (2002). "Inversión extranjera directa en Centroamérica: el rol de la seguridad jurídica". *INCAE*, documento Nº 443. San José: CLACDS.

UNCTAD (2013a). "Investment Policy Monitor 11". Naciones Unidas.

UNCTAD (2013b). "World Investment Prospects Survey 2013-2015". Naciones Unidas.

UNCTAD (2014). "World Investment Report". Naciones Unidas.

World Bank (2012). "Global Investment Promotion Best Practices 2012". The World Bank. Washington, D.C. (2012).

Anexo estadístico

GRÁFICO A.1 Evolución reciente de la IED en la región

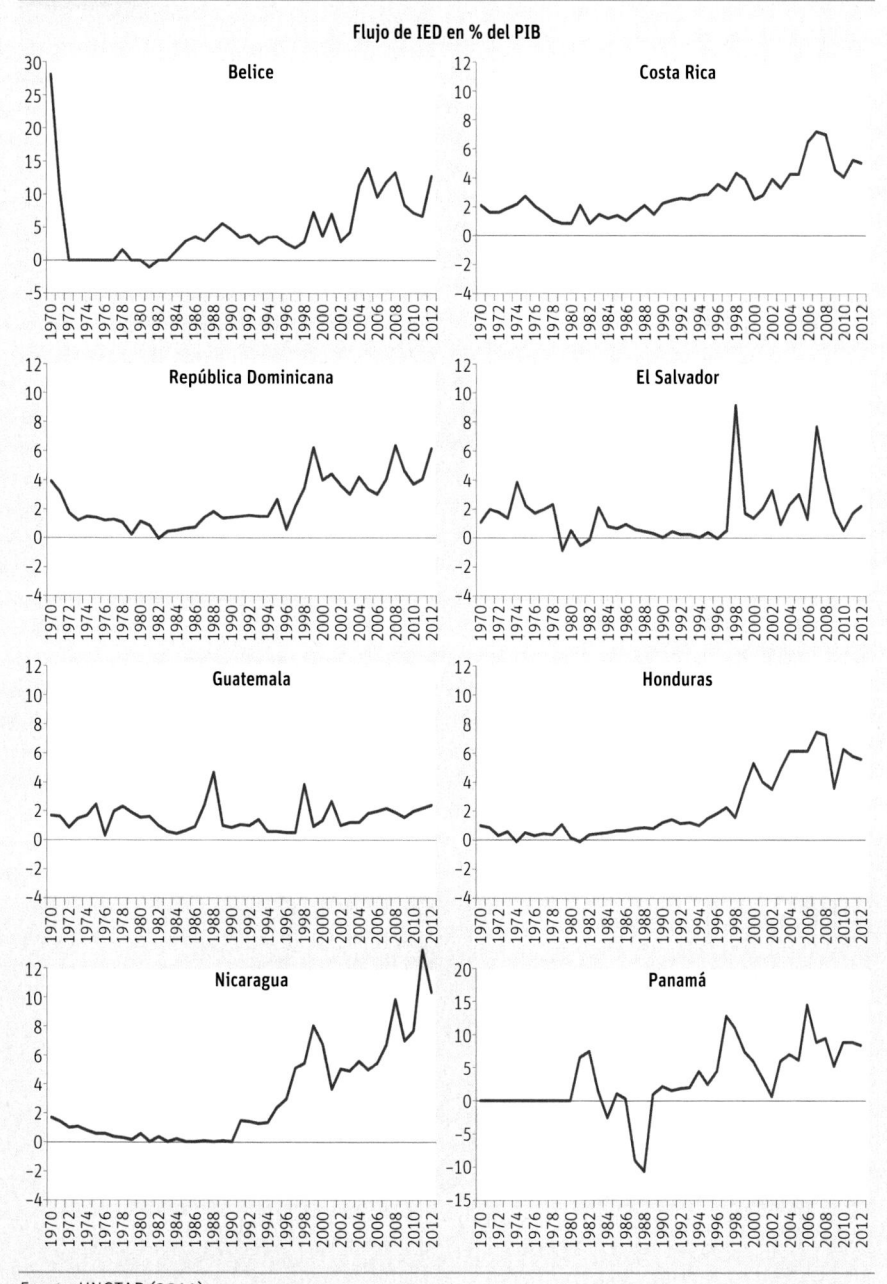

Flujo de IED en % del PIB

Fuente: UNCTAD (2014).

GRÁFICO A.2 — Captación de IED en la región, 1970–2013

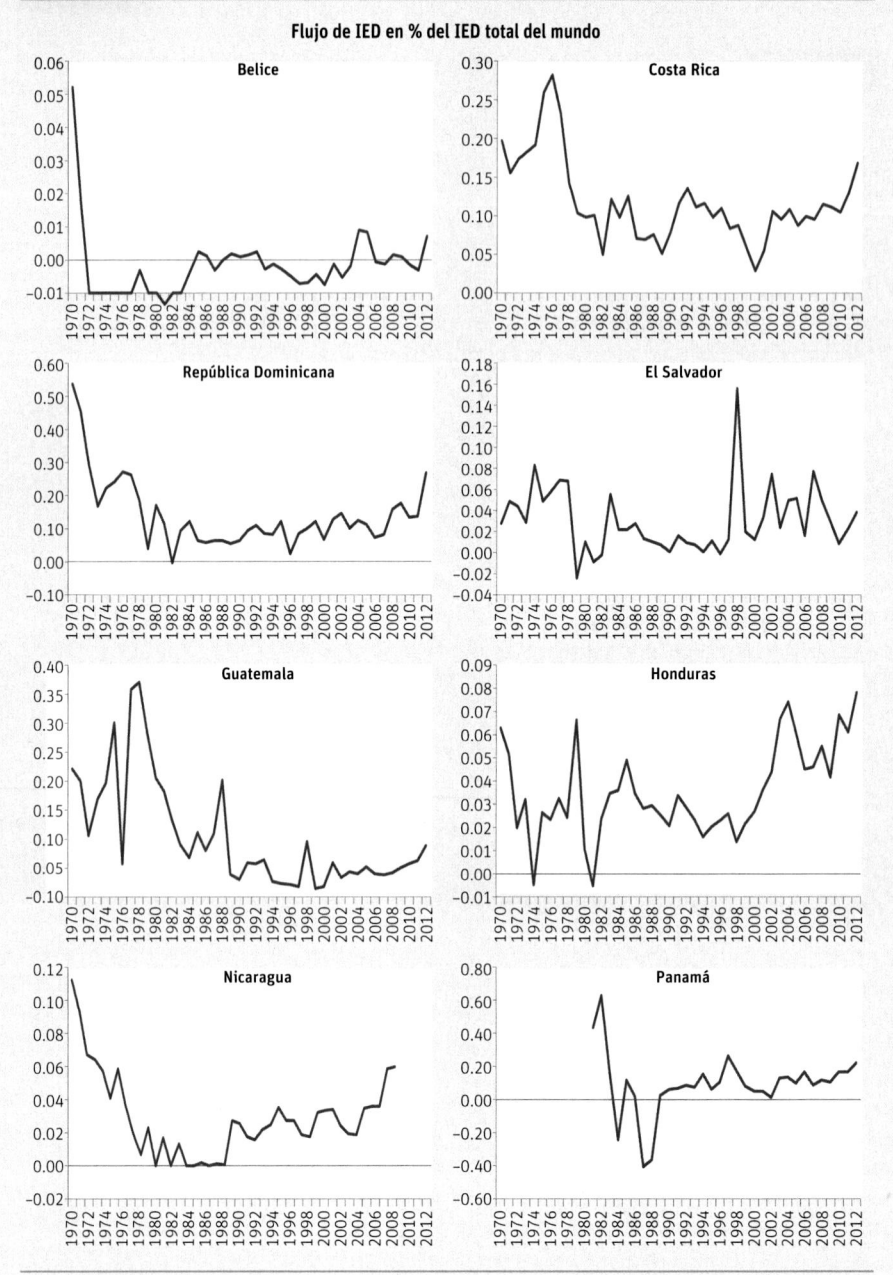

Flujo de IED en % del IED total del mundo

Fuente: UNCTAD (2014).

GRÁFICO A.3 Índice de desempeño en la entrada, 1970–2013

Coeficiente de participación de IED en el mundo sobre la participación del PIB en el PIB mundial
(un número mayor a 1 indica que recibe más IED que su tamaño relativo)

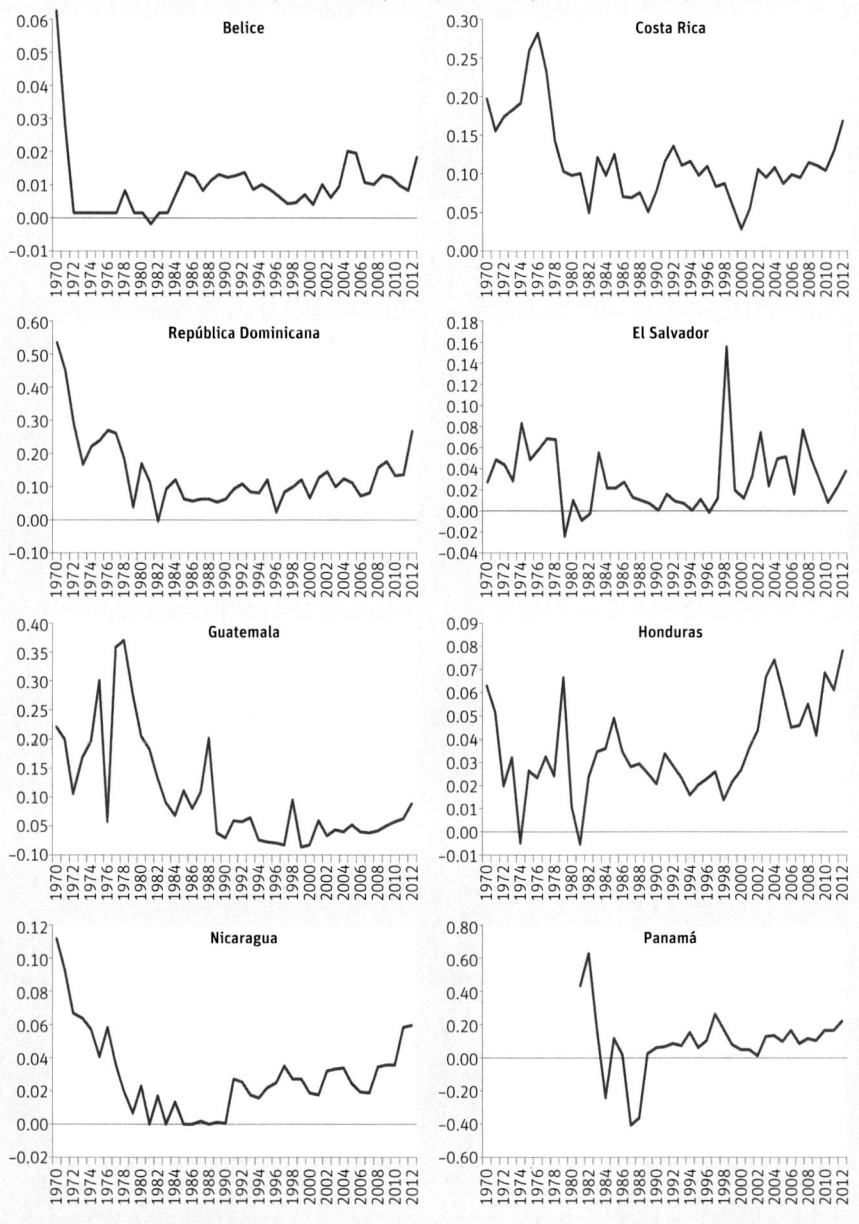

Fuente: UNCTAD (2014).

CUADRO A.1 Flujo de IED bruta por año

	2003	2004	2005	2006	2007	2008	2009	2010	2011	2012	2013
Belice	(10,9)	111,5	126,9	108,8	143,1	169,7	108,8	97,2	95,3	194,2	89,3
Costa Rica	575,1	793,8	861,0	1.469,1	1.896,1	2.078,2	1.346,5	1.465,6	2.76,1	2.332,3	2.652,0
El Salvador	141,7	363,2	511,1	241,1	1.550,6	903,1	365,8	(230,3)	218,5	481,9	140,1
Guatemala	263,3	296,0	508,3	591,6	745,2	753,8	600,0	805,8	1.026,1	1.244,6	1.308,9
Honduras	402,8	546,7	599,8	669,1	927,5	1.006,4	508,8	969,2	1.014,4	1.058,5	1.059,7
Nicaragua	201,3	250,0	241,1	286,8	381,7	626,1	434,2	508,0	967,9	804,6	848,7
Panamá	770,8	1.003,9	962,1	2.497,9	1.776,5	2.196,2	1.259,3	2.723,3	3.132,4	2.887,4	4.651,3
Rep. Dominicana	613,0	909,0	1.122,7	1.084,6	1.667,4	2.870,0	2.165,4	1.896,3	2.275,0	3.142,4	1.990,5
CARD	2.957,0	4.274,1	4.933,0	6.949,0	9.088,2	10.603,5	6.788,9	8.235,1	10.905,8	12.145,9	12.740,5

Fuente: UNCTAD (2014).

CUADRO A.2 IED como porcentaje de la IBCF

	2003	2004	2005	2006	2007	2008	2009	2010	2011	2012	2013
Belice	(5,8)	59,7	61,5	48,3	59,0	52,0	42,5	45,5	42,0	65,8	29,3
Costa Rica	17,1	22,9	23,0	32,8	33,1	29,5	20,8	20,4	26,8	25,6	26,4
El Salvador	5,6	14,7	19,6	8,0	47,3	27,7	13,2	(8,1)	6,6	14,3	4,0
Guatemala	6,4	6,7	10,2	9,7	11,2	10,7	10,5	13,2	14,6	16,9	16,4
Honduras	21,3	22,8	24,7	22,4	23,3	21,6	15,8	28,4	23,4	23,5	23,2
Nicaragua	18,8	20,1	16,6	18,0	20,8	30,9	24,8	28,7	44,5	30,0	29,5
Panamá	34,9	42,7	37,0	79,7	39,0	36,0	21,2	41,0	38,3	28,9	41,8
Rep. Dominicana	20,7	28,6	20,5	16,5	21,7	34,9	31,7	22,8	25,2	32,8	20,1
Promedio Simple	14,9	27,3	26,6	29,4	31,9	30,4	22,6	24,0	27,7	29,7	23,9

Fuente: UNCTAD (2014).

CUADRO A.3 Cantidad de nuevos proyectos (greenfield) por año

	2003	2004	2005	2006	2007	2008	2009	2010	2011	2012	2013
Belice	–	–	–	–	–	–	–	1	–	6	3
Costa Rica	13	7	14	23	41	22	69	43	41	25	44
Rep. Dominicana	10	10	9	10	10	18	13	10	17	13	27
El Salvador	5	6	4	5	9	13	19	13	17	16	10
Guatemala	5	6	3	3	16	19	20	14	12	7	16
Honduras	7	6	3	2	11	11	7	9	12	2	14
Nicaragua	8	2	2	3	5	8	8	10	13	7	14
Panamá	7	12	8	4	27	35	48	43	43	20	30
Region	55	49	43	50	119	126	185	143	155	96	155
Mundo	9.504	10.414	10.818	12.825	12.974	17.214	14.738	15.141	16.064	14.215	13.919
Sudamérica	533	557	371	371	495	683	707	794	991	830	838
México	170	167	143	197	234	373	332	262	295	294	447
Economías en desarrollo	4.538	4.927	4.629	5.620	5.446	8.083	6.955	6.771	7.585	6.572	6.299
Economías desarrolladas	4.216	4.812	5.312	6.443	6.733	7.946	6.951	7.483	7.646	6.935	6.934
En porcentaje del											
Mundo	0,6%	0,5%	0,4%	0,4%	0,9%	0,7%	1,3%	0,9%	1,0%	0,7%	1,1%
Sudamérica	10,3%	8,8%	11,6%	13,5%	24,0%	18,4%	26,2%	18,0%	15,6%	11,6%	18,5%
Economías en desarrollo	1,2%	1,0%	0,9%	0,9%	2,2%	1,6%	2,7%	2,1%	2,0%	1,5%	2,5%

Fuente: UNCTAD (2014).

CUADRO A.4 Valor de los nuevos proyectos (*greenfield*) por año

	2003	2004	2005	2006	2007	2008	2009	2010	2011	2012	2013
Belice	–	–	–	–	–	–	3,2	4,9	–	240,8	99,5
Costa Rica	220,3	166,4	746,3	795,7	2.156,9	569,5	1.426,5	1.981,3	3.364,3	475,8	825,0
El Salvador	534,1	329,0	77,9	765,4	355,9	561,9	716,1	276,2	462,0	170,6	862,6
Guatemala	593,9	439,1	356,8	66,6	978,7	904,8	1.330,5	963,1	208,9	53,1	1.059,4
Honduras	744,3	425,1	162,6	58,5	950,9	1.088,7	125,7	225,9	551,3	43,3	548,7
Nicaragua	1.544,9	287,8	80,7	163,3	61,5	185,2	876,9	279,5	273,7	135,2	40.601,5
Panamá	49,1	380,0	1.106,1	518,4	3.282,4	3.113,7	2.390,8	1.484,5	2.013,4	696,8	1.616,5
Rep. Dominicana	1.400,3	417,3	1.496,0	826,9	748,5	2.044,1	1.398,5	330,1	5.143,3	584,1	2.683,6
Región	5.086,9	2.444,7	4.026,4	3.194,8	8.534,8	8.467,9	8.268,2	5.545,4	12.016,8	2.399,6	48.296,8

Fuente: UNCTAD (2014).

4

La eficacia de los incentivos fiscales: El caso de las zonas francas de exportación de Costa Rica, El Salvador y República Dominicana

Daniel Artana

Introducción

Un componente muy importante de las zonas francas son los incentivos fiscales, que en la región estudiada alcanzan al impuesto a la renta, exoneraciones a las importaciones de insumos y bienes de capital, incentivos que compiten con otras zonas francas de países vecinos. La utilización de incentivos fiscales para promover la inversión, empleo o exportaciones ha despertado siempre una polémica, por la magnitud del sacrificio fiscal *vis à vis* su influencia sobre la inversión y el crecimiento económico. Las diferencias de opinión son difíciles de saldar, dadas las dificultades para aislar los efectos de un incentivo fiscal sobre las decisiones de las empresas. Por un lado, la rebaja impositiva no siempre reduce el costo del capital, ya que los incentivos en el impuesto a la renta pueden resultar en una transferencia a fiscos extranjeros, o pueden tener un efecto menor en las inversiones financiadas con deuda, pues es habitual que esta tenga un tratamiento impositivo preferencial. Por otro lado, la inversión depende de elementos como la disponibilidad de mano de obra adecuada, el clima de negocios o la calidad de la infraestructura.

La evidencia disponible sugiere que algunos de los problemas mencionados en la investigación académica sobre incentivos fiscales están presentes en los casos de las empresas radicadas en las zonas francas de Costa Rica, El Salvador y República Dominicana.

Una de las críticas a otorgar "vacaciones tributarias" en el impuesto a la renta de las empresas es que pueden favorecer a proyectos de alta rentabilidad que quizás se hubieran concretado de todas maneras. Las estimaciones de las tasas de retorno de República Dominicana y Costa Rica realizadas en este capítulo sugieren que este riesgo sería elevado. A su vez, el análisis con micro datos para República Dominicana y El Salvador permite concluir que las empresas con incentivos tributarios tendrían utilidades iguales o superiores a las de las empresas que no gozan de incentivos dentro del país.

En el caso de El Salvador, el análisis econométrico realizado sugiere que las empresas incluidas en el régimen de las zonas francas no tuvieron mejor desempeño (medido por la evolución de las ventas) que otras empresas, pero en el caso de República Dominicana, sí crecieron más en ventas y en intensidad laboral. Desafortunadamente, la información disponible no permite comparar el desempeño en materia de inversiones o de generación de empleo, ni responde a la pregunta de si los incentivos se justifican desde un punto de vista del costo-beneficio social.

Los críticos de los incentivos fiscales destacan otros riesgos: que los proyectos se adecúen solo para poder mantener los incentivos en el tiempo, que se produzca una competencia ruinosa entre países que ofrecen privilegios tributarios, o que se facilite la elusión fiscal a nivel mundial mediante el uso de precios de transferencia. Existe alguna evidencia anecdótica que estos problemas también estarían presentes en los tres países.

En el año 2015, aparece un desafío para la estrategia de otorgar incentivos en el impuesto a la renta a las empresas radicadas en las zonas francas. La Organización Mundial de Comercio (OMC) ya no permitirá diferencias en el tratamiento impositivo en este gravamen. Ello abre dos caminos extremos para los países: eliminar el impuesto para todas las actividades económicas o gravar en igualdad de condiciones a las empresas radicadas en las zonas francas.

Las modificaciones recientes en la legislación de algunos países y las propuestas de reforma en otros sugieren que varios países de Centroamérica adoptaría la primera alternativa. Sin embargo, esta decisión ignora los problemas mencionados anteriormente y genera, a su vez, otros problemas, además de suponer la pasividad de los países origen de la inversión.

El panorama se complica para la administración tributaria no solo a nivel de empresas, sino también para controlar el impuesto personal a la renta de las familias de mayores ingresos. En la medida en que la tasa de sociedades sea menor a la de las personas, se incentiva a que éstas "estacionen" su renta en las empresas. Por rescatar a las empresas en las ZFs se corre el riesgo de hundir el principal instrumento tributario que existe para dar cierta progresividad a los impuestos de los países de la región.

Convertir al país en una gran zona franca también supone ingenuamente que las empresas multinacionales no explotarían la baja o nula tributación en el impuesto a la renta para estacionar una parte de sus utilidades globales en sus sucursales en las zonas francas. En un contexto mundial de acciones cada vez más restrictivas para los paraísos fiscales, no puede descartarse una nueva ola de reacciones, en este caso no desde la OMC, sino desde las Secretarías de Finanzas de los países desarrollados.

Por ello, hubiera sido preferible explorar un régimen de incentivos "superador". Una forma de lograrlo es concentrar los incentivos únicamente en las nuevas inversiones y limitarlos a una rentabilidad "normal" del capital. De esta manera, los proyectos con rentas extraordinarias así como los proyectos viejos que no realizan nuevas inversiones pagarían algo del impuesto a la renta[1].

El incentivo para lograr estos objetivos es la amortización instantánea de la nueva inversión. Como se explica en la sección 2, en la cual se analizan distintos trabajos de investigación sobre incentivos fiscales, este beneficio elimina el impuesto a la renta en el margen. En otras palabras, las nuevas inversiones que obtengan un retorno "normal" no pagan impuestos. Un ejercicio simple basado en los proyectos típicos de la región sugiere que una empresa que invierta anualmente el equivalente a entre el 15% y el 20% de su activos en bienes de uso no pagaría el impuesto a la renta. Sin embargo, esa situación se mantiene solo si hay inversiones todos los años y si no hay rentas extraordinarias[2].

El resto de este capítulo se organiza de la siguiente manera: en la sección 3 se revisan los resultados recientes de estudios empíricos, con un énfasis especial en los casos de zonas francas o de zonas rezagadas. En la sección 4 se incluye un análisis empírico de dichas zonas de Costa Rica, El Salvador y República Dominicana. En la última sección se analizan algunas opciones para adecuar los regímenes actuales a la normativa de la OMC.

---

[1] En este contexto, cabe recordar que la contabilidad normalmente asume la depreciación de los activos tangibles. La inversión en activos intangibles, por ejemplo en investigación y desarrollo, no suele capitalizarse sino que forma parte de los gastos corrientes de la empresa. Por tanto, el esquema que se propone incentiva las inversiones en activos tangibles, pero no necesariamente estimularía la inversión en capital humano o en investigación y desarrollo. Además, es importante subrayar que los mercados son los que determinan la rentabilidad exigida de acuerdo al riesgo de inversión, por lo que no resulta obvio lo que constituiría una rentabilidad "normal" en el caso de un determinado proyecto.

[2] La exoneración en el impuesto a la renta se extiende a toda la rentabilidad que obtenga la empresa (incluidas las rentas extraordinarias). Eso no ocurre con la amortización instantánea de la inversión. Ambos esquemas favorecen a los proyectos capital intensivos y, por ende, son menos eficaces para promover el empleo que un beneficio fiscal directamente relacionado a la mayor contratación de personal.

Promoción de inversiones. Aspectos conceptuales

El impuesto a la renta. Aspectos conceptuales[3]
La tributación sobre el capital

El Reporte de Mirrlees *et al.* (2011), que hace un diagnóstico y propone reformas al sistema tributario del Reino Unido, distingue diferentes formas de gravar al capital. De dicho informe se deriva una tipología de formas de gravar el capital que puede aplicarse con alguna generalidad al análisis de la tributación:

- El enfoque TEE (*Tax, Exempt, Exempt*) en el que se grava a pleno el ahorro, pero se eximen la acumulación y el retiro de ese ahorro. En este caso, no se grava el retorno de los activos existentes y tampoco se gravan las utilidades extraordinarias.
- El enfoque EET (*Exempt, Exempt, Tax*) según el cual se eximen el ahorro y la acumulación pero se grava a pleno cuando se hacen retiros. Así se grava el retorno de los activos existentes y por ende, también las utilidades extraordinarias, aunque solo cuando se realiza el retiro.
- El enfoque TTE (*Tax, Tax, Exempt*) donde se gravan a pleno el ahorro y la acumulación pero se exonera el retiro. Este es el gravamen tradicional que grava al momento de generarse el ingreso del trabajo y/o del capital, y que incluye al retorno de los activos existentes dentro de la base del IR.
- El enfoque TtE (*Tax, Tax, Exempt*) que es el sugerido por el Reporte y que se diferencia del TTE en que permite deducir como un gasto el retorno "normal" del capital. En este caso se gravan solo las utilidades extraordinarias del capital, además de gravarse el ahorro.
- La investigación referida a los impuestos óptimos concluye que los impuestos al capital deberían ser nulos porque el costo de eficiencia aumenta con la tasa del impuesto, sumado al hecho de que si el horizonte de planeamiento es infinito, la tasa efectiva aumenta con el tiempo[4]. De allí se concluye que los impuestos al consumo son mejores desde el punto de vista de la eficiencia. Según este razonamiento, solo cabría gravar los ingresos del trabajo, impuesto que, bajo supuestos simplificadores, es equivalente a uno que recae sobre el consumo y las rentas extraordinarias del capital. En el marco de este análisis, el enfoque TtE sería el adecuado[5].

---

[3] Esta sección se basa en Auerbach (2013), Auerbach *et al.* (2008) y varias de las referencias citadas en esos trabajos.
[4] Ello no obsta a que sea eficiente gravar al capital en el corto plazo para extraer cuasirrentas, hecho que pone en evidencia el problema de inconsistencia intertemporal, citado en la literatura sobre imposición óptima al capital.
[5] Sin embargo, hay varias calificaciones a esta conclusión. Por ejemplo, Golosov *et al.* (2003) argumentan que los individuos más capaces pueden esconder sus ingresos del trabajo en la medida

Finalmente, la investigación sobre la imposición óptima no contempla las restricciones de economía política que difícilmente permitirían una exención completa de los ingresos del capital.

Impuesto a la renta de las empresas
En el caso de los Estados Unidos, se observa una doble tributación de los dividendos (en la cabeza de la sociedad y el saldo, en la cabeza de los accionistas); era frecuente analizar este impuesto como una sobretasa al capital invertido en las sociedades anónimas (Harberger, 1962). Sin embargo, esta doble tributación desaparece o se atenúa cuando la empresa se financia con deuda (Stiglitz, 1973) o cuando los dividendos se reinvierten y el retorno al accionista se concreta vía aumentos en el valor de la empresa (Auerbach, 1979). En el extremo, si se financia la inversión con deuda o si los dividendos se reinvierten permanentemente, el impuesto se convierte en uno que grava únicamente rentas extraordinarias o inversiones nuevas[6].

Los incentivos fiscales complican aún más el análisis porque pueden orientarse a inversiones nuevas (por ejemplo, créditos fiscales por inversión o *expensing*) o también favorecer al capital existente (por ejemplo, reducciones en la tasa del impuesto).

En economías abiertas al comercio de bienes y servicios (incluidos los movimientos de capitales) aparecen otros problemas, porque tanto las empresas como los gobiernos tienen opciones adicionales a las que existen en una economía cerrada. Las compañías pueden elegir dónde localizar su producción y dónde financiar sus inversiones, y los gobiernos pueden optar entre gravar la renta generada dentro de sus fronteras (el criterio de la fuente) o gravar la renta que obtengan sus empresas nacionales en cualquier parte del mundo (el criterio de residencia). Para los países pequeños, resulta difícil gravar la renta de un factor que puede moverse rápidamente, aunque sí pueden hacerlo hasta un valor similar a lo que se paga en el resto del mundo (en particular, en el país de origen de la inversión). Sin embargo, lograr este objetivo sin disuadir inversiones se complica cuando los fiscos de los países

---

en que tengan activos que les permitan sostener el consumo. Sáez (2002) justifica los impuestos al capital como una forma indirecta de gravar al ingreso de las personas de mayor capacidad, en la medida en que estas tengan una preferencia por el ahorro. En ese marco, gravar al capital es una forma indirecta de alcanzar esos ingresos escondidos.

[6] Limitar las deducciones de intereses se ha vuelto más complejo ante la mayor facilidad para alterar la relación deuda-patrimonio mediante el uso de derivados financieros. Por ejemplo, Auerbach *et al.* (2008) destacan la participación creciente de deudas "híbridas" que, bajo determinadas circunstancias, se convierten en capital propio pero que, a los fines impositivos, se interpretan como deuda.

desarrollados permiten que las utilidades obtenidas en el exterior "se estacionen" en países de baja tributación y solo gravan al momento de repatriarse los dividendos (este es el caso de los Estados Unidos)[7].

Por lo tanto, el análisis conceptual se modifica en economías abiertas con empresas multinacionales, que tienen la facilidad de mover sus actividades, ventas y gastos, o sus incentivos, con el fin de ahorrar impuestos. A su vez, esta decisión está influida por el sistema tributario del país donde radica la inversión y del país de origen del capital. A diferencia de lo que ocurre en una economía cerrada, la competencia tributaria por atraer inversiones se vuelve relevante. Por último, los accionistas de la empresa son habitualmente ciudadanos de países diferentes al de la casa matriz, lo cual complica el análisis cuando se contemplan los impuestos sobre la sociedad y sus accionistas.

Además, la empresa multinacional tiene que decidir dónde localizar la producción, dónde invertir para expandir su capacidad de producción y, dentro de ciertos límites, dónde mostrar la rentabilidad, pues cuenta con diferentes tasas impositivas para cada una de estas decisiones. Por ejemplo, la localización depende de la tasa media efectiva del impuesto, la inversión de la tasa marginal efectiva y la asignación de beneficios de la tasa legal de cada país en el que tiene negocios relacionados. Esto complica el diseño de un sistema neutral, es decir, un sistema que no altera las decisiones de la empresa por las características de los impuestos. En principio, este sistema exige una tasa marginal efectiva cero, y requiere que la tasa media y la legal sean iguales. Asimismo, esto solo puede existir con mucha cooperación entre países, cosa que no ocurre en la actualidad. Además, cada país puede actuar de manera oportunista, para atraer inversiones o lograr una mayor recaudación.

En un extremo, podría argumentarse que la tasa de impuesto óptima al capital es cero cuando un país pequeño elige el criterio de gravar en función del criterio de la fuente. Sin embargo, esta conclusión sería igualmente válida para todas las inversiones de la economía, no solo para las actividades que se radiquen en las zonas francas). Obviamente, esta postura supone que se puede compensar la pérdida de ingresos fiscales con impuestos que no causan sustanciales distorsiones y que, además, no se registra una transferencia a fiscos extranjeros[8]. Además, un impuesto nulo sobre las empresas complica el control del impuesto a la renta de las

---

[7] Hay alguna evidencia empírica que sugiere que en economías abiertas con alta movilidad de capitales la carga del impuesto a la renta se transfiere a los trabajadores, que tienen menos opciones para moverse a otro país (ver, por ejemplo, Gravelle, 2011).
[8] Se registrará una transferencia a fiscos extranjeros, a menos que haya *tax sparing* en el país de origen de la inversión. En términos generales, se otorga *tax sparing* cuando se reconocen créditos tributarios por los impuestos que se hubiesen pagado en el exterior en ausencia de los incentivos para la inversión.

personas que podrían estacionar sus ingresos en empresas que son "extranjeras" solo para fines tributarios.

Por tanto, teniendo en cuenta que otros impuestos también generan distorsiones, que al menos una parte de los beneficios puede terminar siendo gravada en el país de origen de la inversión, y que el impuesto personal a la renta es necesario para atender los objetivos de la política fiscal, no puede concluirse que sea óptimo que un país pequeño exonere por completo del impuesto a la renta a las inversiones nuevas, sean nacionales o extranjeras. En el caso de inversiones antiguas, los argumentos a favor de la exoneración son aún más débiles, porque tal decisión se traduce en una ganancia extraordinaria para los dueños de los activos.

En definitiva, del análisis conceptual del impuesto a la renta, no se desprende una recomendación clara respecto de los incentivos fiscales y mucho menos, del tratamiento especial a las empresas radicadas en las zonas francas.

Ventajas y desventajas de los incentivos fiscales a la inversión[9]

Los defensores de los incentivos fiscales a la inversión justifican estos incentivos en: (i) las externalidades positivas que genera la inversión, máxime si es extranjera, por ejemplo, a través de mejoras en las habilidades de la fuerza de trabajo o por medio de "inversiones anclas" que generan encadenamientos con el resto de la economía; (ii) la necesidad de responder a rebajas impositivas u otros tratamientos especiales ofrecidos por países que compiten por inversiones en un mundo de alta movilidad de capitales; (iii) el aumento del empleo en zonas con alto desempleo; y (iv) la posibilidad de compensar fallas en el clima de inversión por medio de la reducción de impuestos. En el extremo, algunos argumentan que no hay tal costo fiscal, porque las inversiones no se hubieran concretado de no mediar el incentivo, o porque es compensado vía un efecto multiplicador sobre el empleo y la actividad económica.

El argumento de que se registran externalidades positivas en la inversión, especialmente en la industria, ha sido objeto de debate en el campo de la política tributaria y arancelaria. Quienes apoyan la intervención del Estado sostienen que la industria "naciente" para poder crecer necesita un apoyo al inicio a través de una protección al mercado interno, subsidios a las exportaciones, o por la vía impositiva. Esto llevaría a medidas transitorias para compensar la falta de experiencia de las empresas nacionales o para convencer a las multinacionales de que el país es atractivo.

---

[9] Esta sección se basa en Artana y Templado (2012) y en las referencias citadas en ese trabajo, en Harrison y Rodríguez-Clare (2010) y en Caiumi (2011).

Algunas de estas medidas han despertado escepticismo, pues han atraído inversiones que a la larga tuvieron dificultades para competir, creando la disyuntiva de un apoyo permanente o generando crisis sectoriales, lo que demostró las dificultades del Estado para "elegir ganadores". Incluso, el renacimiento de la "condena a elegir", que han popularizado Hausmann y Rodrik (2006), no pasa por instrumentos tributarios o arancelarios tradicionales, sino que busca compensar la carencia de algún bien público esencial (información, por ejemplo) o coordinar esfuerzos entre el sector público y el privado[10, 11].

En su análisis de las políticas industriales aplicadas por los países en desarrollo, Harrison y Rodríguez-Clare (2010) enfocan las medidas no tributarias, como la protección. De todas maneras, algunas conclusiones del estudio son relevantes también para el caso de los incentivos tributarios; entre ellas:

- Para ser exitosa, la política de fomento requiere que los países que la aplican tengan al menos una ventaja comparativa latente en la actividad protegida y que haya efectos derrame sobre otros sectores[12].
- La liberalización comercial debe ir acompañada de otras reformas para aumentar el crecimiento, en especial reducir barreras al ingreso de las empresas, porque esto facilita que las empresas más eficientes ganen participación de mercado a costa de las menos eficientes.
- Es más probable que el aumento en las exportaciones promueva el crecimiento, cuando se da en sectores no tradicionales o que requieren mano de obra calificada.

Los detractores de los incentivos fiscales apuntan a que: (i) existe redundancia, pues la inversión se hubiera concretado sin incentivos; (ii) generan un costo fiscal al facilitar la evasión y elusión, complicando la administración tributaria; (iii) obligan a aumentar la presión tributaria sobre el resto de la economía; (iv) generan distorsiones

---

[10] Ver Hausmann y Rodrik (2006). Es difícil asociar las sugerencias de estos autores a incentivos fiscales. De hecho, las recomendaciones prácticas estarían inclinándose a mantener un tipo de cambio real competitivo, que es una clara medida "horizontal" para el sector de transables, en clara contraposición con medidas focalizadas, como los incentivos impositivos.

[11] Algunos autores sugieren que los países pequeños tienen una desventaja respecto de los grandes porque, por ejemplo, no son relevantes las externalidades por aglomeración del capital. Esto justificaría una menor tasa del impuesto a la renta en todo el país, en lugar de beneficios sectoriales. Sin embargo, Keen (2002) sostiene que la pérdida fiscal de una rebaja generalizada explica la decisión de concentrar los incentivos en las actividades con capital más móvil. Estos modelos de "competencia tributaria" suponen que la inversión responde positivamente a una rebaja en el costo de uso del capital.

[12] Básicamente esto requiere que en algún momento, el sector favorecido pueda sobrevivir a la competencia internacional sin contar con los incentivos. Por lo tanto, el hecho de que el sector crezca más que el promedio no prueba por sí solo que la intervención haya mejorado el bienestar.

al alterar las opciones de inversión en lugar de corregir las fallas de mercado, y son inequitativos ya que favorecen más a las personas de altos ingresos; (v) son poco transparentes y motivan una pérdida de recursos para la economía en las actividades de *lobby* que se generan para obtenerlos; (vi) generan competencia "desleal" a otras empresas que no han podido acceder a ellos; (vii) al estar basados en incentivos sobre el impuesto a la renta, favorecen a las actividades intensivas en capital; y (viii) aún en los casos en que tengan un efecto positivo sobre la inversión, no es claro que ello se traduzca en un mayor crecimiento económico porque pueden volver rentables proyectos de baja productividad.

Bolnick (2004), Clark *et al.* (2007) y James (2009) concluyen que los elementos no tributarios que conforman el clima de inversión son más importantes que los incentivos fiscales para determinar el nivel y calidad de la inversión. Además, es importante que se armonicen los incentivos dentro de un bloque económico o entre países vecinos para evitar una "corrida hacia el fondo", es decir, que las empresas logren sucesivas rondas de rebajas impositivas que terminan generando un alto costo fiscal[13].

Incentivos fiscales y bienestar

Analizar los efectos de los incentivos sobre la productividad y la eficiencia es al menos tan importante como medir el impacto sobre el monto de la inversión. Más inversión no significa necesariamente mayor crecimiento, pues se requiere además que sea de alta productividad.

El análisis de los incentivos tributarios a menudo ignora el impacto que estos tienen sobre el bienestar. Si la inversión genera externalidades positivas, el incentivo corregiría la falla de mercado solo si fuese de una magnitud equivalente a la diferencia entre el retorno social y el privado, pero rara vez se analiza esa diferencia para establecer la magnitud del incentivo. Además, es razonable esperar que la brecha se modifique en el tiempo, lo que dificulta el seguimiento por medio de incentivos tributarios[14].

La compensación de supuestas fallas en el clima de inversión tampoco se puede graduar, porque se actúa, entre otras razones, en forma indirecta en lugar de corregir el problema directamente. Por ejemplo, supóngase que un país tiene

---

[13] El país que se queda con la inversión termina siendo el perdedor, en un fenómeno similar a la llamada "maldición del ganador" en las licitaciones al mejor postor, en las cuales se ofrece un bien con valor incierto.

[14] Este problema es parecido al que existe con los impuestos pigouvianos para desalentar el consumo de bienes con externalidades negativas. Aun cuando exista la información para estimar la externalidad y calcular el impuesto óptimo (lo cual es poco probable), cómo se mueven las curvas de demanda y oferta, habría que modificar el impuesto periódicamente.

deficiencias de capital humano que desalientan inversiones privadas y el gobierno decide reducir los impuestos a la inversión para compensarlas. El problema es que la falta de capital humano no afecta por igual a todas las actividades económicas y los beneficios de los incentivos, tampoco. Por ejemplo, si se focalizan en impuestos a las utilidades o a los inversores del proyecto, favorecerán más las actividades intensivas en capital, sin que ello esté asociado a la demanda de capital humano. En otras palabras, un mecanismo indirecto es un sustituto imperfecto de las mejoras necesarias en el capital humano. Lo mismo puede decirse de las fallas en el clima de negocios o de infraestructura, porque algunas actividades las sufren más que otras.

Es importante aclarar que, en la medida en que los impuestos generan distorsiones, una reducción generalizada en los impuestos al capital debería mejorar el bienestar[15]. En cambio, cuando se decide promover a un sector o región, se genera un costo de bienestar (a menos que se esté compensando una externalidad), porque el rendimiento social del capital (que es la productividad marginal bruta de impuestos) difiere entre sectores y regiones[16].

El impuesto a la renta como centro del análisis en los países desarrollados
Los incentivos a la inversión se han analizado desde una óptica microeconómica, dado que los impuestos tienden a aumentar el costo de uso del capital. Como las empresas en su proceso de maximización de utilidades tienden a igualar el valor de la productividad marginal del capital con el costo del capital, cuanto mayor sea este, menos inversiones se concretarán, en la medida en que la demanda de inversión tenga alguna sensibilidad al precio[17].

---

[15] Es obvio que hay que generar los recursos tributarios de alguna manera. Como habitualmente no se aplican impuestos sin distorsiones, habría que penalizar la pérdida de recursos del fisco por el costo marginal social de los fondos públicos, y eso aproximaría la pérdida de eficiencia de la rebaja generalizada de impuestos al capital.

[16] En otros términos, a menos que las externalidades que se procuran corregir con los incentivos se den únicamente en una región o sector del país, siempre se podrá obtener un objetivo de inversión dado a un menor costo de eficiencia, si la rebaja de impuestos es general y no focalizada en un sector o región. En Latinoamérica, como se analiza más adelante, los incentivos se concentran habitualmente en regiones o sectores.

[17] En un mundo sin impuestos al capital (tc), las empresas que financian sus inversiones con fondos propios igualarán el valor de la productividad marginal al costo del capital (r+d), donde r es la rentabilidad real y d la tasa de depreciación económica. Cuando se grava con impuesto a la renta, el costo de uso del capital aumenta a $r/(1-tc) + d$ y ello hace que se concreten menos inversiones. Una forma intuitiva de entender esta conclusión es la siguiente: todos los gastos en que incurre la empresa se deducen en el año en que se pagan, mientras que el costo de uso del capital (la depreciación económica) se deduce en cuotas sin intereses, lo que reduce su valor medido en valor presente.

Es natural entonces que la literatura sobre incentivos fiscales se focalice en el impuesto a la renta que deben pagar las empresas y/o quienes les proveen los fondos, y esto se explique posiblemente por el peso que tiene la imposición a la renta en la recaudación de los países desarrollados, o porque es natural analizar primero los efectos de los impuestos que afectan en forma directa las decisiones de inversión. Ahora bien, este foco en el impuesto a la renta y en los instrumentos para reducirlo[18] es una descripción incompleta para los países en desarrollo, que complementan los incentivos sobre impuestos al capital con otros adicionales.

Por ejemplo, las reducciones en los impuestos que gravan el uso de mano de obra tienen *a priori* un efecto directo sobre el empleo, pero pueden motorizar también nuevas inversiones como consecuencia del impacto que esa rebaja impositiva tiene sobre el flujo de fondos de la empresa. Lo propio puede decirse de incentivos que reducen el costo de algunos insumos (por ejemplo, las exoneraciones en los derechos de importación) o que mejoran el precio neto de venta que recibe la empresa (por ejemplo, reducciones en los impuestos a las ventas de la empresa que la habilitan a cobrar el mismo precio al consumidor, pero obtener un ingreso neto mayor que los competidores).

Por ello, el análisis debe adaptarse de modo tal que se pueda ver el impacto de todos los incentivos fiscales a la inversión que se usan en los países en desarrollo. Además, se debe tener en cuenta que:

- el acceso al crédito no es fluido y la inversión se financia con más patrimonio propio;
- la inflación es más elevada que en los países desarrollados, lo cual potencia el sesgo a favor de financiarse con deuda si se permite deducir los intereses nominales;
- en los casos en que no existe compensación tributaria por el impuesto a la renta dejado de pagar en el país de destino de la inversión debido a la existencia de incentivos a la inversión (es decir, no hay *tax sparing*), el menor impuesto pagado en el país de destino puede terminar siendo pagado por la empresa en su país de origen, con efecto nulo sobre la inversión;
- la decisión de inversión depende de otras características del sistema tributario, ya sea que se trate de inversiones nuevas o de expansiones de empresas ya instaladas. Por ejemplo, un incentivo en el impuesto a la renta es menos potente para empresas que pueden tener utilidades que permiten absorber las

---

[18] Créditos fiscales por inversión, amortización acelerada, exoneración o reducción de la tasa impositiva, beneficios para los inversores del proyecto.

pérdidas que habitualmente surgen en los primeros años de operación de un nuevo proyecto[19].

Los diferentes tipos de incentivos

Dentro de los instrumentos utilizados para promover inversiones por medio de desgravaciones en el impuesto a la renta, los que menos distorsionan son aquellos que tratan una parte o toda la inversión como un gasto más. La amortización instantánea (*expensing*)[20] parcial o total de la inversión tiene la ventaja de poner un límite inferior a la tasa que puede resultar atractiva para un inversor privado que recibe el incentivo, y de ser neutral respecto de la vida útil de los activos. Se elimina la posibilidad de distorsiones groseras en la asignación de recursos que aparecen con instrumentos, como los créditos fiscales por inversión. En el mismo sentido, la amortización acelerada de las inversiones distorsiona poco, pero discrimina entre activos al no resultar el beneficio fiscal proporcional para cada una de las inversiones.

Los créditos fiscales por inversión[21] favorecen a los activos de corta vida útil porque el beneficio se percibe ante cada decisión de inversión que, para un período de años determinado, es más repetida en activos cortos, y porque no pone un límite a la tasa que perciben los inversores privados. Harberger (1980) demuestra cómo los proyectos con una tasa de retorno social negativa pueden ser muy atractivos para quien recibe el crédito fiscal[22].

Las "vacaciones tributarias" eximen del impuesto a la renta a las empresas por un período determinado y son uno de los incentivos principales otorgados a quienes se radican en las zonas francas. Zee *et al.* (2002) mencionan que este beneficio genera muchas distorsiones porque favorece a los proyectos con alta rentabilidad que, probablemente, se hubieran concretado en ausencia del beneficio. Este mecanismo también incentiva operaciones vía precios de transferencia entre empresas rela-

---

[19] En ausencia de incentivos y en la medida en que las normas permitan combinar proyectos, la empresa con utilidades tiene un aliciente natural para invertir y pagar menos impuestos al descontar las pérdidas del nuevo proyecto. En el mismo sentido, es importante el régimen de *carry forward* de las pérdidas: los países que lo limitan en demasía aumentan la tasa efectiva del impuesto y por ende, las exenciones tienen un mayor valor.
[20] La amortización instantánea de la inversión permite deducir como gasto un porcentaje (100% si es total) de la inversión realizada en el año que esta se realiza. El remanente (0% si es total) se deprecia normalmente.
[21] El crédito fiscal por inversión permite al inversor recibir un porcentaje del costo de la inversión del gobierno y luego, amortizar normalmente el bien a los fines impositivos. Ello permite que deduzca más del 100% del costo del bien de capital.
[22] Sin embargo, varios autores prefieren el crédito fiscal porque el beneficio está atado al monto de la inversión, mientras que en las "vacaciones tributarias", el sacrificio fiscal depende de la ganancia de la empresa, por lo que el beneficio puede ser desmedido en relación con los montos invertidos.

cionadas, procurando concentrar las utilidades en las que se han visto favorecidas por la exención. Además, alienta a que proyectos antiguos sean redefinidos para calificar como nuevas inversiones y favorece actividades con bajo capital hundido, que pueden moverse rápido luego de agotado el período de exoneración. En conjunto, se dificulta especialmente la cuantificación del sacrificio fiscal.

En el caso de incentivos a través de otros impuestos, se destacan las exoneraciones a los derechos de importación de insumos o bienes de capital, muy comunes en las zonas francas de exportación, y tratamientos especiales en el impuesto al valor agregado o impuestos a las ventas.

Las exoneraciones a las importaciones de insumos y bienes de capital, cuando se destinan a empresas exportadoras, no constituyen un beneficio adicional, porque actúan de la misma manera que un régimen de admisión temporaria de importaciones que, según las normas de la OMC, pueden otorgarse a las exportaciones. No obstante, muchas veces los beneficios favorecen a empresas que también venden al mercado interno. Ello les aumenta la protección efectiva y puede resultar en beneficios muy elevados en relación con el valor de la empresa o a las inversiones. En principio, ese aumento en la protección efectiva debería ser neutral entre factores pero, si los salarios pagados por la empresa tienden a igualarse con los pagados en el resto de la economía, el impacto sobre la rentabilidad del capital puede ser muy importante[23].

En el caso de beneficios en impuestos generalizados al consumo, como el impuesto al valor agregado (IVA), existen exoneraciones que pretenden abaratar algunos bienes y otros que procuran motivar inversiones en algunos sectores o regiones. La exoneración del IVA en etapas intermedias aumenta la carga fiscal, porque el impuesto no pagado en esas etapas termina siendo ingresado por los compradores quienes, a su vez, no tienen créditos fiscales para descontar sus compras a estos proveedores. En cambio, en el caso de la liberación del impuesto, la empresa que compra puede descontar el crédito, aun cuando el vendedor no haya ingresado impuesto alguno al fisco.

Este beneficio aumenta el valor relativo de las ventas, en la medida en que los competidores deben pagar el impuesto plenamente. En principio, el monto debería ser proporcional al valor agregado pero, por las mismas razones apuntadas para

---

[23] Otras reducciones de impuestos a las importaciones persiguen diferentes objetivos y tienen consecuencias también diferentes. En algunos casos, se trata de exenciones subjetivas que pretenden abaratar el acceso de determinados bienes finales a algunos grupos de la sociedad. En estos casos, se generan problemas de fraude fiscal (por la reventa de los bienes a otros compradores que no gozan de la exención), o se esconde un refuerzo presupuestario (por ejemplo, cuando el beneficio lo goza una repartición del Estado o algunas entidades de beneficencia), y muchas veces el tratamiento especial es regresivo porque habitualmente las exoneraciones subjetivas no incluyen a las familias de menores recursos.

las exoneraciones en las importaciones, el arbitraje de salarios en el mercado de trabajo permite un aumento en la utilidad de las empresas.

En otros impuestos al consumo, se pueden esconder tratamientos de fomento. Por ejemplo, la tributación a las bebidas alcohólicas se desvía de un impuesto uniforme por grado de alcohol, con la finalidad de favorecer a las bebidas producidas en un país. Algunos ejemplos en tal sentido son la mayor tributación por grado alcohólico a las cervezas y al vino, en relación con el ron, en Jamaica o República Dominicana. Situaciones similares se registran con la exención al contenido de jugos naturales en el impuesto a las bebidas gaseosas en la Argentina, o el sesgo hacia la tributación *ad valorem* a los cigarrillos en Francia, cuya producción local está sesgada hacia los cigarrillos negros que habitualmente son de menor calidad y menor precio neto de impuestos.

La efectividad de los incentivos

Harrison y Rodríguez-Clare (2010) elaboran un análisis del impacto sobre la inversión extranjera directa (IED) de diferentes medidas de estímulo, incluidos los incentivos fiscales. La evidencia empírica muestra que hay derrames verticales (a los proveedores) pero no horizontales (a los competidores), lo cual despierta dudas sobre su beneficio neto. Las principales conclusiones de la revisión que los autores hacen de la evidencia son las siguientes:

- La mayoría de los países otorgan incentivos a la IED en algunos sectores económicos.
- Alfaro y Charlton (2008) encuentran que los flujos de IED son mayores en los sectores elegidos y que esos sectores crecen más que el resto. Sin embargo, Harrison y Rodríguez-Clare mencionan la dificultad econométrica que existe para identificar que los incentivos fueron eficaces, ya que la IED pudo haber sido atraída precisamente por el potencial de alto crecimiento de esos sectores.
- La evidencia empírica respecto de la relación entre IED y crecimiento económico es mixta. La relación mejora cuando es acompañada por condiciones como apertura comercial, disponibilidad de capital humano y mercados financieros desarrollados. Como en muchos casos se promueve a empresas nuevas, disminuye el problema de beneficiar a sectores o empresas en declinación.
- Las empresas extranjeras tienen mayor productividad[24], pero no hay evidencia de derrames positivos horizontales, mas sí de derrames positivos verticales.

---

[24] Esto resulta en mayores salarios, lo cual sugiere que la oferta de trabajo que enfrentan las empresas extranjeras no es perfectamente elástica. De todas maneras, la evidencia no permite concluir que haya un diferencial de salario, una vez que se corrige por las características del trabajador y de la empresa (tamaño, sector económico al cual pertenece, por ejemplo).

Sin embargo, es debatible que los incentivos a la IED se justifiquen por estos derrames verticales ya que, en principio, el mismo resultado se podría haber logrado incentivando a los proveedores directamente. Aun en estos casos, es opinable que se justifiquen los incentivos, en especial con la generosidad observada en la práctica (Pack y Saggi, 2006), porque pueden afectar a los competidores locales que no reciben igual tratamiento fiscal o pueden resultar en una transferencia de rentas a los inversores extranjeros.

- La conclusión de Harrison y Rodríguez-Clare es que es preferible evitar las políticas que distorsionan precios, como los aranceles, los incentivos tributarios o los subsidios a las exportaciones. En su lugar, el rol del gobierno es promover determinados clústeres aumentando la oferta de capital humano, mejorando la calidad de la infraestructura y las regulaciones, y alentando la incorporación de nuevas tecnologías.

Otro enfoque habitual sobre los incentivos fiscales es aproximar su efectividad a partir de conceptos como "redundancia", costo fiscal, etc.[25] Una parte de la investigación apunta a definir como "efectivos" a los incentivos que pueden movilizar más inversión. Al utilizar este razonamiento, tienden a aparecer primeros en la lista los créditos fiscales por inversión. Sin embargo, el riesgo con este instrumento es alto, como se mencionara en la sección anterior, pues el Estado termina aportando una parte de la inversión sin derecho a recibir beneficios, por lo que proyectos malos pueden volverse atractivos para el inversor. Paradójicamente, un incentivo que influye mucho en la decisión de invertir puede ser el más nocivo desde el punto de vista social[26].

El análisis costo-beneficio social de los incentivos tributarios rara vez es realizado con las técnicas habituales utilizadas para ordenar proyectos de inversión pública u otras partidas de gasto estatal. La estimación de costos es relativamente sencilla pero, al igual que en otros ejercicios de valuación, los beneficios son más difíciles de aproximar.

El análisis costo-beneficio social valúa el producto generado, así como los insumos y factores utilizados, a los precios sociales ("precios sombra") que difieren

---

[25] Un incentivo es redundante cuando no afecta una decisión de inversión que se hubiese concretado de todas maneras. En este caso, el costo fiscal es alto y la inversión adicional escasa. Un caso particular es la redundancia parcial que aparece cuando el incentivo es mayor al que era necesario para hacer viable la inversión.

[26] Un ejemplo es el Índice de Efectividad, desarrollado por Bolnick (2004), que compara las reducciones en el costo de uso del capital y en el valor presente de los impuestos que se esperan del proyecto. El problema es que la medición del costo parte de datos privados y no sociales. Ello explica por qué los créditos fiscales por inversión aparecen como los más efectivos, tanto en el trabajo de este autor como en el de Zee *et al.* (2002).

de los privados o de mercado, porque contemplan la existencia de distorsiones y externalidades. Por ejemplo, los aumentos que el proyecto genera en la recaudación tributaria son un beneficio extra para el evaluador social, que el inversor privado no computa como tal. A su vez, mientras que este computa el costo de los fondos prestados o los salarios pagados por la empresa, incluyendo impuestos, el evaluador social contempla que el precio sombra del capital y el trabajo puede, en algunos casos, ser diferente al del mercado. Finalmente, el empresario privado invertirá teniendo en cuenta solamente los beneficios que el proyecto le proporciona, mientras que desde el punto de vista social, pueden existir beneficios a terceros (externalidades) a partir de esa inversión.

En los países en desarrollo, el gobierno no suele contar con estimaciones de precios sombra y, además, con frecuencia se realizan estimaciones de beneficios que no están fundamentadas en criterios económicos rigurosos. Por ejemplo, se contabilizan los empleos generados por la IED como un beneficio para el país, cuando en verdad son un costo del proyecto[27]. De todas maneras, la creación de empleo puede dar lugar a un beneficio social por encima de lo computado por la empresa, si el salario social es inferior al del mercado. Esto puede ocurrir cuando hay desempleo elevado, pero no al extremo de suponer que el salario social es cero. Otro error es considerar a la generación de divisas como un beneficio social. El aporte de divisas podrá generar a lo sumo un beneficio adicional, si el tipo de cambio social es superior al del mercado y ello ocurre, por ejemplo, si el valor de los bienes adicionales que pueden importarse por la mayor disponibilidad de divisas es mayor que lo que le costó al país generarlas. En otras palabras, insumos, trabajo y capital son un costo que permite producir y exportar.

Artana (2007) utiliza un modelo simple de equilibrio general donde las inversiones pueden realizarse en tres sectores: uno gravado a la tasa general, uno con incentivos y un tercero al que se le otorgarán incentivos. Dado que no se cuenta con la información necesaria para hacer una estimación del costo-beneficio social de los incentivos, se trata de aproximar cuánto deberían ser las externalidades positivas al resto de la economía, que justificarían los incentivos a la inversión industrial que había en aquel momento en República Dominicana. Artana (2007) concluye

---

[27] Por ejemplo, Monge et al. (2005) estiman como beneficio social de las zonas francas radicadas en Costa Rica a los salarios pagados, el empleo y las compras locales, cuando en realidad se trata de costos, pues se utilizan recursos reales. El supuesto de que en el corto plazo no habría demanda para los insumos y factores utilizados en las zonas francas es equivocado para evaluar inversiones que reciben beneficios por varios años, y extremo porque supone, en contra de toda la literatura especializada de evaluación social de proyectos, que los precios sociales del trabajo y de las materias primas son cero. Céspedes-Torres (2012) hace una crítica similar al enfoque de Monge et al. (2005), y propone una metodología afín con la evaluación social de proyectos.

que la externalidad debería superar al 82% del valor de la productividad marginal del capital antes de impuestos, valor que es muy elevado y que difícilmente puede justificarse para una medida generalizada a todo el sector industrial.

Otro punto importante a tener en cuenta es que hay incentivos mucho más susceptibles a ser abusados que otros; por ejemplo, cuando se otorgan sumas de dinero en efectivo la tentación para el fraude parece ser mayor[28, 29].

Estimación del costo fiscal

En la estimación de la pérdida fiscal generada por los incentivos se utilizan diferentes enfoques. El más habitual en la región es el que pretende aproximar el beneficio percibido por el perceptor de la desgravación, sin tener en cuenta su reacción de perder el tratamiento especial o la justificación económica o social de tal exoneración[30]. Esto es consistente con las partidas de gasto presupuestario, pues al incluir una autorización para gastar en el presupuesto, no se corrige por la eventual reacción del perceptor o por los efectos que el no-gasto podría tener en la economía. En otras palabras, no se realiza un análisis costo-beneficio social del gasto tributario o de la partida de gasto tradicional porque, en teoría, debió hacerse antes de su inclusión al presupuesto. En suma, la estimación de los gastos tributarios busca medir cuánto se favorece un determinado beneficiario en relación con otros, sin entrar a analizar si ello es conveniente o no, o si se hubiera recaudado algo, si no existiese la desgravación[31].

En el caso de Costa Rica, la estimación oficial es que el gasto tributario en 2012 fue de aproximadamente 5,6% del PIB. De ese total, los incentivos en el impuesto a la renta alcanzaron 1,8% del PIB (0,8% del PIB los relacionados al régimen de zonas francas). En República Dominicana, la estimación oficial para 2012 arrojó un

---

[28] Esto puede explicarse porque, en los casos de desgravaciones, el máximo que se puede "perder" es el impuesto que se hubiera cobrado si no se hubieran tergiversado los valores para abusar del incentivo. En un reintegro en efectivo, el límite es llamar la atención del funcionario a cargo de entregarlos, que muchas veces actúa en connivencia con el receptor del beneficio.

[29] Otro ejemplo de alto fraude son las exenciones en el pago de impuestos específicos al consumo que favorecen a una región del país. El contrabando de cigarrillos, bebidas alcohólicas y combustibles ha sido un problema aun en las fronteras que separan a dos países desarrollados; por ello, no debe sorprender que, cuando las diferencias tributarias se observan dentro del mismo país, donde ni siquiera aparece el control aduanero, el fraude se potencie.

[30] Las normas de la OCDE y el manual de transparencia fiscal del Fondo Monetario Internacional recomiendan que los gastos tributarios sean incluidos explícitamente en el presupuesto. La cuantificación permite que la toma de decisiones presupuestarias se haga con mayor transparencia. Para medir los gastos tributarios es necesario, en primer lugar, definirlos. Para ello, lo habitual es utilizar un sistema tributario de "referencia", en el cual no existen tratamientos especiales. Como la definición del mismo tiene elementos subjetivos, es frecuente que haya diferencias importantes entre lo que se incluye como gasto tributario en un país respecto de lo que se hace en otro.

[31] De todas maneras, en algunos casos se corrigen las estimaciones por evasión fiscal.

gasto tributario del 5% del PIB y el asociado al impuesto a la renta, 0,5% del PIB (0,3% del PIB relacionado con las zonas francas).

La evidencia empírica sobre la eficacia de los incentivos fiscales[32]

Caiumi (2011) propone una guía simple y útil para evaluar la efectividad de los incentivos fiscales que plantea las siguientes preguntas: (i) ¿los beneficios son consistentes con los objetivos perseguidos? (ii) ¿cuánto *insumos* se agregaron como consecuencia de la política pública? (iii) ¿cuál fue el impacto en los *productos* objetivo de la política (empleo, inversión, crecimiento, bienestar)? (iv) ¿cambió el comportamiento de las empresas como consecuencia de los incentivos? y (v) ¿fue permanente o transitorio el cambio?

El problema principal para estimar el impacto es que no se observa qué hubiera sucedido si el incentivo no estaba presente, con lo cual la construcción de un contra factual válido, que aísle el efecto de los incentivos de la influencia de otras variables, es clave en el análisis.

Zee *et al.* (2002) señalan que la evidencia empírica hasta finales de la década de los noventa mostraba que la reducción en el costo de la inversión resultaba en un aumento de la inversión, probablemente con una elasticidad precio de alrededor de 0,6, si bien no era para nada claro que, aun en ese caso, los incentivos proporcionados por los países en desarrollo hayan sido costo-efectivos. Además, los autores señalan que las empresas multinacionales no destacan los aspectos tributarios en los países en desarrollo como disuasivos de una decisión de inversión.

Estudios más recientes, citados en Bolnick (2004), encuentran que la IED es más sensible que antes a los cambios tributarios, lo que resulta lógico dada una creciente movilidad internacional de capitales. La evidencia citada por este autor se refiere a flujos de inversión entre países desarrollados. Como estos países se han vuelto más homogéneos en infraestructura, regulaciones y otros determinantes importantes de la inversión, es natural esperar que la variable impositiva tenga mayor peso. Por lo tanto, estos resultados no pueden ser extrapolados a países en desarrollo.

De Mooij y Ederveen (2003) hacen un metaanálisis revisando 25 estudios sobre incentivos tributarios en países desarrollados y concluyen que la elasticidad de la IED a la tasa impositiva es muy alta (-3.3). Feld y Heckmeyer (2009) extienden este metaanálisis al agregar 21 estudios más a los 25 utilizados en el trabajo anterior y concluyen que se sostiene el resultado de una alta sensibilidad, aunque

---

[32] En el Anexo A se resumen la metodología aplicada y los resultados encontrados en los trabajos empíricos más recientes.

la elasticidad se reduce a alrededor de la mitad. Además, los resultados no cambian si se introducen efectos fijos por países, efectos aglomeración o la existencia de otras políticas públicas, como gastos en infraestructura[33].

La experiencia exitosa de Irlanda para atraer inversiones antes de la crisis financiera internacional se ha tratado de explicar por su pertenencia a la Unión Europea y la abundancia de mano de obra calificada de habla inglesa (Clark *et al.*, 2007). Es interesante mencionar que, en este caso, el beneficio más contundente es la baja tasa del impuesto a las utilidades de las empresas, complementada por pérdidas fiscales que se pueden arrastrar a ejercicios futuros en forma indefinida, y no las exoneraciones otorgadas a algunos sectores o regiones de la economía[34]. Este sería un ejemplo de un beneficio horizontal que favorece a toda la inversión y que no debería generar distorsiones *a priori*.

Chirinko y Wilson (2008) analizan la evidencia dentro de Estados Unidos con créditos fiscales a la inversión otorgados a nivel estadual[35], y hacen una estimación propia. Controlando por variables que pueden haber influido en la decisión de inversión, los autores encuentran que la inversión reacciona a los incentivos que ofrece un estado, pero también a los que ofrecen los vecinos que reaccionan otorgando incentivos, deshaciendo en buena medida el efecto inicial sobre el capital del primer estado. En el mismo sentido, Chirinko y Wilson (2010) encuentran que los incentivos al empleo que otorgan algunos estados tienen un efecto positivo aunque reducido sobre el empleo que, a su vez, tiende a diluirse con el tiempo.

Jorrat (2009) analiza una muestra de empresas con incentivos en Ecuador, usando como grupo de control a las empresas con pérdidas fiscales que no han podido utilizar el incentivo. El impacto diferencial sobre la inversión y el empleo es bajo al compararse a las empresas en cada grupo de tamaño similar[36].

---

[33] Esta alta elasticidad es llamativa porque sugiere que los países se habrían excedido en los impuestos al capital vigentes antes de introducirse los incentivos, al superar el punto de Laffer de máxima recaudación. Con elasticidades superiores a la unidad, la rebaja de la tasa impositiva resultaría en mayor recaudación. Debe recordarse que la evidencia empírica es contraria a la curva de Laffer y ello debería haber llamado la atención de los autores de los meta-análisis.

[34] La excepción es que también hay depreciación acelerada.

[35] Chirinko y Wilson (2008) mencionan que los créditos fiscales en los impuestos estaduales a las utilidades se utilizan en alrededor de 40% de los estados y promediaban en 2004 el 6% de la inversión. Como eran prácticamente inexistentes en la década de 1970, se cuenta con una base de datos interesante dentro de un mismo país, con variabilidad en el tiempo y entre estados.

[36] Este trabajo tiene algunas limitantes importantes: las empresas con pérdidas en el año en que Jorrat hace la medición podrían aprovechar el incentivo en ejercicios futuros. Si bien es probable que el beneficio sea menor en valor presente, la diferencia dependerá de la tasa de descuento. Además, el autor aproxima el empleo a partir de información sobre la masa salarial y no realiza un análisis de *diff in diff*, sino una mera comparación de promedios entre empresas de tamaño parecido.

Klemm y Van Parys (2010) mencionan que las distintas investigaciones existentes muestran que la inversión responde a los incentivos fiscales a raíz de la competencia entre países que reducen sus impuestos. En este estudio, los autores analizan la eficacia relativa de reducciones en la alícuota del impuesto a la renta de las empresas, en comparación con las "vacaciones tributarias" o las deducciones especiales asociadas a la inversión en los países en desarrollo[37].

Los autores comprueban, en primer lugar, la existencia de competencia fiscal mediante los incentivos, controlando las características de cada país con variables macroeconómicas (PIB per cápita, apertura de la economía, población y consumo del gobierno). Contemplan la distancia entre países para incorporar el hecho que las rebajas de los impuestos de países vecinos deberían impactar más que las realizadas por países lejanos. Los resultados revelan que los países reaccionan a cambios en las tasas del impuesto a la renta o en la generosidad de las "vacaciones tributarias", concedidas por otros países, pero no a los créditos fiscales.

En un segundo modelo, analizan la influencia sobre la IED y sobre la inversión privada de los tres incentivos fiscales. Las rebajas de la tasa del impuesto o diez años adicionales de "vacaciones tributarias" aumentan la IED en 0,3% y 0,7% del PBI, respectivamente, pero los créditos fiscales no la mejoran. Esto podría obedecer a que las empresas favorecidas tienen utilidades extraordinarias, lo cual hace más valioso un incentivo que reduzca la tasa del impuesto o extienda el período sin pagar impuestos. En cambio, los autores no encuentran evidencia de que alguno de los tres incentivos aumente la inversión privada. Esto podría ocurrir porque los incentivos son atractivos para las compras de empresas por capitales extranjeros o porque la IED que recibe beneficios desplaza a las inversiones locales, lo cual pondría en duda su efecto sobre el crecimiento económico. Por último, los efectos de los incentivos sobre la IED se observan en Latinoamérica y el Caribe, pero no en África, lo que lleva a los autores a concluir que en ambientes de baja calidad institucional se requiere más que incentivos para estimular la inversión[38].

Van Parys y James (2010a) analizan el impacto de los incentivos fiscales al turismo otorgados en el Caribe en el período 1997-2007. En 2003, Antigua y Barbuda extendió de 5 a 25 años las exenciones en el impuesto a la renta de las empresas del sector, marcando una clara diferencia con otros países. Esto les permite a los autores

---

[37] Los autores destacan que los resultados de los estudios disponibles en países desarrollados no son extrapolables a los países en desarrollo, porque la eficacia de los incentivos para atraer inversiones depende del grado de desarrollo del país (tienden a ser mayores cuanto más alta es la calidad institucional o si existen externalidades por aglomeración). Ver, por ejemplo, Devereux et al. (2007).

[38] Este resultado es consistente con un trabajo previo de los autores. Ver Klemm y Van Parys (2010).

hacer un análisis *diff in diff* enfocado en la inversión, controlando por factores que puedan haber influido en la inversión en turismo (por ejemplo, la realización de la Copa Mundial de Cricket). Los autores hacen un análisis de panel con efectos fijos por país que les permite, a diferencia de estudios anteriores, evaluar el impacto no solo entre países, sino también al interior de cada uno de ellos[39]. Para ello, obtuvieron una base de datos de inversión en el sector de turismo, a diferencia de estudios anteriores que solo accedieron a la inversión agregada en la economía. El análisis muestra que la inversión en turismo en Antigua y Barbuda aumentó respecto en el país y mucho más que en los otros seis países incluidos en el estudio. Los autores destacan que su análisis no permite obtener conclusiones sobre el impacto sobre el bienestar porque no midieron los costos.

Hay varios estudios para zonas francas o empresas radicadas en zonas rezagadas en países desarrollados que comparan el desempeño de las empresas que recibieron incentivos con otras que no tuvieron acceso. Caiumi (2011) utiliza información de declaraciones juradas en el impuesto a la renta de empresas italianas en los períodos 1998–2000 y 2001–2005, que contiene las inversiones realizadas, y el acceso o no al incentivo regional. Esta base es complementada con información a nivel empresa de otras fuentes públicas. El incentivo es muy generoso, entre 8% y 65% de la inversión, aumenta en proporción inversa al tamaño de la empresa y para determinadas regiones, se reduce con el tiempo. *A priori*, esto debería impulsar un aumento importante en la inversión y los resultados confirman esta expectativa. Además, el incentivo fue más potente en las empresas pequeñas y medianas que presumiblemente tenían restricciones de efectivo para invertir. La elasticidad de corto plazo de la inversión al costo de uso de capital sin incentivos es −0.15 y la de largo plazo, −0.42. La elasticidad se duplica cuando se consideran los incentivos. La autora concluye que esto puede deberse al adelantamiento de inversiones, dado que el régimen de incentivos es temporal.

El estudio de Caiumi (2011) es interesante porque, además de estimar el impacto de los incentivos sobre la inversión, mide también el impacto sobre la productividad, lo cual se acerca más al impacto sobre el bienestar. Encuentra un impacto positivo sobre la Productividad Total de los Factores, en especial en las empresas que tenían baja productividad antes del programa. A pesar de los resultados positivos sobre la inversión y la productividad, la autora llega a una conclusión pesimista porque el sacrificio fiscal es mayor al aumento en la inversión.

---

[39] Van Parys y James (2010a) se concentran en el impacto sobre la inversión y no en la medición del efecto de los incentivos sobre el costo de uso del capital como en Sosa (2006) o sobre la tasa efectiva. También aprovechan las similitudes que existen entre las siete islas incluidas en su trabajo.

Bronzini y De Blasio (2006) utilizan *Propensity Scores* entre empresas favorecidas por incentivos regionales en Italia y un grupo de control de empresas sin incentivos, y encuentran que la inversión aumentó con los incentivos.

Kolko y Neumark (2010) destacan que los incentivos otorgados en Estados Unidos a las empresas radicadas en las zonas francas varían en magnitud y objetivos (empleo, promoción de actividades en zonas deprimidas, o ambos). Esto impide extrapolar los resultados del análisis de una zona franca a otra. De todas maneras, concluyen que la evidencia previa sugiere que no hubo un impacto positivo sobre el empleo. Los autores analizan las 42 zonas francas que había en el estado de California en el 2005, con el objeto de medir el impacto de las diferentes características de las zonas de ese estado[40]. Cabe señalar que, como los incentivos son los mismos en todo el estado, al analizar las diferencias entre zonas francas, los autores se concentran en factores no fiscales.

En un estudio anterior, que no contemplaba las características diferentes de cada zona, los autores habían encontrado un efecto nulo sobre el empleo. La evidencia en el estudio de 2009 muestra que el impacto sobre el empleo es mayor en las zonas donde el peso de la industria manufacturera es más bajo[41], y donde los administradores de la zona hacen más tareas de *marketing* y asesoramiento a las empresas. Por lo tanto, podría mejorarse la administración de los incentivos para aumentar el impacto sobre el empleo.

Bondonio y Greenbaum (2007) evalúan el impacto sobre el empleo, la inversión y las ventas de los incentivos otorgados a empresas radicadas en zonas francas de once estados americanos, tratando de explotar las diferencias que existen en los incentivos otorgados por cada estado. La información disponible en cuatro censos económicos de Estados Unidos les permite captar empresas que nacen y otras que desaparecen, para indagar sobre los resultados encontrados en estudios anteriores que concluían que el impacto sobre el empleo era nulo. La magnitud de los incentivos se estima como la diferencia de la tasa de retorno con y sin incentivos dentro de un mismo estado.

Las estimaciones muestran que el impacto positivo de las empresas nuevas sobre el empleo es compensado por empresas que cierran o abandonan la zona franca.

---

[40] Según los autores, el principal beneficio fiscal en California es un crédito fiscal por emplear trabajadores en desventaja (por ejemplo, desempleados, con bajos ingresos, entre otros) que consiste en un aporte del estado hasta del 150% del salario mínimo por trabajador. Además, hay otros beneficios menos importantes como la depreciación acelerada, períodos más extensos para trasladar las pérdidas a futuro, y algunos beneficios financieros. El crédito para empleados adicionales explica las dos terceras partes del gasto tributario.

[41] Esto podría deberse a la mayor intensidad de capital de la industria en relación con otras actividades.

Esto puede explicarse porque muchos programas dan incentivos solo a empresas nuevas y, como consecuencia, estas ganan una ventaja competitiva respecto de las existentes que no acceden a los incentivos. Además, la evidencia sugiere que se crean empleos de baja calificación.

Bondonio y Greenbaum (2012) analizan el impacto del Fondo Europeo de Desarrollo Regional con el objeto de detectar su impacto en el empleo en el norte de Italia. A partir de una base de datos de las empresas acogidas a diferentes programas de fomento (nacional, regional o de la Unión Europea), explotan la heterogeneidad que existe entre los diferentes programas y las empresas que pueden acceder a uno o más de estos esquemas de fomento. Analizan el impacto dentro de un período de tres años para evitar que los datos de empleo de las empresas sin incentivos se hayan "contaminado" del empleo generado por las empresas con incentivos[42].

Estos autores encuentran que el efecto sobre el empleo aumenta con el monto del subsidio: de aproximadamente dos trabajadores adicionales por empresa con beneficios inferiores a 10.000 euros a siete trabajadores por empresa con beneficios mayores a 70.000 euros.

Givord (2011) analiza el impacto de los incentivos fiscales concedidos a empresas radicadas en las zonas deprimidas de Francia. Los incentivos son bastante generosos, en especial para empresas que emplean menos de cincuenta trabajadores. Incluyen la exención por cinco años de los impuestos a las utilidades y a la propiedad, y del impuesto local a los negocios. Además, se exime del pago de las contribuciones a la seguridad social para los salarios menores a 1.4 veces el salario mínimo. Utiliza microdatos en el período 2002–2007 para revisar el impacto sobre la cantidad de empresas localizadas en las áreas con incentivos, su evolución en el tiempo y el efecto sobre el empleo. La autora encuentra que los incentivos tuvieron un efecto modesto sobre el empleo, que se explica por la instalación de nuevas empresas en las áreas con incentivos[43]. Sin embargo, encuentra que en la mayor parte de los casos fueron traslados de empresas radicadas en otras partes de Francia. También destaca que el efecto de los incentivos fiscales es débil, en consonancia con lo encontrado por Kolko y Neumark (2010) en California.

En resumen, la evidencia empírica sugiere que los incentivos a empresas radicadas en las zonas francas aumentan algo la inversión o el empleo, pero no son concluyentes respecto a si mejoran el crecimiento y el bienestar. Esta conclusión se obtiene tanto a partir de estudios que utilizan información agregada como de aquellos que utilizan microdatos.

---

[42] Si se contaminaran, el grupo de control dejaría de ser tal.
[43] Givord menciona que el efecto sobre el empleo de empresas ya radicadas en las zonas deprimidas es mucho menor y concentrado en las más pequeñas (Givord, 2011).

Las zonas francas en Costa Rica, El Salvador y República Dominicana

Los incentivos otorgados

Las leyes de zonas francas de los tres países analizados contienen incentivos similares y algunas diferencias. El Cuadro 4.1 resume la situación actual de los incentivos de cada país. En general, se exoneran todos los impuestos que gravan las importaciones, el impuesto a la renta generada por la empresa y otros impuestos menores.

Desde larga data, Costa Rica tiene un límite temporal en la exoneración en el impuesto a la renta, pero las modificaciones recientes en la legislación permiten extender el plazo con incentivos, dependiendo de si la empresa hace inversiones adicionales. Además, la ley permite un crédito fiscal por inversión que sería redundante cuando la empresa está exonerada en un 100% del pago del impuesto a la renta[44].

Para aproximar la generosidad de los incentivos otorgados en los tres países, se proyectó el flujo de fondos de una empresa "tipo" bajo el supuesto de que no goza de ningún tratamiento especial, y se lo comparó con el flujo de fondos cuando existen incentivos, suponiendo que la empresa puede usarlos plenamente. La estructura de costos de la empresa "tipo" se supuso similar a la que surge de la información reportada para Costa Rica y República Dominicana (ver sección siguiente)[45].

El Cuadro 4.2 resume los resultados. El incentivo más importante se origina en la exención en el pago del impuesto a la renta por la totalidad de años del proyecto (el caso más habitual)[46]. Los incentivos potenciales otorgados por los tres países

---

[44] A partir de informes de Procomer, se ha interpretado como que el crédito fiscal es 10% de la inversión o del gasto en capacitación del personal y que la deducción se hace sobre la base imponible del impuesto a la renta de la empresa. En este caso, el incentivo no es relevante si la empresa está exonerada en un 100% del pago del impuesto a la renta porque este sería el máximo beneficio a recibir. La duda surge porque podría interpretarse que el beneficio se aplica sobre las utilidades del inversor.

[45] Con los datos de las empresas "tipo" se proyectó el flujo libre de fondos por 10 años y luego se agregó el valor de una perpetuidad (creciendo a una tasa real anual nula). Se supone que anualmente las empresas invierten una suma equivalente a la depreciación anual. Se utilizó una tasa de descuento del 10% anual que, en el ejercicio, iguala el valor presente del flujo de caja libre con el valor de los activos. El beneficio fiscal genera un mayor flujo para la empresa beneficiaria. Para los incentivos a los inversionistas que existen en República Dominicana, se estimó el crédito fiscal equivalente sobre la base del valor del activo en maquinaria y equipo, ya que los incentivos de este tipo, en general, se relacionan con esa parte del activo de las empresas (y no con los inventarios, por ejemplo). Para simplificar, no se incluyeron en la comparación beneficios en otros impuestos.

[46] Las exoneraciones de derechos de importación y de IVA para materias primas y maquinarias no se incluyeron, ya que las exportaciones en un sistema ideal estarían gravadas a tasa cero en

EL CASO DE LAS ZONAS FRANCAS DE EXPORTACIÓN DE COSTA RICA, EL SALVADOR Y REPÚBLICA DOMINICANA ➡

CUADRO 4.1 Beneficios para usuarios de las zonas francas

País	Norma	Incentivos en derechos de importación	Incentivos en IVA a las importaciones	Incentivos en impuesto a la renta de la empresa	Incentivo a inversores en el proyecto	Incentivos en otros impuestos	Observaciones
Costa Rica Empresas exportadoras	Ley Nº 7210/1990 y Ley Nº 8794/2010	100% sin límite de tiempo	100% sin límite de tiempo	100% primeros 8 años, 50% siguientes 4 años para las empresas ubicadas en el Área Metropolitana Ampliada. Los plazos se extienden a 12 y 6 años para las empresas radicadas fuera de esa zona. Empresas que reinviertan cumpliendo ciertas condiciones obtienen hasta 4 años adicionales de exoneración. El 80% y el 50% para empresas procesadoras que no exporten, radicadas en la zona GAMA y de 100% por 6 años, 83% por los siguientes 6 años y 50% durante los siguientes 6 años.	Crédito fiscal de 10% por reinversión de utilidades en activos fijos nuevos y capacitación de personal. No puede superar el 10% de la Renta Imponible. Este beneficio es redundante si la empresa está exonerada en un 100% del pago del impuesto a la renta.	100% sobre impuestos a los combustibles importados solo si no se producen en el país. 100% por 10 años de los impuestos sobre el capital y el activo neto, del pago del impuesto territorial y del impuesto de traspaso de bienes inmuebles. 100% por 10 años de las patentes municipales. Empresas fuera del área GAMA: reintegro de 10% de los salarios pagados en un año, decreciendo 2 puntos porcentuales por año hasta desaparecer en el año 6.	La redacción del crédito fiscal por reinversión de utilidades y capacitación del personal no es clara. A partir de informes de Procomer, se ha interpretado que el crédito fiscal es del 10% de la inversión, pero el límite que fija la ley es del 10% de la renta imponible, con lo que el crédito fiscal podría ser del 100% de la inversión, siempre que sea menos del 10% de la renta imponible del inversor.

(continúa en la página siguiente)

CUADRO 4.1 Beneficios para usuarios de las zonas francas

País	Norma	Incentivos en derechos de importación	Incentivos en IVA a las importaciones	Incentivos en impuesto a la renta de la empresa	Incentivo a inversores en el proyecto	Incentivos en otros impuestos	Observaciones
El Salvador	Decreto Legislativo N° 405/98 y Decreto Legislativo N° 318/13	100% sin límite de tiempo	100% sin límite de tiempo	100% sin límite de tiempo. En 2013 para empresas radicadas en el área metropolitana se limitó a 100% por 15 años, 60% por los siguientes 10 años y 40% por los siguientes 10 años. Fuera del área metropolitana, los plazos aumentan a 20 años, y luego dos períodos de 15 años cada uno. Los beneficios se extienden 5 años más, si la inversión inicial por lo menos se duplica. Los dividendos distribuidos se gravan desde el año 13.		100% sobre impuestos municipales sobre el activo y el patrimonio. 100% en el impuesto a la transferencia de bienes raíces. En 2013 se limitó a 15 ó 20 años la exención total en impuestos municipales y luego se establece un períodos con tributación reducida.	
República Dominicana	Ley N° 8-1990	100% por 15 años. 20 años para zonas Francas en zonas fronterizas.	100% en ITBIS sobre importaciones por 15 años. 20 años para zonas Francas en zonas fronterizas.	100% por 15 años. 20 años para zonas francas en zonas fronterizas. Desde 2011, pagan el 3,5% de la venta al mercado interno como impuesto a la renta	Crédito fiscal por inversión de entre 24% y 30%, según la zona si la tasa del impuesto a la renta es 30% y la inversión no excede el 50% de la base imponible del impuesto a la renta del inversor	100% sobre construcción, contratos de préstamo y traspaso de inmuebles. Constitución de sociedades. Impuestos municipales. Impuestos de patentes o sobre activos. No retendrían impuesto a la renta al personal de la empresa.	Pueden vender 20% al mercado interno, previo pago de ITBIS y derechos de importación si hay producción nacional y hasta el 100%, si no hay producción local o que tenga materia prima nacional por 25% del total.

CUADRO 4.2 Incentivos fiscales a la inversión en zonas francas

	Valor con beneficios/ Patrimonio neto de la empresa[a]	Valor con beneficios/ Valor de la empresa (sin incentivos)[b]	Valor con beneficios/ Inversión en bienes de uso	Valor presente de los beneficios/ Inversión en bienes de uso	Porcentaje del beneficio atribuible a: Exoneración en el impuesto a la renta	Porcentaje del beneficio atribuible a: Crédito fiscal por inversiones
Costa Rica[c]	1,97	1,50	2,18	73%	100%	0%
Costa Rica[d]	1,72	1,31	1,91	46%	100%	0%
El Salvador	1,88	1,43	2,08	63%	100%	0%
República Dominicana	2,02	1,55	2,29	81%	66%	34%
Plan Chile Invierte	1,59	1,02	1,51	3%	100%	0%

Notas:
[a] La tasa de descuento es del 10%.
[b] El valor de la empresa se computa como el valor presente del *free cash flow* de 10 años más un valor de perpetuidad que crece a 0% real al año.
[c] Se supuso que la empresa estará exonerada del pago del impuesto a la renta todos los años, ante la posibilidad de extender los beneficios y utilizar crédito fiscales.
[d] Se supuso que la empresa estará exonerada del pago del impuesto a la renta 8 años y luego paga el 50% de impuesto.

para las empresas radicadas en las zonas francas son muy generosos. A modo de comparación, se simula el efecto del incentivo fiscal incluido en el Plan Chile Invierte, que prevé un *expensing* de la inversión por el 50% (es decir, se permite amortizar la mitad de la inversión en el primer año) y el 50% restante se amortiza normalmente. Adoptando los mismos supuestos para la empresa "tipo" y asumiendo que el beneficio solo se aplica a las inversiones en bienes de uso, se llega a una relación Beneficios-Valor de la Empresa de 1,02. En otras palabras, en Chile el valor presente de los beneficios representa el 2% del valor de la empresa sin incentivos, mientras que en los casos de las zonas francas, es del orden del 50% del valor de la empresa. Otra comparación interesante es relacionar el valor presente de los incentivos con la inversión en bienes de uso. Mientras que en Chile los beneficios representan el 3% de los activos fijos, en las zonas francas analizadas representan

---

el IVA y las empresas podrían recibir la devolución de los aranceles pagados vía un sistema de *draw back* eficiente. En otras palabras, el ejercicio trata de medir el efecto de los incentivos que representan una ventaja para la empresa que se adhirió el régimen. De todas maneras, si las empresas radicadas en las zonas francas pueden vender al mercado interno una parte de su producción y gozar de la exención al pago de derechos de importación sobre las materias primas, su protección efectiva y, por lo tanto, la magnitud de los beneficios, aumentaría en forma apreciable.

entre el 46% y el 81% de esa inversión. Es decir, el Estado se hace cargo de una parte importante de esa inversión.

Análisis a partir de datos agregados

Con la información agregada disponible para Costa Rica y República Dominicana, se puede realizar un análisis agregado para la empresa "tipo" (ya que se cuenta con la cantidad de empresas radicadas en zonas francas en cada año, así como otras variables relevantes)[47].

El Cuadro 4.3 muestra un resumen de indicadores, donde se observa que:

a. En República Dominicana, hay alrededor del doble de empresas acogidas a los incentivos del régimen de zonas francas que en Costa Rica (alrededor de 600 empresas, comparado con algo menos de 300 empresas) y el empleo es también aproximadamente el doble; pero las exportaciones de las empresas del régimen son 60% mayores en Costa Rica que en República Dominicana.

b. Las exportaciones por trabajador en Costa Rica son aproximadamente tres veces más altas que las de República Dominicana. Esta diferencia no se explica totalmente por diferencias en la composición sectorial de las actividades radicadas en las zonas francas[48]. En Costa Rica, el sector textil que sería más intensivo en mano de obra que el resto de actividades, representaba en 2012 apenas el 2% de las exportaciones de las zonas francas, cifra que alcanzaba para ese mismo año el 26% en República Dominicana. De todas maneras, en ambos países se redujo, en forma apreciable, la participación del sector textil, tendencia que se profundiza a partir del año 2004, cuando a nivel mundial se avanzaba en la liberación del comercio de estos productos.

c. Las exportaciones desde las zonas francas han crecido en participación en el total de exportaciones de Costa Rica, alcanzando los dos tercios en el 2010, pero

---

[47] Para Costa Rica y República Dominicana, existen entidades oficiales (PROCOMER y CNZFE) que recopilan información de la evolución de las empresas favorecidas con los incentivos de los regímenes de zonas francas —exportaciones e importaciones, gastos realizados en el país, empleo y salarios pagados, inversión acumulada y datos sectoriales—. Además, en Costa Rica hay empresas que tienen exoneraciones parciales en el impuesto a la renta, se recopila información del impuesto pagado y del canon cobrado por PROCOMER. En el caso de El Salvador, la información es más escasa y es agregada por la cámara de empresas del sector textil (CAMTEX), pero los datos agregados de comercio exterior y de empleo difieren de las estadísticas oficiales (ya que en las oficiales, una parte de las exportaciones de maquila se reclasifica como exportación general). Dado que para El Salvador la información no es tan completa, no se incluyó en esta subsección.

[48] La conclusión podría moderarse en la medida en que las empresas de República Dominicana tengan una mayor participación de ventas al mercado interno. De todas maneras, la información proporcionada por la DGII de ese país sugiere que las ventas al mercado interno no son muy relevantes.

EL CASO DE LAS ZONAS FRANCAS DE EXPORTACIÓN DE COSTA RICA, EL SALVADOR Y REPÚBLICA DOMINICANA

CUADRO 4.3 Indicadores económicos anuales de las zonas francas de Costa Rica y República Dominicana

República Dominicana

	No. empresas	Empleos	Exportaciones ZFR (millones de US$)	Impo ZFR (millones de US$)	X-M ZFR (millones de US$)	Gastos locales ZFR (millones de US$)	Expo textiles (millones de US$)	Participación Textil en Expo ZFR	% ZF en PIB	% ZFR en Total Expo	Expo ZFR/L (miles de US$ por trabajador)	VA ZFR (millones de US$)	VAZFR/L miles de US$ por trabajador	VA ZFR/Expo ZFR	Salarios estimados (millones de US$)	VA capital (millones de US$)	Inversión millones de US$[a]
1995	469	165.571	2.907	2.006	901	509	1.731	60%	4,2%	77%	17,6	392	2,4	13,5%	388	5	n.d.
1996	436	164.639	3.107	2.146	961	545	1.754	56%	4,0%	77%	18,9	416	2,5	13,4%	419	–3	673,8
1997	446	182.174	3.596	2.417	1.180	701	2.185	61%	4,2%	78%	19,7	479	2,6	13,3%	479	0	0,7
1998	496	195.193	4.100	2.701	1.400	827	2.349	57%	4,9%	82%	21,0	573	2,9	14,0%	494	79	114,0
1999	484	189.458	4.332	2.834	1.497	887	2.393	55%	4,9%	84%	22,9	610	3,2	14,1%	489	121	101,9
2000	481	195.262	4.771	3.063	1.708	1.019	2.555	54%	5,1%	83%	24,4	690	3,5	14,5%	509	181	331,9
2001	512	175.078	4.482	2.826	1.655	978	2.314	52%	5,1%	85%	25,6	577	3,9	15,1%	480	198	42,6
2002	520	170.833	4.317	2.600	1.717	887	2.227	52%	5,4%	84%	25,3	831	4,9	19,2%	448	382	–50,6
2003	531	173.367	4.407	2.531	1.876	811	2.196	50%	7,5%	81%	25,4	1.065	6,1	24,2%	334	731	115,3
2004	569	189.853	4.685	2.520	2.165	863	2.121	45%	7,3%	79%	24,7	1.302	6,9	27,8%	306	996	360,6
2005	556	154.781	4.750	2.503	2.247	1.005	1.905	40%	4,8%	77%	30,7	1.241	8,0	26,1%	403	838	299,4
2006	555	148.411	4.679	2.615	2.064	974	1.734	37%	4,5%	71%	31,5	1.090	7,3	23,3%	386	704	482,1
2007	526	128.002	4.525	2.500	2.026	1.011	1.367	30%	3,8%	63%	35,4	1.015	7,9	22,4%	348	667	–14,4
2008	525	124.517	4.354	2.429	1.925	954	1.167	27%	3,6%	65%	35,0	971	7,8	22,3%	364	607	153,9
2009	553	112.618	3.794	2.350	1.444	959	934	25%	3,0%	69%	33,7	485	4,3	12,8%	346	139	126,9
2010	555	121.001	4.218	2.464	1.754	1.123	964	23%	3,0%	62%	34,9	631	5,2	15,0%	368	263	143,5
2011	578	125.117	4.885	2.955	1.929	1.164	1.296	27%	3,2%	57%	39,0	766	6,1	15,7%	388	377	32,1
2012	584	134.226	4.988	2.845	2.143	1.298	1.278	26%	3,1%	55%	37,2	845	6,3	16,9%	451	394	220,3

(continúa en la página siguiente)

CUADRO 4.3 Indicadores económicos anuales de las zonas francas de Costa Rica y República Dominicana (continuación)

Costa Rica

Año	No. empresas	Empleos	Exportaciones ZFR (millones de US$)	Impo ZFR (millones de US$)	X-M ZFR (millones de US$)	Gastos locales ZFR (millones de US$)	Expo textiles (millones de US$)	Participación Textil en Expo ZFR	% ZF en PIB	% ZFR en Total Expo	Expo ZFR/L (miles de US$ por trabajador)	VA ZFR (millones de US$)	VAZFR/L miles de US$ por trabajador	VA ZFR/Expo ZFR	Salarios estimados (millones de US$)	VA capital (millones de US$)	Inversión millones de US$[a]
1997	168	16.678	892	736	155	99	338	38%	n.d.	21%	53,5	56	3,4	6,3%	123	-66	161
1998	179	24.287	1.965	1.539	426	233	368	19%	n.d.	36%	80,9	194	8,0	9,9%	148	46	66
1999	194	26.362	3.625	1.858	1.767	228	431	12%	n.d.	54%	137,5	1.539	58,4	42,4%	190	1.349	400
2000	214	28.201	2.998	1.795	1.203	139	419	14%	n.d.	51%	106,3	1.064	37,7	35,5%	243	821	331
2001	217	34.086	2.381	2.015	366	207	404	17%	n.d.	47%	69,9	159	4,7	6,7%	276	-117	102
2002	222	35.121	2.666	2.211	455	245	425	16%	n.d.	51%	75,9	210	6,0	7,9%	301	-91	44
2003	213	34.342	3.327	2.231	1.095	269	347	10%	n.d.	55%	96,9	826	24,1	24,8%	312	514	90
2004	204	35.613	3.242	2.490	751	335	334	10%	n.d.	51%	91,0	416	11,7	12,8%	337	80	315
2005	203	39.179	3.699	3.190	509	368	328	9%	n.d.	53%	94,4	141	3,6	3,8%	365	-224	249
2006	221	45.201	4.966	3.696	1.271	482	311	6%	n.d.	61%	109,9	789	17,5	15,9%	506	283	67
2007	254	49.969	5.880	3.417	2.463	596	277	5%	n.d.	63%	117,7	1.866	37,3	31,7%	646	1.221	223
2008	259	52.788	5.943	3.625	2.318	646	201	3%	n.d.	62%	112,6	1.672	31,7	28,1%	769	904	364
2009	246	52.344	5.790	2.852	2.938	933	153	3%	n.d.	67%	110,6	2.006	38,3	34,6%	810	1.196	193
2010	256	58.012	6.281	3.415	2.865	1.080	145	2%	n.d.	67%	108,3	1.785	30,8	28,4%	1.060	725	709
2011	275	65.186	7.338	3.858	3.480	1.633	177	2%	n.d.	n.d.	112,6	1.847	28,3	25,2%	1.323	524	727
2012	295	69.166	8.132	4.132	4.001	2.036	160	2%	n.d.	n.d.	117,6	1.964	28,4	24,2%	1.534	430	475

Fuente: Elaboración propia en base a datos de PROCOMER 2006 y 2011 e información proporciona por PROCOMER para los años 2011 a 2012.
[a] El primer dato corresponde a la inversión acumulada en años anteriores.

CUADRO 4.4 Indicadores económicos (promedio de cada período) de las zonas francas de Costa Rica y República Dominicana

		No. empresas	Empleos	Exportaciones ZFR (millones de US$)	Impo ZFR (millones de US$)	X-M ZFR (millones de US$)	Gastos locales ZFR (millones de US$)	Expo textiles (millones de US$)	Participación Textil en Expo ZFR	% ZF en PIB	% ZFR en Total Expo	Expo ZFR/L (miles de US$ por trabajador)
1997-2004	RD	505	183.902	4.336	2.686	1.650	872	2.293	53%	5,5%	82%	24
1997-2004	CR	201	29.336	2.637	1.860	777	219	383	17%	n.d.	46%	89
2005-2010	RD	545	131.555	4.386	2.477	1.910	1.004	1.345	30%	3,8%	68%	34
2005-2010	CR	240	49.582	5.426	3.366	2.061	684	236	5%	n.d.	62%	109
2005-2012	RD	554	131.084	4.524	2.583	1.941	1.061	1.331	29%	3,6%	65%	35
2005-2012	CR	251	53.981	6.004	3.523	2.481	972	219	4%	n.d.	62%	110

		No. empresas	VA ZFR (millones de US$)	VAZFR/L miles de US$ por trabajador	VA ZFR/Expo ZFR	Salarios pagados (millones de US$)	VA capital (millones de US$)	Inversión millones de US$	Salarios pagados/ Exportaciones	VA capital/ Exportaciones	Participación Salarios en VA	Participación Capital en VA
1997-2004	RD	552	778	4	17,8%	442	336	127	10,3%	7,5%	58%	42%
1997-2004	CR	240	558	19	18,3%	241	317	189	9,7%	8,6%	53%	47%
2005-2010	RD	584	905	7	20,3%	369	536	199	8,4%	11,9%	42%	58%
2005-2010	CR	400	1.377	27	23,8%	693	684	301	12,5%	11,3%	52%	48%
2005-2012	RD	584	880	7	19,3%	382	499	180	8,5%	10,9%	44%	56%
2005-2012	CR	387	1.509	27	24,0%	887	632	376	14,0%	10,0%	58%	42%

Fuente: Elaboración propia en base a datos de PROMOCER y CNZFE.

lo opuesto se observa en República Dominicana, donde en 2012 explicaban el 55% del total de exportaciones, luego de tocar un máximo del 85% en 2001.
d. Se puede estimar el valor agregado por las empresas de las zonas francas suponiendo que los ingresos por ventas al mercado interno no son importantes. Este valor agregado se define como las exportaciones menos las importaciones[49] y los gastos locales[50]. A su vez, ese valor agregado puede ser repartido entre trabajo y capital. La información de salarios figura en los informes de PROCOMER y, en el caso de República Dominicana, fue estimada multiplicando la cantidad de operarios por el salario medio y la de técnicos por su salario medio[51]. Puede observarse que:

- La relación valor agregado/exportaciones es del orden del 20%, similar para ambos países si se contemplan promedios para los períodos 1997-2004 y 2005-2012 (ver Cuadro 4.4).
- Las empresas en República Dominicana eran más intensivas en el uso del trabajo que las de Costa Rica en el período 1997-2004 (aproximado por la participación de los salarios en el valor agregado), pero esa relación se invierte en el período 2005-2012. A grandes rasgos, el valor agregado se reparte por partes iguales entre el trabajo y el capital.
- Considerando la inversión realizada en cada período, definida como la diferencia en la inversión acumulada a cada año, y la estimación del valor agregado del capital que, es una buena aproximación al flujo de fondos que aumenta a ese factor, se puede estimar una tasa interna de retorno (TIR) anual en dólares[52]. Ese cómputo arroja 22% en República Dominicana y 39% en Costa Rica[53]. Estas tasas de retorno son mayores, por ejemplo, a las estimadas por Ecocaribe para el sector industrial de República Dominicana, del orden del 15% en dólares hace aproximadamente una década. Es posible que las verdaderas tasas de retorno sean algo superiores por dos motivos:

---

[49] En Costa Rica, la diferencia entre exportaciones e importaciones tiene saltos marcados que podrían obedecer a importaciones de bienes de capital para proyectos grandes.
[50] En la región, se consideran los gastos nacionales como un beneficio del régimen de incentivos y una forma de aproximar los encadenamientos hacia atrás. Esa es una forma de sobreestimar los beneficios porque supone que los factores empleados por los proveedores de las zonas francas no tendrían empleo alternativo y que, por lo tanto, su costo de oportunidad es nulo.
[51] Para el personal administrativo, se supuso que el salario es el promedio simple de las otras categorías. Además, como en algunos años el empleo total es mayor que la suma de las tres categorías mencionadas, porque se habría excluido el personal de las zonas, se aumentó el pago de salarios por la proporción de empleo total a la suma de la cantidad de operarios, técnicos y administrativos.
[52] Esta es una estimación agregada, donde el flujo es negativo en el primer año por el monto de la inversión acumulada y para los años siguientes, es la diferencia entre el valor agregado del capital y la inversión del año.
[53] En este caso, se restaron tanto el impuesto a la renta pagado como el canon pagado a PROCOMER.

por un lado, se estima la inversión inicial como la acumulada al año previo al primero en que se estimó el flujo al capital (1995 en República Dominicana y 1996 en Costa Rica), y se considera que esa inversión se hizo toda en ese año. Eso reduce la TIR, porque la inversión seguramente se hizo en varios años y porque no se incluyó un flujo al capital anterior. Por otro lado, en la medida en que en el futuro tengan valores positivos para el flujo al capital "viejo", la TIR estimada aumentará.
- Ese cálculo es una TIR aproximada promedio ponderada que incluye proyectos con rentabilidad individual todavía mayor.

Estos datos sugieren que las empresas en zonas francas, en especial en Costa Rica, tienen una alta rentabilidad. Si este es el caso, cabe plantearse si los incentivos fiscales eran necesarios o si los países están sacrificando ingresos fiscales para favorecer proyectos que de todas formas se hubieran concretado. Otra posibilidad es que la rentabilidad real sea inferior, pues las multinacionales tendrían incentivos a "mover" ventas y utilidades hacia sus plantas radicadas en una zona de bajos impuestos. Si este fuera el caso, la actividad genuina y los beneficios para el país de las zonas francas serían inferiores a los registrados por los organismos oficiales.

Análisis con microdatos[54]

En los casos de El Salvador y República Dominicana, se cuenta para este estudio con información a nivel de empresas de las declaraciones juradas del impuesto a la renta. En principio, ello permite comparar el desempeño de las empresas que han gozado de los incentivos del régimen de zonas francas con el de empresas del mismo país e idealmente del mismo sector económico, que no han gozado de tales incentivos. Esta comparación permite dar otra respuesta a la pregunta referida a los resultados obtenidos por las exoneraciones otorgadas, además del análisis agregado de la sección anterior.

Al tratarse de empresas del mismo país, en buena medida se corrige por el efecto que hayan tenido los vaivenes de la economía sobre el desempeño. De todas maneras, en la medida que las empresas de zonas francas están más orientadas a mercados externos, su desempeño relativo pudo estar influido por eventos ocurridos en los países de destino de las exportaciones.

El Salvador

En el caso de El Salvador, la información disponible a nivel de empresa se obtuvo de las declaraciones juradas del impuesto a la renta para empresas acogidas al régimen

---

[54] Esta parte del trabajo fue realizada en conjunto con Ivana Templado.

de zonas francas, y para un grupo sin incentivos seleccionado por funcionarios del Ministerio de Hacienda y la Dirección General de Ingresos (DGI). La información tiene algunas limitaciones:

a. En el análisis econométrico se incluyeron los años 2005–2012, por tratarse del período de la muestra con información más completa para ambos tipos de empresa. La comparación se centra en las ventas totales y una aproximación de la utilidad, dada la disponibilidad de información[55].
b. Las ventas y gastos totales se abren en ingresos gravados y gastos relacionados con esos ingresos, ingresos exentos y gastos asociados a esos ingresos, e ingresos que no constituyen renta. Por ejemplo, los ingresos exentos incluyen los incentivos a las exportaciones del 6% del FOB, que es mejor incluirlos en un ejercicio comparativo entre empresas con y sin incentivos fiscales, porque su percepción depende del giro habitual de la empresa. Los ingresos que no constituyen renta incluyen intereses por títulos públicos, utilidad por la venta de inmuebles, indemnización por seguros, y dividendos que ya pagaron impuesto a la renta, que es mejor excluir porque no forman parte de las actividades normales de la empresa. En este caso, también se excluyeron los egresos asociados a ellos.
c. La variable ingresos totales es la suma de las ventas gravadas y las ventas exentas. En los egresos totales se sumaron también ambos conceptos. Se aproximó la utilidad como la diferencia entre ingresos y egresos totales. Esta aproximación es mejor que la utilidad que surge de la base de datos fiscales, ya que varias empresas sin incentivos no la reportan porque no pagan impuestos. Lamentablemente, no hay información a nivel de empresa que permita seguir en el tiempo variables como los pagos por salarios o las inversiones. El Anexo B incluye una descripción detallada de los datos.
d. En varios casos, la información tiene inconsistencias, con mayor incidencia en las empresas con incentivos. Por ejemplo, no se reportan los ingresos, pero sí los gastos. Ello obedece a problemas en el reporte de la información, como su omisión o clasificación errónea. Para corregir este problema, se eliminaron los años en que la información se consideró inconsistente, pero se mantuvieron los datos de otros años de la misma empresa dentro de la base[56].

---

[55] La base de datos tiene información para ambos tipos de empresa en los años 2004–2012, aunque es más completa a partir del año 2005. Información sobre distintos tipos de gasto, como los costos laborales, aparece únicamente para el último año.
[56] Por ejemplo, se eliminaron del estudio aquellos años en que la cuenta de ingresos menos gastos era negativa y fuera del rango histórico de la empresa. También se eliminaron años en los que la utilidad calculada (ingresos menos gastos/ingresos) era mayor al +/−100% y los años con

e. Para algunos casos, se ha recibido información de los dictámenes fiscales presentados por las empresas. Esta información es más detallada y está libre de errores. Sería útil para hacer una comparación más precisa pues permite, por ejemplo, estimar los costos laborales. El problema es que se cuenta con aproximadamente una decena de casos en cada régimen tributario, lo que resulta insuficiente para realizar un análisis econométrico.

Dado que la exención del impuesto a la renta en la zonas francas se viene aplicando desde antes del comienzo de la muestra para la cual se tienen datos, no es posible comparar el desempeño de las empresas antes y después de aplicado el incentivo. En otras palabras, no se puede hacer un análisis *diff in diff*. Solo se puede comparar el desempeño de empresas que siempre tuvieron el incentivo con aquellas que no lo tuvieron nunca. Por lo tanto, el interés estará en la significancia estadística y signo de la variable que indica el régimen tributario al que pertenece la empresa. La significancia estadística indicaría si, efectivamente, las empresas con diferente tratamiento tributario pueden ser consideradas diferentes, mientras que el signo diría cuál tiene un mejor desempeño.

La comparación de las empresas con y sin incentivos fiscales se realizó a través del análisis de tres variables: el nivel de las ventas de las empresas, el crecimiento interanual que estas tuvieron y el nivel de utilidad.

El primer análisis compara el nivel de ingresos después de estratificar por tamaño, para asegurarse que se comparan empresas parecidas. Este ejercicio tiene el objetivo de cuantificar y verificar si las diferencias en las ventas son estadísticamente significativas o no (ver Gráfico B 1 del Anexo B).

Un segundo ejercicio procura determinar si la evolución en los ingresos ha sido diferente para el grupo de empresas con incentivos respecto del grupo de control (sin incentivos). Para ello, se lleva a cabo una regresión con las tasas de variación interanuales.

En tercer lugar, como otra aproximación que ayude a evaluar si el desempeño fue diferente en un grupo que en el otro, se analiza la utilidad obtenida por las empresas (ver Gráfico B 2 del Anexo B).

En todos los casos, la función que se postula tiene como variables explicativas la zona de la empresa, la participación del total de ingresos gravados sobre el total de ventas y el sector económico de la empresa, así como variables que controlan por cada uno de los años incluidos en el análisis. Como se verá más adelante, la evidencia sugiere que las empresas con incentivos no han tenido un desempeño

---

datos de ingresos o gastos excesivamente altos o cercanos a cero, también fuera del rango histórico de la empresa.

mejor que el de las empresas sin incentivos. De hecho, la evidencia para las empresas pequeñas sugiere lo contrario.

Análisis para el nivel de ventas y la utilidad

La relación propuesta es la siguiente:

$$Y_{it} = \alpha + \beta_1 \text{Zona}_i + \beta_2 \text{Coeficiente Ventas Gravadas}_{it} + \beta_3 \text{Sector}_i + \beta_4 \text{Año}_i + u_i + \varepsilon_{it} \quad \text{(Ecuación 1)}$$

Para   i: empresas   y   t: años

Se asume u_i iid$(0, \sigma_\alpha^2)$ y ε_{it} iid$(0, \sigma_\varepsilon^2)$

Cada variable dependiente está definida de la siguiente manera en las ecuaciones:

- Venta total en términos reales: ventas gravadas más exentas deflactadas por el IPC, su logaritmo.
- Utilidad: expresada en porcentaje y definida como venta total menos gastos, sobre venta total.
- Tasa de crecimiento de las ventas, definida como su variación interanual.

Y cada variable independiente está definida de la siguiente forma:

- Zona: variable *dummy* que toma valor 0 para las empresas sin incentivos fiscales y valor 1 para las empresas acogidas al régimen de zona franca.
- Coeficiente de venta gravada/venta total: el cociente de la venta gravada sobre el total de ventas.
- Sector: variables *dummies* que identifican a los sectores de agricultura, comercio e industria[57].
- Año: se incorporan *dummies* para cada año, para captar cuestiones comunes a ambas zonas que pueden variar a través del tiempo.

Dada la estructura de la base de datos, se puede realizar un análisis de panel, ya que cada empresa ha sido observada durante ocho años (2005–2012)[58]. La pregunta

---

[57] Como estos sectores agrupan al 96% de las empresas, se especifican los tres en la ecuación, dejando como base a los servicios y otros sectores.
[58] El test de Breusch y Pagan indica la conveniencia de usar paneles, en lugar de una regresión común (ver Anexo D).

que sigue es si corresponde estimar por efectos fijos o efectos aleatorios. Recordemos que se usan efectos fijos cuando existen efectos no observables en las entidades, empresas en este caso, que puedan estar correlacionados con las variables explicativas y que, por lo tanto, invaliden la consistencia de las estimaciones. Dichas características no observables se suponen invariantes en el tiempo. Los efectos fijos se utilizan cuando uno quiere estudiar los causantes de cambios en una misma empresa y por ello, no se deberían usar para investigar sobre variables que sean invariantes en el tiempo en una misma empresa[59].

Por otro lado, en el caso de la estimación con efectos aleatorios, las características no observables de las empresas se suponen aleatorias y no correlacionadas con las variables explicativas; en nuestro caso, las características no observables de las empresas no estarían relacionadas con la zona, sector o porcentaje de venta gravada que tienen. A su vez, los efectos aleatorios tienen la ventaja de poder medir efectos específicos de las empresas, por ejemplo, si el hecho de pertenecer o no a la zona franca implica un mejor desempeño.

En el anexo D, se muestran los resultados para las pruebas sobre los supuestos inherentes al modelo. La prueba de sobreidentificación de Arellano[60] estaría indicando que no se rechaza el efecto aleatorio de los paneles[61]. Por otro lado, se rechaza la ausencia de correlación serial, por lo que deben corregirse los errores estándares por el efecto de la autocorrelación. Finalmente, también se verifica la existencia de heterocedasticidad, por lo que deben usarse procedimientos de estimación más sólidos frente a este problema.

Es interesante destacar que las empresas sin incentivos tienen pocas ventas exentas, pero las empresas radicadas en las zonas francas tienen un promedio del 20% de ventas gravadas. Este porcentaje varía en el tiempo y con el tamaño de las empresas, siendo menor en las más grandes (ver Gráfico B 5 del Anexo B). Para una comparación del desempeño relativo entre empresas con y sin incentivos, debería controlarse la parte gravada de las empresas con incentivos, de modo de que la variable Zona capte la diferencia entre uno y otro grupo. Ello se hace incluyendo la variable Coeficiente Venta Gravada/Venta Total.

El Cuadro 4.5 resume los resultados para la muestra total y para los dos estratos de empresas pequeñas y grandes del análisis del nivel de ventas. Se realiza una

---

[59] Se podría llegar a una estimación que es equivalente a la estimación de paneles con efectos fijos utilizando LSDV (*Least Square Dummy Variables Model*), esto no es una buena alternativa por la pérdida de eficiencia de la estimación, ya que habría que incluir una *dummy* para cada empresa.
[60] Arellano, M. y S. Bond (1991).
[61] Por las características de las variables, este test solo toma en cuenta el coeficiente de ventas gravadas sobre el total, pues las otras variables son fijas por empresa, así que no pueden ser estimadas por efectos fijos y, por lo tanto, no se pueden incluir en la comparación.

CUADRO 4.5 Variable dependiente. Ventas totales

	Total empresas		Empresas pequeñas		Empresas grandes	
	\multicolumn{6}{c}{Variable dependiente: ventas totales (logs)}
	\multicolumn{6}{c}{Panel efectos aleatorios (*cluster robust*)}
Dzona	−0,698***	−0,27	−1,114***	−0,751***	−0,25	0,166
	(−2,661)	(−1,288)	(−4,411)	(−4,056)	(−0,813)	(0,875)
Coeficiente ventas gravadas/ total ventas	−0,555*** (−2,627)		−0,494** (−2,028)		−0,501* (−1,888)	
D. Comercio	0,206	0,262	0,518	0,623	0,209	0,176
	(0,35)	(0,42)	(1,266)	(1,427)	(0,5)	(0,406)
D. Agricultura	1,729***	1,800***	0,814*	0,915**	0,764*	0,753*
	(2,813)	(2,77)	(1,895)	(2,005)	(1,766)	(1,679)
D. Industrial	0,331	0,381	0,608	0,704*	0,596	0,581
	(0,576)	(0,624)	(1,564)	(1,686)	(1,461)	(1,364)
2005 Año base						
2006.año	0,179***	0,203***	0,144***	0,168***	0,249**	0,265***
	(4,275)	(4,753)	(3,956)	(4,428)	(2,523)	(2,662)
2007.año	0,230***	0,258***	0,192***	0,221***	0,306***	0,325***
	(4,888)	(5,437)	(4,126)	(4,75)	(2,975)	(3,094)
2008.año	0,237***	0,271***	0,181***	0,218***	0,347***	0,366***
	(4,616)	(5,285)	(3,391)	(4,161)	(3,231)	(3,337)
2009.año	0,119**	0,155***	0,0646	0,101*	0,226**	0,251**
	(2,122)	(2,771)	(1,063)	(1,692)	(2,014)	(2,179)
2010.año	0,214***	0,253***	0,161**	0,199***	0,321***	0,349***
	(3,533)	(4,132)	(2,431)	(3,009)	(2,634)	(2,795)
2011.año	0,224***	0,255***	0,144*	0,172**	0,372***	0,400***
	(3,364)	(3,876)	(1,87)	(2,29)	(3,011)	(3,166)
2012.año	0,213***	0,243***	0,119	0,144*	0,392***	0,422***
	(3,076)	(3,533)	(1,45)	(1,774)	(3,15)	(3,357)
Constante	10,10***	9,467***	9,236***	8,615***	11,39***	10,89***
	(16,7)	(15,48)	(18,81)	(20,05)	(21,99)	(25,06)
Observaciones	2.284	2.284	1.483	1.483	801	801
Empresas	294	294	192	192	102	102
R-sq overall	0,0917	0,0781	0,115	0,114	0,0587	0,0647
R-sq between	0,0944	0,0861	0,132	0,144	0,0524	0,0668
R-sq within	0,0555	0,0315	0,0484	0,0208	0,0848	0,0686

Los estadísticos-z robustos están en paréntesis.
*** $p<0.01$, ** $p<0.05$, * $p<0.1$.

estimación por paneles con efectos aleatorios, y con errores estándares corregidos por heterocedasticidad y correlación serial. Se muestran dos resultados para cada grupo, producto de incluir o no el efecto del coeficiente de ventas gravadas sobre el total de ventas, como variable explicativa adicional a los sectores económicos y el efecto fijo de los años. La omisión de esta variable produce un cambio brusco en la estimación de la variable de interés, pues la estimación del impacto de la variable Zona pasaría de ser negativo a no tener un impacto estadísticamente significativo.

Los resultados del Cuadro 4.5 (columna 1) muestran que una empresa que tiene el régimen de zonas francas tiene ventas un 50% más bajas que las empresas sin incentivos[62]; a su vez, si las ventas gravadas aumentan su participación en los ingresos en 0.1, ello se traduce en una reducción de un 5,5% de las ventas[63].

El sector agrícola es el único que aparece como significativo y con coeficiente positivo, indicando que las empresas de este sector tienen ventas superiores a las del sector tomado como base, que es el que agrupa a servicios (alojamiento, inmobiliaria, servicios profesionales y otros servicios). Por otro lado, el signo positivo observado en todos los años indica que el nivel de ingresos en todos ellos fue superior al del año base (2005), confirmando la tendencia positiva de las ventas observadas en el período.

Los resultados para los distintos tamaños de empresa indican que en las empresas pequeñas se observa la diferencia más marcada entre los dos grupos, en este caso, las ventas de las empresas con los incentivos del régimen de zonas francas son 67% más bajas que las de las empresas sin incentivos de tamaño similar. La agricultura sigue siendo el sector con mayor diferencial sobre los servicios. Para las empresas grandes, en cambio, no se observan diferencias significativas en

---

[62] Para una variable *dummy*, se obtiene el porcentaje a partir del coeficiente como (exp(−0.698)−1). Ello arroja una reducción del 50%. Este hallazgo podría deberse a que las empresas en las zonas francas son típicamente más pequeñas que las empresas fuera de las zonas francas, lo que resalta la importancia de controlar por el tamaño de las empresas al momento de interpretar los resultados. Esta consideración se extiende al caso de la República Dominicana, abordado más adelante en este capítulo.

[63] Los resultados obtenidos sugieren que el nivel de ventas de las empresas con beneficios es menor que el de las empresas sin beneficios. Al mismo tiempo, la variable que mide el porcentaje de ventas gravadas tiene signo negativo en una aparente contradicción con el resultado anterior. Sin embargo, los Gráficos B.6 y B.7 del Anexo B muestran la evolución por zona y por tamaño de empresa del coeficiente que mide la cantidad de ventas gravadas a totales. En ellos se observa que casi la totalidad de los ingresos son gravados en el grupo sin beneficios mientras que, como era de esperar, el porcentaje es mucho menor en las empresas de zonas francas. Al observar el Gráfico B.7, es evidente la gran dispersión de las empresas de zonas francas, porque si bien se aprecia cierta acumulación de datos en el plano inferior, los coeficientes cubren casi todo el intervalo [0,1], es decir, que este grupo es mucho más heterogéneo en esta dimensión. Esta diferencia en la amplitud de variación del coeficiente es la que lleva a estimar que cuanto mayor el porcentaje de ventas gravadas, menores las ventas totales.

CUADRO 4.6 — Variable dependiente. Utilidad como % de las ventas

	Panel completo		Empresas pequeñas		Empresas grandes	
	\multicolumn{6}{c}{Variable dependiente: Utilidad}					
	\multicolumn{6}{c}{Panel efectos aleatorios (*cluster robust*)}					
dzona	−0,021 (−0,815)	−0,00467 (−0,339)	−0,0224 (−0,674)	0,00343 (0,164)	−0,00754 (−0,277)	−0,00971 (−0,606)
Coeficiente ventas gravadas/ Total ventas	−0,0214 (−0,733)		−0,0358 (−0,955)		0,0026 (0,0855)	
D. Comercio	0,013 (0,394)	0,0151 (0,453)	0,0237 (0,476)	0,031 (0,619)	−0,0186 (−0,527)	−0,0184 (−0,524)
D. Agricultura	−0,0199 (−0,619)	−0,0173 (−0,537)	−0,013 (−0,260)	−0,00601 (−0,120)	−0,0206 (−0,606)	−0,0205 (−0,604)
D. Industrial	0,00734 (0,237)	0,00913 (0,294)	0,00678 (0,144)	0,0133 (0,286)	−0,000151 (−0,00441)	−0,0000824 (−0,00241)
2005 Año base	0	0	0	0	0	0
2006.año	−0,0102 (−1,136)	−0,00927 (−1,048)	−0,00353 (−0,349)	−0,00186 (−0,189)	−0,0232 (−1,342)	−0,0233 (−1,322)
2007.año	−0,0233** (−2,222)	−0,0222** (−2,166)	−0,01 (−0,824)	−0,00804 (−0,702)	−0,0479** (−2,444)	−0,0480** (−2,398)
2008.año	−0,00949 (−0,981)	−0,0082 (−0,850)	−0,000535 (−0,0500)	0,00206 (0,198)	−0,0263 (−1,360)	−0,0264 (−1,349)
2009.año	−0,0272*** (−2,601)	−0,0258** (−2,518)	−0,0137 (−1,111)	−0,011 (−0,945)	−0,0537*** (−2,810)	−0,0538*** (−2,770)
2010.año	−0,0111 (−0,997)	−0,00971 (−0,862)	−0,00376 (−0,262)	−0,00114 (−0,0797)	−0,0262 (−1,480)	−0,0264 (−1,463)
2011.año	−0,0174 (−1,533)	−0,0162 (−1,428)	−0,0102 (−0,744)	−0,00814 (−0,594)	−0,0305 (−1,545)	−0,0306 (−1,540)
2012.año	−0,00625 (−0,532)	−0,00511 (−0,441)	0,00351 (0,243)	0,0052 (0,365)	−0,0238 (−1,202)	−0,024 (−1,199)
Constante	0,111** (2,457)	0,0861*** (2,648)	0,117* (1,796)	0,0721 (1,512)	0,103** (2,169)	0,105*** (2,684)
Observaciones	2.244	2.244	1.449	1.449	795	795
Empresas	293	293	191	191	102	102
R-sq overall	0,00718	0,00736	0,00847	0,00912	0,0196	0,0197
R-sq between	0,00398	0,00594	0,000948	0,00392	0,018	0,0189
R-sq within	0,00672	0,00547	0,00576	0,00189	0,02	0,0198

Los estadísticos-z robustos están en paréntesis.
*** $p<0.01$, ** $p<0.05$, * $p<0.1$.

los niveles de ventas de ambas zonas (el coeficiente de la variable Zona no es significativo), aunque se mantiene la significancia y magnitud del coeficiente de ventas gravadas sobre totales.

El Cuadro 4.6 muestra los resultados teniendo como variable dependiente a la utilidad en lugar de las ventas. La variable Zona pierde significancia al igual que la variable que mide la proporción de ventas gravadas, la cual deja de ser significativa en todas las estimaciones. Por otro lado, ninguno de los sectores muestra evidencia de un nivel de utilidad superior al sector tomado como base[64].

En resumen, las regresiones en niveles muestran que las empresas que recibieron los incentivos del régimen de zonas francas tienen ventas menores a las empresas del grupo de control, pero no se observan diferencias en la utilidad/ventas. La diferencia en el tamaño se explica por las empresas pequeñas, pues en las empresas grandes no se detectaron diferencias en el tamaño de ventas ni en la tasa de utilidad. El resultado encontrado para la rentabilidad (antes del impuesto a la renta) medida como porcentaje de las ventas es interesante porque, en alguna medida, contradice uno de los argumentos utilizados en la región para justificar los incentivos: que las empresas necesitan la exoneración en el impuesto a la renta porque tienen baja utilidad.

Análisis para la variación interanual de las ventas

Utilizando la variable Tasa de Variación Interanual de las Ventas, se puede analizar si el crecimiento promedio de las empresas con incentivos fue diferente del observado en el grupo de empresas sin incentivos. El Cuadro 4.7 resume los resultados para la muestra total de empresas en la primera columna y para las empresas pequeñas y grandes en las subsiguientes. Obsérvese que al controlar la variable de interés (Zona) por el porcentaje de ingresos gravados de las empresas, por el sector y por los años, el resultado indica que las empresas de la zona franca han crecido menos que las otras, aunque para las empresas grandes este diferencial no es significativo. El año de la crisis internacional (2009) aparece siempre significativo y con signo negativo, aunque es el año 2006 cuando se aprecia la mayor diferencia positiva a favor de la zona franca. En el año 2012, también se observa una caída de ventas

---

[64] Debe señalarse que la interpretación de los resultados depende de la manera en que se define la "utilidad". En este sentido, debe distinguirse entre la rentabilidad sobre inversión del margen, pues este último no refleja la rentabilidad por unidad de inversión. Además, esto podría afectar en algún momento los niveles de significación estadística. La sensibilidad a la definición de utilidad se incrementa también pues, en promedio, las empresas que son intensivas en el uso del capital requieren mayores márgenes para obtener un determinado retorno sobre la inversión. Estas consideraciones se extienden al caso de la República Dominicana, considerado más adelante en este capítulo.

CUADRO 4.7 Variable dependiente: tasa de variación de las ventas (% interanual)

	Muestra total	Empresas pequeñas	Empresas grandes
	Variable dependiente: tasas de variación de las ventas		
	Panel efectos aleatorios (*cluster robust*)		
dzona	−0,126**	−0,137**	−0,0656
	(−2,529)	(−2,310)	(−0,695)
Coeficiente Ventas gravadas/ Total Ventas	−0,114**	−0,088	−0,1
	(−2,028)	(−1,267)	(−1,019)
D. Comercio	−0,0523	0,000756	−0,114***
	(−0,690)	(0,0064)	(−2,834)
D. Agricultura	−0,0428	0,00687	−0,0973**
	(−0,559)	(0,0553)	(−2,356)
D. Industrial	−0,0682	−0,00849	−0,120***
	(−0,900)	(−0,0721)	(−2,884)
2005 Año base	0	0	0
2006.año	0,0742*	0,105*	0,0241
	(1,874)	(1,901)	(0,512)
2007.año	0,0000665	0,0283	−0,0437
	(0,00166)	(0,502)	(−0,937)
2008.año	−0,0262	−0,0133	−0,0391
	(−0,753)	(−0,280)	(−0,825)
2009.año	−0,162***	−0,128**	−0,215***
	(−4,267)	(−2,471)	(−4,432)
2010.año	0,06	0,0805	0,0323
	(1,534)	(1,458)	(0,755)
2011.año	−0,0404	−0,0159	−0,0765
	(−1,018)	(−0,299)	(−1,458)
2012.año	−0,0648	−0,0444	−0,0929*
	(−1,518)	(−0,745)	(−1,929)
Constante	0,231**	0,135	0,291***
	(2,119)	(0,83)	(2,766)
Observaciones	2.181	1.450	731
Número de ident	285	191	94
R-sq overall	0,0409	0,0354	0,0975
R-sq between	0,0115	0,0201	0,108
R-sq within	0,0475	0,0378	0,095

Los estadísticos-z robustos están en paréntesis.
*** p<0.01, ** p<0.05, * p<0.1.

CUADRO 4.8 Variable dependiente: variación anual de las ventas. Regresión robusta a *outliers* año por año para las empresas más pequeñas

	2005	2006	2007	2008	2009	2010	2011	2012
dzona	−0,226***	0,0842	−0,0745	−0,00459	−0,335***	−0,193***	0,0741	0,0733
	(−3,321)	−1,417	(−1,279)	(−0,0778)	(−4,917)	(−3,001)	(1,202)	(1,357)
Coeficiente Ventas gravadas/ Total Ventas	−0,0174	0,0988	−0,0352	−0,0177	−0,334***	−0,177***	0,0501	0,101*
	(−0,225)	−1,53	(−0,574)	(−0,287)	(−4,731)	(−2,628)	(0,769)	(1,711)
D. Comercio	0,0979	0,0394	0,0371	0,0751	−0,00222	0,314***	0,0302	−0,174*
	−0,494	−0,387	(0,394)	(0,828)	(−0,0206)	(3,203)	(0,285)	(−1,872)
D. Agricultura	0,166	−0,0155	0,0187	0,241**	0,0248	0,211	−0,0329	−0,176
	−0,75	(−0,117)	(0,152)	(2,035)	(0,175)	(1,646)	(−0,237)	(−1,502)
D. Industrial	0,141	0,0175	0,0886	0,098	−0,0319	0,303***	−0,00862	−0,149
	−0,726	−0,178	(0,975)	(1,121)	(−0,307)	(3,195)	(−0,0840)	(−1,627)
Constant3	−0,0214	−0,0201	0,022	−0,0885	0,299**	−0,0535	−0,00379	0,113
	(−0,0999)	(−0,160)	(0,19)	(−0,780)	(2,25)	(−0,434)	(−0,0289)	(0,937)
Observaciones	164	181	185	185	187	184	187	177
R-squared	0,129	0,017	0,023	0,03	0,143	0,125	0,013	0,048

para las empresas grandes (ver Gráfico B8 del Anexo B)[65]. El porcentaje de ventas gravadas al total de ventas es significativo y negativo en la regresión de la muestra completa, aunque pierde significatividad cuando se separa la muestra en empresas grandes y pequeñas.

El Cuadro 4.8 muestra los resultados de las regresiones año por año en el estrato de las empresas chicas para tener una idea más acabada del resultado general obtenido en el panel. Si bien los datos más extremos (que son 34) fueron ya previamente descartados, se realiza una estimación robusta a *outliers,* dada la gran asimetría de las distribuciones (ver Gráfico B 9 del Anexo B). Según estos resultados, en los años 2005, 2009 y 2010 se encuentra evidencia de diferencias significativas entre las empresas sin incentivos y las ubicadas en las zonas francas; para el resto de los años, las diferencias son (estadísticamente) nulas. El año 2009 es el que presenta el mayor diferencial respecto a la zona sin incentivos, siendo este el año de la crisis, aquí se corrobora que la crisis internacional tuvo mayor

---

[65] En el Anexo B se incluye un análisis de los datos. La mayor dispersión observada en la zona franca es determinante en la estimación del parámetro ya que si bien los promedios de las tasas de crecimiento de la zona franca están por arriba de los de la zona sin beneficios, tienen también una mayor dispersión y esto hace que, al comparar ambas distribuciones, se revele un signo contrario (o nulo) al derivado por los gráficos.

impacto en las empresas de las zonas francas. También en 2005 y 2010 las ventas de las empresas pequeñas sin incentivos crecen más que la que están acogidas al régimen de zonas francas. En el resto de los años, no se observan diferencias estadísticamente significativas. Puede concluirse, entonces, que el resultado observado en el Cuadro 4.7 para las empresas pequeñas se explica por lo ocurrido en tres años de la muestra.

Análisis para la muestra reducida a dos momentos temporales: principio y final del período
El objetivo de este apartado es simplificar el análisis, observando solo el crecimiento acumulado entre puntas —aun con el costo de la pérdida de información que eso conlleva— y estudiar lo sucedido con las empresas con y sin incentivos fiscales entre el principio y el final del período de observación. Un análisis simple de los datos muestra que cuando se toma el total de las empresas, el crecimiento acumulado de las ventas del período ha sido muy similar en ambos grupos; sin embargo, esto cambia cuando se observa la evolución de las ventas diferenciando las empresas según su tamaño. En las empresas pequeñas se evidencia nuevamente una evolución diferente, ya que el crecimiento acumulado de las empresas sin incentivos es superior al de las empresas de zonas francas; en cambio, para las empresas grandes, la pendiente de ambas rectas es muy similar (ver Gráfico B 10 del Anexo B).

Para verificar si las diferencias en las tendencias observadas son estadísticamente significativas, se postula el siguiente modelo:

$$y = \beta_0 + \beta_1 t + \beta_2 Zona + \beta_3 t.Zona + \delta X + e \qquad \text{(Ecuación 2)}$$

donde β_1 capta la variación temporal (para la zona sin incentivos); β_2 capta el impacto diferencial de la dos zonas, en el año base y β_3 indica si el crecimiento observado en la zona franca es diferente del de la zona sin incentivos.

El parámetro δ es el parámetro que estima el efecto de cualquier variable de control (X) que se considere relevante. En este caso, se seguirán incluyendo los sectores económicos y el coeficiente de ingresos gravados como controles adicionales.

La información de la base de datos de la que se dispone no permite aislar el efecto directo que podría tener el régimen tributario de zonas francas, dado que no se puede identificar un momento previo y posterior a la intervención; y tampoco se pueden emparentar empresas que nunca recibieron el beneficio con empresas que sí lo hicieron, puesto que la base de datos no contiene tanta riqueza informativa como para caracterizar bien a las empresas. En resumen, no será posible aislar el efecto concreto, por lo que no podrá asignársele al régimen tributario un impacto específico. Solo se podrá concluir si las empresas de la zona franca han evolucionado de forma diferente a las de la zona sin incentivos en el período bajo estudio.

El Cuadro 4.9 muestra los resultados del modelo planteado para la muestra total, la muestra de empresas pequeñas y la muestra de empresas grandes. Los resultados se estimaron por mínimos cuadrados ordinarios y con metodología robusta a *outliers*. Los resultados son similares, y en consonancia con lo que se venía concluyendo, esto es, que los niveles de ventas son diferentes (medido por la variable *dzona*) y que se ha observado un crecimiento a lo largo de estos años (medido por la variable *t*, con signo positivo). Sin embargo, cuando se alcanza el parámetro de interés, que mide la interacción entre la zona y el paso del tiempo (la Variable Zona*t), el signo negativo del coeficiente indica que el crecimiento observado en las empresas con incentivos es menor al de las empresas sin incentivos, si bien la significatividad de este parámetro para el estrato de las empresas chicas difiere entre ambos métodos: según OLS es estadísticamente cero y según la estimación robusta a *outliers*, en cambio, el crecimiento observado en las zonas francas es significativamente menor al del grupo sin incentivos. Por otro lado, para la muestra completa o la de empresas grandes, este parámetro se puede considerar igual a cero, indicando que los crecimientos de ambas zonas fueron similares, si bien en distinto nivel.

Análisis con información de dictámenes fiscales

Los dictámenes fiscales incluyen un mayor detalle de los datos contables de las empresas; en particular, se puede observar la evolución de sus costos laborales y de su situación patrimonial. El problema es que solo se dispone de información para 17 empresas sin incentivos fiscales y para 13 acogidas al régimen de zonas francas. Los datos cubren el período 2003–2012, pero solo se cuenta con la información para todo este grupo de empresas para los años 2008, 2009, 2011 y 2012.

En cada uno de los subgrupos, hay una empresa de gran tamaño que distorsiona los valores promedio. Si bien la información es escasa, se hizo un ejercicio con datos de panel. En este caso, la variable Zona Franca aparece con signo positivo (el nivel de ventas es mayor), pero no se observan diferencias estadísticamente significativas en el nivel del costo laboral o en el cociente costo laboral a ventas.

República Dominicana

En el caso de República Dominicana, la información disponible a nivel de empresa se obtuvo de las declaraciones juradas del impuesto a la renta para todas las empresas acogidas al régimen de zonas francas y para un grupo sin incentivos seleccionado por funcionarios de la Dirección General de Impuestos Internos (DGII). La base original incluye 34.735 empresas sin incentivos y 2.786 acogidas al régimen de zonas francas. Sin embargo, la información tiene algunas limitaciones:

CUADRO 4.9 Variable dependiente: incremento de las ventas entre 2005 y 2012

	Muestra total		Empresas pequeñas		Empresas grandes	
	OLS	OLS (Out. Rob)	OLS	OLS (Out. Rob)	OLS	OLS (Out. Rob)
dzona	−1,099***	−1,196***	−0,875***	−1,005***	−0,627	−0,435
	(−3,768)	(−4,922)	(−3,195)	(−6,010)	(−1,112)	(−1,154)
t	0,257	0,325*	0,237*	0,329***	0,293	0,284
	(1,637)	(1,962)	(1,756)	(2,813)	(1,583)	(1,321)
Zona*t	−0,238	−0,32	−0,263	−0,398**	−0,0283	0,0126
	(−0,817)	(−1,239)	(−0,990)	(−2,147)	(−0,0947)	(0,038)
Coeficiente ventas gravadas/ total ventas	−1,482***	−1,627***	−0,674**	−0,954***	−0,976*	−0,744*
	(−4,891)	(−6,640)	(−2,333)	(−5,720)	(−1,655)	(−1,820)
D. Comercio	0,0591	−0,08	0,538	0,342	0,319	0,284
	(0,154)	(−0,220)	(1,347)	(1,221)	(0,961)	(0,681)
D. Agricultura	1,418***	1,337***	0,769*	0,597*	0,805**	0,804*
	(3,426)	(3,269)	(1,824)	(1,661)	(2,285)	(1,836)
D. Industrial	0,0408	0,0864	0,41	0,514*	0,644*	0,685*
	(0,109)	(0,245)	(1,057)	(1,88)	(1,95)	(1,682)
Constant	11,24***	11,43***	9,450***	9,883***	11,93***	11,65***
	(22,44)	(24,58)	(17,55)	(27,78)	(16,85)	(20,06)
Observaciones	543	543	361	361	182	182
R-squared	0,125	0,156	0,113	0,205	0,109	0,096

Los estadísticos-t robustos están en paréntesis.
*** p<0.01, ** p<0.05, * p<0.1.

La información para ambos tipos de empresas comprende el período 2005–2012 e incluye, para el grupo de empresas sin incentivos a las ventas totales, a la utilidad declarada en el formulario y a los costos laborales. En el caso de las empresas con incentivos, se cuenta con más información (exportaciones, ventas al mercado interno desde 2011).

Los valores expresados en pesos fueron convertidos a dólares, utilizando el tipo de cambio promedio de cada año.

En varios casos, la información tiene algunos vacíos. Del total de datos se mantienen aquellas empresas que permanecieron en la muestra 4 años o más, o las que permanecieron 2 o 3 años, pero incluyendo a los años 2011 y 2012.

También se detectaron algunas inconsistencias. Por ejemplo, se observa una gran cantidad de empresas que no informan, o informan valores muy pequeños de ventas totales, por lo que se eliminan de la muestra las empresas que informen ventas menores a US$100 en un año. Por otro lado, se controla asimismo que las empresas mantengan cierta consistencia entre los valores de Ventas Totales, Utilidad y Costo Laboral informados, por lo que también se eliminaron las empresas para las cuales la diferencia entre los ingresos y el costo laboral más la utilidad sea negativa, porque ello supondría que los otros gastos son negativos. Se eliminan también todos los datos de las empresas cuyos costos laborales superan en más de 10 veces a sus ingresos. Existen, a su vez, datos puntuales en algunas empresas (ingresos excesivamente altos para la historia observada de la empresa) que también se deciden eliminar. Hechas todas estas reducciones, la muestra queda con 7.300 empresas de la zona sin incentivos y 491 de la zona franca.

Al igual que en el caso de El Salvador, no es posible hacer un ejercicio del tipo *diff in diff* porque la exención del impuesto a la renta para las empresas situadas en la zona franca se viene aplicando desde mucho tiempo antes del comienzo de la muestra para la cual se dispone de datos. Solo se puede comparar el desempeño de empresas que siempre tuvieron el beneficio, con aquellas que no lo tuvieron nunca.

Entonces, la comparación de las empresas con y sin incentivos fiscales se realizó a través del análisis de cuatro variables: el nivel de ingresos reales de las empresas, el crecimiento interanual que tuvieron, el nivel de utilidad y la intensidad laboral medida como el cociente de los Costos Laborales a las Ventas Totales.

En el caso de República Dominicana, hay diferencias importantes en el tamaño de las empresas con y sin incentivos. Por ello, se agruparon las empresas en cuatro grupos, pero el primero con ventas hasta US$ 100.000 anuales se deja solo a título informativo porque prácticamente no hay empresas de ese nivel de ventas acogidas al régimen de zonas francas. La mayor disponibilidad de datos en ambos grupos se observa en los tamaños comprendidos entre US$ 100.000 y US$1 millón de ventas al año y entre US$ 1 millón y US$ 10 millones. Por consiguiente, los resultados de las regresiones serían más representativos en estos casos, aunque el cuarto grupo con ventas mayores a US$ 10 millones tiene algo más de 60 empresas en cada grupo. El Apéndice C incluye un análisis exhaustivo de la base de datos.

Análisis en niveles para las ventas, utilidad e intensidad laboral

Se plantea una ecuación donde las ventas de las empresas dependen del tratamiento tributario en el que se desempeñan y del sector económico al que pertenecen, y se incluyen también variables que controlan por el año para captar factores económicos coyunturales o de otro orden, pero que hayan sido comunes a todas. Se realizará la estimación por paneles, dado que se cuenta con empresas que han sido observadas varias veces en el período 2005–2012, algunas durante todo el período y otras, únicamente en algunos años. Como interesa medir especialmente el efecto de los incentivos otorgados a las empresas acogidas al régimen de zonas francas (que es una variable *dummy* constante para cada empresa durante todo el período) sobre las distintas variables, la estimación se hará con efectos aleatorios[66]. La ecuación planteada es similar a la Ecuación 1 estimada para El Salvador, pero sin incluir la variable Coeficiente de Ventas Gravadas que no es relevante en este caso.

El Cuadro 4.10 resume las estimaciones realizadas para los cuatro estratos y para la muestra completa, esta última y la del estrato de empresas chicas se incluyen solo a título informativo. En el caso de la muestra completa, por la gran heterogeneidad en los tamaños de las empresas entre ambas zonas; y en el caso del estrato de las empresas más chicas, porque la comparación incluye un grupo muy reducido de empresas de la zona franca.

Se observa que en los tres segmentos con ventas anuales mayores a US$ 100.000, el nivel de ventas es mayor en la zona franca que en la zona sin incentivos (la variable ficticia dzona tiene un coeficiente positivo y significativo al 1%). También indican que las empresas del sector industrial tienen un nivel de ventas significativamente más alto que el sector tomado como base de comparación, que fue el de servicios.

En el Cuadro 4.11 se muestran los resultados para la variable Utilidad expresada como porcentaje de las ventas. Se observa que no hay diferencias significativas en el coeficiente Utilidad a Ingresos en ninguno de los tres estratos relevantes. La significancia y el signo negativo en todos los años para el estrato de las empresas medianas muestran que el año con mayor utilidad fue el año 2005.

Los resultados del Cuadro 4.12 muestran que las empresas con incentivos son más intensivas en el factor trabajo que las que no tienen incentivos[67]. La diferencia es mayor para las empresas con ventas entre US$ 100.000 y US$ 1 millón al año. En cuanto a los sectores, tanto la industria como la industria textil tienen niveles de intensidad laboral superiores a los del sector base, que es el de servicios; mientras que el agro tiene un coeficiente de costo laboral a ingresos menor que el de servicios. Finalmente, los signos negativos correspondientes a los años indican una tendencia negativa general en esta variable para las dos zonas.

Análisis para el crecimiento de las ventas

En el Cuadro 4.13 se muestran los resultados obtenidos cuando la variable dependiente es el crecimiento anual de las ventas. El coeficiente positivo y significativo de la variable dzona muestra que las empresas con incentivos han

---

[66] De esta forma, en este modelo de efectos aleatorios se supone que no existen variables omitidas comunes a las empresas, correlacionadas con las variables explicativas del modelo propuesto. En cualquier caso, no puede realizarse una estimación por efectos fijos relevante para el propósito de este estudio, porque la variable Zona toma el mismo valor para cada empresa en todos los años.
[67] Este hallazgo podría brindar información indirecta sobre los niveles relativos de eficiencia.

CUADRO 4.10 Variable: ingresos en dólares (en logs)

	Muestra total	Menos de US$ 100.000	Entre US$100.000 y US$1.000.000	Entre US$1.000.000 y US$10.000.000	Más de US$10.000.000
dzona	2,183***	0,262**	0,327***	0,204***	0,334***
	−24,8	−2,02	−5,651	−3,294	−2,582
s_ind	0,636***	0,147***	0,0941***	0,290***	0,383***
	−10,82	−3,296	−2,755	−5,472	−3,343
s_textil	0,0467	0,0434	0,0366	0,0816	0,111
	−0,56	−0,601	−0,686	−0,987	−0,606
s_agro	0,378***	−0,108	0,0969	0,12	−0,0182
	−3,904	(−1,226)	−1,588	−1,471	(−0,0846)
2005b.anio	0	0	0	0	0
2006.anio	0,0633***	−0,0667**	0,0753***	0,161***	0,0108
	−3,912	(−2,064)	−3,208	−5,073	−0,133
2007.anio	0,395***	0,198***	0,435***	0,471***	0,348***
	−19,91	−5,24	−15,03	−12,01	−4,204
2008.anio	0,467***	0,188***	0,536***	0,566***	0,498***
	−21,49	−4,648	−17,22	−12,77	−4,602
2009.anio	0,361***	0,0248	0,436***	0,508***	0,435***
	−15,89	−0,59	−13,65	−11,01	−3,891
2010.anio	0,467***	0,102**	0,540***	0,622***	0,614***
	−20,21	−2,418	−16,51	−13,53	−5,455
2011.anio	0,539***	0,120***	0,626***	0,745***	0,605***
	−22,8	−2,868	−18,75	−15,78	−5,325
2012.anio	0,609***	0,217***	0,704***	0,755***	0,758***
	−24,93	−5,055	−20,68	−15,34	−6,458
Constante	11,27***	10,25***	11,93***	13,89***	16,00***
	−417,6	−272,7	−408,6	−300,1	−130,3
Observaciones	37.516	12.543	17.425	6.603	945
Número de rnc	7.791	3.285	3.320	1.038	148
R-sq overall	0,11	0,0083	0,0429	0,0752	0,147
R-sq between	0,103	0,0036	0,011	0,0291	0,0939
R-sq within	0,0594	0,0161	0,0807	0,117	0,15

Los estadísticos-t robustos están en paréntesis.
*** p<0.01, ** p<0.05, * p<0.1.
*** p<0.01, ** p<0.05, * p<0.1.

CUADRO 4.11 Variable: Utilidad/Ventas

	Muestra total	Menos de US$ 100.000	Entre US$100.000 y US$1.000.000	Entre US$1.000.000 y US$10.000.000	Más de US$10.000.000
dzona	0,0966***	-0,004	-0,0209	0,0219	0,0119
	-5,57	(-0,0301)	(-0,641)	-1,116	-0,572
s_ind	-0,00114	-0,0247	-0,0305***	-0,0078	0,0182
	(-0,108)	(-0,987)	(-2,671)	(-0,581)	-0,938
s_textil	-0,0430**	-0,0596	-0,0314	-0,0343	-0,0313
	(-2,062)	(-1,175)	(-1,283)	(-1,481)	(-1,175)
s_agro	-0,036	-0,0679	-0,0609**	-0,0179	-0,0292*
	(-1,600)	(-1,222)	(-2,252)	(-1,185)	(-1,670)
2005base.anio	0	0	0	0	0
2006.anio	-0,00758	-0,0084	-0,0192**	0,0127	0,0155
	(-1,090)	(-0,440)	(-2,449)	-1,101	-0,999
2007.anio	-0,00474	-0,021	-0,00842	0,0146	0,0271
	(-0,624)	(-1,036)	(-0,974)	-1,178	-1,397
2008.anio	-0,0427***	-0,0840***	-0,0384***	-0,00438	0,0133
	(-5,031)	(-3,840)	(-3,849)	(-0,297)	-0,626
2009.anio	-0,0531***	-0,104***	-0,0432***	-0,0119	-0,00877
	(-6,287)	(-4,890)	(-4,251)	(-0,805)	(-0,396)
2010.anio	-0,0483***	-0,118***	-0,0353***	0,0153	0,0131
	(-5,811)	(-5,415)	(-3,625)	-1,199	-0,566
2011.anio	-0,0567***	-0,113***	-0,0502***	0,00368	-0,0152
	(-6,734)	(-5,384)	(-4,773)	-0,274	(-0,664)
2012.anio	-0,0548***	-0,119***	-0,0440***	0,0102	0,00433
	(-6,723)	(-5,501)	(-4,803)	-0,776	-0,202
Constante	-0,0565***	-0,110***	0,0108	0,0088	0,0459*
	(-7,814)	(-6,041)	-1,477	-0,678	-1,936
Observaciones	36.943	12.259	17.191	6.554	939
Cantidad de Empresas	7.731	3.238	3.309	1.036	148
R-sq overall	0,0054	0,0054	0,0033	0,0029	0,0219
R-sq between	0,0049	0,0017	0,0054	0,004	0,0272
R-sq within	0,0037	0,0086	0,0035	0,0018	0,0141

Los estadísticos-z robustos están en paréntesis.
*** p<0.01, ** p<0.05, * p<0.1.
*** p<0.01, ** p<0.05, * p<0.1.

CUADRO 4.12 Variable: Intensidad laboral (Costo laboral/ventas)

	Muestra Total	Menos de US$ 100.000	Entre $100.000 y US$1.000.000	Entre US$1.000.000 y US$10.000.000	Más de US$10.000.000
dzona	0,043	0,626***	0,446***	0,338***	0,125
	−0,873	−3,792	−5,874	−4,049	−0,708
s_ind	0,0355	−0,00421	0,199***	0,196***	0,227
	−1,149	(−0,0810)	−4,439	−2,903	−1,073
s_textil	0,281***	0,0924	0,266***	0,628***	0,564**
	−5,519	−1,091	−3,565	−5,557	−2,087
s_agro	−0,254***	0,179*	−0,175*	−0,675***	0,0417
	(−3,824)	−1,831	(−1,885)	(−5,754)	−0,113
2005b.anio	0	0	0	0	0
2006.anio	−0,0477***	0,0399	−0,0665***	−0,129***	−0,00107
	(−2,876)	−1,087	(−2,833)	(−4,419)	(−0,0143)
2007.anio	−0,134***	−0,0458	−0,173***	−0,168***	−0,179**
	(−6,988)	(−1,165)	(−6,091)	(−4,940)	(−2,280)
2008.anio	−0,137***	−0,0603	−0,168***	−0,170***	−0,254***
	(−6,638)	(−1,414)	(−5,570)	(−4,477)	(−2,985)
2009.anio	−0,0768***	0,0012	−0,108***	−0,117***	−0,202**
	(−3,630)	−0,028	(−3,401)	(−3,122)	(−2,280)
2010.anio	−0,0768***	0,0524	−0,134***	−0,127***	−0,312***
	(−3,648)	−1,231	(−4,256)	(−3,289)	(−3,438)
2011.anio	−0,0443**	0,0996**	−0,105***	−0,125***	−0,241***
	(−2,105)	−2,342	(−3,309)	(−3,449)	(−2,578)
2012.anio	−0,126***	−0,061	−0,175***	−0,109***	−0,345***
	(−5,901)	(−1,412)	(−5,451)	(−2,956)	(−3,525)
Constant	−2,109***	−1,818***	−2,331***	−2,524***	−2,881***
	(−99,45)	(−47,56)	(−74,29)	(−49,17)	(−13,39)
Observaciones	37.502	12.534	17.421	6.602	945
Cantidad de empresas	7.788	3.282	3.320	1.038	148
R-sq overall	0,0068	0,005	0,0182	0,0663	0,0272
R-sq between	0,0105	0,0081	0,0344	0,107	0,0677
R-sq within	0,0033	0,0055	0,0033	0,006	0,0432

Los estadísticos-z robustos están en paréntesis.
*** $p<0.01$, ** $p<0.05$, * $p<0.1$.
*** $p<0.01$, ** $p<0.05$, * $p<0.1$.

CUADRO 4.13 Variable: Tasa de variación de los ingresos en dólares (log (1+tasa))

	Muestra total	Menos de US$ 100.000	Entre US$100.000 y US$1.000.000	Entre US$1.000.000 y US$10.000.000	Más de US$10.000.000
1.dzona	0,115***	0,336**	0,108**	0,107***	0,134***
	−5,057	−2,537	−2,3	−3,613	−3,096
s_ind	−0,0340**	−0,0247	−0,0158	−0,0894***	−0,0659
	(−2,384)	(−0,870)	(−0,699)	(−3,829)	(−1,410)
s_textil	−0,0919***	0,04	−0,172***	−0,122***	−0,0929
	(−3,784)	−0,906	(−4,397)	(−2,922)	(−1,178)
s_agro	−0,0773***	−0,0993**	−0,0854*	−0,0700*	0,226
	(−2,982)	(−2,247)	(−1,937)	(−1,783)	−1,429
2006b.anio	0	0	0	0	0
2007.anio	0,261***	0,302***	0,278***	0,187***	0,189
	−12,55	−6,968	−9,179	−5,232	−1,614
2008.anio	−0,0621***	−0,0179	−0,0731***	−0,0665**	−0,00296
	(−3,456)	(−0,493)	(−2,706)	(−2,174)	(−0,0376)
2009.anio	−0,286***	−0,207***	−0,325***	−0,271***	−0,193**
	(−15,58)	(−5,624)	(−12,03)	(−7,682)	(−2,568)
2010.anio	−0,125***	−0,0122	−0,165***	−0,161***	−0,00907
	(−6,920)	(−0,324)	(−6,223)	(−5,257)	(−0,118)
2011.anio	−0,174***	−0,0770**	−0,206***	−0,165***	−0,190***
	(−9,526)	(−2,048)	(−7,740)	(−4,930)	(−2,611)
2012.anio	−0,226***	−0,0381	−0,297***	−0,296***	−0,0606
	(−12,48)	(−1,039)	(−11,12)	(−8,946)	(−0,794)
Constante	0,250***	0,114***	0,310***	0,287***	0,172***
	−16,81	−3,77	−14,1	−10,9	−2,617
Observaciones	31.366	10.258	14.709	5.600	799
Cantidad Empresas	7.319	2.974	3.184	1.016	145
R-sq overall	0,0261	0,0178	0,0347	0,0414	0,0483
R-sq between	0,0268	0,0002	0,0309	0,0443	0,0183
R-sq within	0,0641	0,0375	0,0791	0,0788	0,0522

Los estadísticos-z robustos están en paréntesis
*** p<0.01, ** p<0.05, * p<0.1.

aumentado más sus ventas que las empresas sin incentivos, controlando por los diferentes sectores.

Análisis del sector industrial

La información disponible permite hacer una estimación únicamente para las empresas del sector industrial. Los resultados para la industria (ver Cuadro 4.14) son

CUADRO 4.14 — Estimaciones para el sector industrial

	Variable: Tasa de variación de los ingresos en dólares (log (1+tasa))			Variable: Utilidad/Ingresos			Variable: Intensidad laboral		
	Entre US$100.000 y US$1.000.000	Entre US$1.000.000 y US$10.000.000	Más de US$10.000.000	Entre US$100.000 y US$1.000.000	Entre US$1.000.000 y US$10.000.000	Más de US$10.000.000	Entre US$100.000 y US$1.000.000	Entre US$1.000.000 y US$10.000.000	Más de US$10.000.000
dzona	0,0768 (1,566)	0,120*** (3,316)	0,152*** (3,405)	−0,0561 (−1,349)	−0,00635 (−0,329)	0,0123 (0,46)	0,536*** (7,107)	0,421*** (4,979)	0,117 (0,581)
2005b.año									
2006.año				−0,0585*** (−3,112)	0,0194 (1,024)	0,00114 (0,0791)	−0,0644 (−1,620)	−0,0810** (−2,258)	−0,0579 (−0,856)
2007.año	0,287*** (5,739)	0,104** (2,003)	0,196** (2,301)	−0,0370** (−2,112)	0,0285 (1,278)	0,0205 (0,825)	−0,143*** (−2,891)	−0,123** (−2,568)	−0,184** (−2,391)
2008.año	−0,00127 (−0,0266)	−0,0726* (−1,667)	0,026 (0,494)	−0,0755*** (−3,659)	0,026 (1,096)	−0,0115 (−0,477)	−0,119** (−2,324)	−0,0659 (−1,257)	−0,213*** (−2,632)
2009.año	−0,280*** (−5,762)	−0,222*** (−4,040)	−0,124* (−1,953)	−0,0672*** (−2,958)	−0,00684 (−0,261)	−0,0226 (−0,845)	−0,0749 (−1,188)	−0,0408 (−0,760)	−0,193** (−2,256)
2010.año	−0,130*** (−2,742)	−0,0835 (−1,636)	0,0579 (0,893)	−0,0516*** (−2,684)	0,015 (0,606)	−0,0144 (−0,514)	−0,108* (−1,830)	−0,108* (−1,726)	−0,332*** (−3,820)
2011.año	−0,0755 (−1,501)	−0,0863* (−1,729)	−0,12 (−1,610)	−0,0611*** (−2,819)	0,0225 (0,941)	−0,0292 (−0,995)	−0,135** (−2,440)	−0,128** (−2,486)	−0,255*** (−2,643)

(continúa en la página siguiente)

CUADRO 4.14 Estimaciones para el sector industrial *(continuación)*

	Variable: Tasa de variación de los ingresos en dólares (log (1+tasa))			Variable: Utilidad/Ingresos			Variable: Intensidad laboral		
	Entre US$100.000 y US$1.000.000	Entre US$1.000.000 y US$10.000.000	Más de US$10.000.000	Entre US$100.000 y US$1.000.000	Entre US$1.000.000 y US$10.000.000	Más de US$10.000.000	Entre US$100.000 y US$1.000.000	Entre US$1.000.000 y US$10.000.000	Más de US$10.000.000
2012.año	−0,264*** (−5,323)	−0,287*** (−5,851)	−0,0336 (−0,436)	−0,0707*** (−3,710)	−0,00392 (−0,140)	−0,0215 (−0,811)	−0,179*** (−3,070)	−0,0920* (−1,806)	−0,325*** (−3,227)
Constante	0,206*** (5,346)	0,163*** (4,617)	0,0501 (1,186)	0,00743 (0,641)	−0,00349 (−0,143)	0,0667*** (2,589)	−2,138*** (−40,84)	−2,278*** (−34,28)	−2,557*** (−15,56)
Observaciones	3.288	1.933	493	3.817	2.266	579	3.904	2.287	580
Número de rnc	692	345	86	712	348	88	718	349	88
R-sq overall	0,0319	0,0276	0,0547	0,0047	0,0023	0,0178	0,0376	0,0416	0,0076
R-sq between	0,0887	0,0176	0,0435	0,0038	0,0004	0,0270	0,0619	0,0615	0,0124
R-sq within	0,0904	0,0508	0,0565	0,0053	0,0045	0,0243	0,0026	0,0053	0,0531

Los estadísticos-z robustos están en paréntesis.
*** $p<0.01$, ** $p<0.05$, * $p<0.1$.

similares a los obtenidos para el agregado de los sectores económicos, pues el crecimiento de las ventas fue superior en las empresas con los incentivos de zonas

> **Recuadro 4.1. Análisis empírico de las empresas en zona franca en Costa Rica**
>
> La base de datos empleada para el análisis con microdatos, a nivel de empresas en Costa Rica, abarca desde el año 1997 al 2012. Incluye variables como las ventas, las utilidades, el empleo, la inversión y los impuestos exonerados y pagados. Hay 467 empresas identificadas, aunque la mayor parte de ellas no reporta información todos los años ni para todas las variables, por lo que el número de observaciones que se pueden utilizar en cada estimación econométrica es más reducido. Dada la heterogeneidad por el tamaño de las empresas, se ha estratificado la muestra, distinguiendo las empresas pequeñas de las empresas medianas y grandes.
> Dentro del período de la muestra, el nivel de impuestos exonerados indica una tendencia creciente en las empresas grandes y pequeñas. No obstante, se encuentra que las empresas grandes tienen probabilidades crecientes de exonerarse. Las empresas pequeñas, en cambio, tienen un nivel más estable en el porcentaje de impuestos pagados. Se ha formulado un modelo econométrico para investigar si el régimen tributario afecta la inversión o el empleo, controlando por el tamaño de las empresas y los niveles de exoneración.
> Se realizó una estimación por paneles, con efectos aleatorios para la inversión y con efectos fijos para el empleo, utilizando errores estándares robustos. Los resultados apuntan a que una variación del porcentaje de impuestos exonerados no influye sobre la inversión. Por otra parte, se encuentra que las empresas que se han mantenido exoneradas dentro del período de la muestra mantienen un nivel de inversión relativamente constante, superior al de las empresas con cambios en su exoneración. Es de notar también que aquellas empresas que mantuvieron un nivel de exoneración menor al máximo permitido, pero también constante en el tiempo, tienen los mayores niveles de inversión. En lo que respecta al empleo, por cada punto porcentual que aumenta la exoneración, el empleo sube alrededor de un punto y medio.
> Un problema subyacente se deriva de que, en Costa Rica, la realización de nuevas inversiones permite obtener nuevas exoneraciones. El nivel de ventas y la cantidad de empleados pueden ser consecuencia de una mayor inversión y viceversa. Esto motiva la reestimación de un modelo econométrico con paneles, corrigiendo por la endogeneidad de las variables en el sistema. Usando esta especificación econométrica, se encuentra que el nivel de exoneración de impuestos no es significativo para explicar la inversión. En contraste, las empresas que tuvieron cambios en el nivel de exoneración y las que solamente estuvieron exoneradas parcialmente, tuvieron una inversión relativamente menor. Debe subrayarse que, una vez que se corrige por la endogeneidad en el sistema de ecuaciones, desaparece el impacto del nivel de exoneración de los impuestos sobre la creación de empleo.
> En resumen, el análisis del caso costarricense revela que el nivel de la exoneración no parece tener un impacto en la inversión, aunque, de otorgarse tal beneficio, debe propiciarse la estabilidad en los porcentajes de exoneración. Además, se encuentra que al corregirse por la endogeneidad y dinámica de las variables, desaparece el impacto de la exoneración de impuestos sobre el empleo.

CUADRO 4.15 Estimación para el cambio observado entre puntas

	Variable: Ingresos en dólares			Variable: Utilidad a ingresos			Variable: Intensidad laboral		
	Entre US$100.000 y US$1.000.000	Entre US$1.000.000 y US$10.000.000	Más de US$10.000.000	Entre US$100.000 y US$1.000.000	Entre US$1.000.000 y US$10.000.000	Más de US$10.000.000	Entre US$100.000 y US$1.000.000	Entre US$1.000.000 y US$10.000.000	Más de US$10.000.000
dley	158.698*** (2,776)	538.930* (1,669)	16.260.000 (1,536)	0,0636*** (2,753)	-0,000691 (-0,0202)	0,0576 (1,074)	0,0295 (1,002)	0,0438** (2,348)	0,0513* (1,758)
t	207.784*** (9,341)	1,526e+06*** (7,781)	1,033e+07*** (2,769)	-0,0339*** (-3,884)	0,0026 (0,175)	0,0264 (0,962)	-0,0506*** (-5,563)	-0,0372*** (-2,974)	-0,0163 (-0,931)
leyxt	258.076** (2,167)	881.694** (1,971)	10.730.000 (0,877)	-0,05 (-1,071)	0,0323 (0,843)	-0,0686 (-1,210)	0,0358 (1,052)	-0,0112 (-0,505)	-0,0734** (-2,141)
s_ind	67.408 (1,527)	612.086*** (2,661)	1,257e+07*** (2,575)	-0,00696 (-0,587)	-0,0451** (-2,435)	0,0205 (0,846)	-0,00963 (-1,109)	-0,0257** (-2,546)	-0,0297** (-1,987)
s_textil	-58.888 (-1,133)	-121.214 (-0,290)	2.551.000 (0,249)	-0,0365* (-1,766)	-0,0415 (-1,583)	-0,0137 (-0,431)	0,024 (0,999)	0,0253 (1,543)	0,0296 (1,01)
s_agro	9320 (0,216)	-271292 (-0,986)	-1,103e+07* (-1,805)	-0,0118 (-0,458)	-0,0274* (-1,828)	-0,0212 (-0,744)	-0,0290* (-1,748)	-0,0860*** (-7,790)	-0,0305 (-1,384)
Constante	289.969*** (19,03)	1,941e+06*** (15,98)	9,160e+06*** (2,984)	0,00599 (0,851)	0,0323** (2,333)	0,0323 (1,107)	0,213*** (30,12)	0,173*** (15,03)	0,123*** (6,633)
Observaciones	3.922	1.533	224	3.869	1.517	221	3.922	1.533	224
R-squared	0,031	0,072	0,135	0,005	0,007	0,019	0,010	0,028	0,109

Los estadísticos-z robustos están en paréntesis.
*** p<0.01, ** p<0.05, * p<0.1.

francas en los segmentos de mayor tamaño, el coeficiente utilidad a ingresos es similar entre ambas zonas (el coeficiente es estadísticamente no significativo) y la intensidad laboral es mayor para las empresas con incentivos solo en los casos de las empresas medianas y medianas-grandes, mientras que no se observa diferencia en las empresas de más de US$10 millones.

Comparación para el crecimiento observado entre 2005 y 2012

Para evaluar el crecimiento entre puntas de las diferentes variables dependientes, se estimó la misma ecuación 2 utilizada para el caso de El Salvador. En cuanto a la evolución de los ingresos, los resultados del Cuadro 4.15 indican que el crecimiento acumulado de las empresas medianas y medianas-grandes de la zona franca fue superior al de la zona sin incentivos. No se observan diferencias en el desempeño medido por el coeficiente utilidad a ingresos de ambas zonas impositivas para este grupo de empresas, pero sí en las pequeñas que tuvieron un mayor aumento en la utilidad en la zona franca. La intensidad laboral evolucionó de manera similar entre puntas, excepto para las empresas medianas-grandes, en las cuales aumentó más en las empresas con incentivos.

Opciones de política

La evidencia disponible sugiere que algunos de los problemas mencionados en las distintas investigaciones sobre incentivos fiscales están presentes en los casos de las empresas radicadas en zonas francas de Costa Rica, El Salvador y República Dominicana.

Una de las críticas al otorgar "vacaciones tributarias" en el impuesto a la renta de las empresas es que pueden favorecer a proyectos de alta rentabilidad que quizás se hubieran concretado de todas maneras. Las estimaciones de las tasas de retorno de República Dominicana y Costa Rica, realizadas en este estudio sugieren que este riesgo sería elevado. A su vez, esta conclusión también está avalada por el análisis con microdatos realizado para los casos de El Salvador y República Dominicana, que muestran que la rentabilidad antes de impuestos sería similar o incluso superior en las empresas con incentivos.

Los críticos de los incentivos fiscales destacan otros riesgos, a saber, que los proyectos se readecúen solo para poder mantener los incentivos en el tiempo, que se favorezca de manera desproporcionada a industrias con alta movilidad, o que se facilite la elusión fiscal a nivel mundial, mediante el uso de precios de transferencia. Existe evidencia anecdótica que estos problemas también estarían presentes en los tres países.

Las restricciones impuestas por la OMC pueden ser vistas como un problema o como una oportunidad para readecuar los regímenes de incentivos. Una opción extrema para cumplir con las nuevas reglas sería eliminarlos y, en el otro extremo, extenderlos para que alcancen a todas las empresas, ya sea que exporten o que vendan al mercado interno. Esa segunda opción es la que seguirían Costa Rica, Guatemala y República Dominicana. Sin embargo, este camino ignora los problemas mencionados anteriormente y, a su vez, genera otros, además de suponer la pasividad de los países de origen de la inversión.

Por un lado, complica la labor de la administración tributaria no solo a nivel de empresas, sino para controlar el impuesto personal a la renta de las familias de mayores ingresos. En la medida en que la tasa de sociedades sea menor a la marginal de personas, se incentiva a que estas "estacionen" su renta en las empresas. Por pretender rescatar a las empresas en las zonas francas, se corre el riesgo de hundir el principal instrumento tributario que existe para dar cierta progresividad a los impuestos de los países de la región.

Convertir al país en una gran zona franca supone ingenuamente que las empresas multinacionales no explotarán la baja o nula tributación en el impuesto a la renta para estacionar una parte de sus utilidades globales en sus sucursales en las zonas francas. En la medida en que lo hagan y en un contexto mundial de acciones cada vez más restrictivas para los paraísos fiscales, no puede descartarse una nueva ola de reacciones; en este caso, no desde la OMC, sino desde las Secretarías de Finanzas de los países desarrollados.

Por ello, hubiera sido preferible explorar un régimen de incentivos "superador". Una forma de lograrlo es concentrar los incentivos en nuevas inversiones y limitarlo a la rentabilidad "normal" del capital. En otras palabras, proyectos con rentas extraordinarias pagarían el impuesto a la renta y los proyectos antiguos que no invierten, también.

El incentivo para lograr estos objetivos es la amortización instantánea de la nueva inversión. Este beneficio elimina el impuesto a la renta en el margen. En otras palabras, las nuevas inversiones que obtengan un retorno "normal" no pagan impuestos. Un ejercicio simple basado en los proyectos tipo de la región sugiere que una empresa que invierta por año el equivalente a entre el 15% y el 20% de su activos en bienes de uso no pagaría el impuesto a la renta. Sin embargo, esa situación se mantiene únicamente si hay inversiones todos los años y no hay rentas extraordinarias.

Referencias

Alfaro, L. y A. Charlton (2008). "Growth and the quality of foreign direct investment: Is all FDI equal?" CEP Discussion Paper Nº 830.

Arellano, M. y S. Bond (1991). "Some tests of specification for panel data: Monte Carlo evidence and an application to employment equations", *Review of Economic Studies*. 58: 277–297.

Artana, D. (2007). "Los gastos tributarios y los incentivos fiscales a la inversión en República Dominicana". Trabajo realizado para el Banco Interamericano de Desarrollo.

Artana, D. e I. Templado (2012). "Incentivos tributarios a la inversión: ¿qué nos dicen la teoría y la evidencia empírica sobre su efectividad?" Trabajo realizado para el Banco Interamericano de Desarrollo.

Auerbach, A. (1979). Wealth Maximization and the Cost of Capital. *Quarterly Journal of Economics*. 93 (3): 433–446.

Auerbach, A. (2013). *Capital Income Taxation, Corporate Taxation, Wealth Transfer Taxes and Consumption Tax Reforms*. University of California, Berkeley. August (mimeo).

Auerbach, A., M. Devereux y H. Simpson (2008). "Taxing Corporate Income". Background paper for the Mirlees Report 2011.

Bolnick, B. (2004). "Effectiveness and Economic Impact of Tax Incentives in the SADC Region". Trabajo elaborado para AID por the Nathan-MSI Group.

Bondonio, D. y R. Greenbaum (2007). "Do local tax incentives affect economic growth? What mean impacts miss in the analysis of enterprise zone policies". *Regional Science and Urban Economics* 37, 121–136.

Bondonio, D. y R. Greenbaum (2012). "Revitalizing regional economies through enterprise support policies: an impact evaluation of multiple instruments". *European Urban and Regional Studies*.
http://eur.sagepub.com/content/early/2012/03/29/0969776411432986

Bronzini R. y G. De Blasio (2006). "Evaluating the impact of investment incentives: The case of Italy's Law 488/1992". *Journal of Urban Economics* 60, 327–349.

Caiumi, A. (2011). "The Evaluation of the Effectiveness of Tax Expenditures – A Novel Approach: An application to the regional tax incentives for business investments in Italy". OECD Taxation Working Papers No. 5.
http://dx.doi.org/10.1787/5kg3h0trjmr8-en

Céspedes-Torres, O. (2012). "Metodología de análisis costo-beneficio de los regímenes de zonas francas en América Latina y el Caribe". En J. Granados y A. Ramos Martínez (Eds.), *Zonas francas, comercio y desarrollo en América Latina y el Caribe. Análisis crítico de sus oportunidades y desafíos*. Banco Interamericano de Desarrollo; Washington D.C.

Chirinko, R. y D. Wilson (2010). "Job Creation Tax Credits and Job Growth: Whether, When, and Where?" Federal Reserve Bank of San Francisco. Working Paper Series 2010-25 (septiembre).

Chirinko, R. y D. Wilson (2008). "State Investment Tax Incentives: A Zero-Sum Game?" Federal Reserve Bank of San Francisco. Working Paper Series 2006-47 (julio)

Clark, S., A. Cebreiro y A. Böhmer (2007). *Tax Incentives for Investment. A Global Perspective: experiences in MENA and non-MENA countries*. París: OCDE.

CNZFE (Consejo Nacional de Zonas Francas de Exportación). Informe Estadístico. Sector Zonas Francas. Varios años.

De Mooij, R. y S. Ederveen (2003). "Taxation and Foreign Direct Investment: A synthesis of Empirical Research". *International Tax and Public Finance*. 10, 673-693.

Devereux, M.P., R. Griffith y H. Simpson (2007). "Firm location decisions, regional grants and agglomeration externalities". *Journal of Public Economics,* 91, 413-435.

Feld, L. y J. Heckmeyer (2009). "FDI and Taxation: A Meta-Study". CESIFO Working Paper N° 2540 (febrero).

Givord, P. (2011). Essays on Four Issues on Public Policy Evaluation. Tesis Doctoral (junio).

Golosov, M. N. Kocherlakota y A. Tsyvinski (2003). Optimal Indirect and Capital Taxation. Review of Economic Studies. 70 (3):569-587 (julio).

Granados, J. (2005). "Las zonas francas de exportación en América Latina y el Caribe: sus desafíos en un mundo globalizado". *Revista Integración & Comercio*, 9(23): 79-112. Buenos Aires: BID-INTAL.

Gravelle, J. (2011). "Corporate Tax Incidence: A Review of Empirical Estimates and Analysis". Congressional Budget Office. Working Paper 2011-01 (junio).

Harberger, A.C. (1962). "The Incidence of the Corporation Income Tax". *Journal of Political Economy.* 70 (3): 215-240.

Harberger, A.C. (1980). "Tax Neutrality in Investment Incentives". En Aaron, H. y Boskin, M. (Eds.) *The Economics of Taxation*. The Brookings Institution.

Harrison, A. y A. Rodríguez-Clare. (2010). Trade, Foreign Investment, and Industrial Policy for Developing Countries. En D. Rodrik y M. Rosenzweig (Eds). *Handbook of Development Economics*. Vol.5. North Holland.

Hausmann, R. y D. Rodrik. (2006). *Doom to choose*. Kennedy School of Government, Harvard University (septiembre).

Heckman, J. (2004). "Micro data, Heterogeneity and the Evaluation of public policy, Part 1". *The American Economist*, 48(2).

James, S. (2009). *Tax and Non-Tax Incentives and Investments: evidence and Policy Implications.* Washington D.C.: IFC.

Jorrat, M. (2009). "Análisis del gasto tributario y propuestas de incentivos fiscales a la inversión y al empleo en Ecuador". Manuscrito inédito. Quito.

Keen, M. (2002). "Preferential Regimes Can Make Tax Competition Less Harmful". *National Tax Journal* 54(2): 757–62.

Klemm, A. y S. Van Parys (2010). "Empirical Evidence on the Effects of Tax Incentives". IMF Working Paper. WP/09/136. Washington D.C. (julio).

Kolko, J. y D. Neumark (2010). "Do some enterprise zones create jobs?" *Journal of Policy Analysis and Management.* 29 (1): 5–38.

Medalla, F. (2006). "On the Rationalization of Fiscal Incentives". Paper submitted to ATENEO-EPRA and the Department of Finance, Philippines (julio).

Mirrlees J., S. Adam, T. Besley, R. Blundell, S. Bond, R. Chote, M. Gammie, P. Johnson, G. Myles y J. Poterba (2011). *Tax by Design. The Mirrleed Review.* Oxford University Press.

Monge González, R., J. Rosales Tejerino y G. Arce Alpízar (2005). "Análisis Costo-Beneficio del Régimen de Zonas Francas. Impacto de la Inversión Extranjera Directa en Costa Rica". *Estudios de Comercio, Crecimiento y Competitividad de la OEA* (enero).

Pack, H. y K. Saggi (2006). "Is there a case for industrial policy? A critical survey". *The World Bank Research Observer*, 21(2): 267–297.

PROCOMER (2011) *Balance de las zonas francas: beneficio neto del régimen para Costa Rica. 2006–2010.* (agosto).

PROCOMER-COMEX (2006). *Balance de las zonas francas: beneficio neto del régimen para Costa Rica. 1997–2005.* (noviembre).

Saez, E. (2002). "The Desirabiliry of Commodity Taxation under Non-linear Income Taxation and Heterogeneous Tastes". *Journal of Political Economy.* 83 (2), 217–230 (febrero).

Stiglitz, J. (1973). Taxation, Corporate Financial Policy and the Cost of Capital. *Journal of Public Economics*, 2 (1):1–34 (febrero).

Van Parys S. y S. James (2010a). "The Effectiveness of Tax Incentives in Attracting FDI: Evidence from the Tourism Sector in the Caribbean". Universiteir Gent Working Paper. No. 675 (septiembre).

Van Parys S. y S. James (2010b). "Why Lower Tax Rates May be Ineffective to Encourage Investment: The Role of The Investment Climate". Universiteir Gent Working Paper. No. 676 (septiembre).

Zee, H., J. Stotsky y E. Ley (2002). "Tax Incentives for Business Investment: A Primer for Policy Makers in Developing Countries". *World Development*, págs. 1497–1516.

Anexo A. Resumen de los resultados de estudios recientes sobre incentivos fiscales y zonas francas

Autor	País-Período	Variable dependiente	Política analizada	Datos	Metodología de estimación	Resultados
Klemm y Van Parys (2010). Modelo 1	47 países en desarrollo. 1985–2004	Incentivos fiscales	Rebaja de CIT/ Vacación tributaria/ Crédito Fiscal por Inversión	Macroeconómicos e institucionales de cada país	Modelo de rezagos espaciales con efectos fijos estimado con variables instrumentales. Utilizan distancia de un país a otro para captar que la competencia debería ser más aguda entre países vecinos	Los países reaccionan a los cambios en la CIT o en la generosidad de las vacaciones tributarias pero no ante cambios en los créditos fiscales por inversión
Klemm y Van Parys (2010). Modelo 2	47 países en desarrollo. 1985–2004	Inversión privada/ Inversión extranjera directa	Rebaja de la tasa del impuesto a la renta de las empresas/ Vacación tributaria/ Crédito Fiscal por Inversión	Macroeconómicos e institucionales de cada país. Las tasas efectivas son obtenidas de Chen y Mintz (2009)	Panel dinámico. Estimador GMM para contemplar que se incluye la variable dependiente rezagada	Un aumento en la CIT de 10 puntos reduce la IED en 0.3% del PIB. 10 años más de vacación tributaria aumenta la IED en 0.7% del PIB. No hay efecto de los créditos fiscales sobre la IED. Ninguno de los tres incentivos aumenta la inversión privada
Klemm y Van Parys (2010)	80 países. 2005–2008	Inversión extranjera directa	Tasa del impuesto a la renta efectiva	Macroeconómicos e institucionales de cada país.	Panel dinámico. Estimador GMM para contemplar que se incluye la variable dependiente rezagada	La rebaja de la tasa efectiva aumenta la inversión extranjera directa sobretodo cuando el clima de negocios es mejor

(*continúa en la página siguiente*)

(continuación)

Autor	País-Período	Variable dependiente	Política analizada	Datos	Metodología de estimación	Resultados
Van Parys y James (2010)	7 países del Caribe. 1997–2007	Inversión en turismo	Exenciones en el impuesto a la renta con foco en la ampliación de 5 a 25 años en Antigua y Barbuda	Base de datos de impuestos de PWC. Datos macroeconómicos. Inversión extranjera por sector aportada por el ECCB	*Diff in Diff*. Panel con efectos fijos por país	La extensión de la exoneración a la renta en Antigua y Barbuda aumentó la inversión en turismo en forma importante y diferencial respecto de los otros países
Caumi A. (2011)	Italia-Piamonte	Inversión/Productividad	Créditos fiscales por inversión regional	Declaraciones juradas de impuesto a la renta de empresas	*Diff in Diff* (*matching* y variables instrumentales)	Efecto positivo sobre la inversión. Efecto positivo sobre la productividad de las empresas más rezagadas
Kolko y Neumark (2009)	Estados Unidos-California	Empleo	Incentivos fiscales. En particular, crédito fiscal para empleo	Datos censales de empresas	*Diff in Diff* con grupos de control diferentes en dos etapas y Regresiones saturadas	Efecto positivo sobre el empleo en algunas zonas. Medidas no fiscales ayudan. Sugiere que se puede mejorar el resultado con un mejor diseño de los incentivos
Bondonio y Greenbaum (2006)	Estados Unidos. Once estados	Empleo, Inversión, Ventas y Gasto salarial por empleado	Incentivos fiscales.	Datos censales de empresas	*Propensity scores* condicionados en dos etapas. Panel con efectos fijos por estado	El efecto positivo sobre el empleo de las nuevas empresas se cancela con la pérdida de empleo de las empresas existentes que abandonan las zonas francas

(continúa en la página siguiente)

(continuación)

Autor	País-Período	Variable dependiente	Política analizada	Datos	Metodología de estimación	Resultados
Bondonio y Greenbaum (2012)	Italia-Piamonte	Empleo	Subsidios en dinero	Datos censales de Italia e información del programa de fomento europeo	*Diff in Diff* condicionado en 3 etapas	Efecto positivo sobre el empleo, mayor cuánto mayor el beneficio
Givor P. *et al.* (2011)	Francia	Empleo/Creación de empresas	Exenciones en impuesto a la renta, a la propiedad, impuesto local y contribuciones a la seguridad social	Datos censales y declaraciones de impuesto	*Diff in Diff* condicionado (*propensity scores*)	Efecto modesto sobre el empleo explicado por el traslado de empresas hacia las zonas deprimidas y por las pequeñas empresas

Anexo B
Análisis de los microdatos de El Salvador

Análisis descriptivo de los microdatos

A continuación, se hace una revisión gráfica y descriptiva de las variables relevantes para el estudio, primero para la muestra total y luego, para los dos estratos en que se separa la muestra según el tamaño de la empresa. El promedio por empresa de los ingresos totales a lo largo de los años parece ser consistentemente superior en la zona franca respecto a la zona sin incentivos. Se observa un crecimiento casi sin interrupciones en las ventas totales (reales) de ambas series, salvo por el año 2009, donde ambas presentan una caída marcada, para continuar luego con la recuperación (ver Gráfico B.1).

Dado que el 97% de las empresas pertenecen a los sectores industria, comercio y agricultura, serán estos tres sectores los que se van a mantener en el análisis, donde se evidencia que la evolución de ambas zonas difiere del patrón observado para la muestra total: para el sector de la industria, las ventas totales de la zona sin incentivos han sido consistentemente mayores a las de la zona franca durante todo el período. En cambio, para el comercio y los sectores relacionados con la agricultura, las ventas en la zona con el régimen tributario especial han superado a las de las empresas sin incentivos (ver Gráfico B.1). Siguiendo con el análisis sectorial, pero ahora para la utilidad (Gráfico B.2), el sector industria aparenta ser superior en la zona franca, aunque mucho más volátil, con grandes caídas en los años 2006 y 2011; en el caso del comercio, esta relación se invierte y para la agricultura, no se observa un patrón constante en cuanto a su evolución. La diferencia es que se observa una mayor volatilidad en general en la zona franca *versus* la zona sin incentivos.

Análisis por tamaño de empresa

Cuando se revisa la distribución de la variable ingresos, la gran dispersión para ambas zonas se torna evidente, con una gran acumulación a la izquierda (empresas chicas a medianas) y pocas empresas muy grandes, que son las causantes de la gran cola de la izquierda. Por ello, se decidió segmentar la muestra por tamaño de empresa y luego, realizar el análisis econométrico teniendo en cuenta esta estratificación (ver Gráfico B.3).

Se realiza una estratificación arbitraria que divide a las empresas entre aquellas con ingresos anuales menores o mayores a los 5 millones de pesos (aproximadamente unos US$ 150.000). Ambas zonas son parecidas en cantidad de datos por estrato de tamaño, el 65% de las observaciones están en el estrato 1, con ventas menores a los US$ 150.000 (Cuadro B.1).

GRÁFICO B.1 Análisis según ventas totales en El Salvador

Fuente: Cálculos propios.

CUADRO B.1 Cantidad de observaciones

Estrato	Ingresos totales	Zona sin beneficios	Zona franca	Total	% relativo
1	< 5 millones	862	625	1487	65%
2	> 5 millones	428	375	803	35%
Total		1.290	1.000	2.290	100%

Dado que las empresas se observan en varios años consecutivos, estas se repiten más de una vez en la muestra y, por lo tanto, en cada estrato de tamaño.

GRÁFICO B.2 Análisis según la utilidad en El Salvador

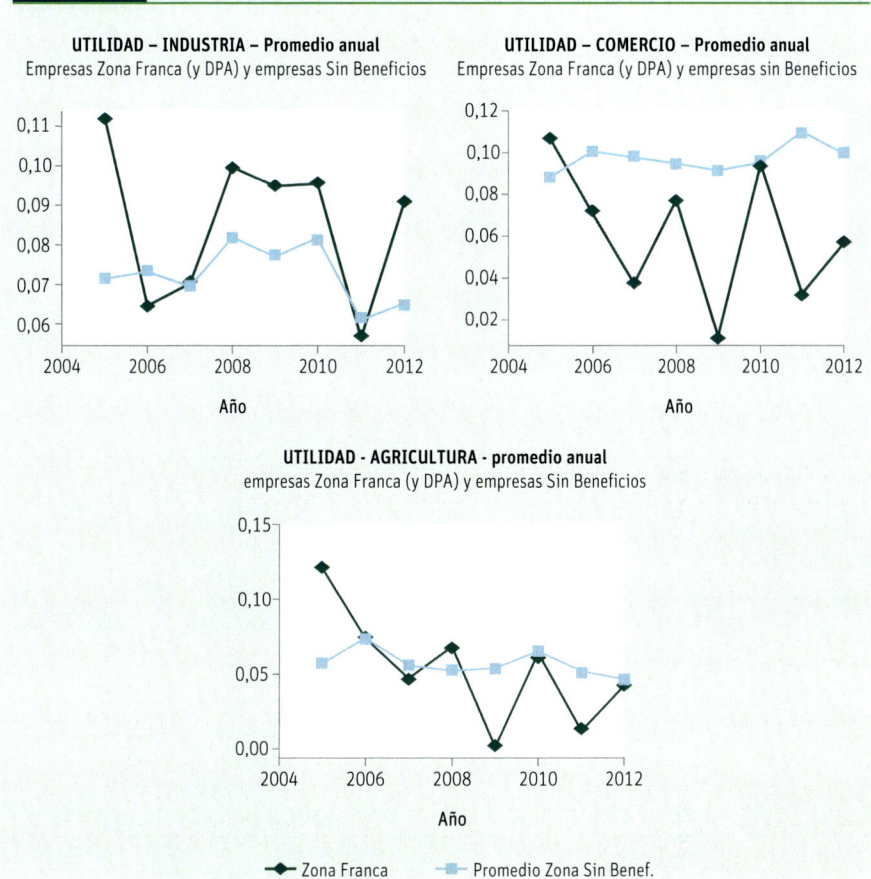

UTILIDAD – INDUSTRIA – Promedio anual
Empresas Zona Franca (y DPA) y empresas Sin Beneficios

UTILIDAD – COMERCIO – Promedio anual
Empresas Zona Franca (y DPA) y empresas sin Beneficios

UTILIDAD - AGRICULTURA - promedio anual
empresas Zona Franca (y DPA) y empresas Sin Beneficios

→ Zona Franca   → Promedio Zona Sin Benef.

Fuente: Cálculos propios.

Para evitar este problema, y que cada empresa esté clasificada en uno y solo uno de los estratos de tamaño, se reclasifican las empresas que quedaron en más de un estrato (que representan el 30% de la muestra aproximadamente). El criterio general fue asignarlas al estrato donde permanecieron el mayor número de años. El Cuadro B.2 muestra la distribución por tamaño de las empresas.

En el Gráfico B.4 se observan las frecuencias observadas para las ventas totales en ambas regiones (suavizadas con la densidad de Kernel), según el estrato al que corresponden. El primer gráfico de la izquierda, con las empresas más chicas, revela las diferencias en las distribuciones de las empresas en este estrato. El punto modal de la distribución de la zona sin incentivos está corrido hacia la derecha, es decir, existen más empresas con ventas totales más altas en la zona sin incentivos que

GRÁFICO B.3 Densidad empírica por ingresos totales

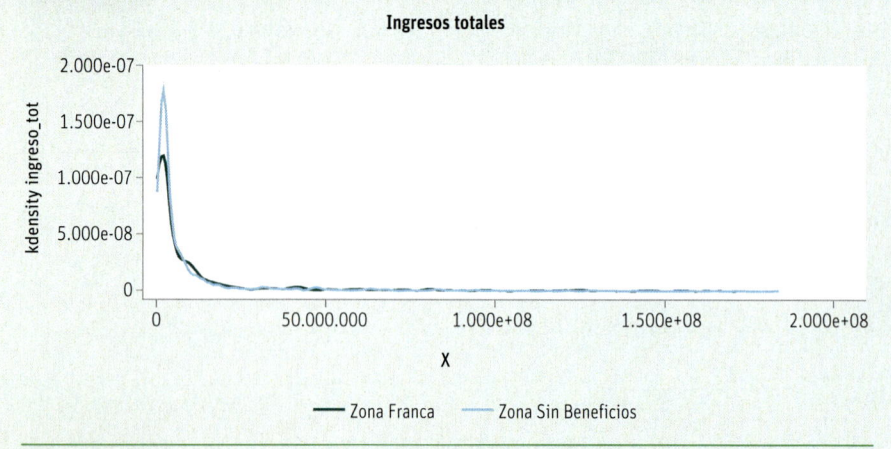

Fuente: Cálculos propios.

CUADRO B.2 Empresas por estrato y zona

Tamaño	Zona franca	Zona sin beneficios
1	84	108
2	48	54
Total empresas	132	162

GRÁFICO B.4 Densidad empírica por ingresos totales según tamaño de empresa

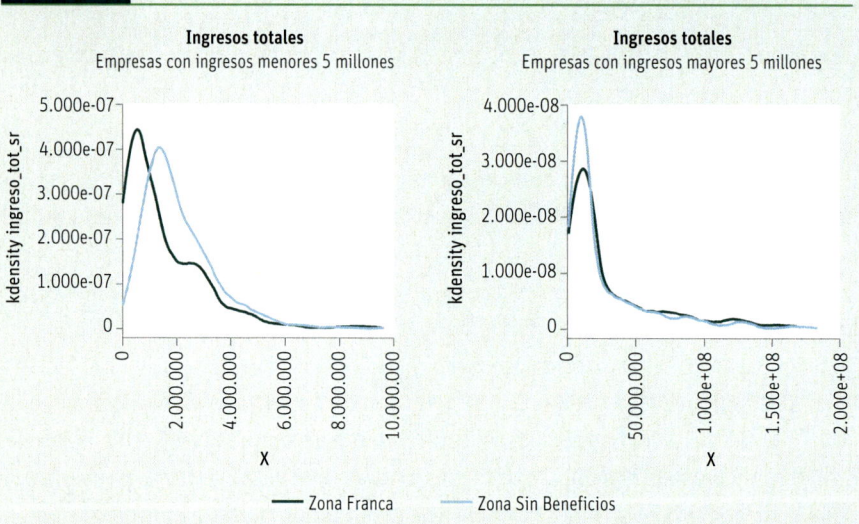

Fuente: Cálculos propios.

en la zona franca. En el estrato 2, de las empresas más grandes, se acrecienta la asimetría en ambas distribuciones, aunque no se distingue un desplazamiento de una sobre la otra.

A continuación, se observará cuál ha sido la evolución temporal de las ventas según su tamaño. El Gráfico B.5 muestra que, al menos en el período de observación, la evolución de las empresas sin incentivos en el estrato de las empresas más pequeñas —que representan el 65% de la muestra— ha sido mejor que las empresas con incentivos tributarios, con una tendencia marcadamente ascendente para las primeras y más estable para las de las zonas francas. En el estrato 2, en cambio, los ingresos de las empresas de las zonas francas han sido superiores, si bien ambos con tendencia ascendente.

Respecto del porcentaje de ventas gravadas, el Gráfico B.6 muestra la evolución de las ventas gravadas y exentas en cada una de las zonas por estrato de tamaño, a la derecha se encuentran los gráficos en términos nominales y a la izquierda, el coeficiente como porcentaje del total de ventas. Nótese que en la Zona Sin Incentivos, las ventas exentas permanecen constantes, muy cercanas a cero en todo el período. En la zona franca, en cambio, el porcentaje de ventas gravadas sobre el total parte de un valor cercano al 40% y se estabiliza alrededor del 20%, mientras que las exentas, parten de un 60%, llegan a casi un 80% y vuelven a un 70% sobre el final del período.

La venta promedio gravada de las empresas sin incentivos es casi idéntica a las ventas promedio exentas de las empresas favorecidas con el régimen de zonas

GRÁFICO B.5 Análisis según ventas totales por tamaño de empresa en El Salvador

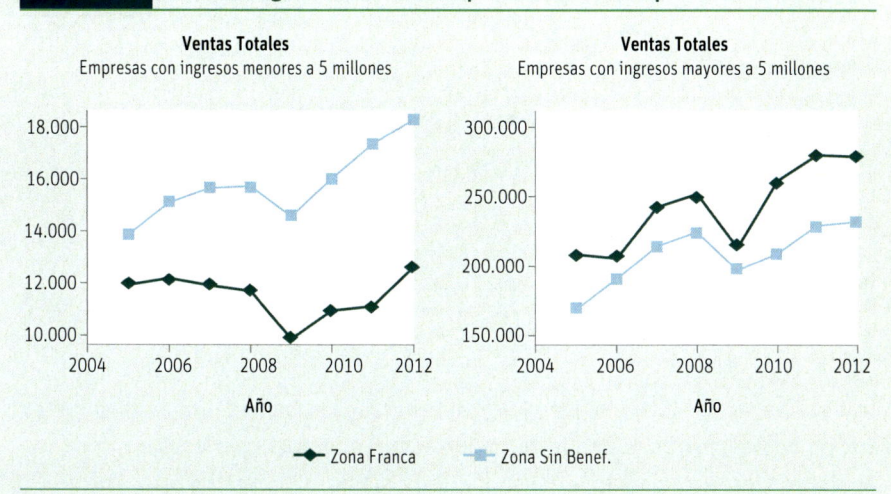

Fuente: Cálculos propios.

GRÁFICO B.6 Ventas gravadas y exentas por tamaño de empresa en El Salvador

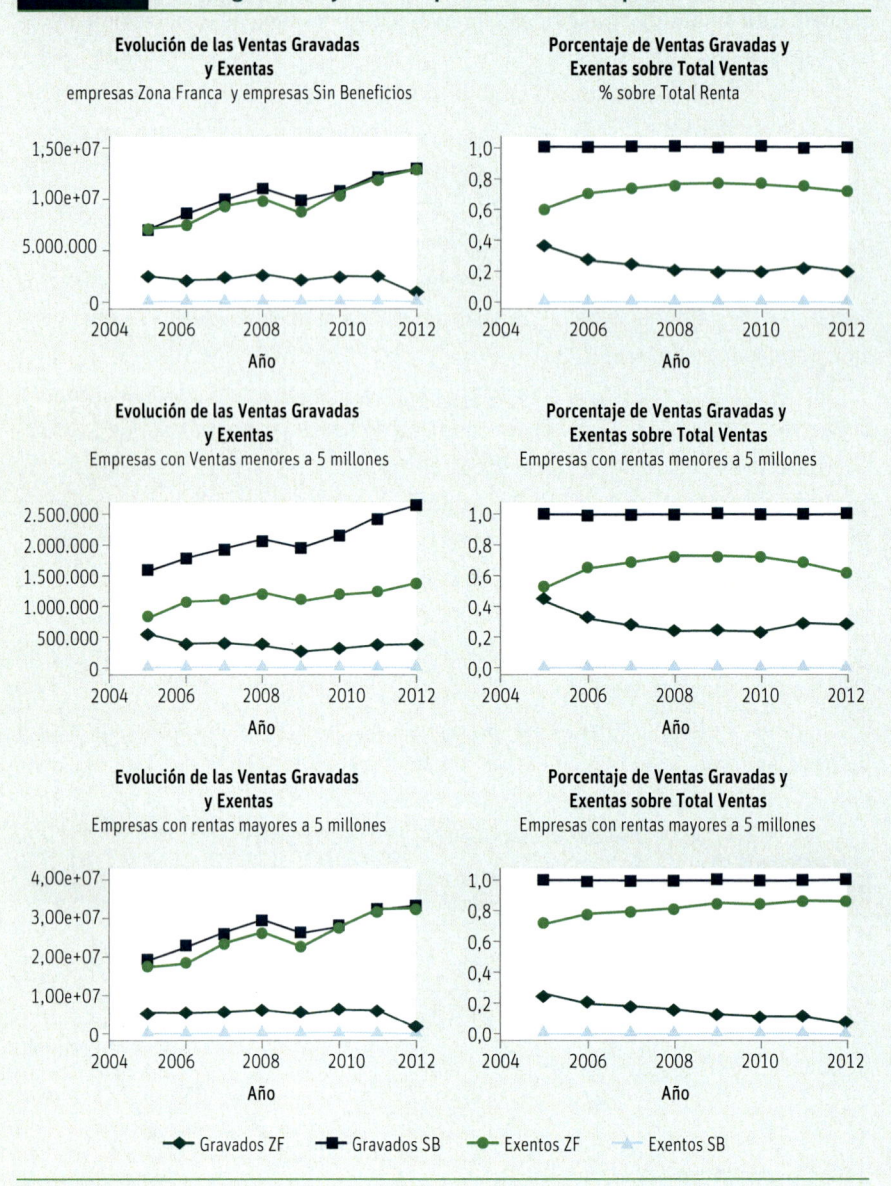

Evolución de las Ventas Gravadas y Exentas
empresas Zona Franca y empresas Sin Beneficios

Porcentaje de Ventas Gravadas y Exentas sobre Total Ventas
% sobre Total Renta

Evolución de las Ventas Gravadas y Exentas
Empresas con Ventas menores a 5 millones

Porcentaje de Ventas Gravadas y Exentas sobre Total Ventas
Empresas con rentas menores a 5 millones

Evolución de las Ventas Gravadas y Exentas
Empresas con rentas mayores a 5 millones

Porcentaje de Ventas Gravadas y Exentas sobre Total Ventas
Empresas con rentas mayores a 5 millones

♦ Gravados ZF ■ Gravados SB ● Exentos ZF ▲ Exentos SB

Fuente: Cálculos propios.

francas. La diferencia en tamaño se explica porque las empresas de la zona franca tienen ventas gravadas de cierta importancia; mientras que las que no tienen incentivos, prácticamente no tienen ingresos exentos.

| GRÁFICO B.7 | Relación entre renta gravada y total en El Salvador |

Fuente: Cálculos propios.

En el estrato de las empresas más pequeñas, no hay diferencia entre los que no tienen incentivos respecto a lo observado para el total. En la zona franca en cambio, se acentúa el comportamiento de concavidad/convexidad observado para las ventas exentas y gravadas, respectivamente. En el estrato de las empresas con mayores ingresos, en cambio, se observa un comportamiento divergente en ambas series, tanto en términos nominales como en los coeficientes: las ventas exentas tienden a crecer, mientras que las gravadas a bajar.

El Gráfico B.8 muestra la evolución de las tasas de cambio interanuales promedio de las ventas totales de las empresas. Se observa un patrón de desaceleración del crecimiento de las ventas en ambas zonas, si bien el rebote posterior a la crisis del año 2009 interrumpe temporalmente el patrón. El crecimiento promedio anual de la zona franca se mantiene constantemente por encima del grupo sin incentivos, salvo en 2009, año de la crisis internacional, cuando la zona franca cae más. Sin embargo, la comparación de las distribuciones (Gráfico B.8) deja entrever una diferencia pequeña entre las tasas de crecimiento promedio toda vez que hace evidente la gran dispersión.

La evolución del estrato de las empresas más pequeñas tiene un patrón similar al observado en el agregado general, de un crecimiento promedio de la zona franca apenas superior al de las empresas sin incentivos todos los años (salvo los años 2009 y 2005). A nivel de distribuciones, se vuelve a observar una mayor dispersión en los crecimientos observados de la zona franca.

Para las empresas más grandes, en cambio, la evolución de la tasa de crecimiento ha sido muy similar en ambos grupos, solo en los años 2005 y 2010 se observa un crecimiento promedio marcadamente superior en las empresas con incentivos

GRÁFICO B.8 Variación de ventas totales por tamaño de empresa en El Salvador

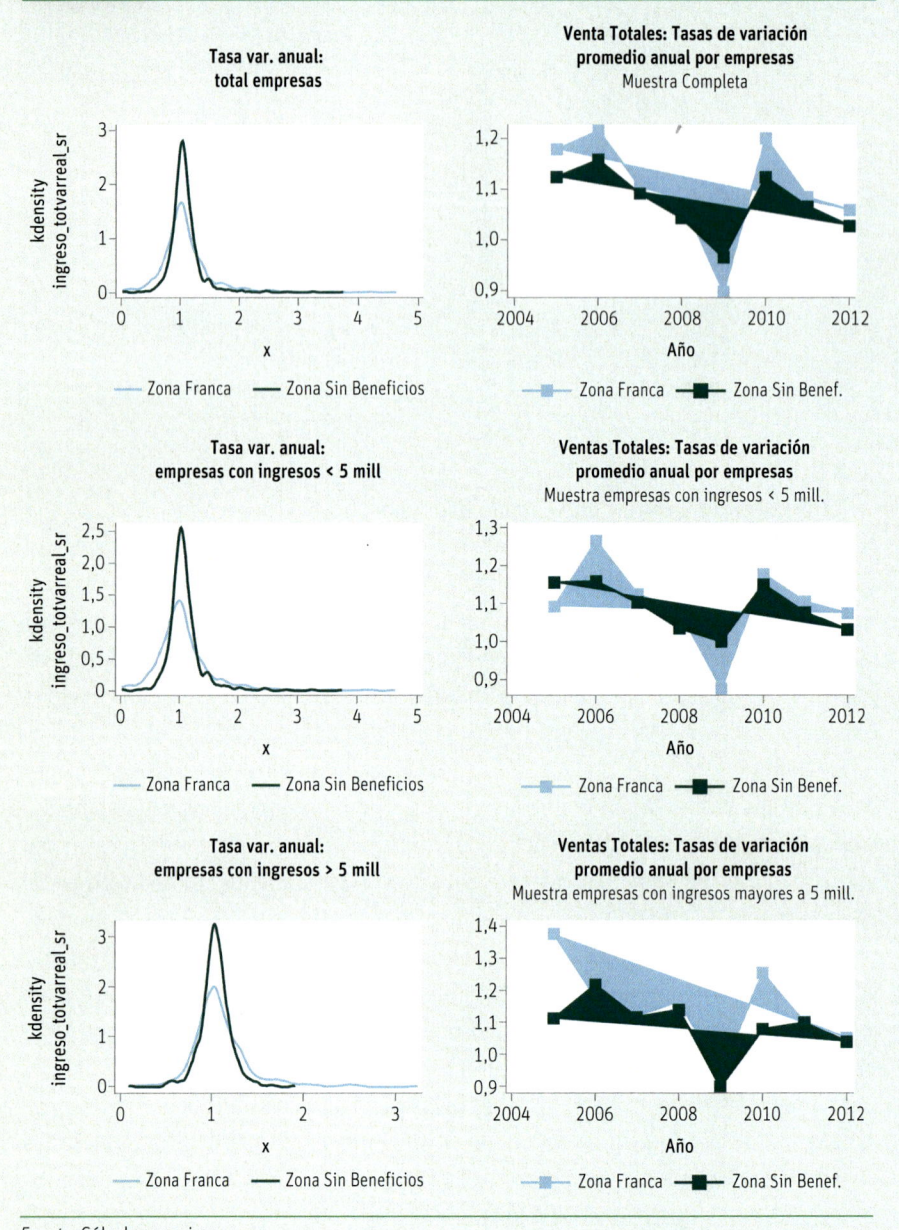

Fuente: Cálculos propios.

tributarios. Por otro lado, la crisis internacional afectó casi de la misma manera a las empresas grandes de ambos grupos, aunque la salida posterior del año 2010

GRÁFICO B.9 Densidad empírica de la variación de las ventas totales en empresas chicas con y sin beneficios

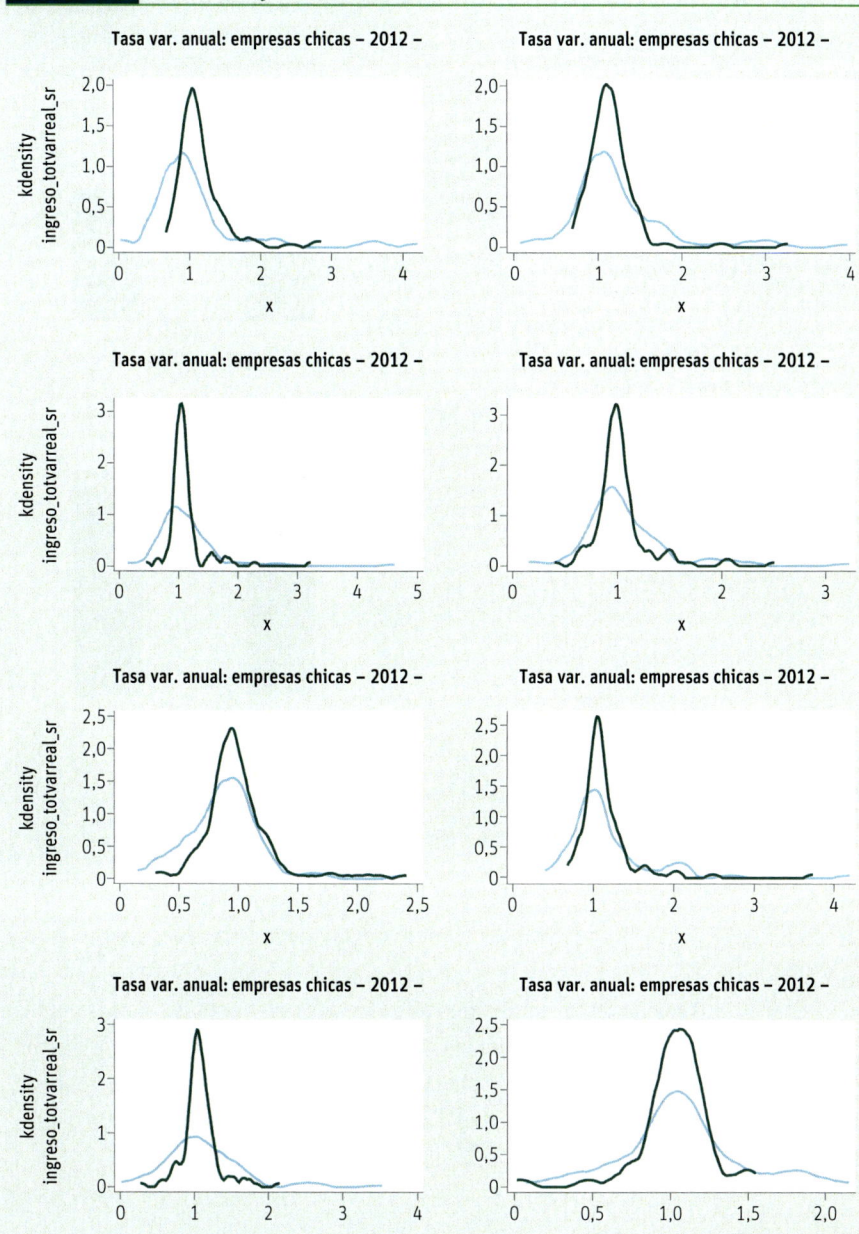

Fuente: Cálculos propios.

GRÁFICO B.10 Evolución de las ventas totales por tamaño de empresa en El Salvador

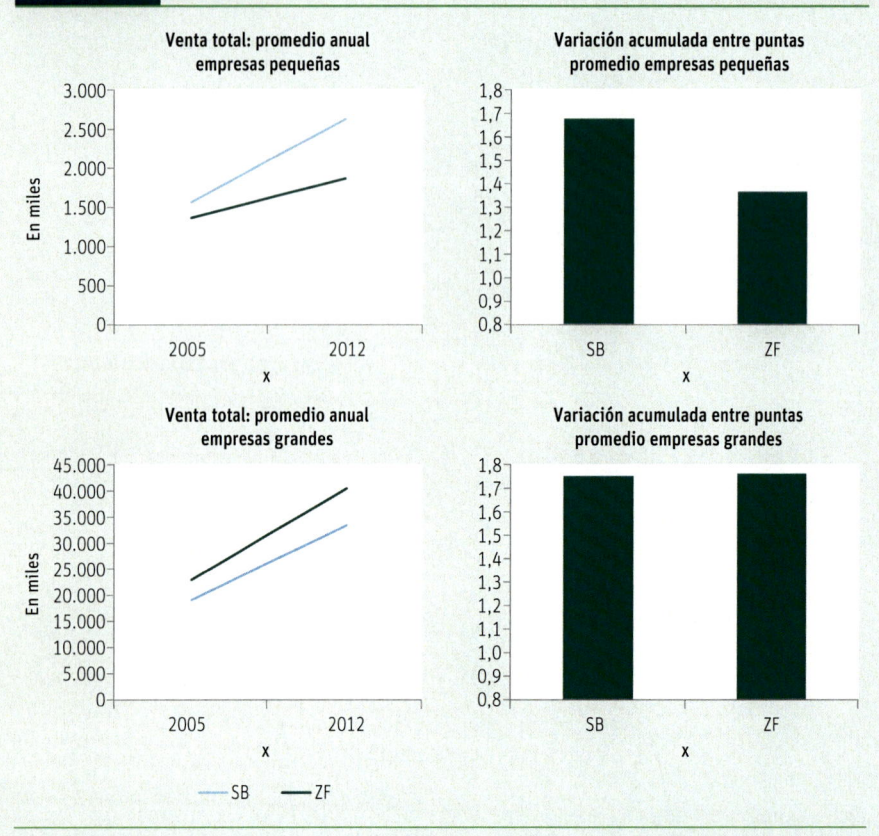

Fuente: Cálculos propios.

fue mejor para las de la zona franca, si bien luego volvieron a tener crecimientos muy similares.

El Gráfico B.9 revisa las distribuciones de las tasas de variación de las ventas totales en cada uno de los años analizados en el estudio. Se hace más evidente en algunos años que en otros el desplazamiento hacia la derecha de la zona sin incentivos; sin embargo, lo que es común a todas es la mayor volatilidad de la tasa de crecimiento de las empresas de la zona con incentivos especiales.

Anexo C
Análisis de los microdatos de República Dominicana

Variables y período de análisis
La muestra recaba datos entre los años 2005 y 2012 sobre las siguientes variables comunes a las empresas de zonas francas y fuera de ellas: ventas totales, utilidad, costo laboral y sector económico.

Las siguientes variables también están disponibles pero solo para las empresas de la zona franca: cantidad de empleados, exportaciones, importaciones, ventas al mercado local, total de impuestos a pagar.

Respecto a la cantidad de datos y muestra final
Del total de datos, se mantienen aquellas empresas que permanecieron en la muestra 4 años o más, o las que permanecieron 2 o 3 años, pero incluyendo a los años 2011 y 2012. Revisando los datos de las ventas totales, se observa una gran cantidad de empresas que no informan o informan valores muy pequeños en esta variable, por lo que se elimina de la muestra las empresas que informen ventas menores a US$100 en un año. Por otro lado, también se controla que las empresas mantengan consistencia entre los valores de ventas totales, utilidad y costo laboral, por lo que también se eliminan las empresas para las cuales la diferencia entre los ingresos y el costo laboral más la utilidad sea negativa. Se eliminan asimismo todos los datos de las empresas cuyos costos laborales superan en más de diez veces a sus ingresos. Existen, a su vez, datos puntuales en algunas empresas (ingresos excesivamente altos para la historia observada de la empresa) que también se deciden eliminar.

Hechas todas estas reducciones, la muestra queda con 7.300 empresas de la zona sin incentivos y 491 de la zona franca.

Análisis descriptivo de la muestra
El Cuadro C.1 muestra la distribución de los distintos sectores económicos en la muestra de empresas, en la zona franca la distribución de empresas por sector es mucho más pareja que fuera de esta, con porcentajes que rondan el 30% aproximadamente para industria, industria textil y servicios; mientras que fuera de la zona franca, el sector de servicios concentra casi el 80% de las empresas.

En el Gráfico C.1 se compara la evolución a través de los años de los niveles de las ventas, la utilidad y el costo laboral (todo en términos reales) de los distintos sectores económicos. El nivel de ventas reales de la zona franca es, en promedio, entre 8 y 10 veces superior a las empresas sin incentivos y este comportamiento ha sido estable durante todo el período. Los costos laborales son también superiores

CUADRO C.1 Empresas por sector económico en República Dominicana con y sin beneficios

Sector	Zona franca Empresas	%	Zona sin beneficios Empresas	%
Industria	146	30%	1.065	15%
Industria textil	181	37%	314	4%
Agroindustria	39	8%	308	4%
Servicios y otros	125	25%	5.613	77%
Total	491	100%	7.300	100%

Fuente: Cálculos propios.

en la zona franca para todos los sectores, especialmente los industriales y servicios, que son entre cinco y seis veces superiores a los de las empresas fuera del régimen tributario especial. Y, finalmente, los niveles de utilidad de ambos grupos son también marcadamente diferentes en magnitud, liderados por las empresas industriales de zona franca, aunque con una clara tendencia descendente.

La revisión de estas tres variables indica que los niveles de las ventas de las empresas de los dos grupos son *a priori* muy diferentes entre sí. Cualquier comparación que controle por el tratamiento tributario va a indicar que este es significativo, dado que los niveles son marcadamente diferentes.

El Gráfico C.2 muestra la distribución de las ventas reales de ambos grupos (en logaritmos para mejorar su observación). El gráfico muestra que la distribución de las ventas de las empresas de la zona franca está a la derecha respecto de las empresas sin incentivos; sin embargo, existe un grupo que, al menos por tamaño (medido exclusivamente por nivel de ventas), podría pertenecer a cualquiera de las dos distribuciones: es el que se observa en la intersección de las dos curvas y esto permitiría, entonces, armar alguna clasificación por tamaño que facilite comparar la evolución de empresas un poco más parecidas entre sí.

Estratificación de la muestra según sus ventas en dólares

Dicho esto, se decide clasificar a las empresas por tamaño. Por ejemplo, empresas con ingresos anuales en dólares menores a US$100.000 pueden ser consideradas pequeñas. Empresas con ingresos anuales entre US$100.000 y US$1.000.000 podrían ser consideradas medianas, entre US$1.000.000 y US$10.000.000 medianas-grandes y mayores a US$10.000.000 empresas grandes.[68]

---

[68] Pueden plantearse esquemas alternativos de clasificación por tamaño de empresa.

GRÁFICO C.1 Evolución de variables clave entre 2005 y 2012 por tipo de empresa

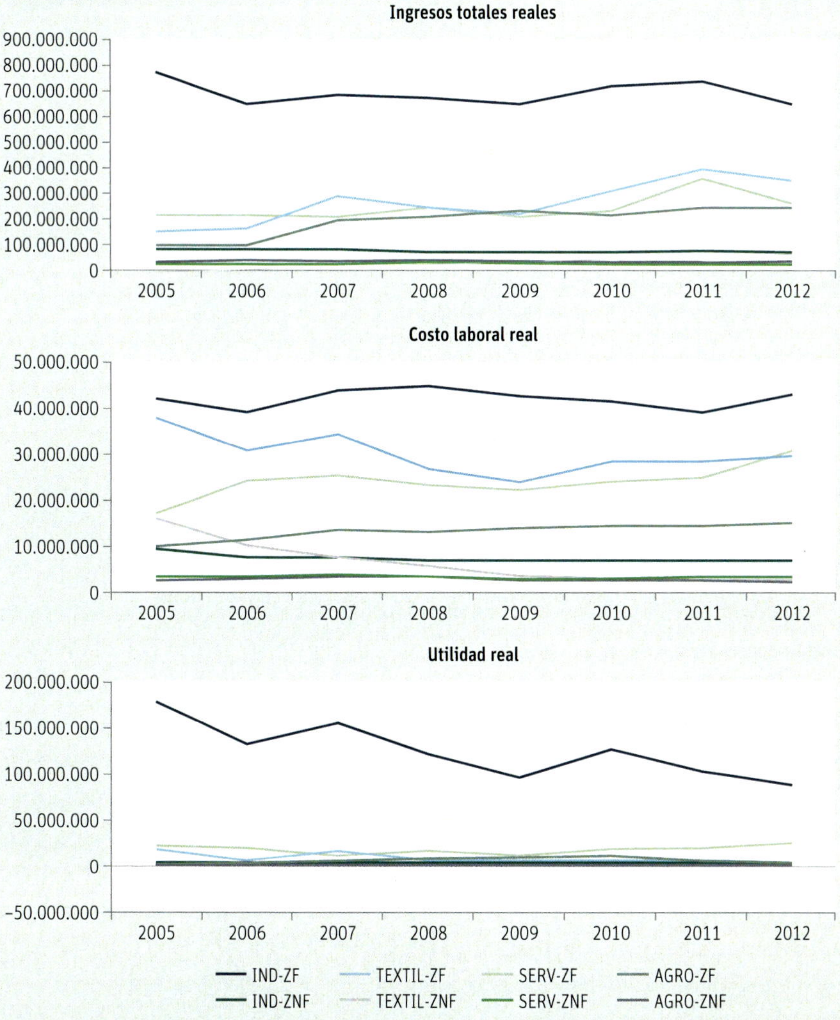

Ingresos totales reales

Costo laboral real

Utilidad real

— IND-ZF — TEXTIL-ZF — SERV-ZF — AGRO-ZF
— IND-ZNF — TEXTIL-ZNF — SERV-ZNF — AGRO-ZNF

Fuente: Cálculos propios.

El Cuadro C.2 muestra la cantidad de empresas por año y por cada estrato de tamaño según la clasificación arriba descrita. Aquí se hace evidente que gran parte de las empresas de la zona sin incentivos son las más pequeñas, con ingresos menores a los US$100.000, mientras que en la zona franca el número de empresas con este ingreso anual apenas si llegan a las 16. Posteriormente, se evaluará cuánto sentido tiene hacer una comparación en este segmento. En los estratos subsiguientes sí existe

GRÁFICO C.2 Densidad empírica de empresas según ingresos totales con y sin beneficios

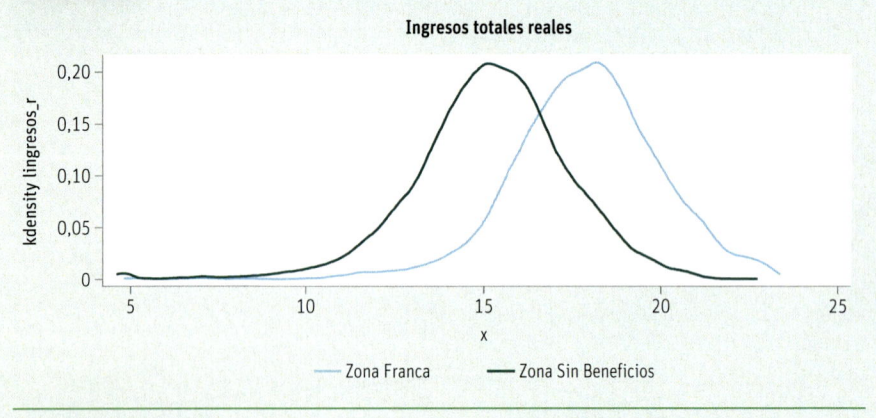

Ingresos totales reales

— Zona Franca   — Zona Sin Beneficios

Fuente: Cálculos propios.

un número razonable de empresas en ambas zonas para hacer las comparaciones, inclusive en el de las empresas con ingresos mayores a los US$ 10.000.000.

En el Gráfico C.3 se observan los ingresos en dólares por año y por estrato de tamaño; la evolución de las ventas en dólares de las empresas más chicas ha sido muy similar en ambos grupos, igual recuérdese que los tamaños muestrales tras estos promedios son muy diferentes. En los estratos medio y medio-alto, la zona franca comienza en valores similares a los del grupo sin incentivos, aunque siempre por encima, pero se despega a partir del año 2010, donde las empresas de la zona franca alcanzan un nivel de ventas más alto. En el estrato de altos ingresos, el nivel de las empresas de la zona franca se ubica al doble del nivel del grupo sin incentivos en casi todo el período. Obsérvese que las distribuciones (del panel izquierdo) de las empresas medianas y medianas-grandes son muy similares en cuanto a moda y dispersión para los dos grupos y se identifica un pequeño desplazamiento de la zona franca con incentivos tributarios hacia la derecha. Las empresas más grandes, en cambio, tienen distribuciones disímiles, la zona franca tiene un doble punto modal muy marcado a la derecha, que posiblemente sea el causante de elevar el promedio de este estrato al doble del grupo sin incentivos.

Dado que más que el nivel de ventas alcanzado por las empresas, interesa saber cómo fue su crecimiento en el período estudiado, se calculan las tasas de variación interanuales de las ventas. El Gráfico C.4 muestra la evolución de las tasas de crecimiento promedio por grupo tributario y por estrato de tamaño. Allí se puede observar que, para los dos primeros estratos, el crecimiento es similar, si bien es mucho más volátil en la zona franca. Para los dos estratos más grandes,

CUADRO C.2 Cantidad de empresas por año y por estrato de tamaño

	Zona franca				Zona sin beneficios			
Año	Menos de US$ 100.000	Entre US$100.000 y US$1.000.000	Entre US$1.000.000 y US$10.000.000	Más de US$10.000.000	Menos de US$ 100.000	Entre US$100.000 y US$1.000.000	Entre US$1.000.000 y US$10.000.000	Más de US$10.000.000
2005	4	62	89	31	822	1.356	561	61
2006	6	75	102	40	1.035	1.604	607	62
2007	7	108	149	53	1.453	1.982	654	62
2008	12	126	166	58	1.681	2.160	691	64
2009	14	140	178	60	1.829	2.283	707	63
2010	15	154	191	64	1.838	2.310	713	62
2011	14	167	195	68	1.912	2.399	717	65
2012	16	161	193	68	1.885	2.343	690	64

Fuente: Cálculos propios.

GRÁFICO C.3 Densidad empírica y evolución de los ingresos totales por tamaño de empresa en República Dominicana

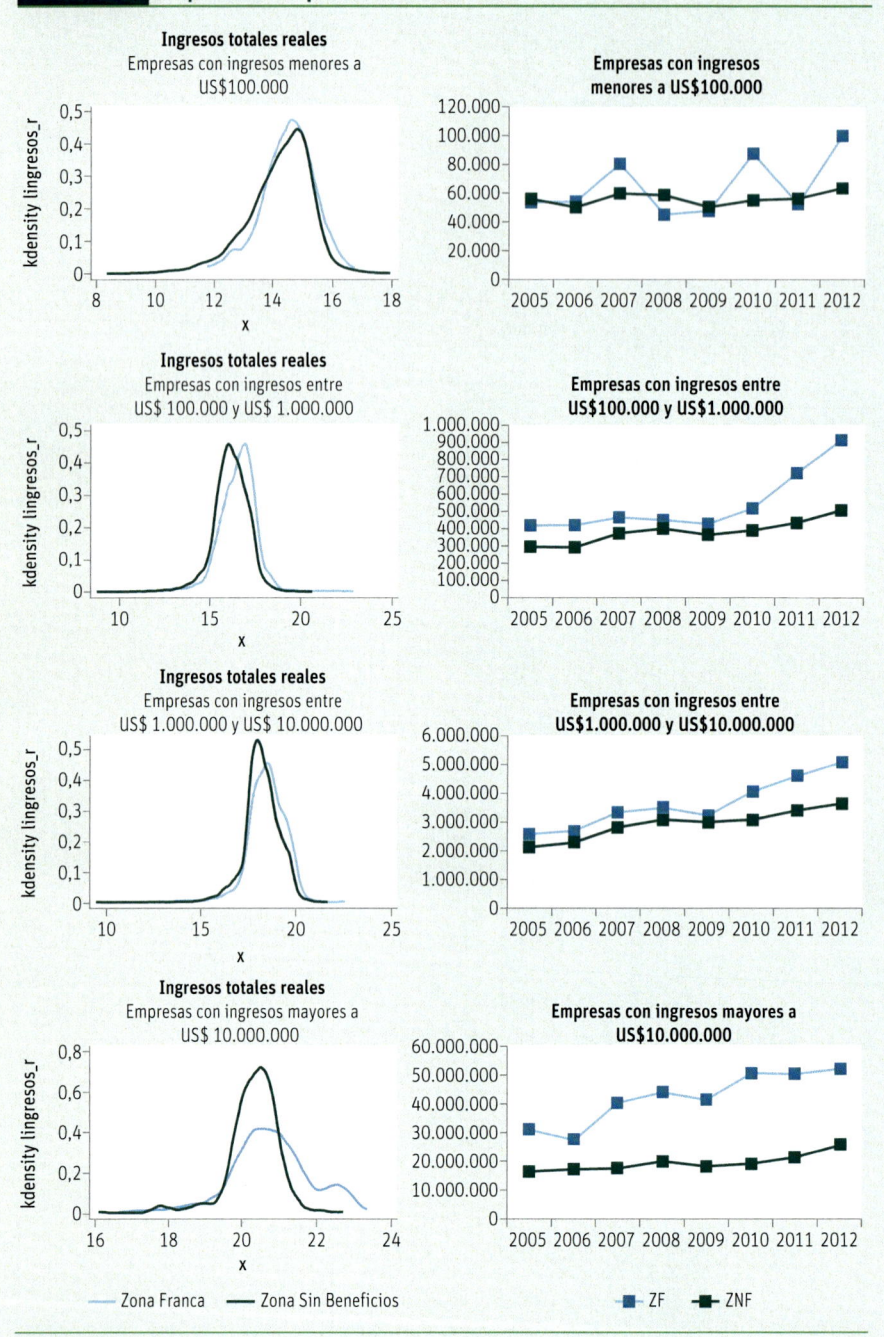

Fuente: Cálculos propios.

GRÁFICO C.4 Evolución de las tasas de crecimiento de los ingresos por tamaño de empresa en República Dominicana

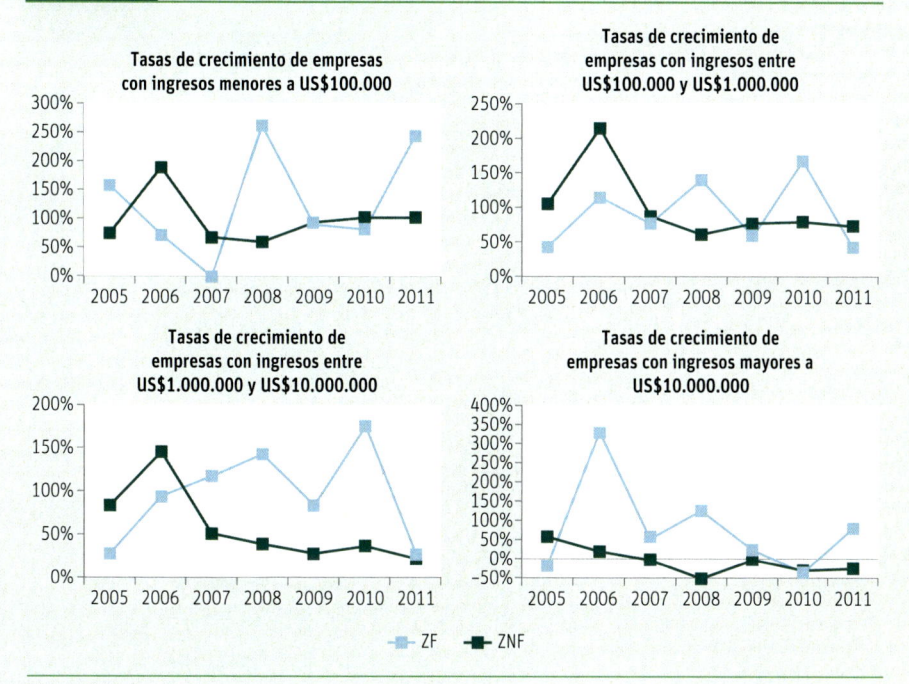

Tasas de crecimiento de empresas con ingresos menores a US$100.000

Tasas de crecimiento de empresas con ingresos entre US$100.000 y US$1.000.000

Tasas de crecimiento de empresas con ingresos entre US$1.000.000 y US$10.000.000

Tasas de crecimiento de empresas con ingresos mayores a US$10.000.000

ZF — ZNF

Fuente: Cálculos propios.

el crecimiento promedio de las empresas de la zona franca parece ser mayor que las empresas sin incentivos.

En el Gráfico C.5 se observan los niveles de la utilidad en dólares informada por las empresas. En las pequeñas y medianas, se aprecia la gran volatilidad de las empresas de la zona franca. Es notable la diferencia en la utilidad promedio anual observada entre las empresas de los dos estratos más grandes de la zona franca, mientras que las que están entre uno y diez millones tienen una tendencia creciente en el período, *versus* una tendencia muy estable del grupo sin incentivos; las empresas con ventas de más de diez millones tienen una evolución negativa con promedios de utilidad cada vez menores a medida que pasa el tiempo, contra una evolución muy estable de las empresas sin incentivos.

El Gráfico C.6 muestra el coeficiente utilidad sobre ingresos; al igual que con la utilidad, el coeficiente de los dos segmentos que agrupan a las empresas más chicas es muy volátil para la zona franca. En los estratos de empresas más grandes si bien la evolución es más suave, no se ve a simple vista una supremacía clara de un grupo sobre el otro; en el estrato de las más grandes, se observa que este coeficiente fue decreciendo para la zona franca.

| GRÁFICO C.5 | Evolución de las utilidades por tamaño de empresa en República Dominicana |

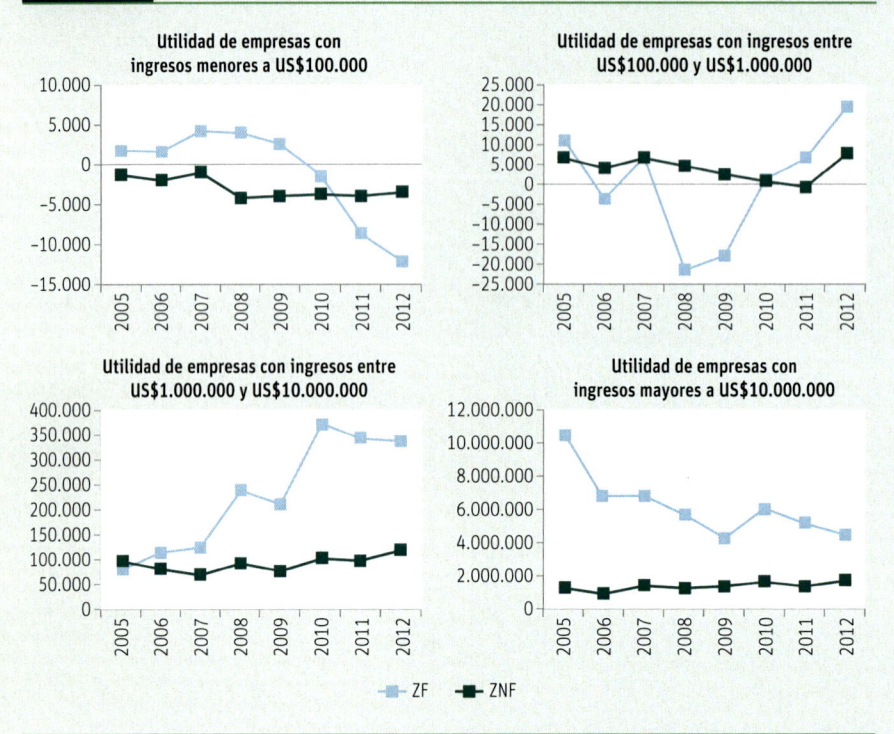

Utilidad de empresas con ingresos menores a US$100.000

Utilidad de empresas con ingresos entre US$100.000 y US$1.000.000

Utilidad de empresas con ingresos entre US$1.000.000 y US$10.000.000

Utilidad de empresas con ingresos mayores a US$10.000.000

── ZF ── ZNF

Fuente: Cálculos propios.

El Gráfico C.7 refleja la evolución de intensidad laboral promedio de las empresas en cada estrato (medida como costo laboral sobre ventas); allí puede verse que en el segmento de las empresas medianas y medianas-grandes el coeficiente costo laboral a ventas de la zona franca fue superior al del grupo sin incentivos durante todo el período; sin embargo, la intensidad laboral de las empresas más grandes es casi la misma para los dos grupos a partir del año 2007.

El Cuadro C.3 muestra la cantidad de empresas por sector económico, tratamiento tributario y estrato de tamaño; de aquí se deduce que los segmentos de las empresas medianas y medianas-grandes pueden ser investigados también dentro de cada sector, porque tienen masa crítica como para realizar el análisis. El estrato de las de mayor tamaño tendría que ser evaluado con más cuidado, si se quisiera concluir a partir de esa cantidad de datos. El estrato de las empresas pequeñas no se puede analizar directamente por sectores.

GRÁFICO C.6 Relación entre utilidad e ingresos por tamaño de empresa en República Dominicana

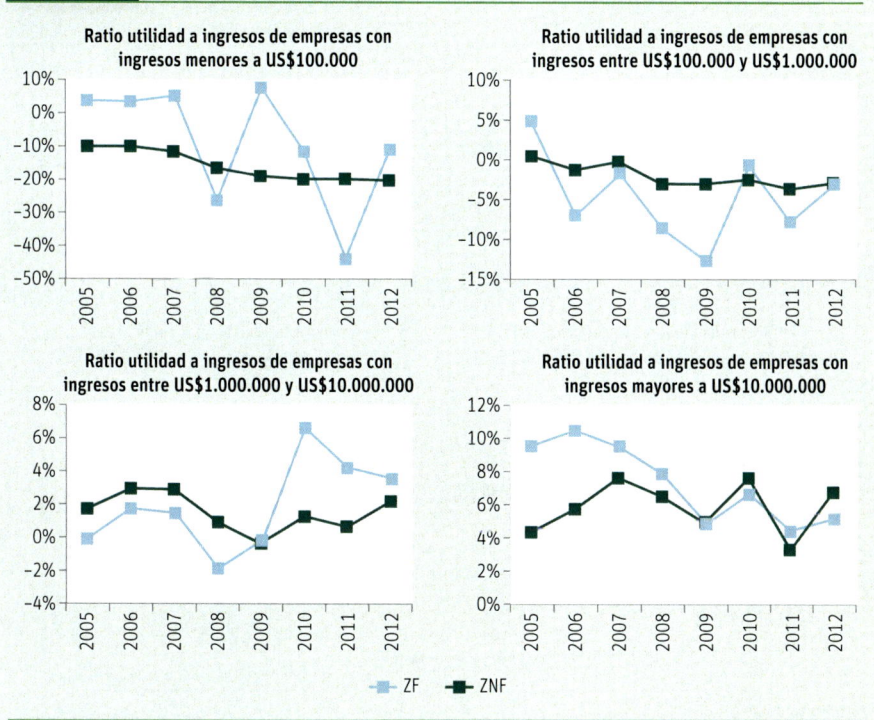

Fuente: Cálculos propios.

GRÁFICO C.7 Intensidad laboral por tamaño de empresa en República Dominicana

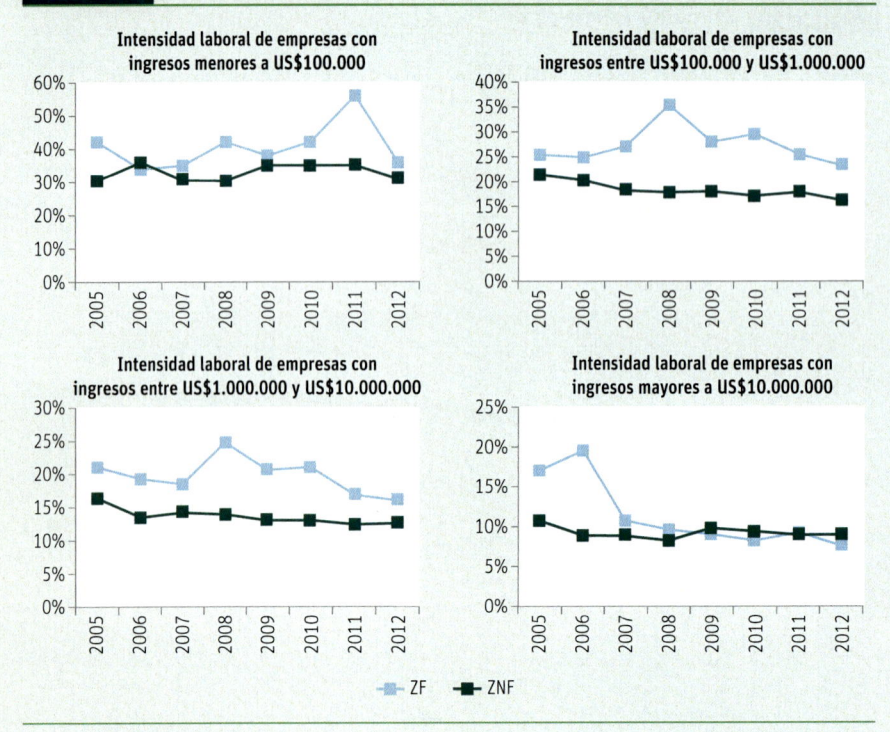

Fuente: Cálculos propios.

CUADRO C.3 Número de empresas por tamaño y sector económico, con y sin beneficios en la República Dominicana

	Agroindustria		Industria		Industria textil		Servicios y otros		Agroindustria		Industria		Industria textil		Servicios y otros	
	ZF	SB	ZF	SB	ZF	SB	ZF	SB	ZF	SB	ZF	SB	ZF	SB	ZF	SB
	Menos de US$ 100.000								Entre $100.000 y 1.000.000							
2005	12	28	1	109	1	37	2	648	1	64	5	217	36	75	20	1.000
2006	14	32	3	135	1	49	2	819	3	72	11	259	41	84	20	1.189
2007	18	53	3	186	1	65	3	1.149	4	84	21	314	54	91	29	1.493
2008	21	62	1	217	8	75	3	1.327	4	85	27	338	60	100	35	1.637
2009	21	78	2	238	8	82	4	1.431	9	89	29	352	61	106	41	1.736
2010	21	75	2	219	8	84	5	1.460	12	94	36	343	64	96	42	1.777
2011	22	69	1	235	7	85	6	1.523	12	101	43	346	69	98	43	1.854
2012	22	74	4	228	7	79	5	1.504	12	106	43	333	65	90	41	1.814
	Entre 1.000.000 y 10.000.000								Más de 10.000.000							
2005	12	34	22	150	36	19	19	358			12	33	8	2	11	26
2006	14	35	26	156	38	27	24	389	1	1	16	32	11	2	12	27
2007	18	39	45	166	48	27	38	422	2	1	22	31	17	1	12	29
2008	21	39	52	170	52	24	41	458	3	1	24	32	18	1	13	30
2009	21	40	55	172	60	23	42	472	3	1	26	32	19	1	12	29
2010	21	40	60	172	62	19	48	482	3	1	26	30	22	1	13	30
2011	22	49	61	167	64	15	48	486	4	1	28	31	21	1	15	32
2012	22	50	61	162	62	15	48	463	4	1	28	30	21	1	15	32

Anexo D
Pruebas econométricas

Panel vs. Pooled regression

El modelo detrás de un análisis de datos de panel es el siguiente:

$$Y_{it} = \alpha + \beta_1 X i_t + u_i + e_{it}$$

Donde se asume u_i iid$(0,\sigma_v^2)$ y e_{it} iid$(0,\sigma_\varepsilon^2)$

La prueba del multiplicador de Lagrange de Breusch y Pagan contrasta la hipótesis de $\sigma_v^2=0$; si se rechaza la hipótesis, entonces tiene sentido usar paneles para la estimación del modelo; de lo contrario, se podrían analizar los datos directamente como una *pooled regression*.

CUADRO D.1 Prueba para el uso de análisis de datos de panel

El Salvador	República Dominicana
Breusch and Pagan Lagrangian multiplier test for random effects – Test: Var(u) = 0	
chi2(1) = 5817.56	chi2(1) = 60142.05
Prob > chi2 = 0.0000	Prob > chi2 = 0.0000
El test indica la conveniencia de usar paneles sobre *pooled regression*, dado σ_v que su es distinto de cero	El test indica la conveniencia de usar paneles sobre *pooled regression*, dado que σ_v su es distinto de cero

Efectos fijos vs. aleatorios

Para investigar si es preferible la estimación por efectos fijos o aleatorios, se realiza la Prueba de Hausman Robusto, que se vale del supuesto implícito en la formulación del modelo de efectos aleatorios, donde la Cov(Xit,ui)=0, es decir que no hay una variable omitida dentro de los individuos que esté correlacionada con alguna de

CUADRO D.2 Prueba para el uso de efectos fijos o aleatorios

El Salvador	República Dominicana
Test of overidentifying restrictions: fixed vs random effects	
Sargan-Hansen statistic 0.092	
Chi-sq(2) P-value = 0.9550	
El test indica que la condición de sobreidentificación (E(x_{it},u_i)=0 *"random effect condition"* no puede ser rechazada, por lo que la estimación de efectos aleatorios sería correcta.	No es posible realizar este test, pues todas las variables incluidas en la regresión son variables indicadoras 0–1, fijas para cada empresa en todos los años, por lo que el contraste contra el panel de efectos fijos no puede realizarse.

las variables explicativas del modelo planteado; de ser así, las estimaciones serían inconsistentes.

Prueba de autocorrelación

Dado que la dimensión temporal del panel bajo análisis es de 8 años, es importante verificar la ausencia de autocorrelación en los paneles y para ello se realiza la Prueba de Woolridge, que contrasta la ausencia de autocorrelación de primer orden.

CUADRO D.3 Prueba de autocorrelación

El Salvador	República Dominicana
Wooldridge test for autocorrelation in panel data	
$F(1, 291) = 28.259$	$F(1, 6547) = 36657.002$
Prob > F = 0.0000	Prob > F = 0.0000
El test indica la existencia de autocorrelación.	El test indica la existencia de autocorrelación.

Prueba de heterocedasticidad

El test del Cuadro D 4 se realiza para verificar la ausencia de heterocedasticidad entre grupos (empresas). El test denominado W0 es el de Levene, que es robusto a la ausencia de normalidad en los errores. W50 es una variante del test propuesta por Brown y Forsythe, que usa estimadores de posición central robustos (mediana).

En vista de los resultados de las pruebas, todas las estimaciones se realizaron con errores estándares robustos a esta falla en los supuestos.

CUADRO D.4 Prueba de heterocedasticidad

El Salvador	República Dominicana
Levene Test	
W0 = 5.2673851	
df(293, 1996) Pr > F = 0.00000000	
Brown y Forsythe Test	
W50 = 2.4440566	
df(293, 1996) Pr > F = 0.00000000	
Los tests indican la existencia de heterocedasticidad en los paneles.	No se puede realizar el test porque son demasiadas empresas.

5

Efectividad de las políticas e instrumentos de atracción de inversiones en Centroamérica, Panamá y República Dominicana

Adolfo Taylhardat[1]

El presente capítulo busca evaluar la efectividad de las principales políticas e instrumentos de atracción de inversiones que se vienen utilizando en Centroamérica y República Dominicana en las últimas dos décadas. Esta evaluación se centra en tres grandes áreas de acción por parte de los gobiernos: (i) la creación y utilización de agencias de promoción de inversiones; (ii) las medidas y políticas para mejorar el marco regulatorio para la inversión y la competitividad del país; y (iii) las políticas que otorgan mecanismos de incentivos fiscales y financieros al inversionista.

El capítulo está organizado según esta lógica. Primero, se analiza el papel que cumplen las agencias de promoción de inversiones (de ahora en adelante, API) como instrumento de atracción de inversiones y se evalúan las agencias de la región en función de lo que se consideran las mejores prácticas en materia de organismos de promoción de inversiones. De igual forma, se destacan los casos de éxito y se identifican los retos que se plantean a los gobiernos para lograr que estos organismos puedan ser más exitosos y efectivos en su labor de promoción.

En segundo lugar, se hace un repaso de las iniciativas y esfuerzos de mejoramiento del clima de negocios y de competitividad con miras a evaluar cómo estas han podido abordar la reducción del costo país así como facilitar y dinamizar la atracción de inversiones.

---

[1] Este estudio recoge las opiniones y contribuciones de un destacado grupo de profesionales y expertos vinculados con el tema de atracción de inversiones. Para ello se realizaron consultas directas, entrevistas, así como una encuesta a agencias de promoción de inversiones. Este estudio no hubiese sido posible sin esa valiosa colaboración y por ello, quiero agradecer el apoyo, tiempo y contribución de todos ellos, quienes se detallan en el anexo 1.

En tercer lugar, se analizan los mecanismos de incentivos fiscales que se han venido implementando en la región en las últimas dos décadas. Se identifican los factores más destacados y polémicos de estos instrumentos y se plantean opciones para mejorar su actividad.

Las conclusiones del capítulo resaltan una serie de políticas e instrumentos que deberían formar parte de una nueva generación de políticas e instrumentos de atracción de inversiones (de ahora en adelante, PIAI) en la región. Se destacan, entre otros, temas como las políticas de educación y la capacitación de la fuerza laboral, la necesidad de un fortalecimiento institucional general y la necesidad de armonizar las diferentes acciones bajo una visión compartida por los distintos órganos involucrados en la atracción de inversiones. De igual forma, se plantea la necesidad de intensificar esfuerzos de coordinación regional con miras a fortalecer el atractivo de la región y optimizar los esfuerzos de promoción, aspecto que fue resaltado por los responsables de esta actividad en cada país.

El enfoque metodológico es analítico y cualitativo. Los elementos presentados en el análisis son producto de un trabajo de revisión de la extensa literatura especializada existente, complementada con información primaria recogida mediante entrevistas a promotores de inversiones, hacedores de políticas y formadores de opinión de la mayoría de los países de la región. La evaluación no pretende ser un análisis exhaustivo de las diferentes políticas analizadas ni tampoco presenta un estudio econométrico del impacto de las PIAI, pero sí tiene como propósito compartir una serie de observaciones y consideraciones que ponen en cuestionamiento la efectividad de las PIAI y plantear un conjunto de recomendaciones en cuanto a la necesidad de desarrollar análisis más especializados, profundos y detallados que puedan servir como punto de partida a una revisión de las PIAI y su interdependencia.

Sobre las políticas e instrumentos de atracción de inversiones (PIAI)

Las políticas e instrumentos de atracción de inversiones buscan influir los procesos de decisión de los inversionistas al posicionar de forma proactiva al país como localización de inversiones; mejorar la propuesta de valor del país al reducir el costo país, mejorando el clima de inversiones; y otorgar incentivos fiscales que mejoren el retorno para el inversionista.

En la región, los países asumieron que están en un entorno sumamente competitivo, en el cual las empresas cuentan con múltiples opciones de localización para establecer sus inversiones y que para lograr convertirse en una opción atractiva, es necesario mejorar la oferta del país en relación con sus potenciales competidores así como promover activamente al país y facilitar el proceso de inversión.

Tal como lo resalta la Comisión Económica para América Latina y el Caribe (CEPAL), el punto de partida para el diseño de PIAI es conocer las motivaciones y los determinantes de las empresas trasnacionales (CEPAL, 2006b). La propuesta de valor de un país, es decir, su oferta a los inversionistas, debe partir de un enfoque estratégico que tome en consideración el proceso de decisión del inversionista.

Para ello, es importante segmentar a los inversionistas en función de su motivación principal al momento de invertir. Los expertos clasifican a los inversionistas en cuatro grandes categorías, según sus motivaciones principales (CEPAL, 2006a):

- Búsqueda de recursos naturales.
- Búsqueda de acceso a mercados locales.
- Búsqueda de eficiencia para la conquista de mercados terceros.
- Búsqueda de atractivos estratégicos.

Para los países de Centroamérica y Belice, Panamá y República Dominicana (CARD), que tienen economías pequeñas y niveles de desarrollo medio, las inversiones que se localizan por factores de eficiencia en los procesos productivos son de especial importancia, ya que buscan una mayor productividad laboral y menores costos operativos. Por consiguiente, la promoción de sectores de exportación de servicios (BPO, por sus siglas en inglés) y de centros regionales forma parte de la agenda de todos los países de la región.

Si bien cada una de estas categorías tiene determinantes propios, en términos generales el proceso de decisión de los inversionistas es muy similar y consiste en un enfoque de arriba hacia abajo que parte de la elaboración de una primera lista amplia de localidades interesantes para la inversión; luego se evalúa la competitividad de cada alternativa para seleccionar las opciones más atractivas y lograr una lista corta de opciones; y finalmente, en una tercera etapa, se refina el análisis para precisar la rentabilidad esperada y así escoger la localidad que mejor corresponda a los criterios de selección establecidos por la empresa.

Desde la perspectiva del país que busca promoverse como localidad de inversión, este proceso de decisión implica:

- Lograr visibilidad para aparecer en el radar del inversionista y entrar en la amplia lista de localidades. Para ello, se promueven las ventajas del país y se realiza una labor de facilitación del proceso de recaudación de información del inversionista.
- Presentar una oferta de atributos que convierta al país en una opción competitiva de localización (lista corta de localidades). No basta con tener visibilidad, es

CUADRO 5.1 Dimensiones de la atracción de inversiones

	Visibilidad	Competitividad	Rentabilidad
Objetivo	Aparecer en el radar del inversionista. Entrar en la lista amplia de opciones de localización.	Ser considerado como localidad competitiva. Pasar a la lista corta de opciones de localización.	Ser seleccionado como opción de localización.
Política o instrumento (PIAI)	Agencias o unidades de promoción de inversiones (API)	Marco regulatorio competitivo Seguridad jurídica Acuerdos comerciales Acuerdos de protección de inversiones Inversión en infraestructura	Incentivos financieros y fiscales Zonas francas
Actividades / componentes	Mercadeo Información Facilitación Foco sectorial	Reducir costo país Mejorar la competitividad Elaborar reformas legales Eliminar barreras	Otorgar/negociar incentivos

Fuente: Elaboración propia.

indispensable ser competitivo, tener un clima de negocios atractivo, un marco regulatorio que habilite la inversión así como un costo para operar que sea comparativamente competitivo.
- Ofrecer incentivos que mejoren los niveles de rentabilidad de tal forma que posicionen al país como la opción más atractiva.

A partir del entendimiento de los factores determinantes para el inversionista potencial, los países están en capacidad de asumir un enfoque estratégico en diseño e implementación de PIAI que logren incrementar la visibilidad de la localidad, mejorar la competitividad y ofrecer una mayor rentabilidad a los proyectos de inversión.

Al igual que en el resto de Latinoamérica, a partir de los años noventa, los diferentes países de CARD empezaron a implementar PIAI en tres grandes categorías:

- Política proactiva de promoción de inversiones mediante la creación de una agencia especializada o la estructuración, dentro de una institución pública, de una dirección específica dedicada al tema. Estas agencias de promoción de inversiones (API) buscan generar visibilidad, presentar la oferta del país al inversionista y facilitar el proceso de decisión mediante un esfuerzo especializado, sostenido y focalizado.
- Iniciativas para reducir el costo país, mejorar la competitividad y facilitar la IED que incluyen reformas del marco regulatorio, como la creación de ventanillas únicas para los trámites de inversión. En esta instancia, los países desarrollan

PIAI que generen confianza en el inversionista y brinden estabilidad a las reglas de juego.
- Diseño y puesta en marcha de políticas de incentivos al inversionista que otorguen beneficios financieros y fiscales de diferentes tipos. Además de visibilidad y competitividad, es necesario lograr condiciones de rentabilidad atractivas para el inversionista. Un clima de inversiones positivo y reglas de juego estables y predecibles son condiciones necesarias, pero en muchos casos no suficientes, para convertirse en la localidad favorita para el inversionista. Aquí toman valor las PIAI que brindan incentivos financieros y fiscales que mejoran el plan de negocios y la rentabilidad del inversionista.

Cabe precisar que para los países, la secuencia de preparación a la IED es algo diferente. Un país debe lograr ser competitivo y adecuar su clima de negocios antes de promoverse, y ello implica darle prioridad inicialmente al mejoramiento del clima de inversiones. Luego de haber establecido "el producto mejorado", se implementan las PIAI de incentivos para compensar o atenuar el costo país. Por último, se desarrollan las PIAI de promoción activa de inversiones, cuya efectividad va a estar directamente vinculada a la presencia de un clima de inversión atractivo y a unas reglas de juego competitivas. La realidad es otra y con frecuencia nos encontramos con programas de promoción proactiva que se realizan sin haber atendido los factores que incrementan el costo país o que afectan negativamente el clima de inversión.

Las agencias de promoción de inversiones (API) en CARD

La importancia de las API

Las agencias de promoción de inversiones (API) son, sin lugar a dudas, el instrumento más importante, dedicado y especializado con el que cuenta un país que busca atraer inversionistas. Prácticamente no hay país que no cuente con su API, ni región o estado de envergadura que no haya montado su organismo de promoción de inversiones. Hoy en día, existen cerca de 250 agencias de inversiones nacionales y regionales, que representan unos 160 países[2]. Ello se traduce en un entorno sumamente competitivo en el que los países, ciudades y regiones buscan destacarse, diferenciarse y posicionarse ante los potenciales inversionistas. Los países de la región entendieron, desde muy temprano, la importancia de las API y por ello,

---

[2] World Association of Investment Promotion Agencies (WAIPA).

algunos países como Costa Rica y Honduras crearon sus API desde mediados de los años ochenta.

Las API se convierten en un punto central de las PIAI, ya que su operación y efectividad depende directamente de las PIAI de mejoramiento del clima y de incentivos. Al promover la oferta del país, les corresponde desarrollar una propuesta de valor que resalte sus atributos, tome en cuenta las ventajas competitivas, identifique las áreas de mejoramiento del clima de negocios y destaque los diferentes incentivos. Las agencias son el punto de encuentro con el inversionista y se apoyan en el conjunto de otras PIAI para influir en el proceso de decisión de inversión.

Las funciones de las API

El rol, las funciones y mejores prácticas de las API han recibido mucha atención desde principios de la década de los noventa y han sido extensamente analizados en un amplio número de publicaciones. El primer marco teórico, que es muy reconocido, es *Marketing a Country*, publicado en 1990 por Louis Wells y Alvin Wint, y aún vigente. Para Wells y Wint, la promoción de inversiones abarca un conjunto de funciones y actividades que se realizan con el propósito de:

- Generar y promover una imagen país y de esa forma generar visibilidad ante el inversionista. Ello abarca tanto la promoción general, que busca atender el desconocimiento de los potenciales inversionistas sobre los atributos y ventajas que ofrece una localidad, como la promoción focalizada de una propuesta de valor especializada en sectores considerados prioritarios o estratégicos.
- Brindar servicios para facilitar la inversión al proveer de información relevante a potenciales inversionistas e influir en su proceso de toma de decisión. Esta función busca cerrar la brecha entre los requerimientos de información de los inversionistas y la disponibilidad, credibilidad y acceso a la información. De igual forma, se busca dar a conocer los aspectos del marco regulatorio y legal así como el acceso y costo de los factores de producción y los recursos; facilitar el conocimiento de la idiosincrasia local; y facilitar el contacto con los entes de apoyo y servicio.
- Mejorar el clima de inversiones al iniciar y apoyar iniciativas que hagan a la localidad más atractiva para el inversionista. Las API se convierten en un punto focal natural en materia de cambios del marco regulatorio, ya que conoce de primera mano las necesidades y opiniones del inversionista (potencial y existente) y tiene acceso privilegiado a los hacedores de política y formadores de opinión.

Cabe destacar que estas actividades de promoción son dirigidas a cuatro audiencias muy diferentes y específicas:

- Inversionistas en general sin ninguna focalización especial (*facilitation*).
- Inversionistas focalizados en los sectores o industrias (*outreach*).
- Inversionistas ya establecidos en el país (*aftercare*).
- Hacedores de políticas (*policy advocacy*)

Las API se estructuran bajo múltiples modalidades y no existe un modelo estandarizado, ni una mejor práctica en cuanto al marco institucional. Pueden establecerse como unidades autónomas con personalidad jurídica propia o pueden ser una unidad especializada dentro de un ministerio o ente público. Las agencias pueden estar bajo la tutela del sector público (ProNicaragua o BELTRAIDE, en Belice), pueden ser entes privados (CINDE), en Costa Rica, o FIDE, en Honduras) o pueden ser entes mixtos, producto de una asociación entre el sector público y privado.

El tema de la institucionalidad de las API es un factor de gran relevancia, ya que una personalidad jurídica, una efectiva relación entre el sector público y el privado, así como una adecuada estructura presupuestaria son factores que garantizan éxito a las agencias. Los ciclos de decisión de los inversionistas pueden tomar años y para realizar una labor de promoción efectiva, se requiere de una personalidad jurídica que reduzca los riesgos generados por los cambios políticos y que cuente con instancias que le permitan actuar con autonomía operativa, acceso a los hacedores de política y con conocimiento del sector privado.

CUADRO 5.2 Funciones de una API

		Imagen país	Facilitar la inversión	Mejorar el clima de inversión
Audiencia	**Inversionista general**	Información general. *Brand statement*.	Proveer información general y especializada.	Evaluar índices tales como "*Doing Business*" y *World Competitiveness Report* e identificar agenda de cambios.
	Inversionista potencial	Propuesta de Valor focalizada por sector prioritario. (*outreach*)	Proveer información especializada con alto nivel de *benchmarking*.	Buscar crear un entorno más competitivo y atractivo en los sectores seleccionados.
	Inversionista existente Hacedores de políticas		Mantener contacto para atender requerimientos y apoyar en nuevos proyectos. (*aftercare*)	Identificar áreas de mejora del clima de negocios y marco regulatorio. Proponer reformas (*policy advocacy*)

Fuente: Elaboración propia.

Las API en CARD

Los ocho países de la región cuentan con unidades de promoción de inversiones. Aun cuando estas presentan diferencias importantes en cuanto a su forma institucional, todas cumplen con las funciones fundamentales de promoción: promueven al país y a los sectores prioritarios toda vez que facilitan la inversión y apoyan el mejoramiento del clima de inversión. Algunas, como CINDE y FIDE, datan desde los años ochenta y cuentan con una reconocida institucionalidad y una larga trayectoria operativa; otras, como ProNicaragua e Invest in Guatemala, se crearon después del año 2000 y reemplazaron a organizaciones creadas en los años noventa, pero que no lograron mantener su posicionamiento institucional. En el caso de Panamá, Proinvex es una dirección dedicada, dentro del Ministerio de Comercio e Industrias.

En el marco de esta investigación, se realizaron entrevistas a cada una de las ocho API, así como una encuesta con miras a recaudar información sobre su estructura y funcionamiento, opiniones y comentarios sobre los retos presentes y futuros. Ello permitió realizar una evaluación detallada de la operación y la institucionalidad de las agencias, así como identificar los aspectos que deben ser atendidos para mejorar la efectividad en la atracción de inversiones.

Evaluación general

Desde el punto de vista operacional, las ocho agencias de la región realizan las principales funciones de promoción de inversiones y cuentan con personal especializado y dedicado para atender al inversionista y facilitar su proceso. De igual forma, realizan una promoción focalizada y desarrollan actividades que buscan mejorar el atractivo de los países. Al analizar su operación, se observa que todas las API han llevado a cabo todas las mejores prácticas en materia de atracción de inversiones y han implementado programas de asesoría a sus operaciones y de capacitación a su estructura organizativa.

El Cuadro 5.3 presenta la asignación de recursos de las API a las principales funciones de promoción de inversiones. Estos datos no deben ser tomados como medidas exactas, ya que pueden reflejar interpretaciones que difieren para cada institución; sin embargo, sí permiten destacar diferencias significativas en cuanto a su estrategia de promoción, sus recursos financieros y su nivel de desarrollo.

Facilitación de inversiones: grandes diferencias entre las API

La facilitación es una de las funciones fundamentales de una agencia de promoción de inversiones. Las actividades y servicios de facilitación que proveen las API buscan generar visibilidad al destacar la oferta país y proveer la información que requiere el inversionista en su proceso de selección. Ello se logra fundamentalmente a través de:

CUADRO 5.3 Las agencias de promoción de inversiones en CARD

País	Agencia	Año de creación	Función (1)	Personal dedicado	Personalidad jurídica
Belice	BELTRAIDE, Belize Trade and Investment Development Service	1998	Mixta	7	Ente público autónomo adscrito al Ministerio de Comercio e Inversión
Costa Rica	CINDE (Coalición Costarricense de Iniciativas para el Desarrollo)	1982	Dedicada	40	Ente privado que se financia del producto de un fondo y de contratos de apoyo al sector público
El Salvador	PROESA (Agencia de Promoción de Exportaciones e Inversiones de El Salvador)	2000	Mixta	14	Ente público autónomo
Guatemala	Invest in Guatemala (Anteriormente PROGUAT)	2004	Dedicada	10	Programa de Naciones Unidas que no cuenta con personalidad jurídica
Honduras	FIDE (Fundación para la Inversión y el Desarrollo de las Exportaciones)	1984	Mixta	5	Ente privado que se financia del producto de un fondo y de contratos de apoyo al sector público
Nicaragua	Pronicaragua (Anteriormente CEI, 1992)	2002	Mixta	34	Programa de Naciones Unidas adscrito a la Presidencia de la República
Panamá	Proinvex (Agencia de Promoción de Inversiones y Exportaciones)	2010	Dedicada	7	Dirección especializada del Ministerio de Comercio e Industrias
Rep. Dominicana	CEI (Centro de Exportación e Inversiones)	2003	Mixta		Oficina de la Presidencia

Fuente: Elaboración propia sobre la base de encuesta a API.
Función: dedicada (promoción de inversiones exclusivamente), mixta (promoción de inversiones y exportaciones).

CUADRO 5.4 Asignación presupuestaria de las API a las funciones de promoción de inversiones

	Beltraide	Cinde	Proesa	Invest in Guatemala	FIDE	Pronicaragua	Proinvex	CEI-RD
Promoción y mercadeo	14%	40%		25%	30%	35%	50%	15%
Facilitación (asistencia)	52%[a]	10%		60%	30%	26%*	30%	30%
Postinversión (*aftercare*)		25%		10%	10%		10%	20%
Generación (*outreach*)	34%[b]	10%		5%	15%	35%	5%	20%
Mejoramiento clima de negocios		15%		0%	15%	4%	5%	15%

Fuente: Elaboración propia sobre la base de encuesta a API.
[a] Agrupa facilitación y Aftercare para Belice.
[b] Agrupa generación y policy advocacy para Belice.

- un sitio web completo, efectivo y atractivo
- el manejo de las solicitudes de información de forma eficiente y profesional

La facilitación, medida por la calidad del sitio web y por la capacidad de respuesta a las solicitudes, tiene un impacto directo en la atracción de inversiones. Así lo evidencia un estudio de la Universidad de Oxford de Harding y Javorcik (2012), en el que se toman los resultados de la evaluación de las API que realiza anualmente el Banco Mundial en el GIPB (*Global Investment Promotion Benchmark*) y se cruzan

CUADRO 5.5 Evaluación GIPB 2012

	Resultado combinado	Resultado en sitio web	Resultado en manejo de solicitudes
OCDE	64%	84%	43%
Centroamérica	54%	73%	35%
Latinoamérica y el Caribe[a]	48%	67%	29%
Europa y Asia Central	44%	66%	23%
Asia Oriental y Pacífico	41%	65%	18%
Medio Oriente y África del Norte	36%	54%	16%
Sureste Asiático	32%	54%	10%
África Subsahariana	25%	41%	10%

Fuente: GIPB (2012), Banco Mundial.
[a] Latinoamérica y el Caribe (incluye Centroamérica).

CUADRO 5.6 Las mejores API del mundo, según el GIPB 2012 (Banco Mundial)	
1. ABA – Invest in Austria (Austria)	6. Invest in Spain (España)
2. Czechinvest (República Checa)	7. Investment Support and Promotion Agency of Turkey (Turquía)
3. Austrade (Australia)	8. ProNicaragua (Nicaragua)
4. Germany Trade and Invest (Alemania)	9. Department of Investment Services (Taiwan, China)
5. Invest in Denmark (Dinamarca)	10. Hungarian Investment and Trade Development Agency (Hungría)

Fuente: GIPB (2009), Banco Mundial.

con los resultados de atracción de inversiones. El GIPB analiza de forma periódica la capacidad de facilitación de las API a través de la efectividad de su sitio web y su eficiencia en responder a las solicitudes de apoyo que reciben. El estudio indica que los países con una API de calidad (medida por el resultado del GIPB) captan más y mejores flujos de IED, al observar una relación positiva y estadísticamente significativa entre ambas variables y concluye que una buena facilitación al inversionista tiene gran importancia así como el lograr mantener este esfuerzo de forma sostenida en el tiempo.

Los resultados del GIPB 2012 resaltan que la región realiza una buena labor de facilitación al inversionista y por ello, recibe una calificación superior a la de todas las otras regiones en desarrollo.

Cabe destacar que entre las diez mejores agencias del *ranking* del GIPB, solo una pertenece a un país en desarrollo: ProNicaragua. La agencia nicaragüense ha logrado este nivel de excelencia mediante un trabajo de fortalecimiento de su área de facilitación, la incorporación de un sistema de seguimiento permanente y la adecuación de su estructura organizacional a las necesidades de esta función. El crecimiento de los flujos de IED que ha experimentado Nicaragua a partir del año 2006 parece confirmar la relación positiva del estudio de Oxford que existe entre el nivel de facilitación y la atracción de inversiones (Harding y Javorcik, 2012). Los resultados obtenidos por ProNicaragua en materia de facilitación son una clara señal de que una agencia de un país pequeño, con recursos modestos y una estructura compacta, está en capacidad de lograr niveles de excelencia.

Sin embargo, no todos los países de la región están en posición de mostrar los niveles de excelencia que muestra Nicaragua. Ello queda claro con los resultados del GIPB 2009, que publica información individualizada del país[3] que presenta el Cuadro 5.7 y que muestra cómo difiere la capacidad de las agencias en facilitar

---

[3] A partir de la edición 2012, ya no se reseñan los *rankings* por país.

GRÁFICO 5.1 Índice de crecimiento de la IED en CARD

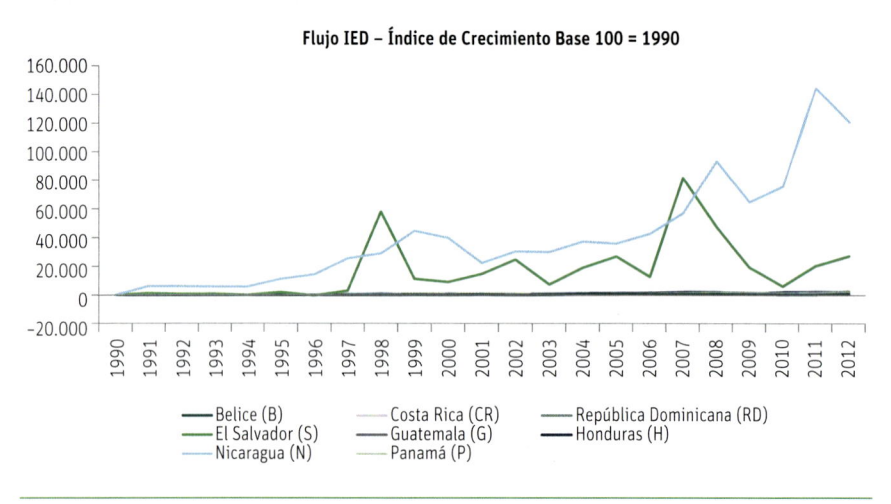

Flujo IED – Índice de Crecimiento Base 100 = 1990

- Belice (B)
- Costa Rica (CR)
- República Dominicana (RD)
- El Salvador (S)
- Guatemala (G)
- Honduras (H)
- Nicaragua (N)
- Panamá (P)

Fuente: Cálculos propios sobre la base de datos de la UNCTAD (2013).

inversiones. Es muy probable que cada agencia haya tomado medidas correctivas a la luz de estos resultados, pero la realidad es que no todas las agencias de la región prestan un servicio de facilitación de alto nivel.

A excepción de ProNicaragua y probablemente de CINDE y FIDE, los países de la región necesitan mejorar el nivel de la facilitación de la inversión. Estos países disponen de sus resultados individuales para el GIPB 2012 y por lo tanto, tienen a la mano un diagnóstico bien detallado de las mejoras que deben implementar en sus procesos de atención al inversionista para lograr competir con los mejores países

CUADRO 5.7 *Ranking* de países CARD en GIPB 2009

Ranking en GIPB 2009	País
Alto	ProNicaragua
	CINDE
	FIDE
Promedio	Proesa
	Invest in Guatemala
	BELTRAIDE
Bajo	
Muy Bajo	CEI-RD
	Dirección de Promoción de Inversiones Panamá

Fuente: GIPB (2009), Banco Mundial.

en la facilitación de la inversión. Estas diferencias indican que es necesario que ciertas agencias fortalezcan su capacidad operativa para lograr mayores niveles de asistencia al inversionista.

Reforzar la atención al inversionista existente

La función de facilitación se centra en atender las necesidades de los potenciales inversionistas pero; tal como lo recomiendan ampliamente las mejores prácticas, es importante cuidar al inversionista ya establecido.

Tal como lo resalta la CEPAL en su reciente análisis de la IED a Centroamérica y el Caribe (CEPAL, 2013), no toda la IED registrada corresponde a una entrada neta de capital. La reinversión de utilidades de las empresas transnacionales es un componente de la IED en la región que ha aumentado en la última década y que para el año 2013 representó el 38% del total de flujos de IED. Ello explica la importancia de apoyar a los inversionistas establecidos mediante las actividades de *aftercare*, pero de acuerdo a la asignación de recursos de las API de la región, la función de *aftercare* no es muy relevante salvo en el caso de Costa Rica que le asigna el 25% de sus recursos.

La agencia de promoción de inversiones de la República Checa es considerada un ejemplo en cuanto a su labor de *aftercare*. Czechinvest cuenta con una unidad dedicada a atender a los inversionistas existentes a los cuales provee un conjunto de servicios de acompañamiento para lograr que las empresas desarrollen, intensifiquen y diversifiquen su presencia en la República Checa (ver Gráfico 5.2).

Se recomienda revisar esta función e intensificar los esfuerzos de apoyo al inversionista existente con miras a incrementar los niveles de reinversión y generar mayor credibilidad ante los nuevos inversionistas. Países como Guatemala, Honduras y Panamá deberían evaluar si con el nivel de esfuerzo actual están apoyando la capacidad de reinversión así como nuevas inversiones de los inversionistas ya establecidos.

Mayor sofisticación en la labor de promoción focalizada en sectores prioritarios

Tal como lo recomiendan las mejores prácticas internacionales, las API de la región realizan una labor de promoción focalizada en sectores prioritarios y vienen desarrollando propuestas de valor que están en consonancia cada vez más con las necesidades de desarrollo y crecimiento de sus respectivos países. Ello es producto de la madurez operacional de las API y de su capacidad de dedicar mayores esfuerzos a la generación de inversiones en sectores prioritarios y que corresponde a las recomendaciones de las mejores prácticas.

En materia de atracción de inversiones, es comúnmente aceptado que las estrategias de focalización (*targeting*) son particularmente efectivas, tal como lo destaca Sacroisky (2009) en su estudio sobre las estrategias de focalización

¿SOCIOS O ACREEDORES?

GRÁFICO 5.2 Cuadro de acompañamiento a los inversionistas existentes, Czechinvest

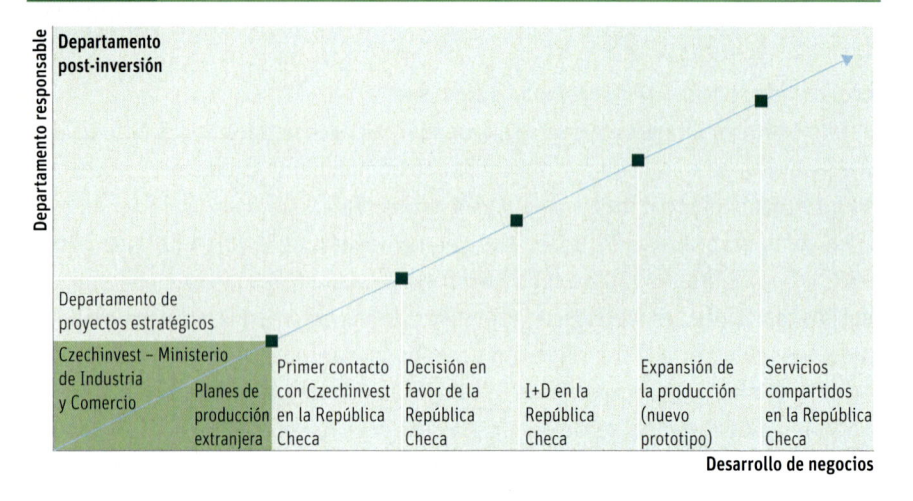

Departamento responsable							
Departamento post-inversión							■
						■	
					■		
				■			
Departamento de proyectos estratégicos			■				
Czechinvest – Ministerio de Industria y Comercio	Planes de producción extranjera	Primer contacto con Czechinvest en la República Checa	Decisión en favor de la República Checa	I+D en la República Checa	Expansión de la producción (nuevo prototipo)	Servicios compartidos en la República Checa

Desarrollo de negocios

Fuente: Czech Invest (http://www.czechinvest.org/).

de la inversión extranjera directa. Ello coincide con la recomendación de entes especializados en el tema de IED, como la UNCTAD, en sus *World Investment Reports* y la CEPAL, en sus informes sobre *La inversión extranjera en América Latina y el Caribe*.

Todos los países de la región muestran un esfuerzo de promoción focalizada tal como se destaca en el Cuadro 5.7 que presenta los sectores promocionados por cada API en su sitio web. La tendencia ha sido evolucionar hacia sectores de mayor impacto en el desarrollo económico. Esta dinámica ha promovido el desarrollo de sectores de mayor valor agregado, con capacidad de generar empleos de mayor nivel educativo y encadenamientos productivos importantes. El Cuadro 5.7 permite resaltar cómo se está dando una concentración creciente en el área de exportación de servicios o BPO, pero además cómo se van creando nichos de mayor valor y sofisticación dentro de esta área. Ya no se conciben solamente *Call Centers*, sino que ahora la oferta es de servicios financieros, de desarrollo tecnológico, de entretenimiento o de tecnología de información.

Todos los países promueven sectores específicos pero no todos lo hacen con el mismo nivel de detalle y de efectividad. Se evidencian diferencias en cuanto a la calidad de las propuestas de valor y el nivel de información que sustentan estas propuestas. Al analizar la información disponible en los sitios web institucionales y que destacan los sectores prioritarios, se observa cómo una agencia como CINDE presenta una propuesta sofisticada con información detallada, pertinente y muy especializada, lo que contrasta con la información de CEI o de Proinvex que no cuentan con el nivel de detalle comunicacional y promocional que requiere este tipo de promoción y que no tienen una propuesta de valor diferenciada. Es recomendable que antes de salir a promover un sector en particular se cuente con información especializada, un entendimiento del entorno competitivo y un enfoque estratégico hacia el segmento priorizado.

Agencias como Invest in Guatemala y Proinvex, que se encuentran en sus etapas iniciales de desarrollo operacional o de restructuración, no han iniciado una verdadera labor de generación de inversiones. Estas agencias todavía no asignan recursos a la labor de *outreach*. La recomendación es que las agencias fortalezcan este tipo de actividad promocional. Para ello, deben dedicarle mayores recursos financieros, capacitar a su personal en campañas de *outreach* y desarrollar relaciones interinstitucionales con los principales actores en cada sector.

El sector BPO, que es de interés prioritario para todos los países de este estudio, sirve de referencia para entender que la región aún no está al nivel de las mejores prácticas de atracción de inversiones. Al consultar el *ranking* de las 100 mejores localidades para invertir en BPO 2014 que publica la consultora Tholons, solo una ciudad de CARD figura entre las 80 primeras localidades, San José de Costa Rica (ubicada 13), y apenas dos más, Managua (87) y Ciudad de Guatemala (92), logran clasificar entre las 100 primeras. A la región le falta mucho para poder tener una oferta como la de Filipinas, India o Malasia. Factores como la capacidad promocional, el clima de negocios, el apoyo institucional y la disponibilidad de recurso humano calificado todavía requieren ser desarrollados en CARD.

En conclusión, las API de CARD desarrollan actividades promocionales de generación de inversiones, tal como lo recomiendan las mejores prácticas; sin embargo, la evaluación indica que salvo CINDE y en menor medida ProNicaragua, deben sofisticar sus propuestas de valor, desarrollar personal especializado y dedicado a esta labor, así como asignarle mayores recursos a esta actividad.

Mejoramiento del clima de inversiones

Otra área de fundamental importancia en materia de atracción de inversiones es el mejoramiento del clima de negocios y de inversiones. Debido a su cercanía y constante contacto con los inversionistas potenciales y establecidos, las API están en una situación privilegiada para identificar y monitorear los problemas y limitaciones que se le presentan al momento de evaluar instalarse en el país o, más adelante, en su fase operativa. Las API están en una posición privilegiada para monitorear el clima de negocios e identificar los temas que afectan el costo país.

La mayoría de las API realizan, de una forma u otra, una labor de mejoramiento del clima de inversión. Las agencias participan o coordinan mesas de diálogo interinstitucionales, como el *Public-Private Sector Dialogue* de Belice o la Comisión

CUADRO 5.8 Sectores prioritarios de atracción de inversiones

Sector	Subsector	Belice	Costa Rica	El Salvador	Guatemala	Honduras	Nicaragua	Panamá	Rep. Dom.
Agroindustrial	Producción agrícola	■		■	■	■	■	■	
	Procesamiento de alimentos	■					■		
	Producción forestal								
	Acuacultura	■							
Minería									
Manufactura ligera	Partes automotrices				■	■			
	Calzados				■				
Textiles	Textiles básicos			■	■	■			
	Textiles especializados			■	■				
	Confección			■			■		
Manufactura avanzada	Automotriz		■						
	Electrónica		■		■				
	Aeroespacial		■						
Ciencias de la vida	Dispositivos médicos		■						
	Biotecnología		■						
	Centros de contacto		■					■	

(continúa en la página siguiente)

EFECTIVIDAD DE LAS POLÍTICAS E INSTRUMENTOS DE ATRACCIÓN DE INVERSIONES ➡

CUADRO 5.8 **Sectores prioritarios de atracción de inversiones** *(continuación)*

Sector	Subsector	Belice	Costa Rica	El Salvador	Guatemala	Honduras	Nicaragua	Panamá	Rep. Dom.
Outsourcing de servicios (BPO)	Finan., contables y admin.		■						
	Entretenimiento y medios		■						
	Servicios compartidos		■						■
	Tecnologías digitales		■						■
	Ingeniería/diseño		■	■					
	Sedes regionales							■	
	Aeronáutica		■	■					
Centro logístico									
Centro financiero									
Telecomunicaciones									
Turismo	Turismo general						■		■
	Turismo médico								
Energía tradicional						■			
Energías renovables						■	■		
	Energía eólica				■				
Infraestructura									

Fuente: Elaboración propia con información de los sitios web de las API.

Presidencial de Seguimiento de Nicaragua; se vinculan a iniciativas de mejoramiento de la competitividad, como el Programa Nacional de Competitividad de Guatemala o el Consejo Nacional de Inversiones de Honduras; y en algunos casos, dedican recursos internos a apoyar mejoras en esta área.

A pesar de vincularse a estas actividades y de participar en múltiples iniciativas, la realidad es que el tema de mejoramiento del clima no parece ser una prioridad estratégica para las API de la región. Los recursos asignados a esta función oscilan entre el 0% y el 15%, mientras que se le dedica una porción mucho más importante a las actividades de promoción.

Considerando la importancia que tiene el clima de negocios en la decisión del inversionista y el bajo *ranking* de algunos países de la región en informes como el *Doing Business* del Banco Mundial y el *World Competitiveness Report* del World Economic Forum, se recomienda revisar el rol e importancia de esta función en la estrategia de las API, así como los recursos que se le dedican. Menos promoción y un mejor clima de inversión pareciera ser el mensaje para ciertas API. Tal como se evidencia en la Cuadro 5.9, las API de la región destacan la necesidad de darle mayor prioridad al tema de mejoramiento del clima de inversión y competitividad.

Cabe destacar que las API están en posición de impulsar, recomendar y promover iniciativas para mejorar el clima de inversión, pero las reformas y las mejoras legales, regulatorias y de procedimientos son potestad de los hacedores de políticas y entes regulatorios. Es un trabajo mancomunado que requiere de cooperación y coordinación, y ello depende del posicionamiento institucional de las API y su capacidad de influir en los hacedores de políticas. El hecho de que los cambios y reformas por implementar no son potestad de las API y que, con frecuencia, tardan mucho en llevarse a cabo genera un alto nivel de frustración que desalienta la iniciativa.

Tal como se destaca en el siguiente capítulo, el mejoramiento del clima de inversión debe convertirse en una prioridad estratégica para los países de la región y las API están en una posición privilegiada para contribuir con esa labor. Para ello se recomienda:

- Revisar la estrategia de la agencia para evaluar el rol e impacto que pueda tener en el marco de programas y PIAI de mejoramiento del clima de inversión.
- Adecuar el posicionamiento institucional de la agencia para que pueda cumplir a cabalidad ese rol de facilitador e impulsador de reformas del clima de negocios como coordinador de iniciativas interinstitucionales y soporte técnico a los hacedores de política.
- Dedicar más recursos humanos y financieros a la labor de *policy advocacy*.

CUADRO 5.9 Principales retos para las API

	Ranking de los principales retos que debe asumir el país en materia de atracción de inversiones							
	Belice	Costa Rica	El Salvador	Guatemala	Honduras	Nicaragua	Panamá	República Dominicana
1	Mejorar competitividad del país	Mejorar competitividad del país	—	Proyecto país para guiar promoción	Proyecto país para guiar promoción	Proyecto educativo para mejorar calidad de fuerza laboral	Proyecto educativo para mejorar calidad de fuerza laboral	Mejorar competitividad del país
2	Mejoramiento del clima de inversiones	Mejoramiento del clima de inversiones	—	Mejoramiento del clima de inversiones	Coalición Sector Público/Sector Privado	Mejorar competitividad del país	Coalición Sector Público/Sector Privado	Mejoramiento del clima de inversiones
3	Proyecto educativo para mejorar calidad de fuerza laboral	Proyecto educativo para mejorar calidad de fuerza laboral	—	Mejorar competitividad del país	Mejorar competitividad del país	Mejoramiento del clima de inversiones	Mejoramiento del clima de inversiones	Proyecto educativo para mejorar calidad de fuerza laboral
4	Coalición Sector Público/Sector Privado	Mejorar/Optimizar incentivos fiscales	—	Mejorar/Optimizar incentivos fiscales	Proyecto educativo para mejorar calidad de fuerza laboral	Proyecto país para guiar promoción	Mejorar competitividad del país	Proyecto país para guiar promoción
5	Proyecto país para guiar promoción	Coalición Sector Público/Sector Privado	—	Proyecto educativo para mejorar calidad de fuerza laboral	Mejoramiento del clima de inversiones	Coalición Sector Público/Sector Privado	Proyecto país para guiar promoción	Coalición Sector Público/Sector Privado
6	Mejorar/Optimizar incentivos fiscales	Proyecto país para guiar promoción	—	Coalición Sector Público/Sector Privado	Mejorar/Optimizar incentivos fiscales	Mejorar/Optimizar incentivos fiscales	Mejorar/Optimizar incentivos fiscales	Mejorar/Optimizar incentivos fiscales

Fuente: Encuesta a API.

Para lograr resultados tangibles en materia de mejoramiento del clima de inversiones hace falta por un lado, fortalecer la función de las agencias en materia de diagnóstico, monitoreo y *policy advocacy*; pero también es indispensable que el Estado y los hacedores de políticas asuman que son el principal promotor de inversiones y que, por ende, deben desempeñar un papel más proactivo en mejorar el marco regulatorio y operativo para la IED.

Fortalecer el marco institucional

Más allá de crear las agencias, es indispensable que estas cuenten con los recursos, la institucionalidad y el apoyo político que les permita llevar a cabo su labor de forma sostenida y efectiva. Ello no se ha podido lograr en algunas API de la región y se ha traducido en debilidades y retos que reducen su efectividad, limitan su rol de promotor activo y ponen en riesgo su sostenibilidad en el tiempo.

El tema de la institucionalidad es un factor determinante en la labor de cualquier organismo y es de particular importancia en el caso de los entes de promoción de inversiones, habida cuenta de que se trata de una labor de largo plazo que implica acciones continuas, sostenidas y especializadas. La debilidad institucional de las agencias en la región se traduce en:

- Vulnerabilidad política. La falta de institucionalidad hace que las agencias corran riesgos significativos cuando hay cambios de gobierno. En algunos casos, desaparece la capacidad operativa que ha tomado mucho tiempo construir al momento de cambiar el gobierno, tal como le ocurrió a Invest in Guatemala en el 2005. La falta de personalidad jurídica genera riesgos de sostenibilidad operativa incluso para agencias exitosas, como ProNicaragua que en la actualidad opera como un programa de Naciones Unidas y que tiene una fecha de culminación.
- Limitada capacidad de acción. La ausencia de una verdadera coalición entre el sector público y el sector privado en el seno de las API merma la capacidad de influencia e impacto que puedan tener estas agencias. Existen casos en los que la agencia es percibida por el sector público como un ente privado que no responde a los intereses del país y por lo tanto, se empieza a jugar con la idea de crear una nueva iniciativa de promoción que duplica el esfuerzo (como es el caso de FIDE en Honduras actualmente). De igual forma, se da la situación contraria, donde la agencia adscrita al sector público no cuenta con la adecuada credibilidad y vinculación con el sector privado, y ello merma su efectividad operacional y su credibilidad institucional (tal es el caso de CEI en República Dominicana).

La forma bajo la cual están institucionalizadas las agencias también tiene implicaciones en el acceso a los recursos humanos capacitados y financieros. Para poder contratar personal de cierto nivel con experiencia del sector privado, es necesario salir del marco de la contratación pública. Los entes de carácter público logran mecanismos alternos de contratación mediante programas de cooperación o financiamiento con entes multilaterales, pero ello genera riesgos de sostenibilidad operativa a mediano y largo plazo.

El caso de ProNicaragua es digno de ser destacado. Por un lado, se trata de una agencia que se posiciona como una referencia internacional por su manejo de la facilitación; y desde el punto de vista institucional, tal como lo resalta su Director Ejecutivo, tiene el mejor modelo posible en la realidad actual de Nicaragua —adscrito a la Presidencia y con acceso directo a los hacedores de política–, y al mismo tiempo, cercano al sector privado, quien confía en el rol de la agencia. Sin embargo, desde el punto de vista institucional, ProNicaragua es un programa del Programa de Naciones Unidas para el Desarrollo (PNUD) y no dispone de ninguna institucionalidad formal, hecho que la coloca en una posición de vulnerabilidad. Tal como ha sucedido en otros países de la región, esto puede cambiar de forma drástica con un cambio de gobierno. Un punto adicional y no menospreciable es que la falta de personalidad jurídica también hace que la agencia tenga acceso limitado a ciertos fondos o financiamientos de forma directa. ProNicaragua debe aprovechar este momento de éxito para fortalecer su institucionalidad y lograr una mayor autonomía.

Situación similar atraviesa Invest in Guatemala que, por el hecho de no disponer de personalidad jurídica propia, se ha visto afectada en el pasado por los vaivenes políticos propios de la región. Entre 2009 y 2013, la agencia fue prácticamente olvidada por el gobierno de turno y quedó muy limitada en su capacidad operativa al no contar con recursos financieros ni apoyo político. De allí que la prioridad actual para la gerencia de esta agencia es dotarla de una personalidad jurídica.

Más recursos y mayor estabilidad financiera

Tal como lo plantean Morrissett y Andrews-Johnson (2003) en un análisis sobre la efectividad de la promoción de inversiones, las agencias requieren de cierta escala

CUADRO 5.10 Retos institucionales para las API de la región

Reto institucional	Agencia
Contar con personalidad jurídica propia para lograr una mayor estabilidad institucional y mitigar los impactos de los cambios políticos	Invest in Guatemala ProNicaragua Proinvex
Lograr un mejor posicionamiento institucional que fortalezca la función de puente entre hacedores de políticas y sector empresarial	FIDE CEI-RD

Fuente: Elaboración propia.

para acometer sus funciones de forma efectiva. Para estos autores, las agencias deben contar con presupuestos mínimos para poder promover.

Las entrevistas sostenidas con las diferentes agencias indican que la falta de recursos limita de forma significativa su capacidad para realizar una efectiva labor de atracción de inversiones. Los gobiernos contribuyen poco con estas agencias y estas terminan existiendo únicamente por los aportes y programas que financian entes como el PNUD, el BID, el Banco Mundial y algunos donantes europeos. Actualmente, estos aportes y las donaciones representan más del 50% del presupuesto de al menos cuatro agencias.

Ni siquiera las agencias que cuentan con fondos propios escapan a esta realidad, ya que han visto mermar su capacidad financiera y se han visto obligadas a realizar esfuerzos para asegurar recursos del sector público que les permitan una cierta capacidad operativa y promocional. Esto muestra la falta de sostenibilidad financiera que presentan algunas agencias de la región, así como la falta de compromiso de algunos gobiernos con sus instrumentos de atracción de inversiones.

La encuesta realizada a las API confirma que para la mayoría de ellas el tema de disponibilidad de recursos y de estabilidad financiera está a la cabeza de los retos actuales (ver Cuadro 5.11).

No basta con crear una agencia de promoción, esta debe contar con los recursos financieros acordes a su función y ello todavía no se ha logrado en ningún caso en la región. La evaluación de los presupuestos de las API escapa al alcance de este trabajo, pero las observaciones realizadas indican que el presupuesto de estas agencias limita de forma significativa su acción promocional y las coloca en una posición reactiva con escasos recursos para salir a presentar la oferta del país.

Oportunidades y beneficios de una iniciativa de coordinación regional en materia de promoción de inversiones

Al ser consultadas sobre los beneficios de una mayor coordinación entre ellas, la gran mayoría de las API mostraron su aprobación y entusiasmo. Cabe destacar que ya han tenido una primera iniciativa de acercamiento y se reunieron en Managua para compartir opiniones y generar una discusión sobre temas vinculados a la atracción de inversiones. La encuesta realizada a las agencias en el marco de este trabajo revela que existe interés en coordinar temas tales como:

- Posicionamiento y promoción de la imagen de la región
- Intercambio de mejores prácticas
- Iniciativas de mejoramiento del clima de inversión

Esta iniciativa debería poder ser apalancada por entes regionales y multilaterales que actualmente apoyan programas de promoción de inversiones en la región. Un paso en

CUADRO 5.11 Ranking de los principales retos que se le presentan a la agencia

Ranking de los principales retos que debe asumir el país en materia de atracción de inversiones

	Belice	Costa Rica	El Salvador	Guatemala	Honduras	Nicaragua	Panamá	República Dominicana
1	Estabilidad Financiera	Estabilidad Financiera	–	Contar con una personalidad jurídica propia	Estabilidad Financiera	Estabilidad Financiera	Capacitación del personal	Mayores recursos
2	Capacitación del personal	Mayores recursos	–	Estabilidad Financiera	Mayores recursos	Mayores recursos	Mayores recursos	Estabilidad Financiera
3	Vinculación al sector privado	Vinculación al sector público	–	Mayores recursos	Capacitación del personal	Contar con una personalidad jurídica propia	Posicionamiento/ Reconocimiento de la agencia	Capacitación del personal
4	Posicionamiento/ Reconocimiento de la agencia	Capacitación del personal	–	Capacitación del personal	Vinculación al sector público	Capacitación del personal	Vinculación al sector privado	Posicionamiento/ Reconocimiento de la agencia
5	Contar con una personalidad jurídica propia	Vinculación al sector privado	–	Posicionamiento/ Reconocimiento de la agencia	Vinculación al sector privado	Posicionamiento/ Reconocimiento de la agencia	Vinculación al sector público	Vinculación al sector privado
6	Mayores recursos	Posicionamiento/ Reconocimiento de la agencia	–	Vinculación al sector privado	Posicionamiento/ Reconocimiento de la agencia	Vinculación al sector público	Estabilidad Financiera	Vinculación al sector público
7	Vinculación al sector público	Contar con una personalidad jurídica propia	–	Vinculación al sector público	Contar con una personalidad jurídica propia	Vinculación al sector privado	Contar con una personalidad jurídica propia	Contar con una personalidad jurídica propia

Fuente: Encuesta realizada a las API.

esta dirección sería la programación de reuniones de coordinación con regularidad, con miras a generar una agenda de trabajo para evaluar la posibilidad de la creación de una asociación centroamericana de agencias de promoción de inversiones.

Políticas para reducir el costo país

Clima de inversión

El clima de negocios, la calidad de su infraestructura, los costos de operar, la calidad de la fuerza laboral y otros componentes son factores considerados de alto impacto en cuanto a la capacidad de un país para atraer de inversiones.

Estudios y reportes, tales como el *Doing Business* del Banco Mundial o el *World Competitiveness Report* del *World Economic Forum*, que publican regularmente sus *rankings*, se han convertido en puntos de referencia y de consulta obligada para los inversionistas que evalúan opciones de localización para sus planes de expansión así como para los países que buscan medir la calidad de su clima de negocios.

La percepción de la calidad del clima de negocios determina el atractivo de un país y en muchos casos, precede cualquier acción de promoción de imagen. No basta con lograr visibilidad ante los potenciales inversionistas como producto de las actividades de promoción de las API, es necesario contar con un clima de negocios atractivo para lograr conquistar al inversionista y pasar a formar parte de la lista corta de opciones de localización de los proyectos de inversión.

Costo país y atracción de IED

Una forma de lograr darle mayor relevancia, impacto y fuerza al clima de inversión es utilizar el concepto costo país. La experiencia de Brasil indica cómo la introducción del término *Custo Brasil* ha servido para destacar la importancia del clima de negocios. La publicación, discusión y análisis del *Custo Brasil* es hoy en día parte integral de los debates gremiales, y genera toda una agenda de trabajo a nivel federal y estadual. Desde el punto de vista comunicacional, hablar de costo país tiene más impacto que hablar de mejoramiento del clima de inversión.

El costo país es un concepto que mide el costo de operar y/o de realizar negocios en el país y que agrupa los costos de transacción que distorsionan e impiden la competitividad y la atracción de inversiones para el desarrollo de su economía (Penfold-Becerra, 2002). El costo país es claramente un factor fundamental para todas las PIAI:

- las agencias de promoción consideran el costo país al momento de determinar su estrategia de promoción.

GRÁFICO 5.3 Correlación entre *Doing Business* y *World Competitiveness Report* para países de la región

Matriz índice facilidad para hacer negocios vs. índice de competitividad

[Scatter plot showing: Malasia (top right, best in both), Panamá, Guatemala, Vietnam, Costa Rica, República Dominicana, El Salvador, Filipinas, Nicaragua, Honduras, Cambodia, India. Y-axis: Facilidad para hacer negocios (0-160); X-axis: Índice de competitividad (120-0)]

Fuentes: Cálculos propios sobre la base de Doing Business (Banco Mundial, 2014) y World Competitiveness Report (WEF, 2013).

- los incentivos fiscales son otorgados como compensación por el elevado costo país.
- las políticas de mejoramiento del clima se basan en el costo país para diseñar las agendas de reformas que habrán de impulsarse.

El Gráfico 5.3 presenta el *ranking* de los países de la región en ambos reportes, así como el de algunos competidores del continente asiático. Ambos indicadores están muy correlacionados, tal como se desprende del gráfico.

Las políticas e instrumentos de reducción del costo país en CARD

Bajo el rubro de políticas e instrumentos de mejoramiento del clima de inversión o disminución del costo país, se pueden agrupar todas aquellas acciones y reformas que:

- buscan una reforma del marco regulatorio para el inversionista
- reducen los costos de transacción
- fortalecen el marco institucional
- eliminan barreras administrativas
- reducen el costo laboral
- abordan el tema de inseguridad pública
- reducen los costos por infraestructura y servicios
- reducen el costo judicial y de derechos de propiedad
- mejoran el costo tributario

Estas iniciativas de mejoramiento del clima de inversiones parten del principio de que existe una relación entre el costo país y la atracción de inversiones, vinculación que ha sido ampliamente analizada. En el reporte del año 2012 del *Doing Business* del Banco Mundial, se indica que fueron publicados más de dos mil artículos que destacan la relación entre la IED y este índice. De igual forma un análisis de la evolución durante los últimos cuatro años del índice muestra que un mejor desempeño en el *Doing Business* se asocia con mayores flujos de inversión (Jayasuriya, 2011).

La disminución del costo país con miras a atraer más y mejor inversión ha formado parte de las PIAI de la región en las últimas décadas. Se han dedicado a este tema significativos recursos, con el apoyo y financiamiento de entes como el Banco Mundial y el BID, entre los cuales cabe destacar:

- las iniciativas de mejoramiento de la competitividad que realizaron varios países de la región y que, en algunos casos como el de Guatemala, incluyeron la puesta en marcha de programas de competitividad nacional con diagnósticos muy completos y extensivos que generaron agendas de acción.
- los mecanismos de monitoreo *Doing Business*, como el proxy del estado del clima de negocios, para luego formular propuestas de mejoras y reformas.
- el monitoreo del *World Competitiveness Report* para evaluar la posición competitiva del país.

La vinculación entre menor costo país y atracción de inversiones es confirmada por el análisis que realiza el Banco Mundial en el marco del *Doing Business*. Este reporte destaca la relevancia del indicador "Distancia a la frontera" que mide la distancia que hay en cada economía con relación a la "frontera", es decir, la economía con el mejor desempeño observado en el indicador en comparación con todas las economías incluidas en el *ranking*. El indicador se muestra en una escala de 0 a 100, donde 0 representa el menor desempeño y 100, la frontera. Según el Banco Mundial, una menor distancia a la frontera resulta en mayores flujos de inversión. Por ejemplo, el Banco Mundial estima que en el caso de Costa Rica el impacto de mejorar la distancia a la frontera en un 1% representa un incremento del 21% en los flujos de la IED anual. Hay que darle mayor importancia a estas políticas y un mayor apoyo a los cambios propuestos[4].

---

[4] Por otra parte, debe recalcarse que los flujos de inversión dependen de una multiplicidad de factores internos y externos, por lo que puede ser limitado el valor predictivo de las variaciones en la "distancia a la frontera" respecto de los flujos de IED en un determinado período de tiempo.

GRÁFICO 5.4 Distancia a la frontera

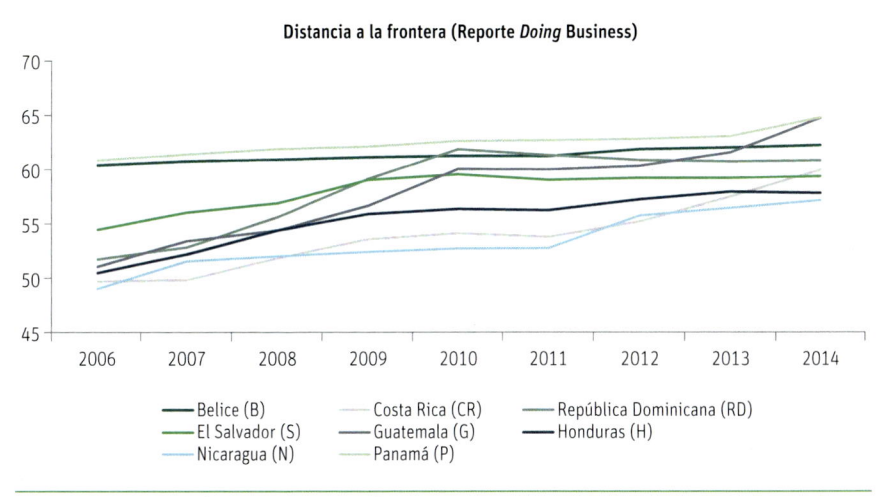

Distancia a la frontera (Reporte *Doing* Business)

— Belice (B) — Costa Rica (CR) — República Dominicana (RD)
— El Salvador (S) — Guatemala (G) — Honduras (H)
— Nicaragua (N) — Panamá (P)

Fuente: Doing Business (Banco Mundial, 2014).

Mucho diagnóstico pero poca efectividad

A pesar de las iniciativas de mejora de competitividad y de mejoramiento del clima de negocios, en términos generales, los países de la región no han logrado realizar

GRÁFICO 5.5 Evolución del índice *Doing Business* 2006–2014

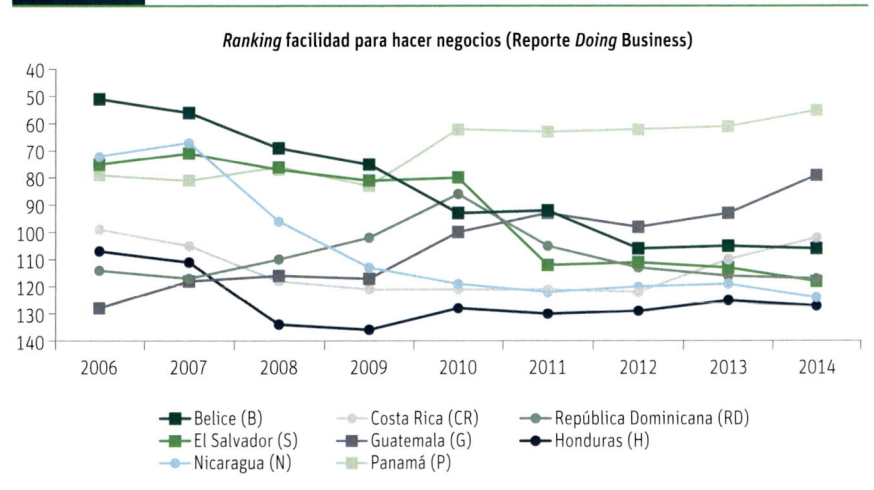

***Ranking* facilidad para hacer negocios (Reporte *Doing* Business)**

— Belice (B) — Costa Rica (CR) — República Dominicana (RD)
— El Salvador (S) — Guatemala (G) — Honduras (H)
— Nicaragua (N) — Panamá (P)

Fuente: Doing Business (Banco Mundial, 2014).
Nota: el ranking presenta diferente metodología y número de economías a través de los años.

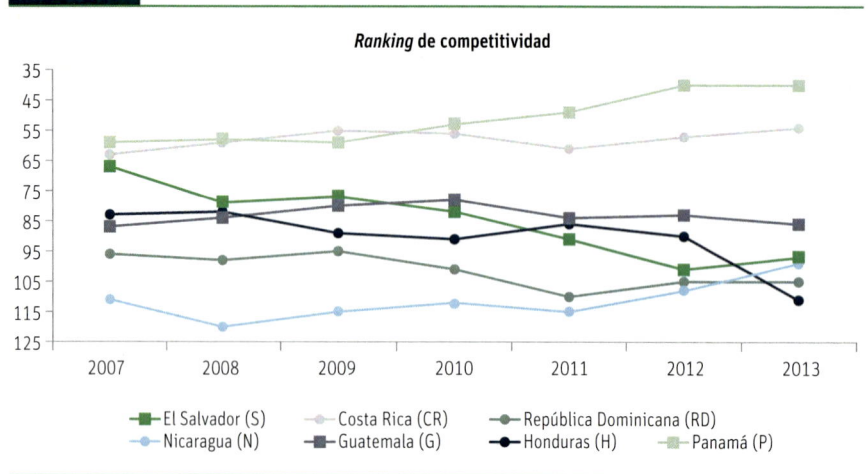

GRÁFICO 5.6 Evolución del *ranking* del *World Competitiveness Report*

Ranking de competitividad

- El Salvador (S)
- Costa Rica (CR)
- República Dominicana (RD)
- Nicaragua (N)
- Guatemala (G)
- Honduras (H)
- Panamá (P)

Fuente: Cálculos propios sobre la base de World Competitiveness Report (WEF 2013).

progresos significativos o sostenidos en cuanto a sus costos país. Al analizar la tendencia del *Doing Business* y del *World Competitiveness Report*, se observa que los indicadores no muestran mejoras de forma estructural en la región, y que Panamá y Guatemala son los únicos en lograr posiciones más destacadas durante el período 2006–2014. Considerando que los índices representan un *ranking*, la lectura es que los países no han mejorado su posición relativa en relación con otras localidades, es decir, que las mejoras realizadas al clima de negocios no fueron mayores a las que tuvieron lugar en otros países.

El hecho de que los países de la región no hayan logrado reducir su costo país de forma significativa lleva a cuestionar las PIAI que apuntan al mejoramiento del clima de inversión en particular, así como el marco de las PIAI en general. La falta de acción y efectividad por parte de los países para implementar y ejecutar PIAI que disminuyan el costo país le resta efectividad a las políticas de promoción de inversiones, por un lado; y asimismo, obliga a intensificar el uso de incentivos fiscales como mecanismo de compensación de un costo país más elevado.

Las acciones y políticas en pro del mejoramiento del clima de negocios que se han ejecutado en las últimas décadas han generado excelentes diagnósticos toda vez que han elaborado hojas de ruta y recomendaciones para poder reducir la brecha con los principales competidores; sin embargo, no han logrado generar los cambios necesarios para reducir de manera significativa los costos país de la mayoría de los países de la región.

Atacar el costo país requiere más y mejores esfuerzos

La evaluación indica que las PIAI de reducción del costo país no han logrado los resultados deseados y la región presenta en general costos país elevados, que se convierten en obstáculos a la atracción de inversiones y castigan la competitividad.

Las opiniones recogidas durante las entrevistas realizadas en el marco de este trabajo indican que es necesario intensificar las iniciativas para mejorar el costo país y sobre todo, incrementar los esfuerzos para implementar las recomendaciones de los diagnósticos realizados. Existe consenso en todos los países en cuanto a la necesidad de emprender y ejecutar PIAI de mayor efectividad e impacto en el clima de negocios. El análisis de las API de la región confirma esta necesidad, ya que todas ellas coinciden en la necesidad de actuar para mejorar el clima de inversión, si se busca una mayor efectividad en atraer inversiones, lo que requiere un reenfoque estratégico:

- Las API dedican, en promedio, menos del 10% de sus esfuerzos y recursos al tema del mejoramiento del clima de negocios (entre el 0% y el 15%).
- Al indicar cómo deben adecuar sus funciones, los responsables de las API coinciden que el mejoramiento del clima de inversión es una prioridad estratégica. El mejoramiento del clima de inversión y el mejoramiento de la competitividad se sitúan en primer y segundo lugar para todas las agencias encuestadas.

Lograr una mayor voluntad política

Casi todas las agencias de la región destacan cómo su labor de diagnóstico y de desarrollo de propuestas no logra traducirse en cambios debido a que no encuentran la voluntad política requerida para impulsar las reformas legales y regulatorias que se plantean. Múltiples anteproyectos de ley se quedan estancados en la antesala de los responsables legislativos, para luego desaparecer con los cambios políticos. La ausencia de voluntad política ha frenado a la región en materia de iniciativas de costo país. El hecho es que los legisladores no parecen asumir su rol de agentes de desarrollo y ello tiene un costo importante para sus respectivos países por cuanto frena las inversiones. Las opiniones de los entes vinculados al tema de atracción de inversiones y competitividad que pudieron recogerse durante las entrevistas realizadas en el marco del presente estudio coinciden en que la agenda regional de competitividad se ve limitada por la falta de voluntad política que está sujeta, a su vez, a las posiciones de los intereses particulares de cada país.

Es fundamental que los países, y en particular sus hacedores de políticas, asuman el reto del mejoramiento del costo país. La labor de cabildeo interno debe intensificarse para lograr que las reformas propuestas se incorporen en un proyecto de política de Estado que se traduzca, a su vez, en cambios y mejoras significativas al costo país.

Diseño de indicadores propios a la región

Los países de la región tienden a medir su costo país a partir de indicadores internacionales que, si bien tienen la ventaja de que cuentan con reconocimiento internacional, no responden necesariamente a la realidad del país ni sus necesidades. El diseño e implementación de una herramienta de evaluación hecha a la medida de su realidad nacional y sus políticas de desarrollo sería de gran beneficio para los países de la región. La creación de un índice de costo país similar al que maneja Brasil cumpliría con el propósito de afinar las PIAI y de establecer mecanismos propios de seguimiento a las iniciativas. Este índice permitiría presentar el tema de competitividad y del clima de negocios a audiencias claves en materia de mejoramiento de los costos de operar en un país; hacedores de política, formadores de opinión, asociaciones empresariales e inversionistas existentes y potenciales: todos tendrían un mismo punto de referencia sobre la medición del desempeño del país y la definición de las agendas de mejoramiento.

Se puede partir de los indicadores más utilizados actualmente, como lo son el *Doing Business* y el *World Competitiveness Report* y "tropicalizarlos" a las realidades propias de cada país. La experiencia del INCAE en materia de estudios de competitividad podría aprovecharse para desarrollar un marco de definición inicial compartido entre los países de la región que pueda ser adaptado, a su vez, por cada uno según sus necesidades.

Coordinación regional

Habida cuenta de los esfuerzos realizados, las agendas de reformas similares y la dificultad en implementar los cambios que se observan en los diferentes países, existen oportunidades de sinergias en lo relativo a la coordinación de esfuerzos para optimizar las PIAI de mejoramiento del costo país en la región. Si se adoptan las recomendaciones expuestas anteriormente, se observa que un esfuerzo de coordinación y cooperación regional podría generar beneficios individuales sobre la manera de compartir experiencias e iniciativas o reducir el costo financiero que implica desarrollar nuevos instrumentos y diagnósticos. El diseño de un índice de costo país y la coordinación para lograr impulsar las reformas regulatorias son ejemplos de sinergias que pueden lograrse en materia de mejoramiento del clima de inversiones.

El plan de acción de facilitación de inversiones de los países de la Cuenca Asia-Pacífico

Un ejemplo de iniciativa que busca atender la necesidad de contar con indicadores propios en el marco de un esfuerzo de coordinación regional lo constituye el Plan de Acción de Facilitación de Inversiones (PAFI), planteado por el Foro de Cooperación

Económica Asia-Pacífico (APEC) en el año 2009[5]. El propósito de la aplicación del PAFI es mejorar el atractivo de invertir en el APEC e incrementar los flujos de inversión.

Esta iniciativa permitió definir una metodología compartida para medir los esfuerzos que realizan los países de esa región para facilitar las inversiones. El PAFI busca establecer un marco que sirva de guía para los objetivos y el desarrollo de PIAI y de acciones que mejoren el atractivo y el potencial de una economía para atraer IED. Cuenta con ocho principios rectores, y para cada uno de ellos identifica una serie de acciones[6], que básicamente buscan mejorar:

- la disponibilidad de información necesaria para la toma de decisión del inversionista
- el proceso de formulación de políticas de inversión extranjera
- el atractivo de las economías miembros de APEC a las inversiones extranjeras, a través de la reducción del costo país y el riesgo a una inversión extranjera.

Un caso de éxito: la oficina del Ombudsman para los Inversionistas, Corea del Sur

Un ejemplo digno de ser evaluado es el Ombudsman para los Inversionistas que opera en el marco de KOTRA, la agencia de promoción de inversiones y exportaciones de Corea del Sur[7]. Se trata de un ejecutivo designado por el Presidente de la República para atender los temas, problemas y quejas de los inversionistas. Una estructura especializada y dedicada a atender el costo país. La oficina del Ombudsman cuenta con profesionales que tratan temas legales, financieros, contables, reglamentarios y laborales y que atienden de forma directa a los inversionistas para identificar sus necesidades y luego canalizarlas a los organismos públicos y a los hacedores de políticas con el fin de resolver los problemas y obstáculos que se les presentan.

---

[5] Measuring Progress in Implementing APEC´s Investment Facilitation Action Plan: Establishing a Methodology and Selecting Key Performance Indicators, APEC Policy Support Unit, October 2009.

[6] 1) promover la accesibilidad y transparencia en la formulación y administración de las políticas relacionadas a la inversión; 2) fomentar la estabilidad de los entornos de inversión, seguridad de la propiedad y la protección de inversiones; 3) mejorar la previsibilidad y la consistencia de las políticas relacionadas a la inversión; 4) mejorar la eficiencia y eficacia de los procedimientos de inversión; 5) desarrollar relaciones constructivas con todos los entes relacionados al clima de inversión; 6) implementar nuevas tecnologías para mejorar los ambientes de inversión; 7) establecer mecanismos de monitoreo y control de las políticas de inversión; 8) mejorar la cooperación internacional.

[7] http://www.investkorea.org/ikwork/ombsman/eng/index.jsp.

Incentivos a la inversión

El tercer componente del marco de PIAI que se evalúa en este análisis lo constituyen los incentivos y beneficios a la inversión otorgados por los gobiernos a los inversionistas para promover inversiones en áreas, regiones o sectores prioritarios, generar empleos o incrementar las exportaciones. Luego de generar la visibilidad del país mediante una acción de promoción proactiva por parte de las API y mejorar la competitividad a través de iniciativas que reducen el costo país, los gobiernos buscan mejorar la rentabilidad esperada del inversionista a través del otorgamiento de incentivos.

Tal como lo indica la UNCTAD en su más reciente informe sobre IED[8], no existe una definición uniforme de lo que constituye un incentivo a la inversión, pero este puede ser descrito como cualquier beneficio fuera del mercado que es usado para influenciar el comportamiento del inversionista. Los incentivos pueden ser otorgados por los gobiernos nacionales, regionales o municipales y pueden presentarse de múltiples formas. Se clasifican, generalmente, en tres categorías: incentivos financieros, incentivos fiscales y beneficios regulatorios.

Los incentivos fiscales no son más que instrumentos que buscan reducir el impacto de los impuestos en ciertas áreas de actividad, y crean exenciones y exoneraciones al régimen general de tributos. Según la opinión de los principales agentes de promoción de inversiones, estas políticas buscan compensar un elevado costo país y así igualar las condiciones que ofrecen los países vecinos. Evidencia empírica reciente muestra que los incentivos fiscales son particularmente inefectivos para atraer inversión extranjera directa en países con un pobre clima de inversión, por lo que no necesariamente el incentivo fiscal actúa como un sustituto del alto costo país por un mal clima (ver James, 2013).

Los incentivos fiscales incluyen, entre otros, reducción del impuesto sobre la renta o exoneraciones por un período de tiempo, subsidios a la inversión, créditos tributarios, posibilidad de acelerar la depreciación de activos o de extender la amortización de pérdidas acumuladas, disminución de aranceles a ciertas importaciones. En CARD, las PIAI se han centrado en otorgar incentivos fiscales y casi no se han empleado los incentivos financieros ni los beneficios regulatorios.

Es importante destacar que prácticamente todos los países del mundo otorgan incentivos fiscales de algún tipo y en particular aquellos países cuyos mercados nacionales se caracterizan por ser pequeños y de bajo poder adquisitivo. Tal es el caso de los países de CARD que se vuelcan naturalmente a crear una propuesta de valor más atractiva para las empresas que busquen una base de producción

---

[8] *World Investment Report* (UNCTAD, 2014).

para exportar a otros mercados (*efficiency-seeking*), mediante el otorgamiento de incentivos fiscales.

En Centroamérica, el uso de incentivos fiscales tuvo su origen en los años sesenta cuando se iniciaron las políticas de substitución de importaciones y se buscó apoyar las industrias básicas y las industrias nacientes. A partir de la segunda mitad de los ochenta, aparecieron en forma generalizada las leyes para incentivar exportaciones no tradicionales y empezaron a surgir las zonas francas. Prácticamente todos los países centroamericanos pusieron en marcha e implementaron políticas de incentivos para atraer inversión extranjera directa y promover exportaciones. La creación de zonas francas se convirtió en la herramienta favorita y los diferentes países se lanzaron en una guerra de incentivos para proveer el ambiente más atractivo en lo relativo al beneficio fiscal. De allí nació la actividad maquiladora que, a partir de los años noventa, se convirtió en un motor económico de muchos países de la región y en una actividad altamente generadora de empleo no calificado.

El Anexo 2 presenta una lista de los incentivos actualmente en vigencia en los países de CARD. Como se detalla, todos los países de la región cuentan con políticas de incentivos fiscales centradas en moratorias fiscales (exención de impuestos sobre la renta y exoneración de aranceles de importación) y, en mucha menor medida, en incentivos tributarios indirectos.

Instrumentos polémicos y de efectividad cuestionada

Los incentivos fiscales son instrumentos altamente criticados y cuestionados en el mundo por parte de los hacedores de políticas y expertos fiscales que dudan de su impacto y critican su costo. La evidencia empírica es controversial y no hay un consenso o impacto unívoco, como se plantea en los capítulos 2 y 4 de la presente publicación. Sin pretender hacer un análisis técnico de los incentivos fiscales, se pueden resaltar los ejes sobre los cuales giran los cuestionamientos a las políticas de incentivos para atraer inversiones:

- **Sobrevalorados por los promotores de inversión.** Se diseñan e implementan con la premisa de que representan un elemento de fundamental importancia para la localización de la inversión. Múltiples estudios resaltan que el incentivo fiscal es un factor secundario en la decisión de localización del inversionista y que mayor peso tienen factores tales como el acceso al mercado, el clima de negocios y la competitividad.
- **Fiscalmente costosos.** El gasto tributario, es decir, lo que el Estado deja de percibir como consecuencia de estos tratamientos tributarios especiales, es considerado por muchos hacedores de políticas un costo demasiado alto en materia fiscal.

- **Frecuentemente redundantes**. Tal como lo destacan los autores del estudio *Recaudar no Basta*[9], los incentivos benefician frecuentemente proyectos que se habrían realizado aun sin ellos.
- **Técnicamente desatendidos.** En la región, no existe cultura ni mecanismos de seguimiento, monitoreo y evaluación de los incentivos. En el mejor de los casos, se realiza un estudio *ex ante* al momento de analizarse el impacto del proyecto, pero luego de realizarse la inversión, no se hace seguimiento al impacto ni se realiza análisis costo-beneficio de los incentivos otorgados.
- **A nivel regional, pueden generar una carrera al fondo**. La competencia en materia de incentivos se traduce en costos mayores para el conjunto de países y termina generando una situación en la que el incentivo se convierte en una norma y no en una exención. Una guerra de incentivos no beneficia a ninguna región y se convierte en lo que Kenneth Thomas denomina "una carrera hacia el fondo que no genera reales beneficios y atenta contra el desarrollo de un país" (Kenneth, 2011).
- **Regionalmente descoordinados.** Los hacedores de políticas no buscan posiciones compartidas, por lo que los marcos de políticas se definen de forma individual en cada país, lo que termina siendo poco efectivo y generalmente más costoso. Luego que un país realiza una reforma, todos los demás se ven obligados a equipararse provocando una guerra de incentivos.

Centroamérica no escapa a esta realidad y son múltiples los voceros que consideran que los sistemas tributarios de la región otorgan excesivas exoneraciones sin que se mida con exactitud el beneficio real que estos instrumentos generan para los países (Martínez Piva, 2011). El Instituto de Estudios Estratégicos y Políticas Públicas de Nicaragua (IEEPP)[10] señala que lo que el Estado da de beneficios por un lado, se termina pagando por el otro con un costo país más alto, ya que se debilita su capacidad de financiar su desarrollo y se obliga a buscar financiamientos complementarios.

Replantear el rol de los incentivos fiscales y lograr una mayor efectividad
Las prácticas internacionales y las opiniones recibidas en el marco de esta evaluación ponen en evidencia que es importante realizar una revisión a fondo de la función que desempeñan los incentivos y hacer una evaluación de la efectividad de estos instrumentos. En el entorno competitivo actual, los incentivos terminan siendo un mal necesario. Es sabido que son costosos e ineficientes, pero no es posible eliminarlos

---

[9] Ana Corbacho *et al*. (2013).
[10] Apuntes sobre exoneraciones fiscales en Nicaragua, IEEPP.

ya que los países competidores fuera de la región los van a seguir otorgando. Por otro lado, no obstante, los países de la región no pueden darse el lujo de seguir otorgando incentivos sin tener alguna medida de su eficiencia ni realizar un análisis costo-beneficio de estas políticas; la región tiene una deficiencia de recursos fiscales, que parece acentuarse por una guerra fiscal de incentivos con efectos adversos y que se traduce en un círculo vicioso o en una carrera hacia el fondo.

El estudio presentado recientemente por el Centro Vale-Columbia para la Inversión Internacional Sostenible[11] presenta un enfoque segmentado por tipo de inversionistas y resalta que la efectividad de los incentivos para atraer inversiones varía en función del tipo de negocio y sus motivaciones para la inversión (ver Cuadro 5.12). La sensibilidad a los incentivos fiscales por parte de estos inversionistas que buscan eficiencia para exportar hacia mercados terceros es mayor que la de otro tipo de inversionistas. Una reciente encuesta realizada en el marco de una evaluación del marco de incentivos fiscales en El Salvador confirma este resultado general, encontrando que el sector textil salvadoreño es más sensible a los incentivos, puesto que la mayoría de los empresarios encuestados indican que sin los incentivos fiscales no hubiesen invertido en El Salvador.

Los países de la región deben evaluar su marco de incentivos en función de sus propias realidades y en función de la tipología de inversiones que buscan atraer. Considerando que en materia de atracción de inversiones no parece haber competencia sin incentivos, la recomendación del camino que deben seguir es revisar el marco de incentivos así como su marco institucional con miras a adaptarlos no solo a los requerimientos de la Organización Mundial de Comercio (OMC) o del entorno competitivo, sino de los planes y objetivos de desarrollo del país. El objetivo es avanzar hacia una nueva generación de incentivos fiscales que sean más efectivos así como fortalecer las instituciones encargadas de evaluar el beneficio que estas generan. Algunos países de la región ya están avanzando en su evaluación del marco de incentivos fiscales. Tal es el caso de El Salvador que en la actualidad está realizando un análisis costo-beneficio así como una medición de cómo los incentivos impactan en la decisión de localización del inversionista.

Adaptación a los requerimientos de la Organización Mundial de Comercio
La adecuación de las políticas de incentivos a los nuevos requerimientos de la OMC es la oportunidad de tomar un enfoque más estratégico con miras a dotar a cada país de un esquema de incentivos más efectivo.

---

[11] Vale-Columbia Center for International Sustainable Development, Background Paper for the Eighth Columbia International Investment Conference on "Investment Incentives: The good, the bad and the ugly, Assessing the costs, benefits and options for policy reform", 2014.

CUADRO 5.12 Prevalencia de incentivos fiscales en el mundo

	Asia del Este y Pacífico	Europa del Este y Asia Central	América Latina y el Caribe	Oriente Medio y África del Norte	OCDE	Asia del Sur	África Subsahariana
Número de países evaluados	12	16	24	15	33	7	30
Exoneración de impuestos	92%	75%	75%	73%	21%	100%	60%
Reducción de la tasa de impuesto	92%	31%	29%	40%	30%	43%	63%
Créditos impositivos	75%	195	46%	13%	61%	71%	73%
Reducción/ exoneración del IVA	75%	94%	58%	60%	79%	100%	73%
Incentivos fiscales para investigación y desarrollo	83%	31%	13%	0%	76%	29%	10%
Mega deducciones	8%	0%	4%	0%	18%	57%	23%
Zonas Francas/ Zonas económicas espaciales	83%	94%	75%	80%	67%	71%	57%
Procesos discrecionales	25%	38%	29%	27%	27%	14%	47%

Fuente: James (2013).

La OMC considera los regímenes especiales, que regulan las zonas francas y establecen los incentivos a las exportaciones, como subsidios a las exportaciones y, por lo tanto, contrarios al Acuerdo sobre Subvenciones y Medidas Compensatorias. Para poder cumplir con las normas de la OMC, los gobiernos y las agencias de promoción de inversiones de la región se han visto en la obligación de proceder a una revisión y un desmantelamiento de estos regímenes especiales e iniciar una redefinición de sus estrategias de atracción de inversiones.

Se están diseñando incentivos de nueva generación que no contravengan con las regulaciones en materia de subsidios. Es la oportunidad para lograr un enfoque estratégico de estos y evaluar los resultados obtenidos a la fecha.

CUADRO 5.13 Respuesta de la IED a los incentivos fiscales por tipo de inversionista

Tipo de inversión	Factores determinantes para la inversión	Respuesta a los incentivos para la inversión
En búsqueda de recursos naturales	Acceso a recursos naturales, materias primas, mano de obra no calificada.	Respuesta baja determinada principalmente por factores no impositivos.
En búsqueda de mercados	Acceso a mercado (dimensión, ingreso per cápita, preferencias del consumidor).	Baja repuesta. Buscan condiciones equitativas para las empresas.
En búsqueda de activos estratégicos	Acceso a activos estratégicos (marcas y posicionamiento en el mercado, *know-how*, tecnología, canales de distribución, capital humano).	Baja respuesta. La IED es determinada por la ubicación de los activos estratégicos.
En búsqueda de eficiencias	Menores costos. Acceso a mercados externos ya que generalmente orientados a la exportación Acceso a mano de obra calificada a menores costos Bajos costos de reubicación.	Alta respuesta a los incentivos fiscales. Estos inversionistas deben ser competitivos globalmente, a menores los costos, mejor su capacidad de competir.

Fuente: Centro Vale-Columbia para la Inversión Internacional Sostenible (2013).

Sin embargo, la realidad de las reformas recientes en países como Costa Rica y El Salvador apunta hacia más de lo mismo. Se realizan ciertas adecuaciones para cumplir con la normativa, pero no se aprovecha el proceso para modernizar el marco de incentivos ni coordinar posiciones entre países. Esto genera un círculo vicioso, ya que países como Honduras y Guatemala se ven "obligados" a seguir el camino trazado por las primeras reformas y plantean cambios que no necesariamente benefician al país ni generan el marco de sostenibilidad fiscal que se requiere.

Necesidad de monitorear y evaluar el beneficio real generado por las exoneraciones otorgadas

En el marco de este análisis, no fue posible identificar ningún país de la región que contara con una medición de los beneficios generados por las exoneraciones. Esta observación es similar a la expresada por la CEPAL en un análisis de la efectividad de los incentivos, donde indica que en un grupo de quince países de América Latina y el Caribe ninguno contaba con evaluaciones *ex post* de los impactos generados por los proyectos exonerados. Ello resalta la necesidad de crear mecanismos institucionales de control de los incentivos otorgados y de medición exhaustiva de los beneficios recibidos. Actualmente, El Salvador, con apoyo del Banco Mundial, está llevando a cabo una evaluación de su marco de incentivos y un estudio de costos-beneficios, y podría convertirse en el primer país de la región con una visión actualizada de sus PIAI de incentivos a la inversión.

Aprovechar las ventajas que benefician a ciertos sectores de actividad

Además de focalizar las exoneraciones hacia sectores estratégicos, hay actividades que gozan de un tratamiento preferencial en el marco de la normativa internacional y que por ello, deberían ser evaluadas por cada país, como potencial área de atracción de inversiones. Tal como lo destaca Martínez Paiva (2011), existen sectores a los cuales se les puede asignar incentivos que no contravengan a las regulaciones de la OMC en materia de subsidios a la exportación. Más allá de las exportaciones de servicios, se destacan las actividades de investigación y desarrollo y así como aquellas áreas relacionadas con el medio ambiente representan áreas de oportunidad que deben ser evaluadas con detenimiento al momento de adecuar los incentivos, así como al momento de revisar estrategias de generación de inversiones.

De particular interés resulta el sector del medio ambiente que no solo presenta condiciones favorables en cuanto al otorgamiento de incentivos fiscales, sino que además representa un área de desarrollo importante.

Cuidar la estabilidad para el inversionista

Los inversionistas buscan estabilidad y predictibilidad en las reglas de juego y por ello es importante que los países sean cautelosos al momento de iniciar reformas al régimen tributario y busquen mantener una cierta estabilidad tributaria. Los cambios y reformas deben ser realizados tomando en consideración los compromisos ya establecidos con inversionistas existentes, de tal forma que no se generen distorsiones en el marco fiscal ni desigualdades entre los diferentes tipos de inversionistas.

Captar los beneficios de una coordinación regional para optimizar las PIAI de incentivos fiscales

Los países de la región definen su marco de incentivos en función de lo que hacen los vecinos competidores, lo que en la práctica se traduce en una guerra de incentivos cuyo mayor beneficiario termina siendo el inversionista.

Es necesario replantear esta estrategia para dejar de lado posturas individuales y buscar instancias de debate que permitan minimizar los gastos tributarios, identificar alternativas para la atracción de inversiones fuera del marco de los incentivos fiscales, y asumir posiciones conjuntas que fortalezcan la región en general y cada economía en particular. Los países de la región deben asumir que se lograrán mayores beneficios a nivel individual en la medida que se coordinen a nivel de la región las reformas a las políticas de incentivos. Cabe destacar que esta coordinación podría ser de gran valor en la actualidad en el marco de la adecuación a los requisitos de la OMC.

Incentivos y clima de inversión

La evaluación de la efectividad de los incentivos como PIAI lleva a considerar la importancia del clima de inversión como factor determinante en la atracción de inversiones. Los incentivos en general y los incentivos fiscales en particular buscan compensar el impacto de un elevado costo país. Zolt (2014) indica que los gobiernos deben enfocar sus esfuerzos en mejorar el clima de inversión y reducir el costo país y no en otorgar simplemente exoneraciones y beneficios fiscales al inversionista. Sebastian James del Banco Mundial ha planteado en múltiples publicaciones (ver, por ejemplo, James, 2013) que la efectividad de los incentivos fiscales en atraer inversiones está directamente vinculada al clima de inversión prevalente en el país. James indica que el incentivo puede llegar a ser hasta ocho veces más efectivo en el país con mejor clima de inversión (James, 2010).

Una mayor atención al clima de inversión es el denominador común en la evaluación de la efectividad de las PIAI. El mensaje a los gobiernos de la región es que en la medida que logren reducir el costo país y mejorar la competitividad, serán más efectivos respecto de la atracción de inversiones.

Evaluar incentivos que promuevan iniciativas educativas y de capacitación

Las opiniones recogidas en el marco de estos análisis de parte de los hacedores de políticas, formadores de opinión y promotores de inversión sobre el tema de atracción de inversiones destacan la necesidad de implementar políticas para fomentar iniciativas de educación del recurso humano y de capacitación de la fuerza laboral. Los comentarios sobre la dificultad en proveer un recurso adecuadamente capacitado y generalmente bilingüe son cada vez más frecuentes. Este tema carece de un enfoque estratégico y prioritario en materia de PIAI, a pesar de su creciente relevancia en cuanto al tipo de inversiones que busca atraer la región.

Por otra parte, la evaluación de los incentivos otorgados por los países de la región muestra por un lado que estos se han centrado en incentivos fiscales, y que los incentivos financieros no son un elemento importante en el marco de estas PIAI; y por el otro, que el fomento a la capacitación y formación no están incorporados en las políticas de incentivos a la inversión.

El tema de la calidad y disponibilidad del recurso humano en CARD se ha convertido poco a poco en su talón de Aquiles. Es notorio cómo en algunos de los países es cada día más difícil conseguir mano de obra capacitada, situación que se torna más aguda en aquellas áreas de servicios de exportación. El hecho es que el sector servicios es la principal fuente de atracción de inversiones para la región, tal como lo confirma el reciente informe sobre inversiones de la UNCTAD; ello implica un reto importante para los países en materia de disponibilidad de recurso humano calificado. Tal como fue resaltado con anterioridad, las API buscan atraer de forma proactiva a inversionistas en el área de BPO, pero el déficit creciente de recurso humano capacitado puede llegar a convertirse en una limitante significativa al momento de construir una propuesta de valor en materia de atracción de inversiones.

Para poder mantener la dinámica de atraer inversiones en el sector servicios es necesario que los países de la región asuman que el tema educacional y de capacitación técnica tiene que formar parte integral de un marco de PIAI. Sin ello, la región no va estar en capacidad de competir en esas áreas de mayor valor agregado como lo son los servicios financieros, los desarrollos tecnológicos o el turismo de salud.

Contar con incentivos financieros o fiscales para promover o apoyar la capacitación del recurso humano se convierte en una prioridad para la región, y por ello resulta indispensable y urgente implementar PIAI de incentivos a la educación y capacitación del recurso humano. Países como Filipinas y Malasia lo han entendido y han desarrollado una ventaja comparativa en el ámbito del sector servicios, debido a la disponibilidad y calidad de recurso humano que hoy ofrece. El caso de Malasia es de particular interés ya que además de la API nacional MIDA, el país cuenta con un ente especializado en la promoción del sector tecnología de la información, el MST. Este ente ha puesto en marcha un programa de fomento de la capacitación del recurso humano denominado *Malaysia Talent Development Program* que ofrece beneficios financieros para las empresas que invierten en programas educativos para sus trabajadores.

Es importante reseñar que Costa Rica ya ha asumido el reto de atacar el problema y está realizando iniciativas con miras a mejorar los niveles de capacitación. Ello se pone de manifiesto en el trabajo de investigación realizado por INCAE a solicitud de CINDE, Desarrollo del talento humano, que lo identifica como la clave para competir en la atracción de la inversión extranjera directa (Trejos *et al.*, 2012).

Habida cuenta del potencial actual y futuro que presenta al sector servicios para la región, el tema de la adecuación y capacitación del recurso humano se convierte en un factor prioritario y necesario; y ello obliga a plantear una adecuación de las PIAI para incentivar programas, iniciativas e inversiones en dicho ámbito.

Conclusiones e implicancias para las políticas públicas

La evaluación de las PIAI en los ocho países de la región muestra claramente que, a pesar de que cada uno de los países cuenta con un marco de políticas sumamente completo en el cual se destacan la acción de agencias de promoción de inversiones, las iniciativas de mejoramiento de la competitividad y un esquema de exoneraciones fiscales, estas podrían beneficiarse de reformas y cambios que afectarían de manera positiva su efectividad.

En primer lugar, aun cuando cada uno de los países tiene su unidad de promoción de inversiones o API y que estas operan desde hace muchos años, muchas de ellas requieren de un mayor respaldo institucional y financiero para llevar adelante su labor. No basta con crear una agencia de promoción, esta debe ser dotada de una figura institucional y de recursos financieros acordes con su función y ello es una tarea pendiente en algunos países de la región.

Es indispensable fortalecer las instituciones para que estas puedan lograr cumplir con su misión y por ello, es importante que los gobiernos de los países de la región revisen el rol y la contribución que esperan de sus agencias; asimismo deben evaluar el impacto de las limitaciones presupuestarias a las que están sometidas las API. La labor de promoción es una labor especializada, de largo plazo y sumamente costosa que no solo tiene que ser mantenida en el tiempo, sino que cuenta con un entorno competitivo que no hace distinción entre países pequeños y grandes. Ambos buscan influir al mismo inversionista y por lo tanto, compiten en el mismo entorno.

Además, las API deben revisar sus prioridades estratégicas y replantear sus actividades. Aspectos como el mejoramiento al clima de inversión y la atención a los inversionistas existentes parecen estar subestimados, si se consideran las experiencias internacionales. Una iniciativa de coordinación entre las API de la región debería ser evaluada, ya que podría traducirse en mayores eficiencias y sinergias en su labor de atraer inversiones.

Una situación similar se presenta al momento de evaluar la efectividad de las PIAI en materia de mejoramiento del costo país ya que no se han logrado los resultados

CUADRO 5.14 Principales recomendaciones en cuanto a las API

Agente	Recomendación
Gobierno	Revisar institucionalidad de la agencia y dotarla de personalidad jurídica para reducir vulnerabilidad a vaivenes políticos. Incrementar dotación presupuestaria. Prepararse a substituir los aportes que reciben hoy las API de donantes y multilaterales.
API	Revisar prioridades estratégicas para mejorar efectividad institucional. Darle prioridad al mejoramiento del clima de inversiones. Mayor atención al inversionista establecido. Evaluar mecanismos de coordinación entre las API de la región.

Fuente: Elaboración propia.

CUADRO 5.15	Principales recomendaciones en cuanto al costo país
Recomendación	
• Mayor prioridad a las agendas costo país para apalancar las acciones de promoción de inversiones	
• Mayor voluntad política para implementar las reformas legales que se han identificado.	
• Generar mecanismos para incorporar las recomendaciones y contribuciones de las API	
• Desarrollar un indicador de costo país que considere las prioridades de desarrollo del país y que complemente los índices: *Doing Business* del Banco Mundial o el *World Competitiveness Report* del World Economic Forum.	
• Fomentar iniciativas de coordinación regional para lograr sinergias en la mejora del costo país	

esperados. Muchos diagnósticos de muy alto nivel con agendas ambiciosas de propuestas para mejorar la competitividad pero muy pocos cambios reales. Ha faltado el compromiso y la voluntad política necesaria para impulsar los cambios y aprobar las reformas planteadas por los múltiples estudios que se han efectuado en la región. Tal como fue reseñado anteriormente, las mejoras en el clima de negocios tienen un impacto directo y significativo en materia captación de flujos de IED. Los gobiernos de la región han sido muy activos al momento de auspiciar estudios y programas de competitividad (generalmente, financiados por terceros), pero no han logrado captar la voluntad política requerida al momento de impulsar las reformas que se originan en dichos diagnósticos.

Las políticas de incentivos fiscales se han convertido en un instrumento muy popular pero altamente cuestionado y de efectividad no comprobada. Los gobiernos deben buscar medir la efectividad de los incentivos otorgados y para ello, se requieren estudios de costo-beneficio de los proyectos luego de la realización de la inversión. Es necesario revisar estas políticas con miras a evaluar su impacto y determinar si tienen sentido para los países los sacrificios fiscales que se realizan en el marco de una guerra de incentivos.

El análisis de estos tres componentes del marco de PIAI revela que el clima de inversión no solo tiene un gran impacto en la atracción de inversiones, sino también en la efectividad de las acciones de promoción y de los incentivos fiscales. Para

CUADRO 5.16	Principales recomendaciones en cuanto a incentivos fiscales
Recomendaciones	
• Aprovechar la oportunidad de adecuación a los requerimientos de la OMC para optimizar su uso.	
• Implementar mecanismos de monitoreo de los proyectos y evaluación de los beneficios.	
• Evaluar otros esquemas de incentivos utilizados por otros países.	
• Fomentar una mayor coordinación regional en materia de políticas de incentivos fiscales.	

Fuente: Elaboración propia.

lograr atraer más y mejores inversiones, los gobiernos deben lograr reducir el costo país. Las iniciativas y acciones que mejoren el clima de inversión van a impactar de manera positiva en la efectividad de las actividades que realizan las API y de los incentivos fiscales que son otorgados.

Más allá del entorno competitivo que se presenta en la región, se observa que la ausencia de iniciativas de coordinación y diálogo tiene un impacto elevado en la efectividad y la eficiencia de las diferentes PIAI que implementan los países.

La falta de mecanismos de coordinación entre los países en CARD en materia de PIAI se traduce, por una parte, en mayores costos en materia de esfuerzos de promoción y de iniciativas de mejoramiento de la competitividad; y por otra, beneficia a los inversionistas que logran obtener mejores exoneraciones fiscales producto de la guerra de incentivos.

La recomendación es que los países de la región deben evaluar los potenciales beneficios de una mayor coordinación y cooperación en materia de PIAI. Más allá de lo planteado en los capítulos anteriores sobre las recomendaciones propias a los tres pilares de PIAI, la importancia y el impacto de una iniciativa interregional debe formar parte de una recomendación de alto nivel en los países de la región.

Existen ejemplos en la implementación de programas de coordinación regional. Tal es el caso del Programa de Inversión MENA-OCDE, entre los países del Medio Oriente y África del Norte (MENA, por sus siglas en inglés) y los miembros de la OCDE. Esta iniciativa, resaltada por la CEPAL en su estudio sobre incentivos públicos para la atracción de IED (Martínez Piva, 2011), busca incrementar la capacidad de atracción de inversiones de esta región mediante una plataforma para intercambiar mejores prácticas.

Se trata de una iniciativa que se puede imitar en CARD, bajo el auspicio de un organismo multilateral que podría generar beneficios y sinergias importantes en materia de:

- la coordinación de iniciativas de promoción de inversiones y fortalecimiento institucional de las API de la región.
- el impulso de las iniciativas de reformas para mejorar los costos país, tal como se destacó anteriormente.
- la unión de las posiciones en materia de reformas fiscales con miras a generar una mayor efectividad de los incentivos fiscales y generar una mayor capacidad institucional para medir los beneficios.

Referencias

Banco Mundial (2009). "Global Investment Promotion Best Practices". Washington, D.C.

Basu, P. y A. Guariglia (2007). "Foreign Direct Investment, inequality, and growth". *Journal of Macroeconomics*, 29(4): 824-839.

Blonigen, B. (2011). "Determinants of Foreign Direct Investment", NBER Working Paper No. 16704.

Brauner Y. (2014) "The Future of Tax Incentives for Developing Countries". En Y. Brauner y M. Stewart (Eds.), *Tax Law and Development*. Cheltenham: Edward Elger Publishing.

Centro Vale-Columbia para la Inversión Internacional Sostenible (2013). *"The good, the bad and the ugly, Assessing the costs, benefits and options for policy reform"*. Documento preparado para *Eighth Annual Columbia International Investment Conference on Investment Incentives*.

CEPAL (2006a). *La inversión extranjera en América Latina y el Caribe.*

CEPAL (2006b). *La inversión extranjera en América Latina y el Caribe.*

CEPAL (2013). *La inversión extranjera en América Latina y el Caribe.*

Corbacho, A., V. Fretes y E. Lora (2013). *Recaudar no basta. Los impuestos como instrumento de desarrollo*. Washington, D.C.: Banco Interamericano de Desarrollo.

Harding, T. y B. Javorcik (2012). "Investment Promotion and FDI Inflows: Quality Matters" Discussion Paper Series. Oxford University, Department of Economics

James, S. (2010). "Providing Incentives for Investment: Advice for Policymakers in Developing Countries Investment Climate in Practice, No. 7.

James, S. (2013). *Effectiveness of Tax and Non-Tax Incentives and Investments: Evidence and Policy Implications*. Washington D.C.: Banco Mundial.

Jayasuriya, D. (2011). "Improvements in the World Bank's Ease of Doing Business Rankings. Do they Translate into Greater Foreign Direct Investment Inflows?". Policy Research Working Paper 5787. Washington D.C.: Banco Mundial.

Kenneth T. (2011). *Incentivos a la Inversión y la Competencia Global por la Inversión*. New York: Palgrave MacMillan.

Martínez Piva, J. M. (2011). "Incentivos públicos de nueva generación para la atracción de IED en Centroamérica". *Estudios y Perspectivas 134*. CEPAL.

Morrisset, J. y K. Andrews-Johnson (2003). "The effectiveness of investment promotion agencies at Attracting Foreign Direct Investment", FIAS Occasional Paper 16.

Penfold-Becerra, M. (2002). "Costo Venezuela, opciones de política para mejorar la competitividad". Caracas: CAF.

Sacroisky, A. (2009). "Las estrategias de focalización de la Inversión Extranjera Directa, lecciones para la Argentina de las experiencias de Singapur, Malasia y la República Checa". Documento de trabajo N° 24 (abril). Centro de Economía y Finanzas para el Desarrollo de la Argentina (CEFIDAR).

Trejos, A., R. Arce, R. Matarrita y A. Roblero (2012). "Desarrollo del talento humano: la clave para competir en la atracción de la inversión extranjera directa". INCAE.

Wells, L.T. (2000). "Revisiting Marketing a Country: Promotion as a Tool for Attracting Foreign Investment". FIAS Occasional Paper (enero).

Wells, L. y A. Wint (1990). "Marketing a country: Promotion as a tool for attracting foreign investment", Foreign Investment Advisory Service Occasional Papers (abril).

Zolt E.M. (2014). "Tax Incentives and Tax Base Protection Issues". Documento preparado para UN Workshop Protecting the Tax Base for Developing Countries. Naciones Unidas.

Anexo 1
Agradecimientos

Este estudio contó con la colaboración de las siguientes personas:

País	Contribución
Belice	Brian Lin y Melanie Gideon, Beltraide
Costa Rica	Javier Beverinotti, BID Aleyda Bonilla, Consultora Gabriela Llobet, CINDE Ricardo Monge, CAATEC Lawrence Pratt y Alberto Trejos, INCAE
El Salvador	Julia Rosa Lima, Consultora Renzo Martínez, Proesa
Guatemala	Reny Baker, Quilsa José Ricardo Barrientos, ICEFI Carolina Castellanos, AMCHAM Roberto de Michele y Jorge Chang, BID Fanny de Estrada, Asociación de Exportadores Heidy Linares y Luis Oscar Estrada, VESTEX Roberto Mancilla y Ninoshka Linde, Invest in Guatemala Fernando Spross, Fundesa Nicholas Virzi, Escuela de Gobierno
Honduras	Aracelys Batres y Mery Hung, AMCHAM Joachim Ballenas y Fernando García, ANDI Guillermo Matamoros, AHM Carlos Pineda, Coalianza José Alejandro Quijada, BID Alden Rivera, Ministro Economía Vilma Sierra, FIDES Luis Zelaya, UNITEC
Nicaragua	Humberto Arguello, MIFIC Javier Chamorro, ProNicaragua Martin Dougal y Giovanella Quintanilla, BID Dean García, ANITEC Adelmo Sandino IEEPP Scott Vaughn, Rocedes
Panamá	Maurice Belanger, AMCHAM Tomás Bermúdez, BID Katyuska Correa, Ministerio de Economía y Finanzas Marco Fernández, INDESA Henry Kardonski, Panamá Pacífico Miroslava Vilar, Dirección de Promoción de Inversiones

País	Contribución
Rep. Dominicana	Yocauris García y Rudy Loo-Kung, BID
	Maité Hernandez y Shaula Montás, CEI-RD
	Egar Morales y Martin Zapata, Ministerio de Hacienda
	Ileana Tejada y Escipion Oliveira, Caribbean Export
	José Torres, ADOZONA
Otros	Alberto Barreix, BID
	Jorge Gálvez Méndez, OCDE
	Armando Heilbron, IFC
	Rodrigo Ortiz, Deloitte Consulting
	Mario Tucci, Tholons

Anexo 2
Principales leyes de incentivos en los países de CARD

Ley	Beneficios Fiscales	Sectores/Foco
Belice		
La Ley de Incentivos Fiscales	• Importación libre de impuestos con duración de 15 años. • Las compañías dedicadas a actividades agrícolas, agroindustria, procesamiento de alimentos, pesca o manufacturas, con uso intensivo de mano de obra y su producción destinada a la exportación, podrán beneficiarse de un período de exención de hasta 25 años.	
Zonas de procesamiento para exportaciones	• Exenciones fiscales para la importación y exportación. • Exención del pago de Impuestos sobre los Dividendos, Impuestos sobre la Propiedad y el Terreno, Impuesto sobre el Valor Agregado, Impuestos sobre ventas y consumo. • Garantía de la exención del Impuesto sobre la Renta durante 20 años, con la opción de ampliar el plazo, y de la deducción de las pérdidas de los beneficios en el período siguiente.	Empresas dedicadas a la exportación
Zonas de libre comercio (CFZ)	• Exenciones de impuestos en la entrada de mercancías u otros bienes. • Exención en el impuesto sobre beneficios, capital, ingresos u otros impuestos corporativos durante los 10 primeros años. • Exención de esos impuestos durante los primeros 25 años de operaciones para los dividendos pagados por la empresa en una zona de libre comercio. • No hay impuestos del gobierno sobre el uso de moneda extranjera. • Deducciones sobre el impuesto de ingresos después de los 10 primeros años de operaciones. • Las compañías con pérdidas en los 10 primeros años de operaciones pueden deducirlos en los 3 años siguientes a los 10 de exención de impuestos.	Empresas ubicadas en las zonas de libre comercio
Ley de Sociedades Internacionales de Negocios (IBC)	• La exención total del impuesto sobre la renta. • Exención de impuestos sobre los dividendos o cualquier otra distribución de capital, pagadas por la compañía a personas residentes o no en Belice. • Exención del pago de impuestos sobre intereses, rentas, regalías o compensaciones pagadas por la compañía a personas no residentes en Belice. • En algunos casos, está también exenta del pago del impuesto de timbres fiscales.	

Ley	Beneficios Fiscales	Sectores/Foco
Costa Rica		
Ley de Zonas Francas	• Exoneración del 100% en impuestos de importación en materias primas, componentes y bienes de capital. • Exoneración o reducción de los impuestos sobre la renta corporativos. • Exoneración del 100% en impuestos de exportación, ventas locales, impuestos sobre consumos específicos. • Exoneración del 100% en impuestos sobre el capital.	General. Especialmente sectores estratégicos: proyectos de manufactura avanzada, ciencias de la vida, actividades de investigación y desarrollo, proyectos innovadores

Incentivos para el turismo (Ley Nº 6990)	a. Servicios de hotelería:
	  i. Exención de todo tributo y sobretasas en la importación o compra local de artículos indispensables de empresas nuevas o de aquellas ya establecidas que ofrezcan nuevos servicios.
	  ii. Depreciación acelerada.
	  iii. Exoneración del impuesto territorial, hasta por un período de 6 años a partir de la firma del contrato, a establecimientos que se instalen fuera de la región metropolitana.
	b. Transporte aéreo internacional y nacional de turistas:
	  i. Depreciación acelerada.
	  ii. Exención de todo tributo y sobretasas para la importación o compra local de los repuestos necesarios para el funcionamiento de las aeronaves.
	c. Transporte acuático de turistas:
	  i. Exención de todo tributo y sobretasas para la importación o compra local de bienes indispensables, siempre y cuando no se fabriquen en el territorio de los países signatarios del Convenio sobre el Régimen Arancelario y Aduanero Centroamericano.
	  ii. Depreciación acelerada.
	  iii. Exoneración de todo tributo y sobretasas, excepto de los derechos arancelarios a la importación (20%).
	d. Turismo receptivo de agencias de viajes: exoneración de todo tributo y sobretasas, excepto de los derechos arancelarios para la importación de vehículos para el transporte colectivo con una capacidad mínima de 15 personas. Si la tarifa del impuesto *ad valorem* supera el 5%, se exonerará la obligación tributaria correspondiente a dicho exceso tarifario.
		Sector turismo

Ley	Beneficios Fiscales	Sectores/Foco
	e. Arrendamiento de vehículos a turistas extranjeros y nacionales: exoneración del 50% del monto total resultante de aplicar los impuestos vigentes que afecten la importación de los vehículos automotores destinados exclusivamente a arrendarlos a los turistas.	
El Salvador		
Ley de Zonas Francas Industriales y de Comercialización	• Exención del impuesto sobre la renta; impuestos municipales en los activos y patrimonio; impuesto a la transferencia de bienes inmuebles. • Exención de derechos arancelarios y demás impuestos a las importaciones de maquinaria y equipo, y a la importación de materias primas y demás enseres necesarios.	Beneficios a individuos y compañías, nacionales o extranjeras
Ley de Servicios Internacionales	• Exención de derechos arancelarios y demás impuestos sobre la importación necesaria para la ejecución de la actividad incentivada. • Exención total del impuesto sobre la renta por los ingresos provenientes de la actividad incentivada, durante el período que realice sus operaciones en el país. • Exención total de impuestos municipales sobre el activo de la empresa, durante el período que realice operaciones en el país.	Empresas nacionales o extranjeras que presten servicios internacionales. (Servicios estratégicos)
Ley de Turismo	• Total exención del impuesto de la renta por un período de 10 años. • Exención de IVA y aranceles para los bienes importados. • Total exención de impuestos en transferencias de bienes raíces para la adquisición de inmuebles a ser utilizados en el proyecto. • Exención parcial de los impuestos municipales (hasta 50%) por un período de 5 años.	• Inversión nacional y extranjera en el sector turismo. • La inversión mínima de US$ 25.000
Ley de Incentivos a las Energías Renovables	• Exención de derechos arancelarios a la importación de maquinaria, equipo, materiales e insumos • Exención del impuesto sobre la renta por un período de 5 a 10 años. • Exención total del pago de impuestos sobre los ingresos provenientes directamente de la venta de las reducciones certificadas de emisiones.	Energías renovables
Guatemala		
Ley de Fomento a la Actividad Exportadora y de Maquila (Nº 29–89)	• Temporal exoneración del 100% de los derechos arancelarios y cargos aplicables a la importación de maquinaria, equipo, materia prima y otros. • 100% de exoneración del impuesto sobre la renta (ISR) por 10 años. • Temporal exoneración del 100% del Impuesto al Valor Agregado (IVA).	

Ley	Beneficios Fiscales	Sectores/Foco
Ley de Zonas Francas (Nº 65-89)	• 100% de exoneración de los derechos arancelarios y cargos aplicables a la importación de maquinaria, equipo, materia prima y otros. • 100% de exoneración del impuesto sobre la renta (ISR) por 10 años; 100% de exoneración del Impuesto al Valor Agregado (IVA); 100% de exoneración del Impuesto Único Sobre Inmuebles (ISUI) para las propiedades utilizadas en la zonas francas por 5 años.	Empresas ubicadas en Zonas francas
Ley de Zolic (Zona Franca Pública).	• Acceso directo al puerto de Santo Tomás de Castilla. • Exoneración 100% impuesto de renta durante 10 años • Exoneración 100% tasas de importación y exportación de materias primas, insumos, maquinarias y equipos.	Empresas ubicadas en zonas francas
Ley de Inversión Extranjera (Nº 9-98)	Entre las principales garantías y derechos que contempla esta ley figuran la propiedad privada, la no expropiación de la inversión, la libertad de comercio, el acceso a divisas, los seguros a la inversión, la doble tributación y la solución de controversias.	General
Ley de Incentivos para el Desarrollo de Proyectos de Energía Renovable (Nº 52-2003)	• Exención de los derechos arancelarios de importación, IVA, cargas y derechos consulares en la importación de equipo y materiales, para las etapas de pre inversión y construcción. • Exención del pago del Impuesto sobre la Renta (ISR) por 10 años, para la etapa de operación comercial. • Venta de Bonos de Carbono MDL.	Energías renovables
Honduras		
Régimen de Importación Temporal - RIT.	• Suspensión temporal del pago de derechos aduaneros, derechos consulares y cualquier otro impuesto y recargo, incluyendo el impuesto general de ventas, que cause la importación de insumos que sean necesarios para producir los bienes o servicios que se exporten a países no centroamericanos, y de importación de maquinaria, equipo, moldes, herramientas, repuestos y accesorios exclusivamente para ensamblar, transformar, modificar o producir los bienes o servicios destinados a la exportación a países no centroamericanos.	
Régimen de Zonas Libres (ZOLI)	• La introducción de mercancías a la Zona Libre está exenta del pago de impuestos arancelarios, cargas, recargos, derechos consulares, impuestos internos, de consumo y demás impuestos y gravámenes que tengan relación directa o indirecta con las operaciones aduaneras de importación y exportación.	

Ley	Beneficios Fiscales	Sectores/Foco
	- Las ventas y producciones que se efectúen dentro de la Zona Libre y los inmuebles y establecimientos comerciales e industriales de la misma quedan exentas del pago de impuestos y contribuciones municipales. - Las utilidades quedan exoneradas del pago del impuesto sobre la renta.	Empresas ubicadas en zonas libres
Régimen de Zonas Industriales de Procesamiento para la Exportación – ZIP. Decreto Nº 37–87	- Importación libre de gravámenes, derechos arancelarios, cargas, recargos, - derechos consulares, impuestos internos de consumo y venta, y demás impuestos, tasas y gravámenes que tengan relación directa o indirectamente con las operaciones aduaneras de importación. - Exención de Impuesto sobre la Renta por 20 años e Impuestos Municipales por 10 años.	
Ley de Zonas Agrícolas de Exportación – ZADE. Decreto Nº 233–2001	- Exoneración total del pago de derechos arancelarios, derechos consulares, cargos y recargos, impuestos internos de consumo, producción, venta y demás impuestos, gravámenes, tasas y sobretasas, sobre los bienes y mercaderías que importen y/o exporten. - Exoneración del pago de impuestos estatales. - Exoneración del pago de Impuesto Sobre la Renta sobre las utilidades que obtengan en sus operaciones.	Sector agrícola
Ley de Incentivos al Turismo – reformada mediante Decreto Nº 194–2002	- Exoneración del pago de Impuesto sobre la Renta por 10 años a partir del inicio de operaciones, exclusivamente para aquellos establecimientos turísticos que inicien operaciones por primera vez. - Exoneración del pago de impuestos y demás tributos de importación de los bienes y equipos nuevos necesarios para la construcción e inicio de operaciones. - Exoneración del pago de impuestos y demás tributos de importación de todo material impreso para promoción o publicidad. - Exoneración del pago de impuestos y demás tributos en la importación para la reposición por deterioro de los bienes y equipos, durante un período de 10 años, previa comprobación. - Exoneración del pago de impuestos y demás tributos en la importación de vehículos automotores nuevos, y los que adquieran las arrendadoras de vehículos automotores, previa evaluación de la actividad, tipo de establecimiento, capacidad, magnitud y ubicación.	Sector turismo

Ley	Beneficios Fiscales	Sectores/Foco
	• Exoneración del pago de impuestos y demás tributos en la importación de aeronaves o embarcaciones nuevas y usadas, para el transporte aéreo, marítimo y fluvial.	
Nicaragua		
Zonas Francas Industriales de Exportación (Decreto Nº 46-91)	• Exención del 100% del pago del impuesto sobre la Renta durante los primeros 10 años, y del 60% del undécimo año en adelante. • Exención del pago de Impuestos sobre enajenación de bienes inmuebles a cualquier título, inclusive el Impuesto sobre Ganancias de Capital, en su caso, siempre que la empresa esté cerrando sus operaciones en la zona, y el bien inmueble continúe afecto al régimen de Zona Franca. • Exención del pago de Impuestos por constitución, transformación, fusión y reforma de la sociedad, así como también del Impuesto de Timbres. • Exención de todos los impuestos y derechos de aduana y de consumo conexos con las importaciones destinadas a habilitar a la empresa para sus operaciones; o que tiendan a satisfacer las necesidades del personal. • Exención de impuestos de aduana sobre los equipos de transporte destinados al uso normal de la empresa en la zona. En caso de enajenación de estos vehículos a adquirentes fuera de la zona, se cobrarán los impuestos aduaneros, con las rebajas que se aplican en razón del tiempo de uso, a las enajenaciones similares hechas por Misiones Diplomáticas u Organismos Internacionales. • Exención total de impuestos indirectos, de venta o selectivos de consumo; de impuestos municipales; de impuestos a la exportación sobre productos elaborados en la zona; y de impuestos fiscales y municipales sobre compras locales.	Empresas ubicadas en zonas francas
Ley de Concertación Tributaria (Ley Nº 822). Beneficios tributarios a la exportación	• A las exportaciones de bienes de producción nacional o servicios prestados al exterior se les aplicarán una tasa del 0% de Impuesto al Valor Agregado. • Las exportaciones de bienes están gravadas con 0% del Impuesto Selectivo al Consumo (ISC). • Se puede aplicar un crédito tributario a los anticipos o IR anual con previo aval de la administración tributaria en un monto equivalente al 1,5% del valor FOB de las exportaciones.	Exportación

Ley	Beneficios Fiscales	Sectores/Foco
Ley de Concertación Tributaria (Ley Nº 822). Beneficios tributarios a los productores	• El art. 127 plantea una lista de enajenaciones que se encuentran exentas del traslado del IVA, algunas de ellas relacionadas al sector agrícola. • Además, el art. 274 exonera del IVA e ISC a las enajenaciones de materias primas, bienes intermedios, bienes de capital, repuestos, partes y accesorios para la maquinaria y equipos a las productores agropecuarios y de la micro, pequeña y mediana empresa industrial y pesquera, mediante lista taxativa.	Sector agrícola, pequeña y mediana empresa industrial y pesquera.
Ley de Concertación Tributaria (Ley Nº 822). Beneficios fiscales al sector forestal	• Exoneración del pago del 50% del Impuesto Municipal sobre Ventas y del 50% sobre las utilidades derivadas del aprovechamiento. • Se exonera del pago de Impuesto de Bienes Inmuebles a las áreas de las propiedades en donde se establezcan plantaciones forestales y a las áreas donde se realice manejo forestal a través de un Plan de Manejo Forestal. • Las empresas de cualquier giro de negocios que inviertan en plantaciones forestales podrán deducir como gasto el 50% del monto invertido para fines del IR. • Se exonera del pago de derechos e impuesto a la importación a las empresas de Segunda Transformación y Tercera Transformación que importen maquinaria, equipos y accesorios que mejoren su nivel tecnológico en el procesamiento de la madera, excluyendo los aserríos.	Sector forestal
Régimen de Admisión Temporal (Ley Nº 382)	• Exoneración del pago de toda clase de derechos e impuestos en el ingreso de mercancías definidas en la ley en el territorio aduanero nacional como la compra local de las mismas.	General
Ley para la Promoción de Generación Eléctrica con Fuentes Renovables (Ley Nº 532)	• Exoneración del pago de los Derechos Arancelarios de Importación (DAI) de maquinaria, equipos, materiales e insumos destinados exclusivamente para las labores de preinversión y las labores de la construcción de obras. • Exoneración del pago del Impuesto al Valor Agregado (IVA), sobre la maquinaria, equipos, materiales e insumos destinados exclusivamente para las labores de preinversión y la construcción de obras.	

Ley	Beneficios Fiscales	Sectores/Foco
	• Exoneración de todos los Impuestos Municipales vigentes sobre bienes inmuebles, ventas, matrículas durante la construcción del Proyecto, por un período de 10 años a partir de la entrada en operación comercial del proyecto, la que se aplicará de la forma siguiente: exoneración del 75% en los tres primeros años; del 50% en los siguientes cinco años, y el 25% en los dos últimos años. Las inversiones fijas en maquinaria, equipos y presas hidroeléctricas estarán exentas de todo tipo de impuestos, gravámenes, tasas municipales, por un período de 10 años a partir de su entrada en operación comercial. • Exoneración de todos los impuestos que pudieran existir por explotación de riquezas naturales por un período máximo de 5 años después del inicio de operación. En el caso de los proyectos hidroeléctricos, se exonera la construcción u operación de un proyecto bajo Permiso de Administración de Agua por un máximo de 10 años. • Exoneración del Impuesto de Timbres Fiscales (ITF) que pueda causar la construcción u operación del proyecto o ampliación por 10 años.	Proyectos de generación eléctrica con fuentes renovables
Ley Especial sobre Exploración y Explotación de Minas (Ley Nº 387)	• Régimen de admisión temporal – Ley Nº 382. • De no ser posible aplicar la suspensión previa de derechos e impuestos por razones de administración tributaria, el beneficio se aplicará bajo el procedimiento de devolución posterior de los impuestos pagados. • Exención del pago de impuestos que graven los inmuebles de la empresa dentro del perímetro de la concesión minera. • Tasa 0% para exportaciones, aplicable a las exportaciones en general.	Actividades relacionadas con la exploración y explotación de recursos minerales
Ley de Incentivos Turísticos (Ley Nº 306)	• Del 80% al 100% de exención del Impuesto Sobre la Renta por 10 años. • Exoneración del Impuesto sobre Bienes Inmuebles (I.B.I) por 10 años. • Exoneración del Impuesto General al Valor Agregado (IVA) aplicables a los servicios de diseño/ ingeniería y construcción. • 100% de exoneración de impuestos de Importación y del Impuesto General al Valor Agregado (IVA) en la compra de bienes no suntuosos de construcción, de accesorios fijos para la edificación por un período de 10 años.	Sector turismo

Ley	Beneficios Fiscales	Sectores/Foco
	• En caso de reinversión, si al final del régimen de incentivos el inversionista decide reinvertir al menos el 35% del valor de la inversión aprobada inicialmente, puede recibir todos los beneficios por 10 años adicionales.	
Panamá		
Zona Libre de Colón	• 0% de impuestos en ganancias por operaciones en el exterior. • 0% de impuestos en los productos importados para su reexportación. • Exonerados los servicios específicos que surtan efectos en el extranjero.	Empresas ubicadas en la zona libre
Zonas francas regidas por la Ley Nº 32 de 05 de abril de 2011	• Exoneración de impuestos y derechos de importación sobre todo bien o servicio requerido para sus operaciones. • Los promotores de zonas francas están exonerados del impuesto sobre la renta en el arrendamiento y subarrendamiento. • Las empresas de servicios, empresas de servicios logísticos, empresas de alta tecnología, centros de investigación científica, centros de educación superior, empresas de servicios generales, centros especializados para la prestación de servicios de salud y empresas de servicios ambientales estarán 100% exentas del Impuesto sobre la Renta por sus operaciones exteriores y por sus operaciones entre sí.	Empresas ubicadas en zonas francas
Área económica especial Panamá Pacífico – Ley Nº 41 del 2004	• Exención de cualquier impuesto, tasa, tarifa, gravamen o aranceles de importación sobre cualquier mercancía, producto, equipo, servicio y otros bienes en general que sean ingresados en Panamá Pacífico. • Exención del Impuesto de Transferencia de Bienes Muebles y Servicios (ITBMS). • Exención de cualquier impuesto, arancel, tarifa, tasa o cargo con respecto al movimiento o almacenamiento de combustible u otros hidrocarburos y sus derivados. • Exención sobre cualquier licencia comercial o industrial o impuesto de registro. • Exención del Impuesto del Timbre. • Exención del impuesto de inmuebles sobre terrenos y mejoras comerciales/industriales, al igual que del Impuesto de Transferencia de Bienes Inmuebles. • Exención del impuesto de exportación/reexportación de cualquier tipo de mercancía, productos, equipos, bienes o servicios.	Empresas con actividades estratégicas definidas en la Ley

Ley	Beneficios Fiscales	Sectores/Foco
	• Exención de cualquier impuesto, tarifa, arancel, gravamen, retención u otros cargos de naturaleza similar aplicados a pagos acreedores extranjeros, por el interés, comisiones, regalías y otros cargos financieros generados por el financiamiento o refinanciamiento otorgado a las empresas de Panamá Pacífico y por el arrendamiento financiero de equipo necesario para el desarrollo de las actividades, negocios y operaciones realizadas dentro de Panamá Pacífico.	
La Ciudad del Saber	• Exoneración de impuesto sobre la renta, impuesto de importación, de ITBMS, del impuesto de inmuebles. • Exoneración sobre las transferencias al extranjero. • Las empresas que producen bienes o servicios tecnológicos en el TIP no pagan impuestos directos ni de licencia.	Actividades científicas, tecnológicas, de desarrollo humano, culturales
Ley Nº 41 de 2007, Sede de empresas multinacionales	• Exención del impuesto sobre la renta y del ITBMS por los servicios brindados a su grupo empresarial fuera del territorio nacional. • Exención del impuesto sobre la renta, para los ejecutivos, cuando sus salarios provengan de fuente extranjera. • Por los servicios que se brinden dentro de la República de Panamá, se pagará la mitad del impuesto sobre la renta. • También ofrecen incentivos laborales y migratorios.	Empresas multinacionales
Ley Nº 36 de 2007, Industria cinematográfica y audiovisual	• Una sola ventanilla para trámites. • Trámites de permisos migratorios al personal extranjero. • Permisos de trabajo al personal extranjero. • Aduanas: internación temporal del equipo sin fianza. • Incentivos fiscales para el área especial designada, para el desarrollo de la industria cinematográfica y audiovisual. • Permisos de locaciones públicas en todo el territorio nacional. • Trámites ante los servicios públicos. • Enlace con productores, técnicos, agencias de *casting* y personal nacional.	Industria cinematográfica y audiovisual
Call Centers y los beneficios de la Ley Nº 32 de 2011 de Zonas Francas	• Estarán libres de impuestos directos e indirectos, contribuciones, tasas, derechos y gravámenes nacionales y sujetas a los demás beneficios establecidos por la Ley de Zonas Francas en relación con la actividad realizada, salvo la tasa cobrada por la Autoridad Nacional de los Servicios Públicos. • También ofrecen incentivos laborales y migratorios.	*Call Centers*

Ley	Beneficios Fiscales	Sectores/Foco
Certificado de Fomento Industrial (CFI)	• Las empresas agroindustriales gozarán de un reintegro del 35% de los desembolsos realizados. • Las otras actividades industriales gozarán de un 25%. • La opción de importar a una tarifa preferencial del 3% las materias primas, productos semielaborados o intermedios, maquinarias, equipos y repuestos para los mismos, envases, empaques y demás insumos que entren en la composición o en el proceso de elaboración de sus productos. • La empresa que cuente con dicho certificado podrá utilizarlo para el pago de todos los impuestos nacionales, tasas y contribuciones propias	
Ley Nº 82 del 31 de diciembre de 2009, Certificado de Fomento a las a las Agroexportaciones Agroexportaciones	• Servirá únicamente para el pago de cualquier impuesto nacional, con excepción de los impuestos municipales.	Empresas exportadoras agrícolas o agroindustriales
República Dominicana		
Fomento de las Zonas Francas de Exportación – Ley Nº 8-90.	Incentivos fiscales de hasta un 100% en: • Pagos de Impuestos Sobre la Renta (ISR) • Todos los impuestos de importación, arancel, derechos aduanales y demás gravámenes conexos, que afecten las materias primas, equipos, materiales de construcción, equipos de oficinas, etc. destinados a construir, habilitar u operar en las zonas francas. • Todos los impuestos de exportación o reexportación existentes, excepto lo que establece la Ley. • Pago del impuesto sobre la construcción, contratos de préstamos y sobre el registro y traspaso de bienes inmuebles a partir de la constitución de la operadora de zona franca correspondiente. • Pago del impuesto sobre la constitución de sociedades comerciales o de aumento del capital de las mismas. • Pago de impuestos municipales.	Zonas francas Fabricantes de bienes y servicios para la exportación
Zona Especial de desarrollo fronterizo. Ley Nº 28-01.	• Exoneración de un 100 % del Impuesto de Bienes Industrializados y Servicios (ITBIS) en cuanto a la transferencia dentro del Territorio Nacional. • Exoneración de los derechos e impuestos de desarrollo de esa región importación y demás gravámenes conexos, incluyendo el arancel, los impuestos unificados y los de consumo interno. • Exoneración del 50% en el pago de libertad de tránsito y uso de puertos y aeropuertos.	Zona fronteriza

Ley	Beneficios Fiscales	Sectores/Foco
	• Exención del pago de la comisión cambiaria para la importación de bienes de capital, maquinarias y equipos. • Las empresas que se acojan a este reglamento tendrán un período de beneficio de 20 años.	
Ley Nº 56-07, que declara de prioridad nacional los sectores pertenecientes a la cadena textil.	• Exención del pago de Impuesto a la Transferencia de Bienes y Servicios (ITBIS) y otros impuestos en la importación o adquisición en el mercado local de material prima, componentes, maquinaria y equipos. • Aplicación de un arancel del 0% en la importación de todos los productos exentos según las partidas definidas. • Las empresas de los sectores pertenecientes a la cadena textil, confección y accesorios; pieles, fabricación de calzados y manufacturas de cuero, que cierren sus operaciones en otro régimen aduanero especial y por tanto que no estén acogidas a otro régimen aduanero especial, quedan exentas del pago del Impuesto sobre la Renta.	Sectores de prioridad nacional: cadena textil, confección y accesorios; pieles, fabricación de calzados y manufacturas de cuero
Renovación y Fomento de las exportaciones. Ley Nº 84-99	• Reembolso de los derechos y gravámenes aduaneros pagados sobre las materias primas, bienes intermedios, insumos, etiquetas, envases y material de empaque importados por el propio exportador o por terceros, cuando los mismos hubieran sido incorporados a bienes de exportación. • Compensación Simplificada de Gravámenes, que establece la compensación de los gravámenes aduaneros pagados por anticipado, por un monto no mayor del 3% del valor FOB de las mercancías exportadas. • Régimen de Admisión Temporal para el Perfeccionamiento Activo, que establece la entrada en territorio aduanero de determinadas mercancías con suspensión de los derechos e impuestos de importación y procedentes del exterior y de las zonas francas de exportación, para ser reexportadas en un plazo no mayor de 18 meses a partir de su entrada a territorio aduanero.	Exportaciones
Competitividad e innovación industrial. Ley Nº 392-07	• Establece la exención del cobro de ITBIS en la Dirección de Aduanas para las materias primas, maquinarias industriales y bienes de capital. • Reembolso a los exportadores de empresas nacionales y extranjeras de los impuestos del ITBIS, Selectivo al Consumo a las Telecomunicaciones, Selectivo al Consumo de Seguros, Selectivo de los Combustibles y el impuesto a los cheques, en un porcentaje igual al porcentaje que represente los ingresos por exportaciones del total de ingresos por ventas en un período.	Sector empresarial

Ley	Beneficios Fiscales	Sectores/Foco
Fomento al desarrollo turístico. Ley Nº 158-01 – Ley Nº195-13	Exoneración del pago de impuestos en un 100% de: • Impuesto sobre la renta objeto de los incentivos • Impuestos nacionales y municipales por constitución de sociedades, por aumento de capital, los impuestos nacionales y municipales por transferencia sobre derechos inmobiliarios, por ventas, permutas, aportes en naturaleza y cualquier otra forma de transferencia sobre derechos inmobiliarios, del Impuesto sobre Viviendas Suntuarias y Solares no Edificados (IVSS); así como de las tasas, derechos y cuotas por la confección de los planos, de los estudios, consultorías y supervisión y la construcción de las obras a ser ejecutadas en el proyecto turístico de que se trate, siendo esta última exención aplicable a los contratistas encargados de la ejecución de las obras. • De los impuestos de importación y otros impuestos, tales como tasas, derechos, recargos, incluyendo el Impuesto a las Transferencias de Bienes Industrializados y Servicios (ITBIS), que fueren aplicables sobre las maquinarias, equipos, materiales y bienes muebles que sean necesarios para la construcción y para el primer equipamiento y puesta en operación. • Las personas físicas o morales podrán deducir o desgravar de su renta neta imponible el monto de sus inversiones en proyectos turísticos, pudiendo aplicar a la amortización de dichas inversiones hasta un 20% de su renta neta imponible, cada año. En ningún caso el plazo de amortización podrá exceder de 5 años. • El período de exención fiscal otorgado a las empresas será de 15 años a partir de la fecha de terminación de los trabajos de construcción y equipamiento del proyecto. • Las inversiones en la actividades turísticas correspondientes a instalaciones hoteleras, *resorts* o complejos hoteleros, en las estructuras existentes se beneficiarán de la exención del 100% del impuesto por la transferencia de bienes y servicios industrializados (ITBIS) y otros impuestos que fueran aplicables sobre las maquinarias, equipos, materiales y bienes muebles que sean necesarios para la modernización, mejoramiento y renovación de dichas instalaciones, siempre que tengan un mínimo de cinco (5) años de construidas.	Sector turismo

Ley	Beneficios Fiscales	Sectores/Foco
Parque cibernético	La Ley exonera todos los impuestos de exportación, importación, reexportación de todos los bienes y servicios necesarios para realizar diferentes tipos de actividades.	Sectores que necesiten realizar actividades en el parque cibernético
Incentivo al desarrollo de fuentes renovables de energía y sus regímenes especiales. Ley Nº 57-07	• Exención del 100% de todo tipo de impuestos de importación a los equipos, maquinarias y accesorios importados • La exención del pago del Impuesto de Transferencia a los Bienes Industrializados y Servicios (ITBIS) y de todos los impuestos a la venta final. • Se liberan por un período de 10 años a partir del inicio de sus operaciones, y con vigencia máxima hasta el año 2020, del pago del impuesto sobre la renta sobre los ingresos derivados de la generación y venta de electricidad, agua caliente, vapor, fuerza motriz, biocombustibles o combustibles sintéticos señalados, generados a base de fuentes de energía renovables. • Se reduce a 5% el impuesto por concepto de pago de intereses por financiamiento externo. • Se otorga hasta un 75% del costo de la inversión en equipos, como crédito único al impuesto sobre la renta, a los propietarios o inquilinos de viviendas familiares, casas comerciales o industriales que cambien o amplíen para sistemas de fuentes renovables en la provisión de su autoconsumo energético privado y cuyos proyectos hayan sido aprobados por los organismos competentes.	Energías renovables

6

El futuro de la atracción de inversiones en Centroamérica, Panamá y República Dominicana

Mario Cuevas, Osmel Manzano y Luis Porto

El camino recorrido hasta el momento

Los incentivos fiscales y las zonas francas tienen antecedentes en la región que datan incluso antes de la década de los ochenta. Desde 1948, Panamá había establecido la Zona Libre de Colón, que continúa siendo la zona franca más dinámica de Centroamérica. Asimismo, República Dominicana instituyó desde 1969 una zona franca en la ciudad de La Romana. La crisis de los ochenta dio como resultado una transformación de los modelos económicos, convirtiendo a la inversión extranjera directa (IED) en un nuevo pilar del desarrollo de Centroamérica. A raíz del mencionado cambio de perspectiva, también se incrementó el número de zonas francas y se extendieron los incentivos fiscales para atraer IED hacia la región.

El complicado entorno económico y político, sumado al clima de violencia generado por los conflictos armados que por décadas afectaron a varios países de la región, constituyeron fuertes obstáculos para la atracción de IED a gran escala. No sería sino hasta inicios de la década de los noventa que los flujos de IED crecerían sustancialmente, multiplicándose seis veces respecto de la década previa.

En paralelo, el modelo de atracción de IED a través de los incentivos fiscales se expandió rápidamente por el mundo. Esto causó preocupación por el impacto adverso en los países de menores ingresos frente a los países que tienen mayor capacidad fiscal y financiera para otorgar incentivos. A raíz de esto, en 1994 el Acuerdo de Marrakech subrayó el impacto negativo de las subvenciones a las exportaciones. Se suscribió el Acuerdo sobre Subvenciones y Medidas Compensatorias, que prohíbe los subsidios condicionados a la exportación, incluida la exención tributaria, otorgando a la Organización Mundial del Comercio (OMC) la responsabilidad de supervisar ese tipo de medidas. La OMC concedió permisos temporales a los países en desarrollo, dando tiempo para que estos reformaran sus regímenes de atracción de inversiones y promoción de exportaciones, estableciendo que los incentivos fiscales vinculados con la exportación debían retirarse para fines del año 2015.

Por otra parte, luego de años de implementación de estos regímenes especiales para la atracción de inversiones, no se podría afirmar que el impacto de las inversiones sobre las economías centroamericanas es el deseado, pues los regímenes no están diseñados para asegurar dichos impactos, sino para promover la inversión, esperándose sencillamente que esta "derrame" sobre la economía y la sociedad. No existe un diseño que relacione la promoción con el impacto esperado de la inversión.

En vista del actual modelo económico de los países, la reforma de los regímenes de atracción de inversiones tiene gran importancia. Aparte del papel que cumple la IED en el financiamiento del sector externo, existe la percepción de que también contribuye al crecimiento económico mediante la transferencia de nuevas variedades de capital físico, el desarrollo del capital humano a través de la capacitación de los empleados, y la estimulación de una mayor productividad. Sin embargo, la experiencia demuestra que la promoción de la IED con este tipo de regímenes tampoco es una panacea y que los efectos colaterales no siempre son del todo claros (aspecto que se debate a fondo en el capítulo 2 de este libro).

No obstante, el afán por atraer un mayor volumen de IED ha llevado a los países centroamericanos a competir con la aplicación de incentivos. Las medidas más comunes incluyen las exenciones al impuesto sobre la renta, exoneraciones de impuestos a los productos locales que se usan como insumos en las zonas francas, subvenciones a los créditos para exportadores, y menores aranceles para las exportaciones no tradicionales. El temor de los incentivos fiscales para la IED es que erosione la base tributaria, al dejarse de percibir tributos en inversiones que de todas formas hubiesen venido al país. No existe un análisis correcto de los costos y beneficios en la región, por lo que se desconoce el verdadero impacto de estos incentivos.

Un tema poco considerado en la región para el diseño de las políticas de incentivos para la inversión, al menos no en suficiente medida, es la evolución del origen y características de los inversionistas extranjeros. En conexión con este punto, se puede mencionar el acelerado crecimiento de las empresas multilatinas (ver el capítulo 3 de la presente publicación), que han crecido hasta ser en la actualidad el segundo origen de la IED, por un monto similar al que invierten en la región en forma conjunta Estados Unidos y Canadá, y que además no busca en la región los incentivos fiscales que otorga la zona franca. En términos generales, las multilatinas responden a una estrategia de expansión y diversificación de sus mercados y, por lo tanto, un desafío para la región centroamericana es adecuar sus políticas de atracción de inversiones al nuevo perfil de prioridades.

Finalmente, otro de los aspectos que deben tomarse en cuenta es la relación entre las inversiones que se atraen con las cadenas globales de valor y la posibilidad de que las economías centroamericanas se inserten en forma competitiva en cadenas dinámicas en el contexto mundial.

Es evidente que la necesidad de replantear las políticas de atracción de IED en la región centroamericana obedece, entonces, a múltiples factores, como la evolución de los modelos económicos y el aprovechamiento de los tratados comerciales firmados por la región; la adaptación ante los requerimientos normativos del comercio internacional y la evolución del perfil de los inversionistas extranjeros; así como la reducción de las vulnerabilidades que se han acumulado, como resultado de la ampliación de los incentivos fiscales y la consecuente erosión de la base tributaria.

En consonancia con lo expuesto, el objetivo de este capítulo es presentar algunas reflexiones que intentan aportar al debate sobre el futuro de la promoción de inversiones en la región centroamericana, ante el cambio previsible de los actuales regímenes, y dentro de marcos teóricos metodológicos que permitan diseñar mecanismos que consideren los beneficios y costos de la promoción de inversiones (estabilidad fiscal durante el ciclo de vida de la inversión), así como el alineamiento de incentivos para vincular el sacrificio fiscal con el impacto esperado por las inversiones, es decir, el "derrame" sobre las economías.

El presente capítulo se desarrolla de la siguiente manera: la segunda sección presenta un marco conceptual sobre las políticas de desarrollo productivo, en la tercera sección se avanza en un marco conceptual y metodológico para la atracción de inversiones, y en la última sección se presentan reflexiones sobre la región bajo análisis.

Reconocimiento del territorio

La investigación sobre los mecanismos por los cuales la IED aporta al crecimiento económico ha dado un paso importante en la conciliación de la aparente ambigüedad de los efectos de la IED. Una de las conclusiones centrales de la investigación realizada es que los impactos de la IED no son exógenos, sino que están fuertemente influidos por las especificidades de las condiciones locales. Siguiendo esta línea de discusión, puede explorarse la posibilidad de que la política de atracción de inversiones de manera incremental utilice instrumentos, mediante los cuales la IED se orienta en una dirección generadora de crecimiento, aprovechando efectos derrame y potenciando la vinculación con la economía local.

En otras palabras, la política de atracción de inversiones dejaría de concebirse en un vacío y sería considerada como un complemento de las políticas de desarrollo productivo (PDP). Se entiende por PDP a las intervenciones gubernamentales orientadas a promover el desarrollo productivo mediante la corrección de las fallas del mercado[1] o de gobierno que existen en un país, así como la compensación de asimetrías en activos, recursos y capacidades que puedan existir en un país respecto de otros para atraer IED.

Las posibles fallas del mercado abarcan desde la dificultad para identificar sectores con potencial productivo y la falta de coordinación entre sectores o costos de autodescubrimiento elevados, hasta los problemas de acceso al crédito por la existencia de mercados financieros incompletos. En contraste, se dice que existen fallas de gobierno cuando las distorsiones son el resultado de políticas gubernamentales mal diseñadas o implementadas. Las insuficiencias en materia de políticas en el pasado pueden generar también deficiencias en materia de infraestructura (de transporte, tecnológica, energética) y de calificación de recursos humanos, entre otras, que generen sobrecostos a la IED por localizarse en un país para el desarrollo de determinadas actividades en relación con otros países[2].

El conjunto de normas de una sociedad y la capacidad del Estado de hacerlas cumplir juegan un rol particularmente importante al momento de tomar la decisión de invertir. En efecto, la debilidad de las instituciones se relaciona con las dificultades para el cumplimiento de los contratos por parte de agentes públicos y privados, la corrupción, las violaciones al derecho de propiedad, entre otras, que reducen la capacidad de los agentes privados de apropiarse completamente del retorno de sus inversiones[3].

---

[1] En realidad, el concepto de "falla" se refiere al marco conceptual de competencia perfecta; en la competencia real, las denominadas "fallas" no son más que las condiciones regulares en que actúan los agentes en los mercados, de allí el entrecomillado. Algo similar ocurre con las llamadas "imperfecciones". No obstante, tal y como lo reconoce Khan (2007), el enfoque de "fallas" e "imperfecciones" resulta particularmente útil a la hora de diseñar reformas en materia de gobernabilidad y clima de negocios o de identificar las restricciones al crecimiento para focalizar las políticas (ver, por ejemplo, Hausmann R. *et al.*, 2005).
[2] Haapanem *et al.* (2005), por ejemplo, revisan la literatura que reconoce dos clases de motivos para usar subsidios a la inversión: la compensación de fallas de mercado en el acceso al financiamiento y las disparidades regionales en materia de dotación de recursos que no gozan de libre movilidad.
[3] North (1991) define la institucionalidad como las reglas de juego y las normas de comportamiento que facilitan o dificultan transacciones e intercambios. Asimismo, sostiene que la principal función de las instituciones es reducir la incertidumbre, al establecer una estructura estable para la interacción humana. Además, afirma que estos procesos tienen lugar a partir de códigos de conducta, leyes, contratos o incluso instituciones; al encontrarse estos en evolución permanente, las posibilidades de elección para los individuos se están alterando constantemente. De igual modo, la interacción es en más de una vía, pues los códigos de conducta, leyes, contratos o instituciones son también el resultado acumulativo de un sinnúmero de decisiones individuales tomadas en el pasado.

Un último aspecto que debe considerarse es que en un país pueden encontrarse estructuras productivas muy distintas, aunque todas consistentes con las características subyacentes del país. La interacción estratégica entre múltiples agentes públicos y privados es lo que determina el predominio de un particular equilibrio, entre varios que son posibles. La posible existencia de múltiples equilibrios establece el margen para que las políticas públicas influyan sobre la estructura productiva de distintas maneras, apuntando al logro de determinados objetivos de desarrollo.

Las intervenciones gubernamentales realizadas dentro del marco de las PDP pueden ser clasificadas según sus características más significativas, entre las que se incluyen el canal de intervención, el espectro de la intervención y el nivel de gobierno a cargo de la implementación. Con frecuencia, el debate se ha centrado alrededor de las dos primeras dimensiones que se mencionan. Una dimensión del análisis es el canal utilizado, ya que la intervención gubernamental puede darse a través de la provisión de bienes públicos o incidiendo directamente sobre el mercado[4]. Una segunda dimensión para clasificar las PDP es el espectro de la intervención, es decir, su grado de especificidad o transversalidad respecto de los distintos sectores o actividades económicas[5]. Estas clasificaciones pueden representarse mediante una matriz donde constan cuatro cuadrantes.

El primer cuadrante (horizontal, insumos públicos) es poco controversial, pues allí constan los bienes públicos básicos que los gobiernos generalmente deben proveer para el desarrollo productivo, como lo son la infraestructura básica y un adecuado ambiente de negocios. Este cuadrante recoge el tipo de intervenciones que el Consenso de Washington enfatizaba y lo que principalmente suelen medir las comparaciones del *World Economic Forum* o *Doing Business*[6].

---

[4] Los bienes públicos, como indica su nombre, pueden ser disfrutados por un grupo o incluso por la sociedad en su conjunto, ya que su consumo por determinado agente económico no impide el consumo por otros. Ejemplos de estos bienes son la infraestructura básica, la educación de la fuerza de trabajo y la calidad del clima de negocios, entre otros. Por su parte, las intervenciones del mercado afectan los precios relativos y, por tanto, la asignación de recursos. Los subsidios fiscales o las exoneraciones tributarias, así como la asignación de cuotas de mercado, son ejemplos de estas intervenciones.

[5] Por una parte, las políticas horizontales o transversales se aplican a la totalidad de los sectores o actividades económicas. En contraste, se consideran intervenciones verticales aquellas dirigidas a incidir sobre sectores específicos.

[6] En sentido estricto, cada mercado específico constituye un mecanismo económico y desde el punto de vista institucional, tiene sus propias reglas de juego que afectan los incentivos, por lo cual las intervenciones horizontales en realidad pueden no ser neutras desde el punto de vista sectorial. Por otra parte, el clima de negocios, por ejemplo, puede diferir de un mercado a otro en un mismo país. Esto es particularmente importante para los países de Latinoamérica, donde existe una alta heterogeneidad estructural.

CUADRO 6.1 Dimensiones y ejemplos de las políticas de desarrollo productivo

	Horizontal	Vertical
Insumos públicos	• Fortalecimiento del clima de negocios • Capacitación de la fuerza de trabajo • Provisión de infraestructura básica • Estabilización de la política cambiaria	• Construcción de caminos rurales para ciertas zonas • Implementación de la logística de almacenamiento en frío • Establecimiento de controles de higiene de alimentos
Intervención de mercado	• Provisión de subsidios a la investigación y desarrollo • Implementación de programas de capacitación • Otorgamiento de exenciones tributarias a bienes de capital • Homologación de aranceles	• Establecimiento de cuotas de importación para ciertos sectores • Otorgamiento de subsidios a la producción de sectores específicos

Fuente: Pagés (2010).

El segundo cuadrante (vertical, insumos públicos) incluye bienes que pueden ser públicos, pero que solo benefician a determinados sectores, como los caminos rurales que sirven principalmente para la producción agrícola, o las reglamentaciones y controles fitosanitarios. En un contexto de restricciones presupuestarias, está claro que los gobiernos no pueden proveer este tipo de bienes específicos a todos los sectores. En este cuadrante, comienza a elevarse la prioridad de la transparencia y los criterios técnicos en la selección de los sectores favorecidos.

El tercer cuadrante es más complicado (horizontal, intervención de mercado). Como principio general, no deberían intervenirse los precios relativos ni la asignación de recursos en los mercados. No obstante, también se reconoce que pueden existir fallas de mercado o de gobierno, que distorsionan el funcionamiento de los mercados. Una intervención dirigida a corregir o compensar estas fallas debe considerar dos factores: en primer lugar, si existe realmente una falla; y, en segundo lugar, si la intervención planteada atiende realmente a la falla identificada[7]. La respuesta dependerá, sin duda, del contexto del sector y del país.

Finalmente, el cuarto cuadrante es el más controversial (vertical, intervención de mercado). Se cuentan aquí las intervenciones de mercado específicas a ciertos sectores. Estas intervenciones suelen ser más difíciles de justificar, pues las fallas de mercado raras veces afectan solamente a un sector. Probablemente por estos motivos, este tipo de políticas se asocia con un alto riesgo de inducir

---

[7] Por ejemplo, si se reconoce el problema de la capacitación de los trabajadores, ¿es la provisión de dicha capacitación a través de un instituto público la intervención más adecuada? ¿Existen formas alternativas de garantizar dicha capacitación?

comportamientos oportunistas o incluso de abrir el terreno a la corrupción. Por ende, la implementación de políticas ubicadas en este cuadrante exige un elevado nivel de integridad y fortaleza institucional. Por otra parte, no puede olvidarse que un sector contiene un universo muy amplio de insumos y productos y, por lo tanto, de mercados con sus propias especificidades. En la práctica, los denominados "sectores" pueden ser muy heterogéneos.

Varios autores muestran que la estructura productiva es fundamental en términos de crecimiento económico, y que el tipo de bienes producidos y exportados también es importante[8], y que las variables económicas y las ventajas comparativas no determinan por sí solas la estructura productiva. El punto en debate es si las políticas sectoriales en la economía global del siglo XXI pueden provocar el cambio de las estructuras productivas y cuáles son sus inconvenientes.

Hay cierto elemento de arbitrariedad respecto a lo que un país termina produciendo y, en alguna medida, la función de las políticas públicas consiste en asegurar la congruencia entre la estructura productiva y los objetivos de desarrollo del país. El Estado puede desempeñar una función e influir en la determinación de cuál de las diferentes estructuras productivas posibles se termina materializando. Para esto, un compromiso del Estado sobre las acciones futuras de forma de influenciar al resto de los agentes involucrados resulta crucial. Básicamente se trata de que las estrategias públicas reflejen un compromiso creíble de recursos, de forma que los agentes privados adopten, de manera previsible, decisiones que llevan a los resultados deseados[9].

Desde la óptica de las PDP, las zonas francas suelen tener importantes elementos de intervención de mercado que, dependiendo de la manera concreta en que se aplican, pueden ser tanto horizontales como verticales[10]. Asimismo, las zonas francas pueden ofrecer determinados bienes, por ejemplo, una infraestructura especializada o condiciones especiales de seguridad. La primera interrogante que debe contestarse para justificar la existencia de una zona franca es si se han identificado fallas de mercado o de gobierno. En caso la pregunta tuviera una respuesta afirmativa, deberá preguntarse luego si una zona franca con determinadas características es el instrumento más adecuado para atender las fallas identificadas.

---

[8] Haussmann *et al.* (2006).
[9] El papel de los compromisos como una forma de influenciar el comportamiento de los rivales es un tema central de la economía industrial y ha sido desarrollado también en materia de política comercial estratégica (ver, por ejemplo, Brander y Spencer, 1985); Neary y Leahy (1999); o Nese y Rune Straume, 2005).
[10] Por ejemplo, si se estipula que son para la exportación en general, equivalen a un subsidio a la exportación independientemente del sector económico.

Desde una perspectiva más amplia, la política de atracción de inversiones estaría complementando el marco de las PDP. El objetivo general de las PDP debiera ser el aprovechamiento de las ventajas comparativas que las industrias o sectores tienen, con el fin de generar una transformación económica frente a la existencia de fallas de mercado o de gobierno[11]. El desafío no se centra necesariamente en la identificación de sectores o industrias con potencial, sino que abarca la continua búsqueda de oportunidades, tecnologías y procesos que actúen como catalizadores de la productividad, y que sienten las bases para el desarrollo de nuevos emprendimientos productivos. La elección de los instrumentos concretos dependerá de los recursos disponibles para lograr un determinado objetivo, así como de las fallas de mercado o de gobierno presentes en un país.

Trazar una ruta para la atracción de inversiones

La estrategia requerida para lograr un crecimiento sostenido de la inversión debe apoyarse en una adecuada combinación de la generación de nuevas habilidades y capacidades productivas, de la puesta en práctica de nuevas reglas de juego, y del establecimiento de un diseño institucional comprometido con el objetivo de promover la inversión.

Un nuevo marco de políticas de atracción de inversiones podría apoyarse en el desarrollo de capacidades, lo que requiere un marco de reglas, procedimientos y normas que señalen de manera clara cuáles son las conductas que se pretenden impulsar, incluyendo la gestación de habilidades, conocimientos y otros activos intangibles que fortalecen la posición competitiva de las empresas. El desarrollo de capacidades productivas, asimismo, exige un entorno de PDP que permita impulsar la acumulación de capital y la participación del trabajo en la economía, así como la mejora de la productividad y la incorporación de tecnologías más adecuadas.

Un nuevo sistema de incentivos para la inversión implica un rediseño integral del marco de las reglas de juego en el que adoptan decisiones las empresas, en particular, aquellas que tienen relación directa con la inversión, es decir, con una decisión que se toma en el presente pero que involucra beneficios que únicamente se percibirán en el futuro.

En este sentido, el primer aspecto que debe resaltarse es que quedan fundamentados dos tipos de intervenciones:

---

[11] Presumiblemente, solo se utilizarían este tipo de instrumentos para corregir las fallas de gobierno que, por algún motivo, no pueden ser abordadas directamente.

1. Las acciones que buscan reducir los sobrecostos asociados con determinadas fallas de mercado o de gobierno. Estas políticas se dirigen, en particular, a las seis áreas que afectan directamente la decisión de inversión por parte de las empresas:
   i. El acceso a recursos como educación, infraestructura o financiamiento.
   ii. El acceso a mercados, influido por la apertura de la economía, las negociaciones multilaterales, regionales y bilaterales sobre facilitación de comercio, normas técnicas, normas sanitarias, fitosanitarias, etc.
   iii. El clima de negocios, fundamentado en el cumplimiento de los contratos y los derechos de propiedad, así como los niveles de discrecionalidad en el sistema de reglas de juego.
   iv. Las políticas destinadas a fomentar la competitividad de la cadena de suministro de las firmas, a fin de reducir las fallas de coordinación relacionadas a las inversiones.
   v. Las políticas horizontales dirigidas a la creación y el desarrollo de capacidades de las empresas, por ejemplo, a través de certificación de calidad, sistemas de innovación y otros.
   vi. Las políticas dirigidas a la reducción de las vulnerabilidades y riesgos a nivel macro, de forma de que la incertidumbre sobre precios relativos no sea una barrera a la inversión.
2. Las acciones que buscan compensar dichos sobrecostos mediante algún instrumento de política que haga más rentable las inversiones.

El primer grupo de acciones suele relacionarse con reformas estructurales con impacto en el mediano y largo plazo, por lo que en la práctica el segundo tipo de acciones aparece como particularmente importante para todo gobierno que intenta atraer inversiones, en tanto se logren realizar las reformas señaladas.

El segundo aspecto que debe destacarse se refiere al instrumento propuesto para la compensación de los sobrecostos: la selección de los instrumentos es fundamental. El instrumento tiene que ser tal que promueva un comportamiento inversor entre los agentes privados y reduzca los riesgos asociados con el comportamiento oportunista. En este sentido, el instrumento debe ser elegido de tal forma que los agentes privados lo consideren confiable y que, por lo tanto, asuman que perdurará en el horizonte temporal propuesto. Mucho se ha investigado, por ejemplo, sobre la utilidad de las exoneraciones fiscales o del tipo de cambio para fomentar la competitividad, compensar los sobrecostos señalados y atraer inversiones. En este contexto, a menudo se toman ejemplos históricos de unos países u otros para defender las posiciones encontradas.

Según los autores de este capítulo, la selección del instrumento debe asociarse con la especificidad de cada país. Por ejemplo, los países centroamericanos no parecen cumplir con las condiciones que aseguren credibilidad a la utilización del tipo de cambio, como instrumento para la atracción de inversiones. Son economías abiertas, con peso reducido en el contexto internacional, como para enfrentar exitosamente una "guerra de monedas" o cambios globales en el sistema financiero. Los empresarios son conscientes de esto y, por lo tanto, ante una política cambiaria con foco en la compensación de sobrecostos, tomarán decisiones oportunistas y de búsqueda de rentas, en lugar de tomar decisiones de inversión de mediano y largo plazo. Una conclusión similar se puede obtener para las políticas proteccionistas arancelarias tradicionales.

Respecto a la utilización de instrumentos fiscales y tributarios, es indispensable analizar la sostenibilidad de los beneficios en el tiempo. Para ello, como ya fue señalado en la introducción, es importante que el sacrificio fiscal guarde relación con los beneficios fiscales directos e indirectos que la inversión generará durante su ciclo de vida.

El tercer aspecto se refiere a la especificidad del proceso de crecimiento dentro de los distintos sectores económicos. Tal especificidad depende en parte de la dotación de factores de cada función de producción y no necesariamente de cada sector de actividad[12]. El cambio estructural depende de las características de las funciones de producción que llevan adelante las empresas, más que de las características de los sectores. Estas características determinan diferentes "tipos" de empresas y, por tanto, los sobrecostos asociados al cambio estructural son diferentes según el tipo de empresa y, aún más, según la particular estructura de producción que desarrolle la empresa en cuestión.

Las particularidades de la estructura de producción en una empresa son información privada. Por tanto, para extraer información útil sobre la estructura de producción pueden plantearse algunas vías alternativas. Una vía podría ser la introducción de un mecanismo para que las empresas revelen la información *ex ante*, por ejemplo, mediante una subasta de subsidios[13]. Otra vía podría ser un instrumento que compense los sobrecostos asociados al cambio estructural en función de los resultados de cada empresa. En este caso, los incentivos otorgados deben cumplir con ciertas propiedades. Si lo que un país busca es un determinado desempeño de las empresas en relación con las variables que determinan el cambio estructural e influyen sobre el desarrollo, el instrumento debiera relacionarse con tales variables.

---

[12] Cada actividad de una empresa es, en realidad, una función de producción $f(K,L)$ y cada país buscará atraer las $f(K,L)$ que aporten más a los objetivos de desarrollo de ese país. Este punto es particularmente importante para destacar que no es lo mismo que en un país una empresa localice la producción de una serie de productos que otra, o la administración, o sus funciones de investigación y desarrollo.

[13] Feinerman y Gardebroek (2005), por ejemplo, presentan un esquema de subasta para el otorgamiento de subsidios al desarrollo de la granja orgánica.

Al relacionar el incentivo que reduce el sobrecosto con el desempeño, también se reduce la posibilidad del riesgo moral y de la selección adversa[14,15].

El diseño de incentivos apoyados en este principio constituye la base de las innovaciones más importantes que se proponen en cuanto a la promoción de inversiones dentro del marco de PDP. Este mecanismo se apoya sobre una lógica matricial, en la cual se definen los objetivos que persigue el gobierno en términos del impacto esperado de las inversiones (el "derrame" esperado), se definen indicadores para los objetivos, y un sistema de puntajes que se relaciona con la cuantía de los beneficios por otorgar. De esta forma, cuanto mayor sea el impacto de la inversión, mayor será el puntaje que se obtiene en los indicadores y, en consecuencia, mayor será el beneficio fiscal asociado a la inversión. Este mecanismo permite vincular las necesidades en términos de capacidades y cualidades del sector privado, con un conjunto de iniciativas coordinadas por un gobierno[16]. En particular, los incentivos ofrecidos a la inversión deben estar vinculados con las variables de desarrollo seleccionadas por la política pública. Cabe destacar que estos indicadores de impacto podrían ser modificados por el gobierno a medida que estos cambien su importancia relativa en el proceso de crecimiento.

Una característica adicional del mecanismo es su transparencia: los estímulos se vuelven automáticos y objetivos, eliminando toda discrecionalidad vinculada al funcionario de turno[17].

La nueva estrategia de promoción de inversiones a través de las PDP evitaría la creación de estructuras institucionales que no están comprometidas con la

---

[14] El riesgo moral y la selección adversa no se eliminan completamente en caso de que exista más de una variable de desempeño, pues cada firma buscará cumplir con el resultado que le brinda el mismo incentivo con el menor esfuerzo, por lo que cada empresa se acogerá al plan de incentivos sin revelar el grado de esfuerzo que le implica lograr cada resultado.

[15] Relacionar los incentivos con el desempeño tiene además otro efecto sobre el comportamiento de los agentes: reduce el riesgo del "problema de traslación". Este hace referencia al problema que se produce por el traslado de los juicios morales al sistema legal. La traslación genera problemas porque se basa en principios compartidos y no en intuiciones compartidas. Al trasladar los principios morales a premios, asignaciones de recursos o sanciones concretas (dólares, años de prisión, etc.), se generan incoherencias e inconsistencias. No existen garantías de que los incentivos o sanciones asignados en casos concretos serán considerados como sensatos o justos, al tomar en cuenta un conjunto de preferencias individuales, a pesar de que las intuiciones morales pueden ser coherentes y consistentes a nivel individual. Esta incoherencia es considerada una forma de injusticia, lo que tenderá a erosionar la credibilidad en las instituciones e inducir comportamientos que buscan interferir en la aplicación de las reglas de juego (ver Kahneman *et al.*, 2002).

[16] Como señalan Crespi *et al.* (2014), las políticas de desarrollo productivo no son una panacea en sí mismas. En efecto, tales políticas simplemente forman parte de una batería de instrumentos que tienen a su disposición los responsables de las políticas de desarrollo económico.

[17] El hecho de ser beneficios automáticos transparentes y no discrecionales los vuelve, por otra parte, compatibles con las normas de la OMC.

Recuadro 6.1. Resultados de la experiencia de Uruguay

A mediados del año 2007, se emitió el Decreto 455/007, reglamentando la Ley de Promoción de Inversiones de 1998 (Ley Nº 16.906). Dicho Decreto introdujo diferencias significativas respecto a la reglamentación vigente hasta ese momento. Por una parte, generalizó el acceso a los beneficios a todas las actividades económicas, indistintamente del tipo de empresa. Por otra parte, el Decreto 455/007 estableció algunos parámetros para determinar el acceso y nivel del beneficio por otorgarse, relacionando estos con una evaluación de la contribución de la inversión a objetivos de desarrollo nacional definidos de manera explícita. Los proyectos aceptados para recibir los beneficios reciben una exoneración del impuesto sobre la renta desde el 60% hasta el 100% del monto de la inversión. Además, se asigna un plazo para usufructuar tal beneficio que va desde los 3 años a partir del momento en que se genera renta, hasta los 35 años.

Los resultados de la aplicación del Decreto 455/007 pueden resumirse de la siguiente manera:

- Las empresas que utilizaron el Decreto 455/007 tienen niveles de activos y ventas más altos, con un nivel de inversión promedio superior al 20%. El promedio del activo contable y ventas de las empresas que no calificaron para un beneficio impositivo es marcadamente inferior al de las otras empresas.
- El acceso a beneficios combinados se asocia con mayores niveles de activos. Además, las tasas promedio de crecimiento de los activos son superiores en las empresas que acceden a beneficios que en el caso de las que nunca accedieron.
- El impacto del Decreto 455/007 es significativo, incluso cuando se incorporan los coeficientes de beneficio a inversión como variables adicionales de control. El aumento en la tasa de crecimiento de la inversión es de alrededor de 7 puntos porcentuales.
- El número promedio de proyectos aprobados anualmente aumentó de menos de 100 antes del Decreto 455/007 a casi 600 entre 2008 y 2011. Asimismo, bajo el régimen de incentivos, el monto acumulado de inversiones aumentó de menos de US$200 millones, a casi US$1.200 millones a partir del Decreto 455/007.

También se definen los procedimientos de control y las sanciones correspondientes, incluyendo la pérdida de los beneficios. En el esquema uruguayo, la Dirección General de Ingresos (DGI) y la Comisión de Aplicación de la Ley de Inversiones (COMAP) tienen a su cargo el control de la ejecución efectiva de los proyectos y del cumplimiento de los compromisos ofrecidos por los beneficiarios.

	Totales		Promedio anual del período		Variación del promedio	
	2002–2007	2008–2011	2002–2007	2008–2011	2002–2011
Cantidad de proyectos	311	2.366	46	592	1186%
Montos de inversión (en millones de US$)	1.461	4.661	196	1.165	495%

Nota: Puede encontrarse información en el enlace http://www.mef.gub.uy/comap.php.
Fuente: Porto y Vallarino (2014).

actividad de promoción. Asimismo, el diseño institucional asume explícitamente que la administración del régimen debe estar sujeta a rendición de cuentas, para asegurar la transparencia que debe existir cuando se asignan recursos públicos. En ese marco, podrían dividirse las responsabilidades institucionales en tres grandes líneas: evaluación, control y seguimiento, en concordancia con el ciclo de vida de la inversión.

El nuevo marco de incentivos debe ser tal que las actividades beneficiarias tengan el potencial para provocar efectos de derrame sobre otros sectores de la economía. Es difícil encontrar argumentos desde el punto de vista del interés público para otorgar apoyo a una actividad privada, si esta no presenta potencial para provocar externalidades económicas y sociales, facilitando el surgimiento de inversiones complementarias o generando efectos positivos sobre otros sectores. Por ejemplo, las actividades que reciben apoyo deben presentar potenciales derrames en materia tecnológica y de conocimiento que puedan ser aprovechadas por otras empresas e, incluso, por otros sectores.

Este nuevo marco de incentivos es completamente neutral respecto del país de origen de las inversiones, por lo que también es congruente con la tendencia a la creciente participación de empresas multilatinas como fuente de inversión. Sin embargo, los procedimientos de asignación de los beneficios deben tener en cuenta las especificidades en las funciones de producción y la forma en que se determinan las remuneraciones de los distintos factores. De este modo, se premia a los proyectos que generan mayor impacto sobre las variables de desarrollo que se desea impulsar. Esto se fundamenta en la concepción que entiende el cambio estructural como un proceso dependiente de las características de las funciones de producción, más que de las características inherentes a los sectores.

El acceso y nivel de los incentivos podría calibrarse, por ejemplo, según un puntaje obtenido por un particular proyecto de inversión, en proporción a las externalidades esperadas en función de[18]:

- la generación de plazas de trabajo con valor estratégico,
- la ejecución de programas de capacitación y entrenamiento,
- la ubicación de actividades productivas en zonas geográficas rezagadas, con pobre infraestructura, indicadores sociales inferiores al promedio nacional, o problemas focalizados de seguridad ciudadana,
- el empleo de tecnologías limpias en la producción,

---

[18] El Recuadro 6.1 presenta la experiencia del Uruguay con el tipo de incentivos referidos.

- la innovación y el desarrollo de nuevas tecnologías (I+D)[19], incluyendo las asociaciones con entidades generadoras de conocimientos,
- la generación de encadenamientos productivos con el resto de la economía,
- el impacto en el nivel de actividad económica, diversificación y potencial de crecimiento que el proyecto puede inducir,
- otros criterios considerados prioritarios en el país, orientados a corregir o compensar fallas específicas de mercado o de gobierno.

Debe notarse la estrecha relación de algunos de los criterios antes mencionados con los objetivos que persiguen algunas PDP, generándose así el potencial para un diseño complementario. No obstante, la finalidad de los instrumentos que se proponen en esta sección es la promoción de la inversión de calidad, mientras que la finalidad de las PDP en términos generales es promover la productividad en una economía.

Un error común en el diseño de PDP ha sido compensar malos resultados mediante intervenciones correctivas, sin analizar a profundidad si existe o no una falla de mercado o de gobierno por corregir[20]. Por tanto, el diseño del instrumento de promoción de inversión debe ser congruente con el marco general de las PDP en el país y viceversa. Esto significa que los criterios utilizados para "calibrar" los incentivos ofrecidos para atraer inversión deben estar compensando fallas auténticas. Además, debe evitarse el error de sobrecorregir una determinada falla mediante la aplicación de beneficios múltiples, de forma que el valor de los incentivos supere el de las externalidades que serían propiciadas o corregidas.

Para garantizar la transparencia en el manejo del régimen de incentivos y para automatizar en lo posible el cálculo de los niveles de incentivos por otorgarse, deben emplearse indicadores cuantitativos o variables cualitativas fácilmente verificables.

---

[19] Debe distinguirse de la adopción de nuevas tecnologías. Este tipo de incentivo apunta a las empresas como generadoras de conocimiento, por lo que debe hacerse la distinción respecto de un enfoque en las empresas como usuarias del conocimiento. El incentivo tributario tendería a reducir el costo marginal de la I+D. El mecanismo es favorable al mercado, pues las empresas deciden qué proyectos impulsan, aunque esto también implica cierto sesgo a favor de las actividades de investigación y desarrollo, cuyos beneficios sean fácilmente apropiables por la empresa. Una variante de este incentivo tendría en cuenta la función que podría desempeñar el proyecto dentro del marco de un sistema nacional de innovación, estimulando así la colaboración con centros de investigación, institutos tecnológicos y otros actores dentro del sistema de innovación. Un problema con este tipo de incentivo es que genera la tentación de clasificar como I+D a las actividades que realmente no tienen un carácter innovador.

[20] En conexión con este punto, Crespi et al. (2014) sostienen que una política eficaz se aseguraría primero de que los supuestos malos resultados son realmente provocados por alguna falla de mercado. Si este resulta ser el casos, ellos sostienen que las políticas deben diseñarse para resolver las fallas de fondo en lugar de querer aliviar los síntomas.

Las características de los incentivos dependerían del índice de externalidades esperados obtenido por el proyecto de inversión. En el caso del impuesto sobre la renta, por ejemplo, el beneficio como porcentaje del monto de inversión, el plazo para hacerse acreedor a tal beneficio y las tasas aplicables, dependerían del índice de externalidades calculado según una metodología predeterminada.

Al mismo tiempo, los instrumentos para la promoción de inversión que se proponen son congruentes con la mejora de la competitividad del país y con su transformación productiva. Por una parte, el concepto de la competitividad se centra en las mejoras en eficiencia relativa a la producción de una determinada canasta de productos, mediante la acumulación de factores productivos y el aumento de la productividad. Por otra parte, los aspectos transformativos giran alrededor de la innovación, el desarrollo de nuevas empresas en sectores emergentes o la oferta de bienes públicos necesarios para el funcionamiento de tales sectores. Ambas facetas deben ser tenidas en cuenta al momento de diseñar los instrumentos para la atracción de inversión, dentro del contexto general de las PDP.

Además, el marco institucional para la promoción de la inversión, de la mano de las PDP, debe estar diseñado con miras a promover el aprendizaje. Las instituciones deben desarrollar la capacidad para aprender y corregir errores oportunamente, con el fin de facilitar la convergencia del marco de políticas e instrumentos hacia la combinación idónea según las circunstancias concretas de cada país. Los instrumentos deben estar diseñados para ser evaluados y así evitar que un intento por corregir una falla de mercado se traduzca en la introducción de fallas de gobierno antes inexistentes. En conexión con esto último, antes que promover la adopción de buenas prácticas y políticas, lo que se busca es la adaptación al contexto de cada país.

Debe tenerse en cuenta, de igual modo, el diseño del régimen de incentivos "superador". Una forma de lograrlo es concentrar los incentivos en nuevas inversiones y limitarlo a la rentabilidad "normal" del capital. En otras palabras, los proyectos siempre pagarían impuestos sobre las rentas extraordinarias. También pagarían impuestos sobre la renta los proyectos que no realizan inversiones adicionales. El incentivo para lograr estos objetivos es la amortización instantánea de la nueva inversión, lo que elimina el impuesto sobre la renta en el margen; vale decir que las nuevas inversiones que obtienen un retorno "normal" no pagan impuestos[21].

---

[21] Un ejercicio simple basado en los proyectos tipo de la región sugiere que una empresa que invierta por año el equivalente a entre el 15% y el 20% de sus activos en bienes de uso no pagaría el impuesto a la renta. Ahora bien, esa situación se mantiene solo si hay inversiones todos los años y no hay rentas extraordinarias.

La evaluación de los resultados de la política de atracción de inversión no debe hacerse exclusivamente en términos de los montos de inversión o del número de proyectos que se haya logrado atraer. Para ser congruentes con el marco conceptual propuesto, deben emplearse indicadores de desempeño relacionados con los objetivos de desarrollo establecidos. Más específicamente, debieran emplearse indicadores que midan las externalidades generadas por los proyectos o, para usar otros términos, indicadores que midan los efectos "derrame" de la inversión[22].

Otro aspecto que debe contemplarse en el diseño de los incentivos para la atracción de inversión es la distribución en el tiempo de los beneficios por otorgarse. Debe reconocerse que existe el riesgo de generar esquemas en los cuales las autoridades políticas actuales perciben los beneficios de las inversiones, trasladando el costo de los incentivos a las futuras administraciones. El riesgo de esto se incrementa cuando el diseño de los beneficios es recurrente. Una faceta adicional de riesgo con los beneficios recurrentes es que se consolidan los intereses para extender los beneficios, transformando incentivos que fueron concebidos con un carácter temporal a incentivos permanentes[23].

En definitiva, se busca incentivar de manera explícita, transparente y eficaz la inversión productiva a través de la transferencia de recursos para el desarrollo de las capacidades productivas, promoviendo que las reglas de juego aseguren la alineación de los incentivos privados con los criterios de interés público.

Consideraciones derivadas de la experiencia centroamericana

La región centroamericana ha sabido atraer capitales en forma distintiva durante la última década, incluso ganando participación en la IED mundial y latinoamericana. Sin embargo, la región no puede sentarse en sus laureles. Primero, las condiciones financieras globales y la evolución del marco regulatorio del comercio mundial presentan retos importantes, que podrían manifestarse en una reducción en los flujos de IED. En segundo lugar, la política de atracción de inversiones en Centroamérica

---

[22] Asimismo, debe prestarse atención al plazo de evaluación, pues las externalidades podrían demorar en concretarse y alcanzar una magnitud mensurable. En algunos casos, los distintos tipos de "derrames" que se prevén podrían manifestarse en horizontes de tiempo diferentes. Esto significa que debe hacerse un balance entre realizar una estrecha y frecuente medición del desempeño de la política, por una parte, y permitir una adecuada "maduración" de los resultados, por otra.

[23] No obstante, un esquema de incentivos "superador", con amortización instantánea de la nueva inversión, tendería a evitar el tipo de complicaciones que aquí se mencionan.

se ha enfocado en general en potenciar el financiamiento del sector externo y, en algunas ocasiones, en la generación de empleos. No obstante, raras veces se le ha dado importancia a la calidad de la IED en términos del impacto sobre la productividad y las externalidades que produce[24]. Se está llegando a una coyuntura en la que los incentivos fiscales otorgados a través de las zonas francas de la región lejos de justificarse en términos de externalidades y productividad, se van tornando inconsistentes con el marco regulatorio para el comercio internacional.

Sin duda alguna, las actuales políticas de promoción de la IED de la región pueden ser mejoradas. Entre otros ajustes, es necesario fortalecer a las Agencias de Promoción de Inversiones (API) para mejorar su capacidad y efectividad, acometer las reformas y cambios que generen un mejor clima de negocios y, finalmente, evaluar los resultados obtenidos por las políticas de incentivos fiscales para adecuar su función y adaptarlas a las necesidades futuras.

A pesar de que cada uno de los países tiene una API y que estas operan desde hace años, muchas requieren de un mayor respaldo institucional y financiero. No basta con crear una agencia de promoción, sino que debe ser dotada de una figura institucional y de recursos financieros acordes con su función, y ello es una tarea pendiente en algunos países de la región. Además, las API deben revisar sus prioridades estratégicas y repensar su cartera de actividades. Aspectos como el mejoramiento del clima de inversión y la atención a los inversionistas existentes parecen estar subestimados en Centroamérica, si se consideran las experiencias internacionales. Asimismo, las API deben asumir un papel de liderazgo e influencia en la readecuación del marco de PDP, con la finalidad de que su desempeño pueda palparse no solamente en términos del volumen de inversiones captado, sino también de la calidad de la inversión.

El reto central es seguir atrayendo IED pero, por sobre todo, mejorar su calidad, por lo que la congruencia de la política de atracción de inversiones con el marco general de PDP cobra singular importancia. Esto último implica la necesidad de promover un fortalecimiento paralelo de las PDP en los países centroamericanos. En estos países, el diseño e implementación de las PDP no siempre ha gozado de una argumentación clara respecto de las fallas que se buscan resolver. En muchos casos, las intervenciones apuntan a compensar fallas gubernamentales que no se han podido enmendar de otra manera y, cuando realmente se abordan las fallas del mercado, los mecanismos elegidos no siempre han sido los óptimos. El uso de las herramientas equivocadas puede explicarse porque no siempre se han identificado

---

[24] Esto último ha significado que la IED que se atrajo con las zonas francas ha tenido un limitado "derrame" sobre el resto de la economía.

> **Recuadro 6.2. Principales lecciones aprendidas sobre la promoción de la IED en Centroamérica**
>
> - El clima general de inversiones en un país sigue teniendo un rol central en la atracción de inversiones.
> - La efectividad de la promoción activa de la inversión puede potenciarse mediante la aplicación de medidas complementarias.
> - Las nuevas políticas de desarrollo productivo conforman un marco complementario apropiado para la atracción de inversión.
> - Cuando decidan ofrecerse, los incentivos tributarios deben estar orientados al logro de objetivos de desarrollo y, preferiblemente, tener un carácter "superador".
> - Las medidas deben orientarse a resolver fallas de mercado que no puedan corregirse de otra manera, en lugar de enfocarse en compensar los síntomas.
> - El carácter de las políticas debe ser eminentemente horizontal, aunque la "verticalización" de algunas intervenciones puede darse en determinadas circunstancias.
> - El marco de políticas, incluyendo instrumentos como los incentivos tributarios, debe estar diseñado para ser evaluado.
> - El marco institucional debe tener un carácter transparente y eficaz, coadyuvando a resolver las fallas de coordinación dentro del sector público, así como entre el sector público y privado.
> - Por diseño, las instituciones deben constituirse en un sistema de aprendizaje capaz de corregir oportunamente los errores cometidos.

con precisión las fallas que justifican las intervenciones; asimismo, también ha ocurrido con frecuencia que no necesariamente ha existido una comprensión adecuada de los instrumentos de política.

En contraste, el diseño de los nuevos instrumentos para la promoción de inversiones abordaría de manera más directa las fallas de mercado, como pueden ser las fallas de coordinación en la provisión de infraestructura o las externalidades en la inversión en capacitación, innovación y desarrollo.

Los instrumentos para la promoción de inversiones no agotan bajo ningún concepto el universo de PDP que pueden adoptar los países. Asimismo, las PDP no constituyen un sustituto para la política e instrumentos para la atracción de inversiones. Se trata aquí de destacar aquellos instrumentos que ofrecen una mejor compatibilidad entre la nueva generación de PDP y las tendencias en los instrumentos de promoción de IED.

Las restricciones impuestas por la OMC pueden ser vistas como una oportunidad de readecuar los regímenes de incentivos. Una opción extrema para cumplir con las nuevas reglas sería eliminar los incentivos tributarios y, en el otro extremo, extenderlos para que alcancen a todas las empresas, ya sea que exporten o que vendan al mercado interno, como han planteado varios países de Centroamérica.

Sin embargo, este camino genera problemas y supone la completa pasividad de los países de origen de la inversión[25].

La ausencia de sistemas de seguimiento y medición de impacto a la fecha ha impedido o, cuando menos ha entorpecido, una mejora sistemática del diseño e implementación de las PDP en Centroamérica. Un reto similar se plantea en cuanto a las políticas de promoción de inversiones. En este aspecto, los nuevos instrumentos para la promoción de inversiones propuestos representarían una mejora sustancial en cuanto al potencial para el seguimiento y la medición del impacto, puesto que la operación de los instrumentos depende precisamente de la utilización de indicadores vinculados, de manera directa, con el logro de objetivos de la política pública. Para garantizar la credibilidad de las evaluaciones de resultados de la política de atracción de inversión, es recomendable asimismo que el órgano a cargo de la evaluación sea distinto a la entidad responsable de su diseño e implementación.

La experiencia con la implementación de PDP en la región ratifica la importancia de las instituciones para el crecimiento económico de largo plazo. En este ámbito, los nuevos instrumentos para la promoción de inversiones también representarían un avance significativo. El éxito de las zonas económicas con orientación exportadora se ha debido en parte a la relativa fortaleza de sus instituciones; en contraste, la debilidad institucional ha sido la característica de las PDP para la promoción de la producción para consumo interno. Por consiguiente, la dualidad de las economías nacionales viene a reflejar, en alguna medida, la heterogénea calidad del marco institucional. Los nuevos instrumentos permitirían superar la dualidad de las economías al abrir la oportunidad a que cualquier empresa, que cumpla con los criterios establecidos, pueda beneficiarse de los incentivos a la inversión, independientemente de su tamaño, el origen de su capital o la ubicación física de sus activos.

Además, las posibles fuentes de oposición a una reforma del régimen de promoción de inversiones se verían diluidas, dado que los nuevos instrumentos de promoción no están sujetos a favorecer a determinados sectores económicos. Si bien pueden encontrarse sectores donde sería relativamente más fácil el aprovechamiento

---

[25] La evidencia sugiere que el desempeño de los incentivos fiscales en las zonas francas de Costa Rica, El Salvador y República Dominicana ha sido problemático. Las estimaciones de las tasas de retorno sugieren que se han incentivado proyectos que se hubiesen realizado de todas maneras debido a su alta tasa de rendimiento. Además, en la medida en que la tasa de sociedades sea menor que la marginal de personas, se incentiva a que estas "estacionen" su renta en las empresas. Convertir a un país en una gran zona franca supone que las multinacionales no explotarán la baja o nula tributación en el impuesto sobre la renta para estacionar una parte de sus utilidades globales en sus sucursales y, en la medida en que lo hagan, no puede descartarse una nueva ola de reacciones por parte de los países de origen de la inversión.

de los nuevos incentivos a la inversión en la práctica, otros sectores no quedarían automáticamente excluidos. La experiencia centroamericana muestra poca oposición a la introducción de reformas dirigidas a aprovechar las ventajas institucionales nacionales frente a las distorsiones externas, pero mucha oposición a aquellas donde "ganadores" y "perdedores" coexisten en la economía local.

Otro factor relevante es que las PDP más exitosas han tendido a derivarse de la identificación de oportunidades por parte del sector privado, que luego transmite la información a los tomadores de decisiones gubernamentales. En contraste, las PDP que han seguido el patrón opuesto —iniciativas públicas que luego son "vendidas" al sector privado— han tenido menor éxito. Existe aquí un paralelo con el estilo de los nuevos instrumentos para la promoción de inversiones, que son mayoritariamente compatibles con la actividad "exploratoria" del sector privado, pues no presupone que los gobiernos escojan mercados o productos exitosos para otorgar incentivos. Por el contrario, los incentivos para la inversión estarían dirigidos según cómo el sector privado aprovecha las oportunidades que encuentra[26].

Las experiencias de los países centroamericanos coinciden en que las reformas para la promoción de IED deben tener un carácter eminentemente horizontal, y que las políticas verticales deben utilizarse únicamente con carácter excepcional. Los nuevos instrumentos para la promoción de inversiones permiten una aplicación más o menos horizontal, puesto que los incentivos estarían disponibles para cualquier empresa en todos los sectores de la economía, siempre que los planes de inversión contemplen la utilización de tecnologías y modos de producción congruentes con los objetivos de la política pública. Además, el marco institucional necesario para implementar políticas horizontales tiende a ser relativamente sencillo y es menos vulnerable a la captura por grupos de interés que en el caso de las políticas verticales. A su vez, puede suponerse que esto facilitaría la congruencia entre el marco institucional para la atracción de inversiones y para la implementación de las PDP.

Debe reconocerse que en Centroamérica los mecanismos institucionales para la inversión y la promoción de exportaciones aún carecen de una estructura sólida. Cada organismo suele ser responsable de la resolución de los problemas de coordinación dentro de su área, pero no siempre existe un foro de coordinación con la participación de todos los organismos gubernamentales pertinentes, o dicho foro carece de efectividad. En este contexto, es válido señalar que los nuevos incentivos para la promoción de inversiones diluyen la necesidad de contar con un aparato institucional estrechamente coordinado que abarque múltiples sectores. Asimismo,

---

[26] Para emplear una terminología especializada, los incentivos para la inversión se otorgarían a las funciones de producción que sean identificadas por el sector privado y que tengan una mejor compatibilidad con las prioridades de la política pública.

los instrumentos que se proponen disminuyen la dicotomía entre la promoción de inversiones y exportaciones relativa al aprovechamiento de los incentivos, puesto que se hace un menor énfasis en el mercado geográfico al que se dirige la producción, mientras se incrementa la prioridad otorgada a la manera concreta en que se producirán los bienes y servicios para satisfacer las necesidades del mercado.

En algunos casos hay problemas de carácter horizontal que se abordan desde una perspectiva vertical. En la mayoría de casos, los problemas merecen realmente un abordaje transversal, congruente con la naturaleza de la falla por resolver, situación que rebasaría el alcance de los nuevos instrumentos para la promoción de inversiones[27]. Sin embargo, no se descarta que la política de promoción otorgue incentivos diferenciados a las inversiones que se llevan a cabo en áreas con particulares rezagos en infraestructura o con problemas de seguridad, premiando así la introducción de tecnologías o modos de producción robustos ante las dificultades del entorno.

En la región, también existe un marco restrictivo para las operaciones del mercado laboral; por ejemplo, se registran numerosas fallas que justifican las políticas de capacitación que, en parte, tienen como telón de fondo las debilidades del sistema educativo. Claramente, la solución de todos los retos para la operación del mercado laboral de los países centroamericanos supera el alcance de una política de promoción de inversiones. No obstante, los incentivos que se proponen permiten el reconocimiento de proyectos, cuyo modo de producción facilite avances en la corrección de los problemas del mercado laboral, como es el caso de las externalidades en la capacitación. Asimismo, los incentivos para la inversión facilitarían el hallazgo y reconocimiento de aquellas estructuras productivas que logran generar empleo frente a la herencia de distorsiones que persisten en los mercados laborales.

Las políticas de atracción de inversiones empleadas hasta el momento, si bien pudieron ser exitosas en generar exportaciones y crear empleos, no necesariamente fueron efectivas en resolver las fallas de mercado en la economía en general y, por el contrario, pudieron haber perpetuado las distorsiones que afectan el crecimiento de largo plazo. En contraste, los nuevos instrumentos para la promoción de inversiones permiten otorgar incentivos a aquellos proyectos que articulan encadenamientos productivos, diluyendo la artificial diferenciación entre zonas

---

[27] Ejemplo de esto pueden ser las fallas de infraestructura y la debilidad de la seguridad ciudadana en varios países de Centroamérica. Con el afán de promover la inversión, los gobiernos han ofrecido infraestructura especializada dirigida a beneficiar específicamente a determinado sector. Algo similar ha ocurrido con el tema de la seguridad ciudadana, a través de la creación de policías especializadas (por ejemplo, una policía de turismo), así como la provisión de servicios de seguridad dedicados a zonas económicas especiales.

económicas especiales y el resto de la economía, y potenciando el desarrollo de encadenamientos productivos y clústeres industriales[28].

El marco conceptual para las PDP reconoce que las políticas verticales pueden ser apropiadas en algunas ocasiones, por lo que se hace necesario contar con canales institucionales apropiados para su identificación, aplicación, seguimiento y evaluación. La experiencia indica que si un país decide "escoger ganadores" en un sector, se debe sintonizar a todas las instituciones para reducir la captura de algún eslabón en la cadena de decisiones por parte de algún grupo de interés. En este contexto, puede señalarse que la política para la promoción de inversiones no excluye la posibilidad de que, en determinados países, se apliquen PDP de carácter vertical, dado que el enfoque de los nuevos instrumentos radica primordialmente en las características deseables de los modos de producción, antes que en los mercados concretos que se busca satisfacer.

No se descarta completamente la posibilidad de diseñar instrumentos para la promoción de inversiones de manera que se otorgue alguna ponderación al sector económico al que estaría dirigida la inversión. Si bien esta posibilidad existe, la ponderación otorgada al sector económico no debería ser determinante al punto de transformar el carácter del instrumento de horizontal a vertical. Además, conforme "se verticaliza" el instrumento, aumentarían las tensiones sobre la estructura institucional a cargo de la administración de los incentivos. Por lo tanto, aunque la alternativa existe, la "verticalización" del instrumento tendería a erosionar el espíritu del mismo, que estaría centrado en promover modos de producción con propiedades deseables desde la perspectiva de la política pública, antes que en sectores económicos particulares.

Habida cuenta de los retos institucionales de los países centroamericanos, la secuencia más adecuada parecería la de iniciar con instrumentos de incentivos para la inversión de carácter eminentemente horizontal. Esto no impediría la introducción de PDP verticales, de índole distinta, dado que un instrumento de carácter horizontal no induciría distorsiones en la aplicación de políticas de carácter vertical. Por otra parte, las ponderaciones verticales que sean aplicadas, lógicamente modificarían las perspectivas de los proyectos que podrían beneficiarse del instrumento horizontal de promoción de inversión, presumiblemente de manera favorable, por lo que esta información tendría que estar internalizada en la evaluación de cada proyecto que busque gozar de los incentivos para la inversión.

---

[28] Una convergencia total entre zonas especiales y el resto de la economía parecería aún improbable, pero los instrumentos para la promoción de inversiones podrían formar parte de una estrategia más amplia dirigida a fortalecer el sistema general de producción, promoviendo mayores enlaces entre ambos sistemas.

Referencias

Brander y Spencer (1985). "Export Subsidies and International Market Share Rivalry". *Journal of International Economics*, 18, 83–100.

Carrasco, P., F. Carbajal, P. Cazulo, C. Llambí y A. Rius (2014) "Una evaluación económica de los incentivos fiscales a la inversión en Uruguay". *Serie Documentos de Trabajo*, 20/14. Montevideo: Instituto de Economía. Montevideo.

Crespi, G., E. Fernández-Arias y E. Stein (eds.) (2014). *¿Cómo repensar el desarrollo productivo? Políticas e instituciones sólidas para la transformación económica.* Washington D.C.: Banco Interamericano de Desarrollo.

Feinerman, E. y C. Gardebroek (2005). "Estimulating organic farming via public services and an auction based subsidy". 2005 International Congress, August 23-27, Copenhagen, Denmark. European Association of Agricultural Economists.

Haapanem M., J. Ritsila y A. Tokila (2005). "When are subsidies crucial for investments?" Documento mimeografiado. School of Business and Economics, University of Jyväskylä.

Haussmann, R., J. Hwang y D. Rodrik (2006). "What you export matters". NBER Working paper No. 11905. National Bureau of Economic Research, Cambridge MA.

Hausmann, R., D. Rodrik y A. Velasco (2005). "Growth Diagnosis". Center for International Development, Harvard University.

Khan, M. (2007). "Investment and Technology Policies", National Development Strategies, Policy Notes, UNDESA.

Leahy, D. y P. Neary (1999). "R&D Spillovers and the Case for Industrial Policy in an Open Economy". *Oxford Economic Papers*, Oxford University.

Ministerio de Economía y Finanzas (2009). "Nuevo régimen de promoción de inversiones, justificación propuestas y resultados" consultado en: www.mef.gub.uy

Myerson, R. (1978). "Refinements of Nash Equilibrium Concept", *International Journal Game Theory*, 7.

Nese, G. y O. Rune Straume (2005). "Industry Concentration and Strategic Trade Policy in Successive Oligopoly". *Journal of Industry, Competition and Trade*, 7(1).

North. D. (1991). "Institutions". *Journal of Economic Perspectives*, 5, 97–112.

Pagés, C. (Ed.) (2010). *La era de la productividad:* cómo transformar las economías desde sus cimientos. Washington D.C.: Banco Interamericano de Desarrollo.

Porto, L. y D. Vallarino (2014). "Alternativas a los incentivos a las exportaciones en el diseño de políticas de atracción a la inversión: el caso del Uruguay". Documento mimeografiado (febrero).

Porto, L. y D. Vallarino (2010). "Política industrial e institucionalidad productiva en Paraguay", Informe editado. PNUD.

Rodrik, D. (2008a). "The Real Exchange Rate and Economic Growth", *Brookings Papers on Economic Activity*, 2008:2.

Rodrik, D. (2008b). "Normalizing Industrial Policy". *Commission on Growth and Development Working Paper No. 3*. Washington, D.C.

Selten, R. (1975). "Reexamination of the Perfectness Concept for Equilibrium points in Extensive Games". *International Journal Game Theory*, 4.

Sunstein, C.R., D. Kahneman, D. Schkade y I. Ritov (2002). "Predictably Incoherent Judgement". *Stanford Law Review*, 54, 1153–1216.